AMANHÃ *(DE)NOVO*

— O que será diferente AMANHÃ?

Editores do Livro

Gabriel *Kozlowski*
Eduarda *Volschan*

Autores da Campanha

Gabriel *Kozlowski*
Luisa *Schettino*
Monica *Vieira Eisenberg*

Editora Gryphus
Rio de Janeiro, 2023

GRYPHUS

Título original
Amanhã (de)Novo - O que será diferente amanhã?

Tradução
Laura Folgueira

Revisão
Lara Alves

Design de capa
NESS

Adequado ao novo acordo ortográfico da língua portuguesa.

CIP-BRASIL. CATALOGAÇÃO NA PUBLICAÇÃO
SINDICATO NACIONAL DOS EDITORES DE LIVROS, RJ

K89a

Kozlowski, Gabriel
Amanhã (de) novo : - o que será diferente amanhã? / Gabriel Kozlowski, Luisa Schettino, Monica Vieira Eisenberg ; editores Gabriel Kozlowski e Eduarda Volschan. - 1. ed. - Rio de Janeiro : Gryphus, 2023.
474 p. : il. ; 23 cm.17-42496
Inclui bibliografia
ISBN 978-65-86061-59-8
1. Mudança social - COVID-19, Pandemia, 2020. I. Schettino, Luisa. II. Eisenberg, Monica Vieira. III. Volschan, Eduarda. IV. Título.

23-83625

CDD: 303.4
CDU: 316.422.42

Gabriela Faray Ferreira Lopes - Bibliotecária - CRB-7/6643
25/04/2023 27/04/2023

Rua Major Rubens Vaz, 456 – Gávea – 22470-070
Rio de Janeiro – RJ – Tel: (21)2533-2508
www.gryphus.com.br – e-mail: gryphus@gryphus.com.br

parecem estar um pouco mais imprevisíveis. > **Bruno Carvalho.** "O que será diferente amanhã" supõe certas condições e inevitavelmente abre questões mais profundas. Pressupõe que algo realmente mudará, não que poderá mudar ou talvez mude. Pressupõe, corretamente, que as coisas serão diferentes em relação a uma condição original, mas identificando uma condição original única e mais importante, mas essa condição original é impossível, pois nossas realidades individuais são únicas e complexas. > **Iker Gil.** Tudo parado lá fora, árvores em pé, telhados no lugar e pouca gente à vista, ainda que o fato de muitas pessoas usarem máscara inclua algo diferente no cenário. O futuro se anuncia em pequenos deslocamentos cotidianos, nas atitudes que permite vislumbrar. Máscaras: medo próprio, solidariedade com o próximo, sentimento de um destino comum, paúra da espécie toda, confiança na ciência, obediência ativa. > **Sidney Chalhoub.** Não precisamos salvar nosso mundo em colapso e nosso modelo insustentável de habitar este planeta, nem nossa economia globalizada. Hoje precisamos ser corajosos e sonhar com lucidez nosso amanhã, precisamos agora visualizar a evolução ecológica de nossa consciência levando em consideração nossa multiplicidade interconectada com todos os organismos. > **Marko Brajovic.** Mas a "desumanidade" da crise atual vem de uma fonte radicalmente diferente: sua causa mais do que humana. Como tal, ela precisa de uma resposta diferente, em uma escala completamente diferente. Podemos aprender a abraçar a "reinicialização das espécies" que a atual pandemia tem forçado em nossa episteme individualista do dia a dia? > **Caroline A. Jones.** Estamos vivendo uma crise ambiental, e o mundo caminha para uma catástrofe causada pela falta de entendimento do que é o bem-viver e da relação intrínseca que se deve ter com a natureza. Somos natureza e vivemos na casa comum. > **Marcia Kambeba.** Historiadores nos dizem que, apesar de todo o conhecimento que temos sobre o passado, é ilusório acreditar poder prever o futuro.Todavia, a história nos ensina uma lição importante: as coisas sempre mudam. Os governantes, as elites mudam, os impérios nascem e desaparecem, as cidades e as florestas estão em contínua transformação, o clima mudou, muda e vai continuar mudando. > **Lucio Salvatore.** Uma das grandes questões é como alinhar nossos sistemas sociais a esses valores. Como podemos criar um fluxo de capital financeiro para o que realmente valorizamos? A pandemia iluminou algumas brechas entre o que realmente importa e para onde vai o dinheiro. Embora possa ser fácil mudar um hábito de gastos para alguns, talvez comprando menos roupas, comprando vegetais de agricultores locais ou consumindo produtos mais sustentáveis, alguns podem não ser capazes de gastar mais para fazer tais escolhas éticas. > **Eime Tobari.** Um bom professor hoje faz mais perguntas do que dá respostas e guia os alunos pelo labirinto dos bons argumentos. Não existe caminho que não passe pela educação. E se o mundo será diferente, a educação também precisa ser. > **Sergio Branco.** Hoje, tenho sorte; estou em casa, estou saudável, mas, para que o amanhã seja melhor, tenho de pensar além do meu hoje. Hoje, acredito que as coisas poderiam e deveriam ser diferentes. Hoje, reflito sobre o que importa e o que não importa. Hoje, acredito que os valores deveriam ser mais simples, a vida pode ser mais simples e a generosidade precisa ser primordial. > **Carlos Saldanha.**

200 participantes 22 países 8 entrevistas 10 fotógrafos 4 ONGs 2020-2022

A todos que nos permitiram
sonhar com um novo amanhã.

Livro

Editora
Gryphus

Produção Editorial + Design
NESS

Editor de Produção
Agustin *Schang*

Designer Gráfico
Santiago *Passero*

Tradução
Laura *Folgueira*

Transcrição
Joana *Martins*

Revisão
Lara *Alves*

Fotógrafos
Cassandra *Cury*
Cristiana *Lima*
Delfim *Martins*
Juliana *Lima*
Luciana *Whitaker*
Marcos *Amend*
Rafael *Costa*
Ricardo *Teles*
Rogério *Reis*
Sergio *Ranalli*

Colaboradores
Alessandra *Fischer*
Miguel *Darcy*
Pedro *Brito*
Isabella *Simões*
Iara *Carneiro*

Patrocinadores
DRCLAS — *Harvard David Rockefeller Center for Latin American Studies*
POLES — *Political Ecology of Space*
Prior + Partners
BrazilFoundation

Campanha

Autores
Gabriel *Kozlowski*
Luisa *Schettino*
Monica *Vieira Eisenberg*

Equipe
Ariel *Kozlowski*
Helena *Wajnman*
Max *Ghenis*
Maria *Kozlowski*
Leticia *Schettino*

Colaboradores
Refik Anadol Studio, *arte*
NESS Magazine, *mídia*
Create - Pensamentos Online, *desenvolvimento web*
Fleichman Advogados, *advocacia*
Richard Sanches, *revisão e tradução*

ONGs Parceiras
Brazil Foundation
Conservação Internacional - Brasil
Instituto BEI
Give Directly

Benfeitores Notáveis
Thomas *Pucher*
Julie *Bedard*
Pericles Paul *Petalas*

Agradecimentos especiais

Rebecca Tavares, Presidente e CEO da Brazil Foundation
Tomas Alvim, Cofundador do Instituto BEI
Marisa Moreira Salles, Cofundadora do Instituto BEI
Refik Anadol, Artista and Diretor do Refik Anadol Studio
Helena Monteiro, Diretora Executiva do Brazil Office, Harvard DRCLAS
Tiago Genoveze, Gestor do programa, Harvard DRCLAS
Laura Fierro, Arquiteta e Diretora do Studio Fierro
Delfim Martins, Fotógrafo

Apoio Institucional
Fundação Tide Setúbal
Campanha Apoio aos Povos Indígenas do Xingu
Associação Terra Indígena do Xingu (ATIX)
Arq.Futuro
MIT MISTI
XDivers

Apoio Individual
Marina *Roesler*
Gilberto *&* **Christa**
Ilana *Lipsztein*
Michael *Naify*
Angelica *Walker*
Luis *Nobrega*

Fotógrafos
Cassandra *Cury*
Cristiana *Lima*
Delfim *Martins*
Juliana *Lima*
Luciana *Whitaker*
Marcos *Amend*
Rafael *Costa*
Ricardo *Teles*
Rogério *Reis*
Sergio *Ranalli*

David Rockefeller Center for Latin American Studies, Harvard University
PRIOR + PTNRS
BrazilFoundation
INSTITUTO • BEĨ
POLES Studio for Architecture, Urban Design and Landscape
Conservation International Brazil
Arq.Futuro
MIT Brazil
GiveDirectly

Sumário

Categorias das reflexões

T *NOTA*

R *RELATO*

E *ENSAIO*

V *REVISÃO*

O *ROTEIRO*

I *ENTREVISTA*

P *FOTOGRAFIA*

Palavras-chave

ENTREVISTAS I & II

ENTREVISTAS V & VI

ENTREVISTAS VII & VIII

176	**Tereza** *C. Mc Courtney*	17/05/2020	T	DESAFIOS, INCERTEZAS, ADAPTAÇÃO, EXPECTATIVA	**BRA**	335
177	**Miguel** *Darcy de Oliveira*	08/05/2020	T	COLETIVIDADE, RESPONSABILIDADE, EXPECTATIVA, ESPERANÇA	**BRA**	336
178	**Marcelo** *Maia Rosa*	07/05/2020	R	INTROVERSÃO, COLETIVIDADE, ADAPTAÇÃO, EXPECTATIVA	**BRA**	336
179	**Ney** *Latorraca*	03/05/2020	T	ISOLAMENTO, INTROVERSÃO, EXPECTATIVA, ESPERANÇA	**BRA**	337
180	**José Benedito** *Tui(~) Huni Kuin*	23/03/2022	R	COTIDIANO, DESAFIOS, INCERTEZAS, COLETIVIDADE	**BRA**	337
181	**Rita** *Braune Guedes*	01/05/2020	R	COLETIVIDADE, POLÍTICA, RESPONSABILIDADE, ESPERANÇA	**BRA**	338
182	**Adriana** *Lucena*	27/04/2020	R	DESAFIOS, RESPONSABILIDADE, ADAPTAÇÃO, EXPECTATIVA	**BRA**	339
183	**Cláudio** *Domênico*	26/04/2020	T	ISOLAMENTO, INTROVERSÃO, DESAFIOS, INCERTEZAS	**BRA**	339
184	**Rafael** *Marengoni*	26/05/2020	R	ADAPTAÇÃO, EXPECTATIVA, RECOMEÇO, ESPERANÇA	**BRA**	340
185	**Fernanda** *Ferreira*	25/04/2020	R	INTROVERSÃO, COLETIVIDADE, RESPONSABILIDADE, ESPERANÇA	**BRA**	340
186	**Gabriel** *Kozlowski*	16/11/2020	E	ISOLAMENTO, COLETIVIDADE, URBANO, ADAPTAÇÃO	**BRA**	341
187	**Charles** *Silva*	29/05/2020	R	DESAFIOS, DESIGUALDADE, COLETIVIDADE, RECOMEÇO	**BRA**	343
188	**Seamus** *O'Farrell*	28/05/2020	R	ISOLAMENTO, COTIDIANO, EXPECTATIVA, ESPERANÇA	**AUS**	344
189	**Tina** *Correia*	09/10/2020 30/04/2022	R V	COLETIVIDADE, POLÍTICA, TECNOLOGIA, ADAPTAÇÃO	**BRA**	345
190	**Luis** *Nobrega*	01/06/2020	R	PERDAS, ADAPTAÇÃO, RECOMEÇO, ESPERANÇA	**EUA**	347

RESPONSABILIDADE

POSFÁCIO

ENSAIOS FOTOGRÁFICOS

2020 • 2022

Sumário Visual

Respostas x Palavras-chave

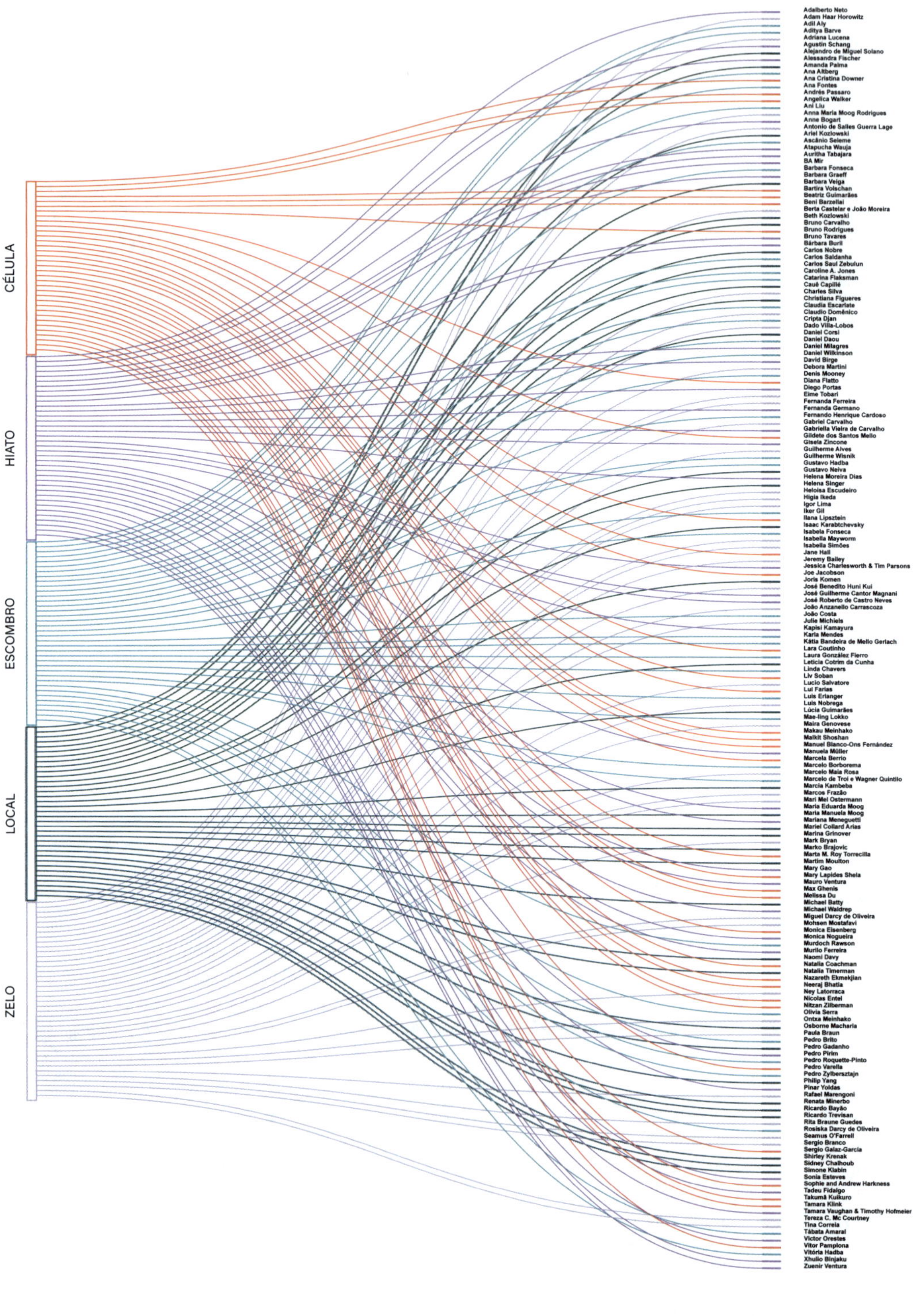

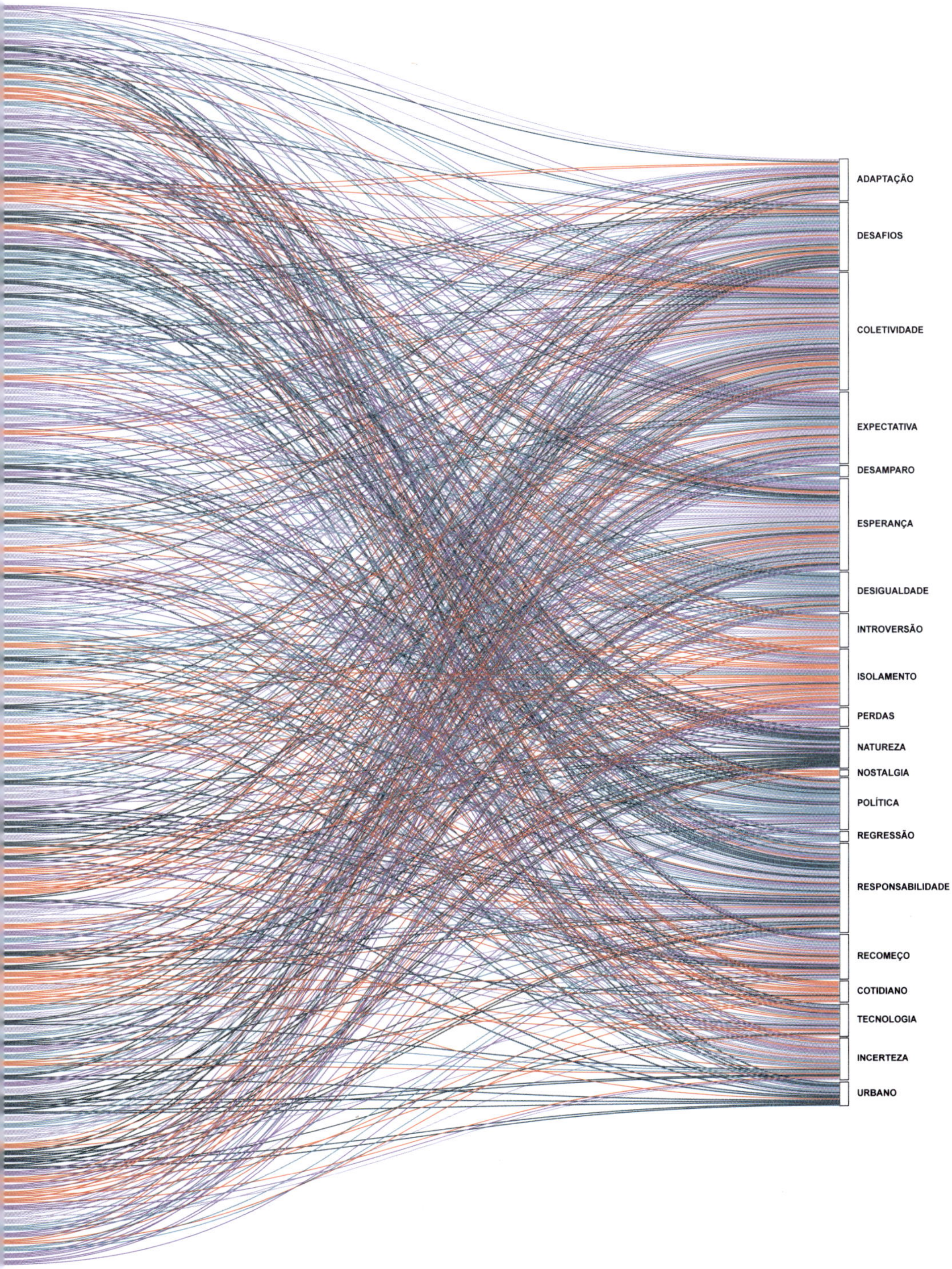
ADAPTAÇÃO
DESAFIOS
COLETIVIDADE
EXPECTATIVA
DESAMPARO
ESPERANÇA
DESIGUALDADE
INTROVERSÃO
ISOLAMENTO
PERDAS
NATUREZA
NOSTALGIA
POLÍTICA
REGRESSÃO
RESPONSABILIDADE
RECOMEÇO
COTIDIANO
TECNOLOGIA
INCERTEZA
URBANO

Palavras mais utilizadas

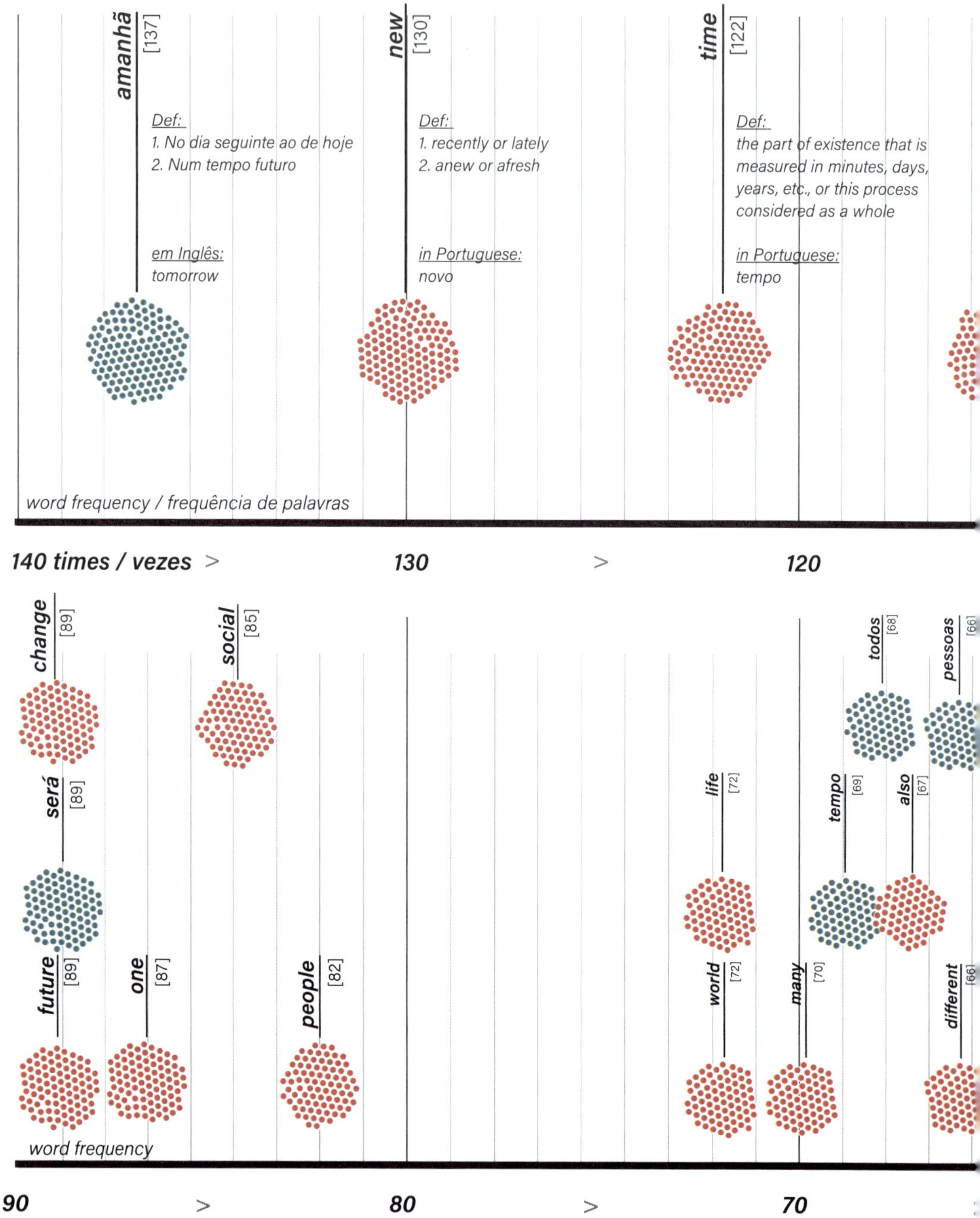

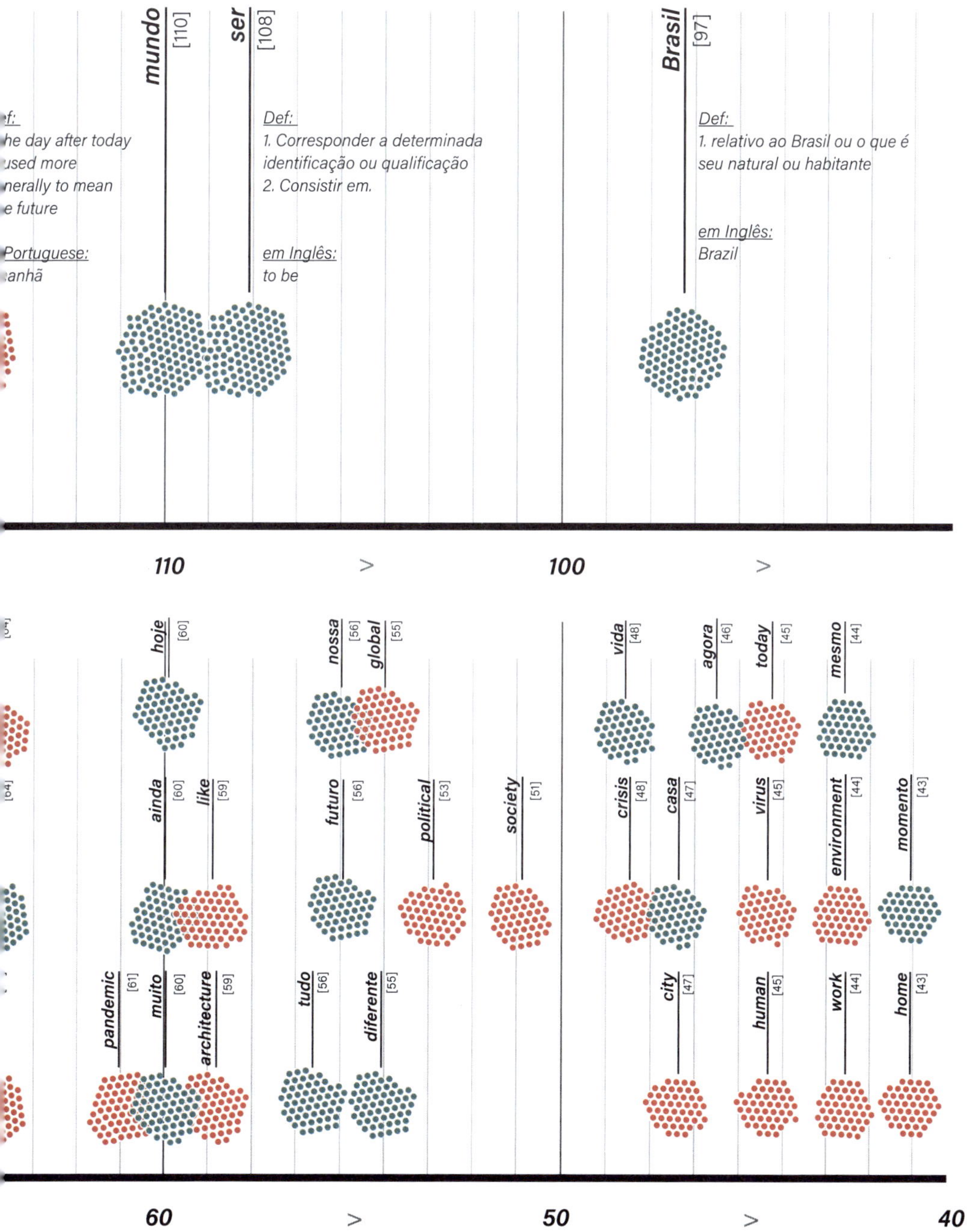

mundo [110]
ser [108]
Brasil [97]
f:
he day after today
used more
nerally to mean
e future
Portuguese:
anhã
Def:
1. Corresponder a determinada identificação ou qualificação
2. Consistir em.
em Inglês:
to be
Def:
1. relativo ao Brasil ou o que é seu natural ou habitante
em Inglês:
Brazil
110
>
100
>
hoje [60]
nossa [56]
global [55]
vida [48]
agora [46]
today [45]
mesmo [44]
ainda [60]
like [59]
futuro [56]
political [53]
society [51]
crisis [48]
casa [47]
virus [45]
environment [44]
momento [43]
pandemic [61]
muito [60]
architecture [59]
tudo [56]
diferente [55]
city [47]
human [45]
work [44]
home [43]
60
>
50
>
40

Linha do tempo

A campanha do Amanhã (de)Novo iniciou-se em março de 2020 e o primeiro relato foi recebido em 19 de abril de 2020.

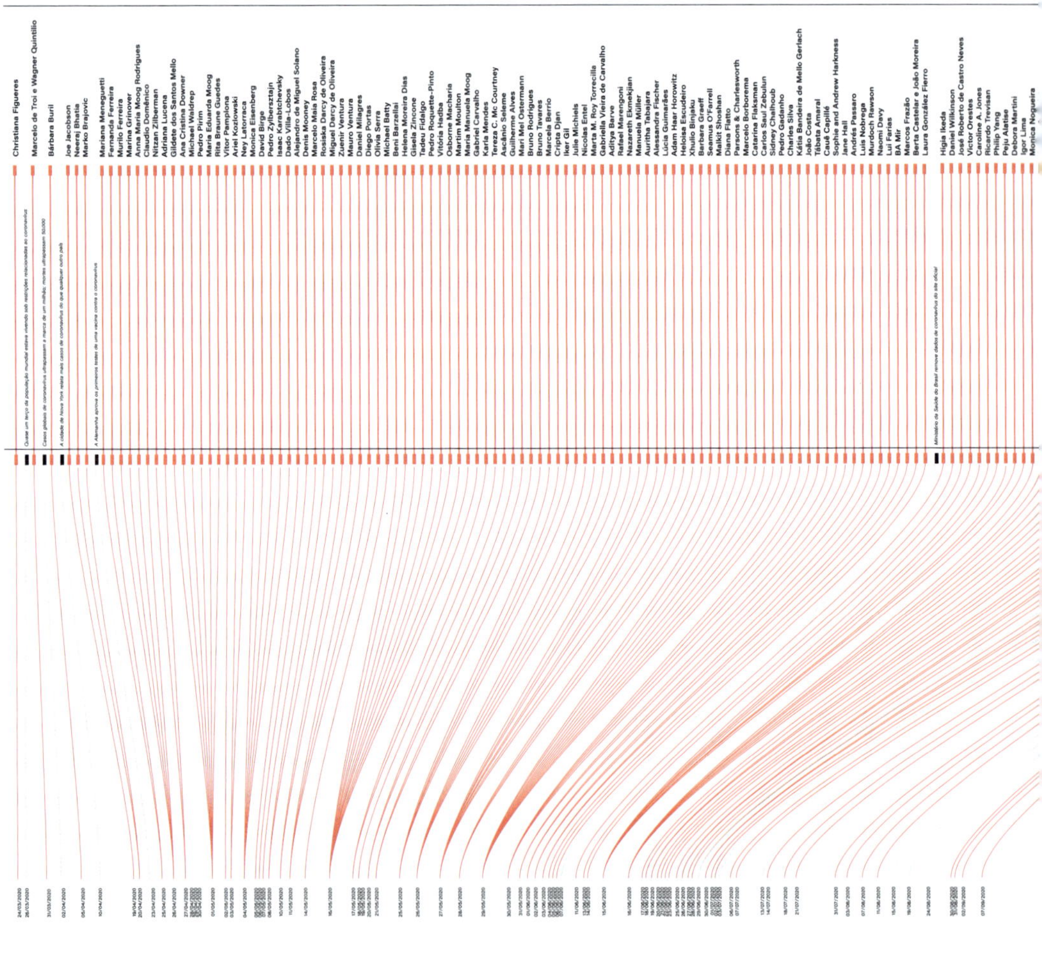

Entrevistas *Revisões* *Relatos* *Eventos*

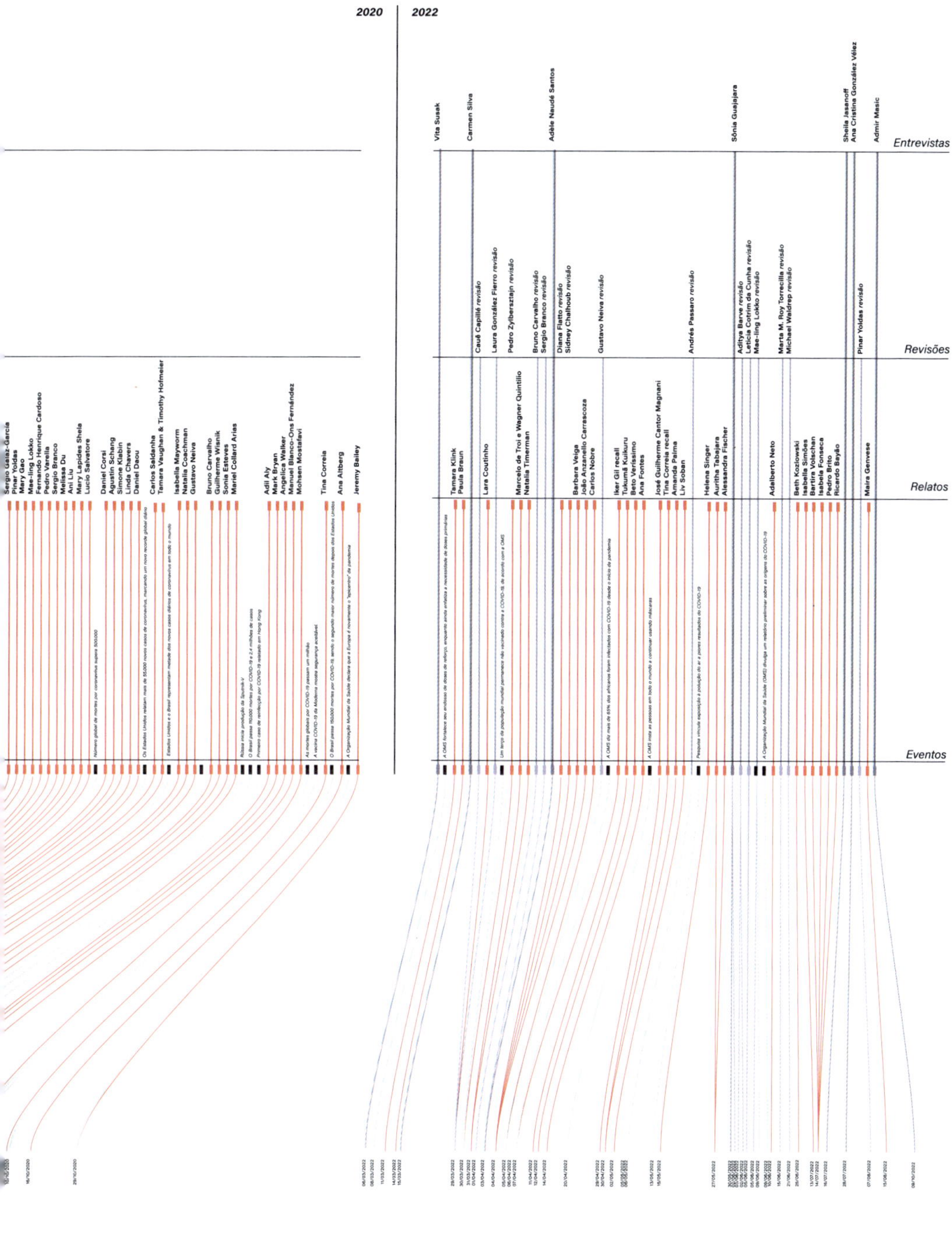
2020
2022
Entrevistas
Revisões
Relatos
Eventos
Sergio Galaz-García
Pinar Yoldas
Mary Gao
Mae-ling Lokko
Fernando Henrique Cardoso
Pedro Varella
Sergio Branco
Melissa Du
Ani Liu
Mary Lapides Shela
Lucio Salvatore
Daniel Corsi
Agustín Schang
Simone Klabin
Linda Chavers
Daniel Daou
Carlos Saldanha
Tamara Vaughan & Timothy Hofmeier
Isabella Mayworm
Natalia Coachman
Gustavo Neiva
Bruno Carvalho
Guilherme Wisnik
Sonia Esteves
Mariel Collard Arias
Adil Aly
Mark Bryan
Angelica Walker
Manuel Bianco-Ons Fernández
Mohsen Mostafavi
Tina Correia
Ana Altberg
Jeremy Bailey
Vita Susak
Carmen Silva
Adèle Naudé Santos
Sônia Guajajara
Sheila Jasanoff
Ana Cristina González Vélez
Admir Masic
Cauê Capillé revisão
Laura González Fierro revisão
Pedro Zylbersztajn revisão
Bruno Carvalho revisão
Sergio Branco revisão
Diana Flatto revisão
Sidney Chalhoub revisão
Gustavo Neiva revisão
Andrés Passaro revisão
Aditya Barve revisão
Leticia Cotrim da Cunha revisão
Mae-ling Lokko revisão
Marta M. Roy Torrecilla revisão
Michael Waldrep revisão
Pinar Yoldas revisão
Tamara Klink
Paula Braun
Lara Coutinho
Marcelo de Troi e Wagner Quintilio
Natalia Timerman
Barbara Veiga
João Anzanello Carrascoza
Carlos Nobre
Iker Gil recall
Tukumã Kuikuru
Beto Veríssimo
Ana Fontes
José Guilherme Cantor Magnani
Tina Correia recall
Amanda Palma
Liv Soban
Helena Singer
Auritha Tabajara
Alessandra Fischer
Adalberto Neto
Beth Kozlowski
Isabella Simões
Bartira Volschan
Isabela Fonseca
Pedro Brito
Ricardo Bayão
Maira Genvese

Participantes

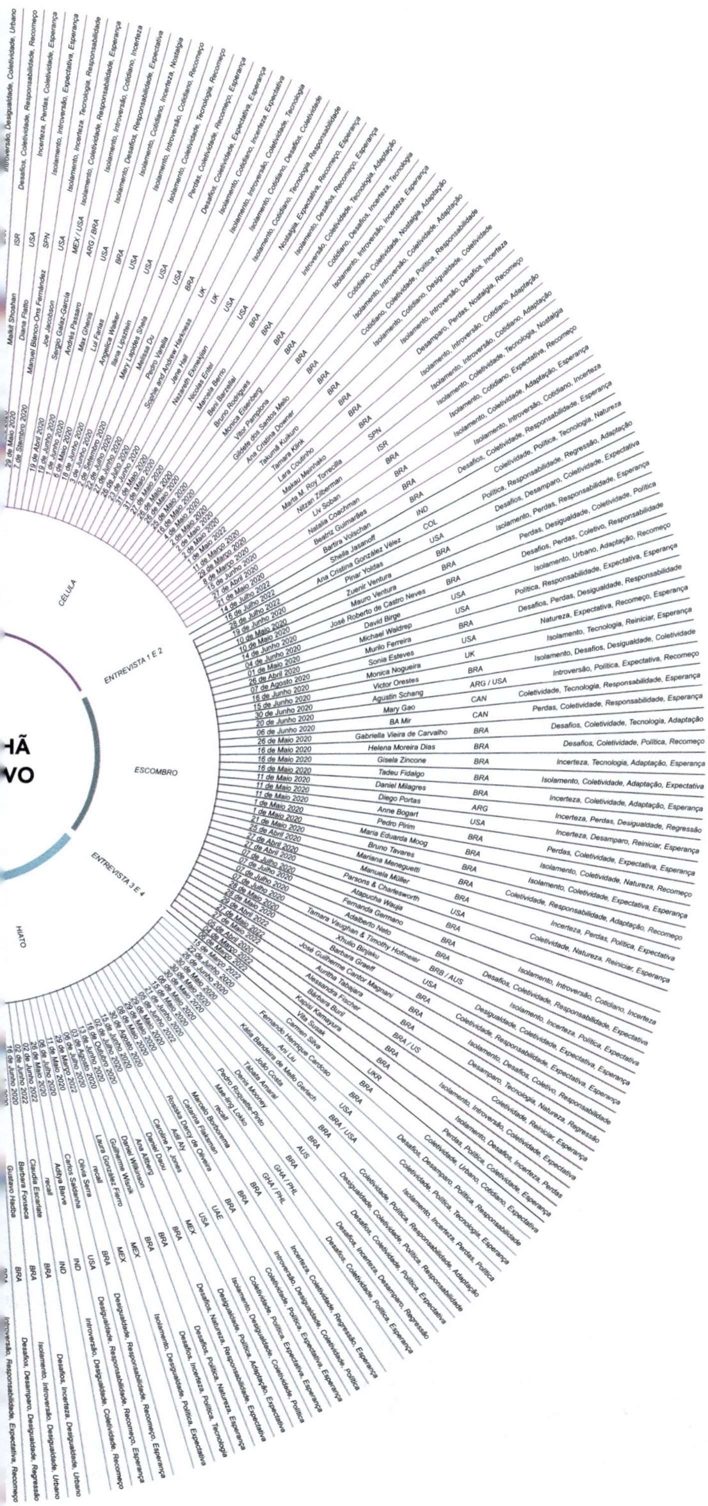
CÉLULA
ENTREVISTA 1 E 2
ESCOMBRO
ENTREVISTA 3 E 4
HIATO

Abril de 2020

Chamada da campanha

Os tempos de crise também são tempos para repensar nossos modos de vida. Embora separados individualmente, podemos pensar juntos, como um corpo coletivo, e agir de dentro de nossas casas para ajudar àqueles que estão na linha de frente. O projeto Amanhã (de)Novo convidou indivíduos de todo o mundo a agir em duas frentes:

1. Pensar

Confinados em nossos lares, cada dia é mais um do mesmo, onde indivíduos isolados anseiam por uma vida em público. Dia após dia, revivemos o hoje com uma mistura de desconforto, nostalgia e esperança. O Amanhã (de)Novo é um grito coletivo para que o amanhã chegue novamente. Entretanto, não pedimos que o amanhã venha como nosso normal de ontem, imitando nossos velhos hábitos, nossas mesmas maneiras de negligenciar as pessoas, de fazer negócios ou de desconsiderar o meio ambiente. O amanhã deve voltar novo, com o frescor do início de uma nova estação, de uma nova era. E, para isso, precisamos pensar: convidamos mentes incríveis a responder à pergunta "o que será diferente amanhã", para que possamos refletir coletivamente sobre o nosso futuro.

2. Compartilhar

Embora a reclusão possa oferecer um momento de introversão, reflexão e talvez até paz para alguns, é um fardo para um grande segmento da população que vive do que ganha a cada dia com seu trabalho, e ainda mais para aqueles que estão lutando contra o vírus. Esta crise também deveria ser uma crise de egoísmo, abrindo novos caminhos de solidariedade. Aqueles que conseguem, ajudam àqueles que estão em condições mais frágeis. E para isso precisamos compartilhar: convidamos amigos, familiares e estranhos a doar ao responderem à pergunta para que possamos ajudar àqueles que mais precisam neste momento.

Julho de 2022

Introdução

Gabriel *Kozlowski*

Originalmente escrito em inglês

O Amanhã (de)Novo começou como uma reação a um estado de crise. Foi uma dentro de uma constelação de expressões artísticas que tentaram dar sentido ao que estava acontecendo no mundo e fazer algo a respeito. Ele foi concebido por uma urgência de não apenas se sentar e observar, mas, em vez disso, mobilizar as pessoas em torno de uma causa que se mostrava comum a todos. Em vez de completamente definido e planejado até os últimos detalhes, o Amanhã (de) Novo foi resultado de um sentimento instintivo que nos forçou a combater uma inércia e uma sensação de descrença que começava a pesar sobre todos com as notícias trágicas acumuladas dia após dia nos primeiros meses da pandemia. Até então, já estava claro que os números da nova doença espelhavam nossas desigualdades sociais. É verdade, pode-se dizer que a doença não poupou ninguém, mas isso é diferente de dizer que aplanou as diferenças estruturais. O resultado foi o oposto: as desigualdades foram acentuadas e os golpes mais duros foram vistos precisamente em regiões de vulnerabilidade social e de comunidades marginalizadas. Isso representava um segmento da população para o qual o isolamento não era uma opção, o acesso a serviços de saúde rápidos e individualizados era inexistente, e sua sobrevivência diária dependia da renda do mês anterior. Assim, à medida que a pandemia se aprofundava e as incertezas se intensificavam, surgiam múltiplas formas de solidariedade que buscavam prevenir ou atenuar as consequências prejudiciais dessas disparidades. O sentimento era de que atos de abnegação estavam brotando em todos os lugares junto com um senso de responsabilidade, fluindo não apenas daqueles que estavam em uma posição mais privilegiada para aqueles que não estavam, mas também entre os necessitados. Era como se qualquer um que pudesse estender a mão a seus semelhantes o fizesse conforme necessário. E nós também o fizemos. A gravidade da situação nos obrigou a pensar em maneiras de expandir nossa possibilidade de oferecer ajuda. Como poderíamos fazer mais do que o pouco que conseguíamos individualmente, de modo que pequenos atos pudessem construir algo maior? Ou, mais pragmaticamente, como poderíamos criar um canal por meio do qual aqueles que não sabiam como ajudar ou não tinham tempo para fazê-lo pudessem encontrar uma maneira fácil e confiável de contribuir para aliviar as dificuldades dos outros?

O primeiro impulso do Amanhã (de)Novo foi seu etos filantrópico, reunindo recursos – grandes ou pequenos – para ajudar a resolver uma situação que estava rapidamente ficando mais crítica com o passar do tempo. Cientes da rede que tínhamos, sabíamos que uma angariação de fundos poderia ser uma via viável, mas também sabíamos que precisávamos construir confiança, comunicar nosso compromisso, demonstrar transparência e torná-la atrativa se quiséssemos reunir apoio com sucesso. Dessa forma, propusemo-nos a entender como fazer com que as doações funcionassem de forma legal, transacional e em termos de experiência do usuário. Procuramos advogados, economistas, diretores de organizações sem fins lucrativos, desenvolvedores de web, tradutores e profissionais de *marketing* para obter conselhos, e assim estabelecemos as parcerias iniciais que construíram as bases da campanha; cada um deles ofereceu seu tempo e experiência sem pedir nada em troca. Um grande componente dessa fase inicial foi encontrar as ONGs certas com as quais trabalhar, aquelas que já estavam comprometidas com a causa da Covid-19 e que, juntas, poderiam ter uma abrangência geográfica para oferecer múltiplas possibilidades de assistência em diferentes lugares do mundo. Unimos forças com ONGs que já estavam reagindo ativamente à crise atual, atuando nos Estados Unidos, no Quênia e no Brasil, em diferentes regiões e capacidades. Elas haviam sido selecionadas devido à sua seriedade, transparência, eficiência e alcance, agindo ao mesmo tempo como canais de redistribuição. As doações iriam primeiro para elas, e dali entrariam nas comunidades visadas. Assim, nossa iniciativa foi definida para redirecionar as doações aos povos indígenas do Xingu e às famílias que vivem em condições precárias nas favelas de São Paulo (em parceria com o Instituto BEI); às comunidades quilombolas e ribeirinhas da Amazônia (em parceria com a BrazilFoundation e a Conservation International do Brasil); e às famílias atingidas pela pandemia e pela crise econômica desencadeada nos Estados Unidos e no Quênia (em parceria com a GiveDirectly). Nossa campanha foi possível por causa deles: devido ao belo trabalho que estavam fazendo em campo e à confiança que essas grandes instituições depositaram em nós, ou seja, em um grupo de indivíduos sem qualquer estrutura beneficente ou conhecimento prévio em filantropia. Ao lado deles, o Amanhã (de)Novo passou do projeto à ação, tornando-se um veículo para conectar novos doadores a pessoas necessitadas.

Se a coleta de doações foi uma resposta que agiu no presente, uma temporalidade relacionada ao imediato e ao urgente que buscava alívio para aqueles que precisavam de apoio agora e não depois, estávamos convencidos desde o início de que, como uma sociedade global, só sairíamos melhor deste desafio se também atuássemos em nosso futuro. Não apenas agindo pelo fazer, mas pelo pensar. Sermos capazes de imaginar o que o amanhã poderia trazer, onde poderia ser levado ou o que gostaríamos que ele fosse era necessário para evitar que perdêssemos uma oportunidade de converter a atual desintegração em evolução. A necessidade era lutar contra a inércia de se ater a uma forma de imediatismo enquanto perdíamos de vista uma perspectiva mais ampla. O pensamento, longe de ser um ato passivo, torna-se assim uma postura ativa e política que se estende no tempo. Por meio do pensamento, podemos extrair lições do passado, do que nos levou a tal ponto de colapso, de modo a canalizá-las para a frente, evitando no futuro erros semelhantes. Podemos rejeitar as muitas facetas do pragmatismo, do utilitarismo, do economicismo e do conformismo, e escolher dar espaço à inovação, à imaginação, ao devaneio e à utopia. Da mesma forma que o que chamamos de presente é algo que inventamos, socialmente construído em vez de natural, dado ou preordenado, assim deveria ser o futuro. Mas o futuro também toma sua forma a partir de um dado presente, alguns argumentariam, mais sóbrio do que idealizado, uma extensão predeterminada de nossas certezas atuais. Essa visão sugere um amanhã que replica o caminho que levou ao hoje. Vê-se assim um futuro que não é diferente do que era o presente: uma promessa passada de dias melhores, fracassada devido aos próprios sistemas de fazer política, acumulação de capital, exploração social e desrespeito à natureza que vemos invariavelmente continuar daqui para frente. De fato, o acordo entre essas duas visões é uma negociação entre o otimismo e o pessimismo. Talvez seja uma questão de entender o que desencadeia mudanças reais. Será uma questão de escala, do quanto é suficiente para nos fazer despertar? Ou talvez seja uma questão de método, uma busca pelos processos que podem ocasionar rupturas estruturais? Independentemente da direção, tornou-se importante para nós investigar a relação entre este momento distópico e nosso futuro potencial. Procuramos utilizar os múltiplos tipos de recursos e energia que estávamos mobilizando para construir, em paralelo aos esforços de captação de recursos, uma plataforma onde os pensamentos sobre nosso amanhã pudessem ser coletados e compartilhados. Uma plataforma concebida como um incentivo para que as pessoas refletissem coletivamente, que parassem por um momento simplesmente para pensar. Assim, nós lhes perguntamos: **"O que será diferente amanhã?"**, e as respostas se tornaram este livro.

Este é um livro sobre futuros imaginados a partir da perspectiva de um presente descarrilado. Buscamos uma ampla gama de pessoas, de múltiplas origens, gêneros, raças, etnias e nacionalidades. Pedimos reflexões para profissionais das artes, *design*, fotografia, arquitetura, literatura, jornalismo, cinema, sociologia, psicologia, saúde, economia, empreendedorismo, direito, política, ativismo climático e muito mais. Desde um ex-presidente até uma dona de casa. Ouvimos de intelectuais que admiramos a indivíduos que não conhecemos, resultado tanto dos convites diretos que enviamos quanto da divulgação orgânica da campanha devido ao caráter aberto de sua presença *on-line*, expandindo as respostas para além de nosso círculo inicial. Como não havia uma estrutura imposta para as reflexões individuais, elas vieram em múltiplos formatos e comprimentos. De um parágrafo a um ensaio, a um roteiro de filme. Alguns refletiam sobre o futuro que achavam necessário, outros, sobre o futuro que queriam, e outros ainda, sobre o futuro que achavam inevitável. Alguns não pensavam em futuro. Em retrospectiva, vemos as respostas como um ato de balanço entre esperança e desilusão, no entanto, de modo geral, a sensação é que elas tendiam a ficar mais tristes quanto mais tarde eram escritas. Apesar da atmosfera séria do momento e da angústia compartilhada, é perceptível que, na primeira fase da pandemia, houve uma pitada de excitação, mesmo que ao contrário: uma sensação de que, do crepúsculo da dor, um novo amanhecer surgiria. Essa mudança de tom de acordo com o período do ano nos obrigou a aproveitar o prazo do processo de produção do livro para aprofundar seu conteúdo e reunir reflexões atualizadas de alguns indivíduos que já haviam apresentado respostas um ano antes, como um *recall*. A leitura de suas reflexões antes e depois oferece uma perspectiva fascinante sobre o desenvolvimento pandêmico.

Durante toda a produção, também exploramos outro tipo de diálogo por meio de entrevistas. Selecionamos oito excelentes pensadores para os quais a pandemia havia se tornado um impulso extra para expandir suas práticas em torno dos direitos sociais, políticos e ambientais. Eles tratam de questões relativas ao acesso universal à moradia (Carmen Silva), o papel do *design* na criação de cidades acessíveis e igualitárias (Adele Santos), a defesa dos territórios indígenas (Sônia Guajajara), o direito das mulheres e a igualdade de gênero (Ana Cristina González Vélez), soluções transnacionais para a crise dos refugiados (Admir Masic), direitos à soberania e à paz na Ucrânia (Vita Susak), proteção da Floresta Amazônica e seus habitantes (Beto Veríssimo), e a ética do desenvolvimento científico na sua intersecção com a política (Sheila Jasanoff). Além disso, a essa coleção de oito reflexões verbais, acrescentamos dez ensaios visuais. Eles foram generosos presentes de fotógrafos brasileiros renomados que retratam tribos indígenas há décadas. Concluindo o livro, a coleção de cerca de 60 fotografias retrata a beleza dos povos nativos do Brasil, um grupo para o qual a pandemia tem sido particularmente destrutiva devido a sua baixa imunidade ao vírus, modos de vida coletivos tradicionais, acesso limitado a serviços de saúde e hospitais, e a atual inação governamental. Essas fotos são uma homenagem a suas culturas que, por tanto tempo, perseveraram contra condições adversas, como as práticas do atual governo, que mobilizou tudo ao seu alcance para desmantelar tais comunidades e ceder suas terras às atividades do agronegócio e da extração de recursos. Ao retratar múltiplos aspectos da vida, da cultura e das artes dos povos indígenas, esses fotógrafos ajudam a nos conscientizarmos sobre a urgência de valorizar e proteger os habitantes originais do Brasil, que, no final das contas, são os verdadeiros proprietários destas terras e os mais importantes protetores de suas florestas. Ao todo, entre reflexões, lembranças, ensaios, entrevistas e fotografias, o livro retrata o pensamento de 200 pessoas, tendo sido escrito em dois lotes, entre abril e outubro de 2020, e março e julho de 2022, construindo um panorama sobre as formas como lidamos com a crise.

Organizamos esse material escrito em cinco seções, o que também reflete a estrutura de seus capítulos. São eles: Célula, Hiato, Escombros, Local e Zelo. Cada início de capítulo oferece uma elaboração mais profunda sobre essas palavras, tentando transmitir um conjunto de posições e sentimentos que criam um denominador comum quando lidos em conjunto. Mais do que pragmáticas, elas representam uma tentativa exploratória de categorização e agrupamento com o objetivo de enfatizar algumas áreas de discussão e facilitar o acesso do leitor aos diferentes temas presentes na publicação. O objetivo não foi construir uma estrutura rígida que correspondesse precisamente ao conteúdo de cada reflexão individual, mas, sim, fazer um exercício para ajudar a identificar e apontar interseções que podem ser percebidas quando um grupo de textos é visto coletivamente. Dessa forma, as seções deveriam ser entendidas como um esforço retroativo para extrair algumas das principais preocupações que atravessam os textos, ao mesmo tempo que se encontram semelhanças e diferenças entre eles. As seções foram então ordenadas de modo a sugerir sutilmente uma progressão de sentimentos e posturas em direção à pandemia, da descrença à esperança e à renovação. Naturalmente, uma tentativa de categorização de algo que não foi originalmente projetado para se encaixar em categorias corre o risco de simplificar ou diluir as nuances dos argumentos. Nossa resposta a isso foi primeiro abraçar a instabilidade dos rótulos das seções e trabalhar ativamente para borrar os limites entre elas, posicionando textos que falam pelas seções quando se trata do fechamento e da abertura de cada capítulo. Para reforçar essa indefinição, também utilizamos as entrevistas como momentos de transição entre os capítulos. Exibidas em pares, elas funcionam como marcadores temáticos que conduzem a conversa de determinados temas para outros. Em segundo lugar, criamos um sistema de palavras-chave que oferecia mais profundidade à classificação, ao mesmo tempo que proporcionava ao leitor um roteiro para encontrar no livro as reflexões que falavam de seus interesses. Seguindo as palavras-chave, cada leitor pode criar seus próprios caminhos para acessar o conteúdo e navegar pelas múltiplas discussões. Pode-se decidir, por exemplo, ler apenas os textos marcados como Natureza, enquanto outra pessoa pode preferir explorar Rotina, Política e Nostalgia para ver como esses assuntos foram abordados por nossos escritores. Igualmente válido seria ignorar completamente as palavras-chave e as seções, e ler os textos em ordem cronológica. Em suma, o livro oferece múltiplos caminhos de discussão, incluindo, acreditamos, muitos que não previmos.

Outro componente que é importante enfatizar nesta introdução é que a campanha inicial tinha um escopo maior do que o livro atual. Nem tudo o que saiu dali entrou aqui. Alguns exemplos incluem o material da campanha de *crowdfunding* lançada pelos Instituto BEI e Tide Setubal simultaneamente à nossa campanha e com a qual unimos forças; o leilão de arte que criamos sob o nome *Mapping Brazil* [Mapeando o Brasil] para aumentar nossa capacidade de captação de recursos vendendo os mapas que eu e meus colegas cocuradores criamos para o pavilhão brasileiro na Bienal de Veneza de 2018; o evento que preparamos com o toque do sino de fechamento da Bolsa de Valores de Nova York para aumentar a conscientização de nossa campanha; os inúmeros conteúdos de mídia social, *pitch decks* e material de *marketing*; e, o mais importante, a linda animação digital que o artista de mídia turco Refik Anadol criou especificamente para o Amanhã (de)Novo retratando a evolução espacial dos casos de Covid-19 em todo o mundo. O trabalho intitulado *New Gravity of the World* [Nova gravidade do mundo] constrói uma visualização 3D que extrai dados da Universidade John Hopkins e do Healthmap.org, mapeando os 2,5 milhões de casos confirmados desde junho de 2020. Os dados foram processados para tornar legível a soma cumulativa da infecção ao longo do tempo, filtrada por continente, país, província e cidade, ao mesmo tempo que encoraja uma compreensão mais abrangente do momento atual e da imaginação de um mundo pós-pandêmico em que as interconexões globais serão fundamentais para nosso processo de cura coletiva. A generosidade de Refik em produzir essa peça e ajudar a expandir a campanha faz com que qualquer palavra de apreço fique aquém do esperado: só podemos expressar nossa gratidão por essa colaboração. A razão pela qual ela não foi incluída no livro deve-se simplesmente à natureza diferente de seu conteúdo em relação aos que escolhemos para priorizar: textos e visuais dos povos indígenas. A *New Gravity of the World* deve ser desfrutada no poder de seu formato original, portanto, o vídeo pode ser acessado *on-line* nos endereços fornecidos na nota de rodapé[1]. Todos esses componentes sucintamente listados aqui foram tão importantes para a campanha quanto foi o conteúdo que acabou se tornando livro. Eles foram igualmente importantes para criar momento para nossos esforços de arrecadação de fundos, ao mesmo tempo em que lhe deram legitimidade, tração, alcance e, finalmente, sucesso.

Para concluir, este livro também funciona como o encerramento, tanto simbólico quanto prático, de uma longa empreitada. Prático porque é uma forma de prestarmos conta a toda a confiança que nos foi depositada. Ao consolidar o conteúdo produzido por centenas de pessoas em um único lugar, esse conteúdo se torna concreto o bastante para sobreviver além dos anos pandêmicos.

Studio Refik Anadol: https://refikanadol.com.
New Gravity of the Earth: https://vimeo.com/446199466.

Nesse sentido, o livro pode ser visto como um artefato, um pequeno vislumbre de um momento particular. Além disso, ele fornece uma seção explicitamente rotulada *Responsabilidade*, que oferece uma visão geral do caminho que as doações tomaram até chegar a seus destinatários. No lado simbólico, o livro marca uma conclusão. É o auge dos eventos, do tempo, dos recursos e da boa vontade de muitas pessoas que se dedicaram a fazer de um impulso filantrópico uma verdadeira fonte de impacto.

Tendo tudo isso em conta, o livro é uma oportunidade para genuína e publicamente agradecer a todos que participaram de alguma forma ou de outra ao longo das diferentes fases da iniciativa. A cada um dos colaboradores que doaram seu tempo e conhecimento para fazer o *Amanhã (de)Novo*; a todos os que abraçaram a urgência e doaram suas ideias na forma de reflexões e conversas por escrito; a cada pessoa generosa que doou dinheiro para a campanha, assim como àquelas que graciosamente receberam as doações; e a todos os nossos parceiros e patrocinadores, não poderíamos ser mais gratos. Embora tenhamos listado seus nomes no início do livro, aqui prestamos uma homenagem adicional aos nossos parceiros mais próximos: a BrazilFoundation, sob a liderança de Rebecca Tavares; o Instituto BEI, liderado por Tomas Alvim e Marisa Moreira Salles; o Harvard David Rockefeller Center for Latin American Studies, com sua diretora executiva do escritório do Brasil, Maria Helena Monteiro, e o gerente de programa, Tiago Genoveze; e nossa editora Gryphus, sob a figura criativa e diligente de Gisela Zincone. Finalmente, estendemos o agradecimento aos leitores, que, ao adquirir esta publicação, não apenas valorizam e celebram esse trabalho, mas também proporcionam renda aos habitantes da Região Amazônica e à Associação Terra Indígenas do Xingu (ATIX).

Agradecemos do fundo do coração a todos vocês. Esperamos que a compilação de ideias aqui presentes desperte um senso de empatia, curiosidade e responsabilidade para a construção do nosso amanhã coletivo.

Gabriel Kozlowski
Autor da campanha & Editor do livro
Belém, Brasil. Julho de 2022.

Uma célula é um espaço interior. É tanto um espaço em que a pessoa se encontra quanto uma unidade dentro de um sistema mais amplo. Ela descreve um estado de clausura, um enclave, espelha um território. Ela se desprende para poder olhar para dentro. Pode proteger ou alienar. Estar em uma célula significa estar contido dentro de limites, sejam eles físicos ou mentais. São limites que dividem e isolam. São membranas, peles, envelopes, capas, invólucros, conchas, couraças, mas também ideias e crenças. Ao mesmo tempo que a célula fecha, ela liberta: a prisão e o ovo.

Uma célula é um retiro onde alguém se recria a si mesmo e, em troca, recria o mundo. Uma célula implica uma transformação contínua tanto do meio como do sujeito. A transformação é recíproca. Não existe um sujeito inserido em um meio sem que esse meio esteja inserido no sujeito. Sendo uma célula, a pessoa constrói o ambiente de que vai precisar para viver, mesmo sem querer: constrói sua própria possibilidade de existência. Como a galinha e o ovo, mas com a diferença que sabemos que o ovo veio primeiro. O ovo encontrou a galinha da mesma forma que a célula encontrou o sujeito. A célula só utiliza o sujeito para que possa construir o ambiente onde outros sujeitos podem existir. Uma célula permite que se viva, mas é exatamente vivendo que se morre. Portanto, a célula é o maior sacrifício do sujeito, da mesma forma que "o ovo é o grande sacrifício da galinha. O ovo é a cruz que a galinha carrega na vida".[1] Dessa forma, o ovo e a célula são as manifestações perfeitas da universalidade. Eles contêm todo o cosmos em si. Portanto, assim como o ovo, a célula veio primeiro. Não é de se surpreender que tenha inaugurado a pandemia.

---

1. LISPECTOR, Clarice. O ovo e a galinha. In: MOSER, Benjamin (ed.). *Clarice Lispector*: todos os contos. Rio de Janeiro: Rocco, 2016. p. 306.

Célula

O isolamento e a morte foram nossos sacrifícios, as cruzes que carregamos durante estes dois anos. O mundo em si se tornou uma célula, que podia ser percebida por sua fragilidade, autocontenção e singularidade. Nossa única célula; o todo feito de partes menores. Ao nos retirarmos para nossos próprios espaços interiores, pudemos conceber o universal, a totalidade do envelope. O desapego permitiu-nos pertencer. Permitiu-nos tanto o medo quanto a esperança, ou assim as reflexões contidas nesta seção elucidam. Estes são textos que expressam as ideias de células. Ora flagrantemente – a célula na qual se está confinado –, ora figurativamente – discutindo condições de isolamento, esterilidade, desacoplamento, divisão, unidade. Alguns falam de um estado fixo, outros, de um processo de evolução a partir de um ponto singular. Alguns pensam sobre os sistemas que se comportam como nossas células, outros, sobre as células que criamos para encapsular outros. Em resumo, o peso da quarentena atravessa muitos dos relatos reunidos nesta seção. A imagem é da célula.

Diana *Flatto*

Curadora assistente da Americas Society (Nova York)
Professora da University of Pittsburgh.

EUA / Relato / 29-Mai-2020
Originalmente escrito em inglês

incertezas, perdas, coletividade, esperança

Arco-íris

Pensando no amanhã, eu me pergunto sobre a próxima geração. Durante meu isolamento em South Slope, Brooklyn, eu me fixei na prevalência do arco-íris. As crianças do bairro aproveitaram o momento de crise como uma oportunidade para criar, como muitos fizeram em tempos turbulentos antes delas. Elas contribuíram com seus próprios vislumbres de esperança na forma de vermelho, laranja, amarelo, verde, azul e violeta. Cada arco-íris é um augúrio prematuro, desenhado durante o pico da curva de Nova York. Esses pequenos gestos de lápis de cera, marcador ou tinta de dedo representam uma fé que continuará após a tempestade.

Os Estados Unidos já sofreram mais de 100 mil mortes por causa desse vírus. Apesar da esperança incutida pelos desenhos das crianças, nós lamentamos. O espaço verde mais próximo onde eu posso passar tempo fora de minha casa é o Cemitério Green-Wood. Os terrenos espalhados foram projetados em uma época em que os cemitérios eram precursores de parques públicos, oásis, em vez de locais de enterro sombrios. Ali eu me encontrava em paz, prestando meus respeitos aos que passaram, mas me perguntando como eles serão memorializados. O memorial de hoje é uma lista de nomes que cobre várias páginas de um jornal, no lugar de mausoléus góticos ou obeliscos austeros?

Talvez os arcos-íris das crianças sejam memoriais de papel, cada um deles um lembrete de como esta crise se tornou sinistra. O fenômeno do arco-íris substituiu os símbolos nacionalistas que vimos durante momentos passados de trauma e luto coletivo, dando-me esperança de que esses jovens pensadores e produtores criarão um futuro mais igualitário.

Revisão
04-Abr-2022

Escrevi minha apresentação inicial a este projeto em maio de 2020, há quase dois anos. Estávamos à beira do declínio da primeira onda de casos de Covid-19, da convulsão social em resposta ao assassinato de George Floyd e da esperança de que veríamos uma mudança em nossa sociedade como uma resposta a essas crises simultâneas e inter-relacionadas. Recebi o pedido para este seguimento no auge de minha própria infecção por Covid-19, um caso leve graças ao advento de vacinas e reforços, mas significativo o suficiente para atrasar esta escrita. Tive o privilégio de ter o apoio de meus amigos e colegas, pois a infraestrutura inicialmente criada para ajudar as pessoas afetadas pelo vírus foi sendo lentamente desmantelada. Esta pandemia aumentou as disparidades entre aqueles que nossos sistemas são construídos para servir e aqueles que são construídos para negligenciar. Fiquei confortavelmente em minha casa, cuidando da minha fadiga, tosse e congestão, imaginando como eu lidaria com isso de maneira diferente se tivesse nascido em circunstâncias diferentes ou mesmo se tivesse sofrido esses sintomas em meio a uma investida de tanques e bombas como tantas outras que hoje estão enfrentando.

Amanhã (de) Novo é um projeto sobre o futuro. Eu ainda acredito no espírito da geração que passou os primeiros meses de quarentena desenhando arco-íris. Só posso esperar que esse espírito não seja prejudicado por nossas lutas contínuas. Anseio pelo otimismo que tive em meu último escrito, antes que 100 mil mortes nos Estados Unidos se tornassem quase 1 milhão. Continuo a passar meu tempo caminhando em meu bairro e no cemitério local, sonhando com um futuro no qual a morte em massa não tenha sido normalizada, onde juntos possamos elevar aqueles que nossos sistemas esqueceram e lembrar daqueles que perdemos.

Malkit *Shoshan*

Diretor-fundador da Foundation for Achieving Seamless Territory (FAST) e Chefe de Área, Arte, Design e Domínio Público (ADPD). Mestre em Estudos de Design pela Harvard GSD.

ISR / Relato / 29-Mai-2020
Originalmente escrito em inglês

desafios, coletividade, responsabilidade, recomeço

Vivemos dentro dos legados de nossos projetos, das histórias que escolhemos contar e dos relacionamentos que decidimos cultivar.

A pandemia suspendeu nosso dia a dia. Ela nos enraizou.

Com centenas de milhares de vidas perdidas e doenças contagiosas pairando e ameaçando a existência de nossos tecidos sociais, hábitos e infraestrutura material.

Continuamos em quarentena.

Nesse momento de suspensão, podemos refletir sobre nossas viagens frenéticas e constantes deslocamentos, a corrida para recuperar o atraso e conduzir ideias de crescimento fantasma, muitas vezes fortalecidas pela ganância extrativista e pela lógica econômica insustentável.

A partir da quarentena, também podemos visualizar fluxos de imagens ao ar livre capturadas por câmeras de vigilância e satélites remotos. Podemos observar mudanças rápidas ocorrendo.

Nosso bloqueio global abriu espaço para que outras formas de vida surgissem. Javalis, veados e outros animais selvagens vagam livremente em áreas que nós, humanos, não frequentamos mais. Testemunhamos que, com nossa ausência, grandes sistemas ecológicos começam a se restaurar – um lembrete do que realmente importa. Riqueza e plenitude são encontradas na limpeza dos céus e oceanos, na melhoria da qualidade do ar e da água.

Não deixe que uma boa crise seja desperdiçada – seguindo o que Naomi Klein chama de "A doutrina do choque", à medida que a pandemia exacerba as agendas corporativas extrativistas e o isolacionismo nacional; precisamos perguntar como isso pode ser usado como catalisador para outro tipo de mudança.

É um momento de nos desafiarmos a "escrever histórias e viver para o florescimento e a abundância, cultivando a capacidade de reimaginar a riqueza, aprender a praticar a cura em vez de completude por meio do que parece agora colaborações improváveis e propor futuros próximos, futuros possíveis e agora implausíveis, mas reais" (*Staying with the Trouble*, Donna Haraway).

É hora de mudar de rumo, reavaliar nossos valores e buscar a redenção por meio de ações de cuidado e amor.

Manuel *Blanco-Ons Fernández*

Advogado escritor e delegado da Ordem dos Advogados Provinciais de La Coruña, Espanha.

ESP / Relato / 07-Set-2020
Originalmente escrito em espanhol

isolamento, introversão, expectativa, esperança

O meu amigo António é um otimista antropológico, daqueles que veem sempre o lado positivo das coisas e invocam constantemente o "não há mal no mundo", embora com a história do confinamento domiciliar tenha substituído pela versão "de sairemos disso melhores". No entanto, ontem fiquei surpreso quando ele me ligou com um tom triste e abatido. Quando lhe perguntei o que estava acontecendo, ele me disse o seguinte: "No primeiro dia da nova liberdade, peguei a bicicleta e saí para pedalar pela minha casa. Quando eu estava dirigindo por um bairro não muito longe, como eram oito da noite, algumas pessoas saíram às janelas e varandas para aplaudir o éter. Não tive ideia melhor do que fazer uma piada e cumprimentar o público, agradecendo a celebração tão fervorosa da minha exibição esportiva. Imediatamente uma tempestade com raios, trovões e faíscas foi desencadeada. Menos bonita, me chamavam de tudo. Lembro-me particularmente de um cara de regata gritando repetidamente comigo, me chamando de palhaço enquanto fazia um grande estardalhaço; um menino de 12 anos me deu meia dúzia de cortes nas mangas e uma senhora idosa até desejou que eu fosse atropelado por um trailer. Apavorado, fugi, rumando para a periferia da cidade com a estranha ideia de que a tranquilidade do campo pudesse ser um bálsamo curativo. Quando passava em frente a uma casinha no rés-do-chão junto à estrada, correu em minha direção um cão de pernas curtas e barrigudo, um daqueles que o meu amigo Moncho Muros chama de lambe-lambe. Como ele estava se aproximando perigosamente do meu tornozelo esquerdo com intenções nada pacíficas, fiz um gesto com a perna para afastá-lo, sem sequer tocá-lo. Nesse momento, da porta da casa, aquele que devia ser o dono, um cara barrigudo, patas curtas e rabugento como o cachorro dele, gritou comigo: 'Seu safado, não bata no meu cachorro', acompanhando-o com menções escatológicas a meus pais e desprezo por minha suposta efeminação, talvez derivada do fato de eu estar vestindo uma camisa de ciclismo. Rapidamente desisti de fazer um pedido de desculpas sobre a não discriminação com base no gênero ou identidade sexual com aquele senhor, e novamente optei pela retirada estratégica". Então, meu amigo terminou abruptamente a conversa: "Pensei que sairíamos desta melhor... É uma merda!".

Neeraj *Bhatia*

Arquiteto e urbanista, fundador do The Open Workshop. Professor assistente do California College of the Arts e codiretor do laboratório de pesquisa em urbanismo, The Urban Works Agency.

CAN / Ensaio / 20-Abr-2020
Originalmente escrito em inglês

introversão, desigualdade, coletividade, urbano

Coletividade difusa

Com a Covid-19 confinando abruptamente grandes partes do globo ao seu domínio doméstico privado, o que a difusão espacial da população (e de seu domínio coletivo) implicará para a arquitetura e o urbanismo? Uma experiência global em governança, engenharia social, economia e ecologia está se desenvolvendo em tempo real, e o que aprendermos com essa experiência alterará radicalmente nossa relação com o espaço, uns com os outros e com o mundo natural. Para a maioria de nós, o que mudou mais drasticamente nas últimas semanas foi nosso ambiente espacial – separado do reino espacial coletivo e suas infraestruturas associadas, o interior doméstico privado tornou-se o único espaço para aprender, trabalhar e viver. Enquanto nosso ambiente espacial se transforma rápida e exclusivamente para o âmbito doméstico privado, isso também pode implicar uma mudança em nossos valores e políticas?

Há três anos, escrevi um artigo para *Places*[1] sobre a relação entre a organização urbana, especificamente a densidade, e a filiação política nos Estados Unidos, como refletido nas eleições de 2016. O argumento era simples, mas tinha muitas ramificações que são reacendidas com a Covid-19. A conclusão foi esta: como as pessoas votam depende em grande parte de onde as pessoas vivem, e em particular da densidade dos condados em que vivem. Nosso ambiente determina em grande parte nossa política. O meio ambiente, e especificamente a densidade, está intimamente interligado com a Covid-19. O coronavírus, como todos os vírus, prospera com a proximidade espacial e, portanto, seus efeitos são atualmente mais sentidos em cidades densas, onde as pessoas vivem próximas umas das outras. No momento em que escrevo, são as partes mais densas dos Estados Unidos que estão sendo atingidas mais duramente. O governador de Nova York, Andrew Cuomo, observou ao descrever a rápida ascensão da Covid-19 na cidade de Nova York: "Nossa proximidade nos torna vulneráveis". A ironia da dificuldade do momento atual é que, até este ponto, nossa proximidade teria sido descrita como exatamente o oposto de vulnerável – estava ligada à criação de poder, resiliência e robustez. Nossa proximidade, ou falta dela, se reflete em divisões partidárias em torno do próprio vírus. Em 27 de março, aproximadamente 77% dos casos de Covid residiam nos 490 condados que votaram a favor de Hillary Clinton em 2016. Em comparação, os 2.600 condados de menor densidade que votaram em Trump continham apenas 19% dos casos confirmados.[2] Isso não só torna o vírus mais abstrato nos condados de votação de Trump – as histórias de Nova York parecem distantes – como também se reflete diretamente na resposta governamental americana. Quando perguntados se o governo federal está fazendo o suficiente para proteger vidas durante a pandemia, 65% dos democratas contra 24% dos republicanos sentiram que o governo não está fazendo o suficiente. Da mesma forma, quando perguntados se a resposta federal à economia tem sido suficiente, 52% dos democratas contra 40% dos republicanos acham que o governo não tem feito o suficiente.[3] É muito cedo para dizer se esses sentimentos permanecerão, uma vez que o vírus tenha um impacto maior nos condados de Trump – que são, em média, mais velhos e têm menos infraestrutura de saúde. Se o distanciamento espacial e social é a medida de mitigação mais eficaz que a pessoa média pode empregar na vida cotidiana, uma das consequências duradouras da pandemia – provavelmente ainda mais do que uma crítica ao sistema de saúde, econômico ou ecológico – é o medo da densidade.

Na arquitetura e no urbanismo, muitas vezes, expomos os impactos positivos de viver em estreita proximidade. Podem ser de natureza social – as diversas co-

1. https://placesjournal.org/article/environment-as-política/)

2. https://www.nbcnews.com/política/meet-the-press/uneven-covid-spread-leads-uneven-partisan-responses n1171491?cid=sm_npd_nn_fb_mtp

3. *Ibidem.*

ISO
INT
COT
DES
INC
DSM
PER
DSI
COL
POL
TEC
URB
NAT
RES
REG
NOS
ADP
EXP
REC
ESP

munidades trazidas à tona pela densidade; econômica – a partilha de recursos e espaço que as cidades permitem; ou ecológica – limitando nosso impacto na paisagem, entre outros. A suposta "vulnerabilidade" provavelmente será usada como propaganda contra a vida coletiva e a vida, como afirmou o senador Scott Wiener, um defensor de longa data da densidade: "É claro que as pessoas abusarão da pandemia do coronavírus para outros objetivos políticos [...] Para alguns dos ativistas anti-habitação, há um tom subjacente de que é de alguma forma insalubre viver em um ambiente urbano denso. A relação do vírus com a densidade e a relação da densidade com a filiação política alterarão inevitavelmente nossas ideologias políticas".[4] Se os centros urbanos densos defendem o investimento coletivo em infraestrutura e distribuição de capital, é provável que seja porque o valor desses investimentos é diretamente visível na vida cotidiana. Embora nos refugiemos no local, estamos ainda mais dependentes desses sistemas de infraestrutura, mas eles também se tornam mais abstratos à medida que estamos desconectados de sua visibilidade. O medo iminente da densidade e dos coletivos espaciais que ela constitui terá profundas consequências para a arquitetura e o urbanismo, bem como para a política que está por trás dessas disciplinas.

O distanciamento social ou espacial – a tentativa de difundir nossa população em pontos isolados – é uma tarefa irônica: para fortalecer o coletivo, precisamos nos distanciar espacialmente dele. Se a crise persistir por algum tempo, essa separação provavelmente causará uma forma de trauma coletivo e se transformará em medo do próximo e paranoia do mundo coletivo exterior.

4. https://www.politico.com/states/california/story/2020/03/27/california-saw-dense-housing-near-transit-as-its-future-what-now-1269263

A arena pública da *polis* está sendo rápida e exclusivamente substituída pela comunicação digital. O âmbito privado torna-se nosso ambiente espacial de fato – cheio das subjetividades descontroladas, das hierarquias familiares e da falta de realidade proporcionada pelo âmbito público espacial. Nosso meio espacial – relegado ao interior privado – e nosso meio digital – o domínio coletivo primário – certamente alteram a mensagem, e codificada dentro dela, nossa ideologia política.

Nossos ambientes espaciais e nossos meios de reunião coletiva alterarão nossa política e, na reconstrução de um mundo melhor, os arquitetos devem estar na vanguarda para dar visão a esta nova sociedade e curar nosso trauma coletivo. Sejamos claros, a Covid-19 não iniciou a crise atual, mas, sim, revelou uma crise que já borbulhava sob a superfície há décadas. Essa crise tem várias dimensões – privatização e desinvestimento em infraestrutura por meio da política neoliberal, distribuição de poder e governança, falta de transparência e responsabilidade, e, entre outras coisas, nossa relação desregulada com o meio ambiente natural. É muito cedo para saber se do "outro lado" deste momento haverá uma reafirmação do *status quo* alimentado pelo capitalismo do desastre ou uma reconstrução do próprio sistema. Uma coisa é certa: precisaremos confrontar definições variáveis do domínio público/privado, interior/exterior, espacial/digital, bem como a maneira como viveremos juntos, pois nossa proximidade também é o que nos torna poderosos.

Joe *Jacobson*

Arquiteto Futurista e Diretor do Studio JOJ. Estrategista de Marca. Designer Experiencial. Arquitetura Psicodélica. Escultura Robótica e Estúdio de Arte Multimídia.

EUA / Relato / 19-Abr-2020
Originalmente escrito em inglês

isolamento, incertezas, tecnologia, responsabilidade

A "morte da Covid-19" certamente dará início a um renascimento pós-Covid do "tecno-humanismo". A plena consciência do desperdício diário que criamos, as ansiedades sutis do tempo passado sozinho e as relações distantes preservadas ou esquecidas foram os catalisadores, ao longo da história, independentemente da origem, para o despertar da verdade na mortalidade e o afastamento da espiritualidade. A solidão e as circunstâncias, por sua vez, levarão a maioria dos sobreviventes a novas alturas de alfabetização técnica, criando novas oportunidades de trabalho remoto, resolução coletiva de problemas digitais, e novos paradigmas de socialização.

O futuro pós-Covid também apresenta uma oportunidade de trabalho criativo de se conectar com indivíduos em um nível sincero e intensamente mais pessoal. Nos próximos anos, a maioria do público provavelmente se sentirá desconfortável com a ideia de experimentar a arte, a mídia e as marcas tão de perto quanto todos nós já desfrutamos no passado. Se essas indústrias reagirem de forma favorável a esse desejo do espectador/consumidor, veremos a relação de um indivíduo com uma obra de arte ou marca tornar-se tão epifânica quanto o mundo natural, raramente experimentada em grandes grupos e profundamente inspiradora.

Mas é um erro esperado, da humanidade como um todo, não reconhecer o paralelo histórico à fase de criatividade em que estamos pisando do outro lado desta pandemia. Alguns historiadores relataram o Renascimento como o levantamento de um véu de preconceitos, enquanto outros notaram um aumento simultâneo da pobreza, da guerra e da perseguição religiosa e política. Será de suma importância, à medida que nos basearmos na luz de nossas capacidades criativas em expansão na era do tecno-humanismo, sermos cautelosos para não fornecer sombra para o crescimento das ameaças acima mencionadas ao livre-arbítrio e à igualdade. Mas, se qualquer conflito passado e sua resolução fornecerem previsão a nossas ações, apesar dos incontáveis desenvolvimentos esperados no discurso social, no avanço técnico e nas explorações artísticas, sem dúvida teremos dificuldades. Já existem exemplos de grupos insurgentes e órgãos políticos que aproveitam o caos crescente para executar agendas de outra forma impopulares. A capacidade de propagar esse futuro iluminado que desejamos não é um mecanismo para enfrentar a solidão dentro de um conforto econômico relativo, é um privilégio extremo. Um privilégio que vem com o dever para com nossos semelhantes de tornar seu futuro mais brilhante também.

Sergio *Galaz-García*

Arquiteto e Sociólogo. Doutor em Sociologia pela Universidade de Princeton, com mestrado em Arquitetura no MIT e bacharelado em Ciência Política no Centro de Investigación y Docencia Económicas.

MEX/EUA / Relato / 19-Jun-2020
Originalmente escrito em inglês

isolamento, coletividade, responsabilidade, esperança

O que será diferente amanhã dependerá de como decidirmos reagir ao que já é diferente agora.

Ao exigir o isolamento, a atual pandemia nos tornou dolorosamente conscientes de quanto trabalho, amor, desejo, aprendizado e miríades de outras características da vida social dependem de um senso de contiguidade, da possibilidade de toque, da certeza de poder participar com os outros da ocupação de um volume. Ao suspender essas qualidades, nossas circunstâncias atuais nos fizeram reconhecer a importância fundamental da noção de lugar – fundamentado, concreto, cheio de sentido, compartilhado e espaço compartilhável – na realização da experiência humana concreta.

Não é sem ironia que essa percepção chegue em um momento em que a construção conjunta foi enfraquecida por mudanças políticas, econômicas e arquitetônicas que exigem a substituição da ideia de lugar pela noção mais abstrata e politicamente dócil de espaço como o terreno físico mais básico das relações humanas. Um exemplo revelador dessa tendência tem sido a forma como tanto a teoria quanto a prática da cidade como uma forma de contiguidade multicamadas, contraditórias, inquietas e indomáveis tem sido gradualmente corroída pela superprogramação arquitetônica, a consolidação da arquitetura pública na produção de objetos instauráveis, a explosão de uma miríade de serviços de entrega que tornaram áreas privadas de domesticidade cada vez mais autônomas do espaço público e, naturalmente, como sabemos muito dolorosamente agora, formas cada vez mais crescentes e agressivas de supervigilância e superpoliciamento.

Ao mesmo tempo, e não sem certa sensação de esperança, as disjunções físicas produzidas pela atual pandemia têm se relacionado com o surgimento de sentimentos crescentes de união e com uma onda de decisões ativas para deixarmos de ficar entorpecidos com as separações sociais que efetivamente desmembram a contiguidade física nas sociedades liberais. Os assassinatos de George Floyd, nos Estados Unidos, Giovanni López, no México, João Pedro, no Brasil, e muitos outros sujeitos reprimidos em todo o mundo fizeram com que nossas sociedades recuperassem dramaticamente o direito de sentir ultraje sobre como o projeto liberal do lugar é construído a partir do deslocamento e da exclusão (e, em suas formas mais extremas, a evanescência), e de agir com a premissa desse ultraje. A ironia neste processo é que as mesmas interfaces virtuais que têm sido usadas como ferramentas ativas para corroer a urbanidade se transformaram aqui em um poderoso aliado para sentir, interagir e agir contra a forma como a ordem atual das coisas vende o lugar como um direito, mas o constrói como um privilégio.

Contra esse pano de fundo, a forma como o amanhã vai se desviar de hoje depende das posições e práticas que decidimos adotar em torno da relação entre o lugar, o espaço virtual e a construção de uma noção empática e verdadeiramente democrática de união. Seremos cúmplices por apatia, negligência ou medo de fazer com que o espaço virtual se torne executor do projeto secular de produzir lugares construindo juntos para todos? Ou seremos disciplinados, resistentes e inventivos o suficiente para casar o espaço e o lugar virtual de uma forma que torne a nós e as sociedades onde intervimos plenamente responsáveis por esse projeto?

Andrés *Passaro*

Arquiteto e urbanista, com doutorado pela ETSA Barcelona. Professor Associado da FAU-UFRJ. Chefe do Departamento de Projetos de Arquitetura.

ARG/BRA / Relato / 01-Jun-2020
Originalmente escrito em português

isolamento, introversão, cotidiano, incertezas

Fora do tempo

Em 1993, a crítica desmontou o filme "O Feitiço do Tempo", e o tempo fez dele um clássico. A quarentena produz um *déjà-vu* bastante questionável. A grande trama não residia no porquê de o ator superar esse dia, e sim no para que. A quarentena parece um *Control-Z*, em que cada dia que passa é uma repetição do anterior com pequenas e estratégicas modificações, o que nos dá a impressão de que a coisa vai melhorar. O dia da marmota e vivido por Bill Murray de mil maneiras diferentes e absolutamente nenhum deles é o desejado, o maior desejo era passar esse dia, mas, para quê? O ditado de que dias melhores virão não se aplica. Nem no filme, nem aqui. A quarentena nos obriga a um novo entendimento do nosso cotidiano, nada será como antes, sem dúvidas. Os situacionistas acusavam "caminhamos à deriva e somos devorados pelo espetáculo". A quarentena obrigou-nos a nos afastar desse espetáculo e deixarmos de ser devorados, pelo menos momentaneamente. Mas somente no silêncio é que a gente percebe o silêncio. Para quê? Para não repetir de 1.000 maneiras diferentes os erros que insistimos em cometer.

Revisão
08-Mai-2022

Devorados pelo espetáculo

A pandemia pode ser lida em várias fases, no começo um dia após o outro sendo tudo repetido, como no filme "Dia da Marmota".

As vítimas da Covid eram algo distantes, um ouvir falar, um conhecido de um conhecido, até que começaram a ir embora os nossos, os meus amigos.

O mais chocante foi uma sensação de luto não cumprida, uma ausência incompreendida em função de uma despedida que não aconteceu.

Um incêndio no NPD FAU-UFRJ, núcleo que coordeno, me obrigou a sair de casa pelo menos uma vez por semana. Tudo passava rápido e distante pela janela do carro.

Começamos a sair para fazer algum exercício físico, e também algumas compras de maneira tímida, com uma certa desconfiança do OUTRO. Espirrar dentro da farmácia ativava uma certa paranoia, como se tratasse de um tiroteio, pessoas "saíam correndo".

Ultimamente tenho abraçado as pessoas queridas, mesmo que isso não fizesse parte do meu cotidiano pré-pandemia.

Certa curiosidade me faz perceber as lojas que fecharam, fico na frente imóvel, observando e tentando lembrar o que era que antes havia naquele lugar. Em outras situações, algumas novas

ISO INT COT DES INC DSM PER DSI COL POL TEC URB NAT RES REG NOS ADP EXP REC ESP lojas abriram, e a novidade toma conta do tempo seguinte.

Algumas visitas aos centros comerciais comprovam que não sou o mesmo; adquiri uma certa aversão ao consumo daquilo de que não necessito. Estou o tempo todo tentando não ser devorado pelo espetáculo, não quero reservar mais tempo nem espaço para frugalidades.

Sou professor, e o ensino remoto impôs diversas limitações, mas ativou possibilidades outras que exploramos satisfatoriamente.

Fizemos uma rede que permitia que arquitetos até então distantes ficassem próximos. Palestras memoráveis apresentando pautas comuns da nossa América do Sul.

As aulas de projeto ficaram prejudicadas pela impossibilidade da visita ao local. Passamos a buscar questões que afetavam o dia a dia dos nossos estudantes, a maioria das vezes dentro das suas próprias residências, sobretudo aquelas que lidam com questões do ordinário e do cotidiano. Descobrimos, assim, uma pauta oculta, e questões mais sérias do que podíamos imaginar surgiram do dia para a noite.

Os problemas do subúrbio e da periferia afloraram em discussões antes impensáveis, a precariedade passou a fazer parte do nosso conteúdo de ensino de projeto.

E "o cliente" estava aí (!), com todas suas necessidades e desejos.

Foi muito enriquecedor trazer as discussões arquitetônicas para a vida real dos nossos estudantes.

Dou aulas em uma universidade pública da qual tenho muito orgulho, mas a precariedade nesses dois anos de fechamento tomou conta de todos os espaços e lugares. Ainda há um ar rarefeito, máscaras, cartão de vacinação, distanciamento, está claro que o retorno ainda está impactado pela pandemia.

Em casa os sapatos estão ainda no *hall* de entrada.

Max *Ghenis*

Empresário político, tecnólogo e economista. Fundador e presidente do Centro UBI.

EUA / Relato / 18-Jun-2020
Originalmente escrito em português

isolamento, desafios, responsabilidade, expectativa

O amanhã será uma dor no coração.

Choraremos pelos milhões que derem seus últimos suspiros separados de seus entes queridos. Ansiaremos pelo abraço de um parente, a visão de um amigo próximo, o contato que nos torna humanos. Lamentaremos as experiências coletivas e as interações casuais de um mundo agitado.

O amanhã será um desafio.

Será fácil deixar que nossa quarentena temporária se calcule em isolamento permanente, concentrar-nos naqueles mais próximos e não naqueles mais necessitados, ignorar os outros problemas prementes de nosso tempo. Aqueles que valorizam a integração, a benevolência e o progresso – local e global, a curto e longo prazos – terão de trabalhar mais para continuar o impulso positivo do passado recente.

O amanhã será uma oportunidade.

A engenhosidade servirá a um novo nível de propósito, seja para nos conectar, nos curar ou nos governar, se pudermos alimentá-la. Esse lembrete de nossa humanidade compartilhada pode desencadear o poder da colaboração global, se conseguirmos abandonar as barreiras que a impedem. A desordem nos oferece chances de reconsiderar o *status quo* e cultivar uma modernidade mais resiliente, se pudermos proporcionar a estabilidade necessária para aceitar a mudança.

O amanhã será ao mesmo tempo inevitável e facilmente adiado, divisor e unificador, destrutivo e criativo. Nossas escolhas de amanhã não desfarão os danos de hoje, mas moldarão o mundo para o dia seguinte.

Lui *Farias*

Diretor, autor, produtor e roteirista.

BRA / Roteiro / 03-Jun-2020

Originalmente escrito em português

isolamento, cotidiano, incertezas, nostalgia

Letreiros:
"O AMANHÃ"
"Dia 79 da quarentena Sars-Cov-2. Rio de Janeiro. Brasil."

1. INT/QUARTO CASAL/NOITE

Gemidos fazem Luca acordar. Sua esposa está tendo pesadelos. Ele a toca gentilmente tentando não assustá-la.
Nos últimos tempos uma ideia persegue Luca por onde quer que ele vá, aonde quer que ele esteja.

LUCA (V.O.)

Como será o amanhã?

FADE OUT:

2. INT/SALA DE JANTAR/MANHÃ

Luca toma café e lê seu *iPad*.

Ele alterna entre todas as fontes de informação e aplicativos. Algumas informações vêm do Twitter, outras do Facebook, Instagram, NYT, O Globo. A câmera acompanha sua curiosidade.

Os óbitos pela doença já ultrapassaram o número de trinta mil no Brasil, cem mil nos EUA.

Um menino inocente foi morto pela polícia do Estado do Rio.

Ele é preto.

Um homem foi morto pela polícia de Minneapolis nos EUA. "Não consigo respirar" ele disse para o policial antes de morrer sufocado pelo joelho que apertava seu pescoço.

Ele é preto.

LUCA (V.O.)

O vírus também mata por asfixia.
Como será o amanhã?
Como a humanidade se
organizará no dia a dia?
No Brasil um presidente
incendiário
é indiferente às inúmeras mortes
enquanto um ex-presidente
agradece
a aparição do vírus regozijando-se
por suas crenças políticas.
O Brasil...

FADE OUT:

3. INT/BANHEIRO/NOITE

Luca escova os dentes se preparando para dormir. Olha-se no espelho.

LUCA (V.O.)

Como será o amanhã?
As portas ainda terão maçanetas
ou se abrirão por
reconhecimento de íris?

CUT TO:

4. INT/QUARTO/NOITE

Luca acorda no meio da noite. Não consegue voltar a dormir. Seus pensamentos o assombram.

LUCA (V.O.)

Como será viajar?
Como serão os *shows*,
os filmes, as torcidas nos estádios?
Apertaremos as mãos novamente?
Teremos vacina,
mas como conseguiremos abraçar
e beijar sem medo?
A janela já mostra a luz do dia.

CUT TO:

5. INT/SALA DE JANTAR/ AMANHECER

Luca vai para a sala.
Da janela ele acompanha a vizinha que vai e volta no pátio do prédio sem coragem de ir à rua.

LUCA (V.O.)

As pessoas estão ficando loucas.

CUT TO:

LETREIROS:
DIA 80 DA QUARENTENA.

CUT TO:

6. INT/SALA DE JANTAR/MANHÃ

Luca toma café e lê o jornal.
Alterna entre as muitas fontes de informação. Jornais *on-line*, Twitter, FB, Instagram. É seu jeito de tirar conclusões sobre o que acontece na sociedade.
Mais mortes por Covid.
Os cientistas disseram há quase um mês que o pico da pandemia no país ainda estava por vir.
Os estatísticos disseram há poucas semanas que o pico da pandemia no país ainda estava por vir.
Ninguém se entende sobre quando será.
O governador acha que está na hora de afrouxar o isolamento social.
Infectologistas acham que poderá haver uma segunda onda de infecção.
Ninguém se entende muito bem sobre nada.

FADE OUT:

7. INT/QUARTO DE DORMIR/ NOITE

Luca tenta dormir. Inspira e expira fundo e devagar usando as técnicas de meditação e relaxamento aprendidas e praticadas ao longo da quarentena.

LUCA (V.O.)

Nessas horas o melhor e o pior do
ser humano vêm à tona.
Generosidade de um lado,
poderosos interesses de outro.
Percebemos nossas fragilidades,
mas nossa força também.
Como será o amanhã?
Amanhã de novo...

Luca começa a entrar em
alfa.

LUCA *(off)* (CONT'D)

E o carnaval? Teremos carnaval?
Será como o primeiro carnaval
depois da gripe espanhola no
Rio de Janeiro?

A música e as imagens do desfile da União da Ilha do Governador no Sambódromo em 1978 começam a aparecer como se fossem um sonho. O samba-enredo começa a tomar conta de sua cabeça.

LUCA (O.S.)
A cigana leu o meu destino.
Eu sonhei. Bola de cristal,
jogo de búzios, cartomante.

(MORE)
LUCA (O.S.) (CONT'D)
Eu sempre perguntei:
o que será o amanhã?
Como vai ser o meu destino?
Já desfolhei o mal-me-quer.
Primeiro amor de um menino.
E vai chegando o amanhecer.
Leio a mensagem zodiacal.
E o realejo diz que eu serei feliz.
Como será o amanhã.
Responda quem puder.
O que irá me acontecer
O meu destino
será como Deus quiser.
Como será o amanhã.
Responda quem puder.
O que irá me acontecer
O meu destino
será como Deus quiser.

Luca canta acompanhando o samba. Sua voz vai ficando mais lenta. Luca dorme.

FIM

Angelica *Walker*

Advogada licenciada no Brasil, consultora de Direito Estrangeiro para o Brasil.

EUA / Ensaio / 02-Set-2020
Originalmente escrito em inglês

isolamento, introversão, cotidiano, recomeço

O final de março do ano do vírus, 2020, mudou completamente a vida de quase todos os americanos, e certamente a minha e a de meu marido enquanto morávamos em Manhattan, no meio da bela cidade de Nova York. Antes que o vírus nos atingisse a todos, meu marido saía para trabalhar como advogado cinco, e às vezes seis, dias por semana. Ele ficava no escritório no centro da cidade, ou em salas de tribunal nos cinco distritos, ou em um consultório médico ou hospital, pois durante anos representou a comunidade médica em todos os tipos de áreas. Eu, por outro lado, além de ser consultora de direito internacional, passava parte do meu tempo no Museu Metropolitan, onde sou docente e faço excursões de obras em destaque em língua portuguesa. Eu também ia a museus, galerias de arte ou leilões da *Christies* ou *Sothebys*, acompanhando o mundo da arte na cidade. Tinha almoços com meus amigos e conversávamos sobre os assuntos do dia. Depois veio o vírus, e a vida mudou completamente.

De repente, meu marido e eu estávamos juntos em nosso apartamento no Upper West Side – 24 horas por dia, sete dias por semana. Nenhum amigo nos visitava para jantar, como no passado. Acabaram-se as idas a festas de aniversário, a *shows* na Broadway ou jantares na cidade, como sempre fizemos. Não, estávamos no apartamento e não havia fuga possível. Entramos rapidamente em uma rotina. Primeiro meu marido se levantava por volta das 7h da manhã e fazia seus exercícios, e depois fazia café para nós. Eu, é claro, dormia profundamente até cerca de 9h30. Depois do café, nosso próximo evento era o festival itinerante do Governador Cuomo sobre estatísticas do vírus. Aprendemos rapidamente a rastrear o número de novos casos e o número de mortes diárias.

No início, nós realmente não nos aventuramos a sair do apartamento quase nunca. Encomendamos comida pela internet, que era entregue à nossa porta. Mas, após cerca de uma semana, tornou-se necessário ir ao banco, à farmácia, à mercearia, e meu marido redescobriu os correios. Quando saímos, eu insistia para que estivéssemos cobertos como se em burcas máscaras, luvas, cachecol e chapéu eram o básico. E, ao voltar do mundo exterior doente, eu exigia que ambos trocássemos sapatos e camisas e imediatamente lavássemos as mãos por 30 segundos.

Nossas vidas se estabeleceram em segmentos bem definidos. Depois do Governador, vinha um almoço leve. Então, meu marido praticava seu violão enquanto eu conversava *on-line* com meus amigos e assistia a muitas *lives*, já que todos que eu conhecia se tornaram estrelas do Instagram ou do Zoom. Mas, com o passar do tempo, outra vida começou. Meu marido percebeu que podia trabalhar em casa com alguns de seus clientes, aqueles que não tinham nada a ver com julgamentos em tribunais. Por seu *site*, ele recebia ligações de médicos e enfermeiros passando por dificuldades com suas licenças. Ele trabalhava escrevendo recursos para pessoas a quem havia sido negado o benefício de invalidez de longo prazo. Tornou-se cada vez mais hábil com o computador, incluindo a digitalização e o envio de documentos por anexo. E, como mencionado anteriormente, ele descobriu que os correios realmente vendem selos e pegam pacotes com cartas e os entregam em todo o mundo. (O Sr. Figurão não comprava um selo há 40 anos, já que sempre teve alguém para fazer isso por ele!) Mas agora ele estava liberto, um proprietário independente de seu universo. Para seu espanto, acabou trabalhando mais em casa do que no escritório, e cortou todo o tempo de trajeto. Foi um *home run* para ele!

Quanto a mim, comecei a trabalhar como voluntária com uma organização *on-line* (epidemicsupport.com) que fornecia apoio emocional a quem estava mal devido ao isolamento causado pelo vírus. Com isso, aprendi como esse isolamento era complicado na vida das pessoas. Aprendi a criar vídeos motivacionais com gente incrível para inspirar os outros. Em seguida, comecei a subir programas *on-line* para outra organização, a BPA (*Brazilian Professionals Abroad*). O objetivo era ajudar os imigrantes brasileiros nos Estados Unidos a aprender como começar a trabalhar em rede a fim de alcançar uma vida profissional de sucesso.

Passando tanto tempo no programa, comecei a buscar assuntos de arte e encontrei muitos artistas interessantes que aguçaram meu apetite de ir mais longe no campo da arte enquanto estava em casa. Decidi me tornar uma magnata dos negócios. Comecei a procurar artistas de arte de rua de todo o mundo e comprei uma peça assinada do famosíssimo artista de rua brasileiro Eduardo Kobra. Kobra pintou em 19 edifícios diferentes somente na ilha de Manhattan. Uau! Mas, espere, tem mais. Também comprei arte de Mundano, Apolo, Cranio e muitos outros artistas talentosos. O conceito é que pretendo me tornar a fonte para tudo ligado à arte de rua. Comprarei e venderei obras pelo *site* e pelo programa da minha empresa. Minha intenção é doar parte dos lucros ao Group.BR, a única companhia de teatro brasileira em Nova York, que em dezembro deste ano celebrará o centenário da escritora brasileira Clarice Lispector. Estou muito entusiasmada com esse projeto! Como consequência desse esforço, acabei de publicar um artigo em uma revista *on-line* sobre arte feita por uma mulher brasileira que está atualmente em exposição no Jardim Botânico do Queens. Não há como me impedir!

Então, o resumo desse assunto é que meu marido e eu nos transformamos de formas novas e animadoras, para trabalhar dentro dos limites das restrições impostas pelo vírus. É hora de renascimento e sobrevivência. O vírus não nos venceu, nós vencemos o vírus!

Ilana *Lipsztein*

Jornalista e empresária, com mestrado em Estudos da Indústria Hoteleira pela New York University.

EUA / Relato / 22-Jul-2020
Originalmente escrito em inglês

isolamento, coletividade, tecnologia, recomeço

Acordo de manhã, e as coisas parecem as mesmas. Mas não são.

Olho pela minha janela e vejo carros, árvores verdes ficando marrom, pessoas andando nas ruas com máscaras cobrindo o rosto. Lembro-me de quando, não faz muito tempo, o sorriso amigável de um estranho era uma maneira de conhecer um novo amigo.

Durante muito tempo, a ideia de alguém esconder o rosto significava perigo. Ou, talvez, uma doença terrível, ou ocultar sua identidade.

Enquanto ando agora nas ruas, as pessoas estão distantes, o contato visual é inexistente e as pessoas correm para seus ninhos de segurança. Ando rápido enquanto minha cadela tenta fazer novos amigos. Ninguém quer se aproximar, não é hora de fazer novos amigos.

O tempo que antes parecia acelerar, para mim, agora parou, e todos esperam...

À medida que o desemprego aumenta, todos tentamos descobrir formas alternativas de ganhar a vida. A internet parece atraente. E ela cresce.

Antes da pandemia de 2020, todos nós sabíamos que a tecnologia estava aqui para ficar. Se antes estávamos usando demais nossos telefones e computadores, agora eles se tornaram nosso oxigênio e nossa conexão com o mundo.

Como todos ficamos em casa no que parece ser um esforço inquieto para conter essa doença, procuramos maneiras de viajar em nossa própria mente para diferentes partes do mundo por meio de imagens compartilhadas em nossas telas, e sonhamos em escapar de nossa realidade.

Enquanto vejo as grandes cidades crescerem verticalmente, vejo também a necessidade de parar esse desenvolvimento constante e considerar nosso ambiente em ruínas. Se as pessoas continuarem a destruir nosso planeta, logo precisaremos de capacetes completos de astronauta para respirar. Acredito que, neste momento em que a maior parte do mundo está unida para combater a doença mortal, temos uma amostra de como seria se vivêssemos em um mundo consciente, onde as pessoas pensam em conjunto. Se não poluíssemos mais o ar ou nossos oceanos, nosso planeta começaria a respirar novamente. Nossos líderes pensariam mais sobre os efeitos de suas ações no mundo inteiro e menos sobre seus próprios interesses políticos.

Respiro fundo. Será que as coisas voltarão a ser o que eram antes? Ou será que queremos mesmo que elas voltem? E o que seria diferente amanhã?

Ah, bem. Não estou muito otimista aqui, e acho que estamos caminhando em um mundo onde as máquinas podem estar levando nossos corações e nossas almas. Às vezes me pergunto se estamos viajando no tempo para *1984*, de Orwell, onde todos os pensamentos das pessoas são controlados e o pensamento individual é exterminado. Sinto calafrios na espinha. Penso em meus filhos e em que tipo de mundo quero deixar para eles.

Ironicamente, percebo que estes pensamentos estão agora sendo compartilhados com você e com o "Grande Irmão".

E não sabendo realmente como será o amanhã, ou se será "de novo", acho que nos foi dada uma segunda chance aqui.

Uma chance de reiniciar todos os botões e repensar como gostaríamos que nosso mundo fosse e o que podemos fazer para contribuir para esta revolução. Individual e coletivamente.

Mary *Lapides Shela*

Consultora de arte, especialista em arte impressionista e moderna na Christie's Auction House. Fundadora da Pinehurst Artist Residency no Mississippi e membra do conselho de curadores da Art in General, em Nova York.

EUA / Relato / 27-Jun-2020
Originalmente escrito em inglês

perdas, coletividade, recomeço, esperança

Durante o *lockdown* em Nova York, eu me senti solidária com todos que ficavam em Nova York. Nós tínhamos um objetivo de manter as pessoas fora da UTI, e Nova York fez isso muito bem durante nosso *lockdown* – meu sogro ficou doente em Londres e morreu de Covid depois de entrar em um hospital sobrecarregado. Foi tão rápido que ficamos chocados, zangados, de coração partido. Sentimos que a resposta em Londres foi lenta, e nosso ente querido não estava tomando as precauções adequadas. Também senti que o sistema nacional lá era inadequado para lidar com a pandemia. Sentimos que era uma morte desnecessária. Houve tantas lições nessa dor, a necessidade de ouvir uns aos outros, de ter empatia para sentir nossa conexão. Infelizmente, nosso país está polarizado, e as pessoas ainda não acreditam na grave ameaça que este vírus é. O vírus também está deixando a nu a desigualdade desenfreada da polícia, de nossa política e do governo. Precisamos de uma restauração total.

No entanto, continuo com esperança de que a mudança virá, será dolorosa, mas necessária.

Bartira *Volschan*

Cirurgiã-dentista formada pela PUCRGS.
Especialista em Odontopediatria. Mestre pela UFRJ.
Doutora em Odontologia Social pela UFF.

BRA / Relato / 14-Mar-2022
Originalmente escrito em português

desafios, coletividade, responsabilidade, esperança

O mundo foi mexido intensamente nestes últimos dois anos e meio. A pandemia atingiu no peito da humanidade, que, desde a evolução civilizatória, acreditava ser o centro de tudo. Vimos que, apesar de tanto avanço em ciência e tecnologia, fomos reféns de um vírus aproveitador e veloz.

Muito se esperava em relação aos seres humanos: lições de humildade, resignação, compaixão, solidariedade, ser mais e ter menos. Entretanto, a pandemia se mostra ser mais longa do que se esperava. A ciência evolui rapidamente, foi se aprendendo sobre o vírus desconhecido, e os tratamentos foram sendo adequados; as vacinas, em tempo recorde, foram desenvolvidas. A ciência e a tecnologia brilharam, tornaram-se mais confiáveis – apesar de haver correntes contrárias, ditas como negacionistas, desacreditando-as.

Nesse período, a humanidade mostrou as suas faces, cada vez mais polarizadas. Acredito que o futuro está relacionado ao desenvolvimento tecnológico e à adaptação do homem a toda inovação que surgir. Ao pensar em soluções viáveis para nós, reflito que, embora ocorra o desenvolvimento de tecnologia de ponta, o mundo é cada vez mais desigual. Pessoas morrem de fome, analfabetismo crônico, seres humanos são agredidos porque optaram por ser o que queriam ser; há guerras, pois, o poder e a ganância são prioridades sobre o sofrimento dos cidadãos.

Acredito na participação cada vez maior da sociedade civil, com atores ativos para cobrar transparência e ações assertivas dos governantes, bem como promover ações e programas para combater a desigualdade social e o preconceito, favorecer o desenvolvimento sustentável, ecológico, inclusivo e diversificado. Cada pessoa deve contribuir em busca de um mundo melhor para todos.

Pedro *Varella*

Arquiteto pela FAU-UFRJ, com extensão acadêmica na
Escola de Arquitetura Paris-Malaquais.
Mestre na área de teoria do projeto pelo PROARQ UFRJ.
Sócio-fundador do gru.a (grupo de arquitetos).

BRA / Relato / 23-Jun-2020
Originalmente escrito em português

isolamento, cotidiano, incertezas, expectativa

Tomo este escrito como uma forma de ocupar o espaço que me foi oferecido com nada daquilo que dele se espera ou, ao menos, do que assumo que dele se esperava.

Escrevo da cadeira em que me sento todos os dias, há 97 dias. Desde aqui, olhando para a minha própria imagem refletida em sobreposição ao texto que escrevo, reescrevo e desisto de escrever, sei que não posso e, talvez por isso, não queira contribuir com reflexões assertivas ou minimamente objetivas sobre o tempo futuro. Se o que temos nada mais é do que o que cremos poder fazer com o tempo que nos é oferecido – coisa que para mim faz sentido – prefiro então usar esse tempo para pensar nele mesmo. Quem tomará brevemente o lugar que o meu reflexo ocupa agora? Ela olhará para este texto com a mesma desconfiança que eu olho? Mais? Quanto tempo resta até que outros pensamentos quebrem a sua concentração, impedindo de vez que chegue ao final? Em quantas rolagens de tela cabe este texto? Talvez em mais do que deveria. E no momento em que penso e escrevo sou interrompido pela voz de Gil, que canta: Não me iludo/ Tudo permanecerá do jeito que tem sido/ Transcorrendo/ Transformando/ Tempo e espaço navegando todos os sentidos.

Deixo que interrompa e gosto que tenha interrompido. Tanto porque o exíguo tempo dedicado à tarefa acabou -quanto por pensar que Gil faz parte das coisas do Brasil das quais não posso esquecer, dessa parte à qual não quero deixar de dedicar o tempo que tenho.

Sophie & **Andrew** *Harkness*

Diretores de operações.

UK / Relato / 31-Mai-2020
Originalmente escrito em inglês

isolamento, introversão, coletividade, tecnologia

A alegria da conexão por meio do isolamento.

Há inúmeras coisas que acreditamos que mudarão em nossos comportamentos e maneiras de viver. uma vez que esta pandemia passe, mas uma das lições que realmente impressionaram meu marido e eu é a capacidade de criar conexões significativas enquanto não estamos fisicamente presentes.

Sempre fomos naturalmente pessoas sociais, mas, desde que começamos uma família, a logística e a falta de tempo resultaram em não sermos capazes de nos encontrar com amigos e familiares com a frequência que gostaríamos. Embora o distanciamento físico exigido pela Covid-19, especificamente o *lockdown*, por sua própria natureza tenha restringido e reduzido ainda mais as interações diárias que tínhamos com amigos e familiares, foi a eliminação da oportunidade que realmente nos tocou. A oportunidade de ver as pessoas de quem gostamos, mesmo que não conseguíssemos nos conectar tanto quanto gostaríamos, estava sempre lá, e tomamos isso como certo.

Uma vez em *lockdown*, como muitos, procuramos atender essa necessidade humana de interação social de novas maneiras, tanto na forma como interagíamos com as pessoas quanto, mais importante ainda, com quem interagíamos. Agora que a oportunidade de socializar havia sido tirada, procuramos ativamente assegurar que alimentamos e investimos em nossos relacionamentos, em vez de deixar nossa vida ocupada atrapalhar a vida em si. Voltamos a nos relacionar com velhos amigos, tivemos conversas mais significativas com nossa família próxima, fizemos e aprofundamos novas amizades com nossos vizinhos e com a comunidade local. Nossa experiência compartilhada criou espaço para estender a mão através da barreira e dizer olá, compartilhar uma risada, e abraçar a empatia. Ironicamente, o isolamento físico exigido pela Covid-19 criou de fato conexões sociais mais amplas e profundas, e nossa esperança de um amanhã diferente é uma de conexões profundamente mais profundas e significativas entre nós.

Jane *Hall*

Arquiteta pela King's College Cambridge e pela Royal College of Art, em Londres. Diretora do Assemble.

UK / Relato / 31-Mai-2020
Originalmente escrito em inglês

isolamento, cotidiano, desafios, coletividade

Hoje eu vou ao parque para o piquenique de aniversário socialmente distante do meu pai. Lá estaremos seis de nós. Quatro a mais do que as restrições atuais permitem. Essa pequena subversão da regra teria me impedido de ir quando a pandemia começou. Eu era uma boa cidadã, assim como a maioria. Embora isso deva mudar amanhã, poderemos nos reunir em grupos maiores; algo evidentemente mudou. Eu não sou mais uma boa cidadã. O comportamento recente de funcionários eleitos e não eleitos minou essas regras, implicando que, como cidadãos, temos o livre-arbítrio de decidir como elas podem ser aplicadas. Mesmo um bom cidadão ajustará seu comportamento de acordo com suas necessidades.

Acho que só farei isso uma vez, pelo meu pai. Também estou ciente de que é um privilégio poder tomar essa decisão; muitos estão quebrando o bloqueio porque precisam. Eles não são capazes de regular suas ações de acordo com a "ciência", instrumentalizada para o ganho político. E, assim, enquanto a discussão se concentra no que mudará amanhã com base no que está acontecendo hoje, ignoramos o fato de que a vida para muitos simplesmente está continuando. Só que é um pouco mais difícil e profundamente mais arriscada.

Acelerado pela digitalização da vida cotidiana, este período revelou avanços emocionantes na forma como poderíamos escolher viver juntos. À medida que voltamos sem piscar às compras *on-line*, os educadores dão aulas via Zoom, as pessoas continuam trabalhando cada vez mais de casa e os curadores consideram como poderia ser uma era da cultura da internet, a questão talvez deva ser: quem tem acesso a este novo amanhã e, como nós, coletivamente, o tornamos disponível a todos?

Nazareth *Ekmekjian*

Arquiteto e *designer*.
Fundador do NE Design Studio.

EUA / Relato / 27-Mai-2020
Originalmente escrito em inglês

isolamento, cotidiano, tecnologia, responsabilidade

Quarenta dias desde que estou trabalhando em casa.

Sete dias desde que uma ordem de "ficar em casa" forçou meu parceiro a trabalhar de casa e nos colocou em quarentena juntos.

Meu ano começou com uma mudança para Cleveland, Ohio, com a intenção de ficar aqui até o final de 2020. De certa forma, eu tinha estabelecido um novo estilo de vida doméstico para mim mesma muito antes de ser obrigada a isso. Tendo acabado de deixar um cargo anterior em tempo integral em Boston, o momento de começar uma nova empreitada era agora.

Durante os últimos 70 dias, testemunhei meus amigos, colegas e outros profissionais de *design* responderem a esta crise global de maneiras que eu nunca teria pensado em fazer. Desde transformar suas casas e escritórios em espaços para a produção de EPIs – independentemente da quantidade – até a criação e a utilização de plataformas *on-line* para comunicação e doação muito parecidas com esta, fica claro que a ação muitas vezes traz mudanças. No mínimo, isso nos faz pensar.

O que será diferente amanhã? Provavelmente, nada. No entanto, o sentido mais amplo do amanhã é algum período de tempo em direção ao qual podemos trabalhar. O que poderá ser diferente amanhã é baseado em como e no que trabalharemos a partir de agora.

Nicolas *Entel*

Escritor de TV, produtor e *showrunner*. Bacharel em direção de cinema pela Universidad del Cine de Buenos Aires. Mestre em Administração de Radiodifusão pela Universidade de Boston.

EUA / Nota / 26-Mai-2020
Originalmente escrito em inglês

nostalgia, expectativa, recomeço, esperança

Em "The Future", uma canção apocalíptica, Leonard Cohen nos diz que viu o futuro e "As coisas vão piorar, piorar em todas as direções". Ele prefere o passado, mesmo que haja crack, tortura e o Muro de Berlim. Agora, todos nós também já vimos o futuro. Amanhã, como Cohen, eu também quero de volta o passado, para minha filha de oito anos esquecer que alguma vez teve de usar uma máscara, em vez de não se lembrar de um passado em que ninguém usava máscara.

Mas, também como Cohen, devemos nos perguntar o que isso significa. Devemos aprender as lições das mentiras de Wuhan, a maior parte da incompetência ocidental, as vidas perdidas, o fechamento funcionando como um limpador do planeta. Esperemos que o amanhã/o futuro seja uma versão melhor do passado, e nada como este presente.

Marcela *Berrio*

Arquiteta e urbanista pela Universidade Federal Rural do Rio de Janeiro (UFRRJ).

BRA / Relato / 25-Mai-2020
Originalmente escrito em português

isolamento, desafios, recomeço, esperança

Sobre minha quarentena

Olá, me chamo Marcela e sou arquiteta, aquariana e míope.

Lembro de quatro meses atrás estar no escritório de arquitetura com meus colegas de trabalho e ter um leve surto falando sobre o coronavírus e o quanto aquilo era perigoso, e o quanto poderia afetar tudo... Meus colegas de trabalho riram e me tacharam de exagerada por estar preocupada demais.

Três meses atrás, eu compartilhando memes sobre Covid e rindo da nossa internet maravilhosa e a capacidade de nos proporcionar memes incríveis.

Dois meses atrás, a Covid já estava aqui entre nós. Eu fiquei preocupada, mas nosso boçal governante falava que era só uma "gripezinha". Sei que não é, mas gostaria que fosse.

Cinquenta e cinco dias atrás, vou à farmácia. Não acho álcool em gel em nenhum lugar.

Cinquenta dias atrás, iríamos começar o *home office*. Todos os funcionários no escritório pegando tudo o que precisavam para levar para casa, "Peguem tudo. Não se esqueçam de nada que irão precisar por tempo indeterminado". Lembro de uma sensação de guerra, sabe? Mesma sensação que tive ao ir ao mercado, "Peguem tudo o que irão precisar por tempo indeterminado". Pessoas enchendo os carrinhos, trabalhando com a sensação de escassez, sem pensar que talvez os 10 pacotes de papel higiênico que compraram faltem para outra pessoa.

Quarenta e cinco dias atrás, trabalhando de *home office*, sem ninguém para conversar (moro sozinha), sem ninguém para tocar, presa em casa, presa em mim!

Quarenta e três dias atrás, me sinto tão sozinha. Ai, queria tanto um bichinho de estimação, mas aí eu adoto e depois que acabar a quarentena ele vai ficar sozinho? Muita maldade com o bicho, muito egoísmo da minha parte... E se eu fizer lar temporário para um bichinho? Estaria ajudando-o e ele me faria companhia... PRONTO, é isso! Chega então em minha casa o Chiquinho, gatinho com 200g de peso e um amor que eu criei por ele que não consigo nem pesar!

Quarenta dias atrás, fui ao mercado. Medo de encostar no tomate, então pego um saco plástico e enrolo na mão. Medo de quem tocou naquele saco plástico. Jogo álcool em gel no saco plástico. Olho para as pessoas. Começo a analisar quem está com cara de Covid. Será que estou ficando louca?

Trinta dias atrás, vou à farmácia. Na fila para pagar, uma senhora se aproxima e fica a 40 cm de mim. Peço por gentileza para ela ficar afastada um metro e meio. Não por mim, mas por ela, por ser grupo de risco. Escuto dela: "Eu, não! Sou saudável, tenho uma imunidade forte e Deus está comigo! Se você está pedindo é porque você que está doente e não deveria estar aqui", penso: "Meu Deus, quanta ignorância, deve ter votado no Bolsonaro".

Vinte e cinco dias atrás, minha gerente e o dono da empresa entram em uma *call* comigo: "Marcela, infelizmente teremos de te desligar, adoramos seu trabalho, porém, os projetos estão sendo cancelados, não temos como pagar os funcionários, a empresa está demitindo 270 pessoas." ... Choro por duas horas, recebo ligação de diversos amigos do trabalho, tudo fica cinza.

Vinte e quatro dias atrás, Chiquinho consegue um lar definitivo. Uma amiga minha que irá cuidar superbem dele... "Amar sem apego e deixando ir porque sei o que será melhor para ele". *Check.*

Vinte e três dias atrás, continuo presa em casa, continuo presa em mim... Agora com muito mais tempo livre para ficar presa em mim.

Vinte e dois dias atrás, deitada na cama, deitada no sofá, deitada na rede, não quero levantar.

Vinte e um dias atrás, não quero fazer nada, apenas chorar. Sinto que cada dia que passa a angústia aumenta e eu não sei quantos dias terá a mais para essa angústia aumentar, o que faz aumentar ainda mais!

Vinte dias atrás, fui ao mercado. No meio da seção de queijos tenho um ataque de choro e crise de ansiedade, precisava ir para casa urgentemente, não podia ficar ali. Cheguei em casa aos prantos, tento respirar... Abro uma lona que estava esquecida em casa e coloco no chão, começo a pintar para não pirar.

Dezessete dias atrás, acabo a pintura.

Dezesseis dias atrás, uma amiga vê a pintura e diz: "Amei, quero que faça uma para mim e me venda." Eu falo: "Que isso amiga, para!" E ela insiste... Quer de verdade.

Quinze dias atrás, faço a pintura para ela, posto no Instagram, ela reposta no Instagram dela... Começo a receber *directs*... "Quero uma." "Quero uma. Como faz?" "Manda para SP?" "Consegue enviar para a Austrália?". Penso: Meu Deus, o que é isso? "Claro, claro! Fazemos, entregamos! Sim, sim, sim!"

O dia de hoje: pintei para não pirar há vinte dias e sigo pintando, porém, só que agora para colorir e alegrar um pouco nossos dias cinza. Antes para me ajudar a ocupar a cabeça, hoje para ajudar nas despesas! É nos momentos de crise que a gente se reinventa!

Amanhã: espero que todos consigam de alguma forma colorir suas vidas nesses tempos sombrios e se reinventar, que todos passem com saúde por essa fase conturbada, que a gente consiga entender que o sistema em que vivemos é supérfluo e que não precisamos consumir tanto, que nosso planeta não aguenta, e que precisamos mudar urgentemente! Que a gente consiga dar mais valor às pessoas, às trocas, aos contatos, que eles não sejam rasos e líquidos e sim abundantes e fluidos, e que as pessoas sejam mais solidárias com tudo o que está em volta!

Beni *Barzellai*

Arquiteto e urbanista com bacharelado pela PUC-Rio e extensão acadêmica pela École Nationale Superiéure d'Architecture Paris Malaquais. Mestre pela Tel Aviv University/Technion - Israel Institute of Technology.

BRA / Nota / 16-Mai-2020
Originalmente escrito em inglês

introversão, coletividade, tecnologia, adaptação

"O que será diferente amanhã?": nossa relação conosco mesmos e com os outros como sociedade. O significado atribuído a nosso próprio tempo e existência está sendo marcado por uma condição mundial viva e virtual. O que sempre percebemos como algo externo agora é a realidade de todos. Como vivemos uma era não material, onde todas as nossas memórias, documentos e impressões se tornaram fluidas, as experiências pelas quais estamos passando globalmente são um movimento em direção à autoconsciência, apesar de quanto estamos interligados.

Monica *Eisenberg*

Bacharel em Direito pela Universidade do Estado do Rio de Janeiro e Mestre em Direito do Comércio Internacional e Direito Empresarial pela Fordham Law School. Sócia da Brazil Global Partners. Diretora Associada na BirdLife International, a maior parceria de conservação do mundo.

BRA / Relato / 04-Mai-2020
Originalmente escrito em inglês

isolamento, introversão, incertezas, esperança

Hoje é o início do amanhã aqui no Central Park. Domingo, 3 de maio de 2020, marcando 50 dias desde o início do isolamento obrigatório na cidade de Nova York. As regras de quarentena estão mais relaxadas e hoje tem muitas pessoas no parque. Algumas usam máscaras, enquanto outras parecem ter esquecido... Um grupo de jovens joga handebol por perto, gritando e curtindo o domingo como se fosse qualquer outro, como se não houvesse pandemia. Me sinto incomodada pelo lixo deixado sobre a grama, mas sem minhas luvas - que agora somos obrigados a usar - não me atrevo a retirá-lo do chão. Ouço a canção "Let It Go" tocando em alto volume da caixa de som de um transeunte. Tento seguir o conselho da música e deixar para lá, "let it go", tentando não me incomodar com o som alto. Consigo me relaxar deitada na grama, mas logo sinto um golpe na minha perna. Olho para trás e um rapaz pede desculpas por deixar sua bola me tocar sem querer. A música que agora soa de outro alto-falante é a famosa, "New York, New York", de Frank Sinatra. O parque está em festa! Há apenas algumas semanas, me emocionei ao ouvir essa mesma música na cidade vazia, como uma cidade fantasma. Hoje não fiquei tão tocada no meio do parque cheio de gente. Ainda não me sinto no espírito de comemoração. A pandemia acabou? O que será diferente amanhã? Não estou muito otimista. Vejo mais pessoas como eu, sem tolerância para lixo no parque, música alta, motos. No entanto, uma intolerância maior, infelizmente, espreita nossa cidade por parte daqueles que são intolerantes com estrangeiros, minorias, pessoas com Covid e assim por diante. Temos visto e vivido belos momentos de generosidade, compaixão e um mundo menos poluído. Uma oportunidade para nos reinventarmos e avaliarmos o que é importante na vida. Também temos visto maior desigualdade no impacto do vírus entre diferentes comunidades. Embora o vírus não distinga entre ricos e pobres, direita e esquerda, percebemos que os menos favorecidos, os trabalhadores que só agora têm o reconhecimento de serem essenciais, são também aqueles que ganham menos e estão mais expostos aos riscos da doença. Alguns viram a importância de valorizar a ciência e de ter um sistema de saúde universal, enquanto outros criaram e inventaram teorias da conspiração. O que prevalecerá? A ciência ou as opiniões conspiratórias? Um mundo mais generoso ou mais egoísta? Um mundo mais poluído ou menos poluído? Mais polarizado ou menos polarizado? No momento, não temos respostas, apenas esperanças. Espero que o que vi hoje no parque não seja um retrato de como será o amanhã, mas isso só o tempo nos dirá.

Vitor *Pamplona*

Fundador da CEO da EyeNetra. CTO PathCheck Foundation. Presidente da Fundação SciBr. Doutor em Ciência da Computação (UFRGS/MIT).

BRA / Relato / 02-Mai-2020
Originalmente escrito em português

cotidiano, coletividade, nostalgia, adaptação

Amanhã acordaremos ao lado dos mesmos parceiros, das mesmas famílias, realizando atividades similares às de hoje. Talvez os locais mudem. Talvez os costumes mudem. Talvez os bens mudem. Quem se importa? Estaremos sempre ao lado dos mesmos parceiros, das mesmas famílias. Mas, mesmo que tudo mude, nada muda. Relaxe e aproveite o voo! Boa viagem.

Gildete *dos Santos Mello*

Fonoaudióloga.

BRA / Nota / 01-Mai-2020
Originalmente escrito em português

isolamento, introversão, coletividade, adaptação

A nossa vida vai ser diferente. Tudo vai ser diferente. Relações de trabalho, reuniões familiares, encontros, o nosso comportamento vai mudar. Podemos até dar a impressão de frieza, mas será um cuidar do outro e de nós mesmos. Tudo vai ter de ser repensado. O contato vai ter de ser evitado. Todos teremos de agir com precaução. Esse momento vai marcar muito a vida das pessoas.

Ana Cristina *Downey*

Assistente Social.

BRA / Nota / 01-Mai-2020
Originalmente escrito em português

cotidiano, coletividade, política, responsabilidade

O amanhã parece distante e incerto. Estamos vivendo hoje em casa, quem pode estar em casa, descobrindo novas atividades e uma nova rotina. Espero que possamos ter projetos de educação e saúde para atingir toda a população de forma eficaz. Um aprendizado dolorido e cruel que estamos vivendo, que amanhã sejamos mais solidários.

Tamara *Klink*

Velejadora e escritora. Mestre em Arquitetura pela École Supérieure d'Architecture. Brasileira mais jovem a cruzar o Oceano Atlântico sozinha.

BRA / Relato / 11-Mar-2022
Originalmente escrito em português

isolamento, introversão, desafios, incertezas

Fui sua
Foste meu
Enquanto te percorri
Deixei sobre ti a esteira
dos medos que eu perdi

Já não te vejo em meu dorso
Por ti não espero mais
A marinheira partida
Deixou a saudade pra trá
Fui-me embora pro mundo
dos homens e bichos terrenos
queria salvar toda a gente
de plantar o próprio veneno

Fui-me embora pro mundo
gritar para o ser humano
refém das telas de vidro
que o amanhã nasce no oceano.

Ilustrações originais da autora.

Lara *Coutinho*

Atriz, assistente de direção e escritora
Formada em Artes Cênicas pela Faculdade de Artes Cênicas da CAL e em Direção Teatral pela Escola de Comunicação Social da UFRJ.

BRA / Relato / 28-Mar-2022
Originalmente escrito em português

desamparo, perdas, nostalgia, recomeço

Nós somos o tempo

Acordei em um susto. Como quando você tem a sensação de estar caindo, abre os olhos rapidamente tentando se salvar, mas, na verdade, está deitado na cama. Mas eu não estava caindo de um penhasco, como em um sonho. Eu estava acordando em um novo mundo, uma nova vida. Meu telefone tocou, ligação da minha irmã. E, a partir daí, todas eram as perguntas sem resposta dentro do meu peito.

O dia seguinte não era o amanhã de ontem. Tudo parecia um carrossel sem início, meio e fim. Eu não sabia como tinha ido parar ali. Me colocaram em um vestidinho branco que nem meu era e consegui um minutinho para passar batom. Tudo era muito. Tudo era o mundo inteiro dentro de mim. Tudo, talvez, ainda seja. Eu ainda estou domando esse tudo. E eu me confundo, eu não sei mais de nada. Eu fico aprendendo, esbarrando nas pessoas, tentando amar de novo, tentando entender em que tempo estou. Seria anteontem um prenúncio do que aconteceu ontem, e o hoje uma continuação do que irá acontecer amanhã? Quando isso tudo começou?

"Você vai se recuperar com o *tempo*", eles disseram. Como? Me recuperar com o tempo? A minha vontade é correr com o tempo, contra o tempo, através dele. Ultrapassar o tempo. Ser amiga dele e, em uma conversa franca, pedir para que volte. Pedir que pare. Desfazer a amizade. Brigar com o tempo. Deixá-lo para trás, não dar bola para ele. Mas, mesmo assim, sou atravessada a cada hora que o tempo faz passar. O tempo não nos dá brechas do que está prestes a acontecer. Ninguém estava preparado para isso.

Alguma coisa fez com que meu coração ficasse dentro do meu corpo, sem que pulasse pela boca, sem que eu derrubasse tudo no meio da sala, naquele tapete branco. Seria uma tragédia: meu coração, carregando o peso do mundo, atirando-se para fora da minha boca e eu vomitando sangue sem parar. O tapete ficando manchado de vermelho, e todos ali, assistindo essa cena sem saber como agir. Acho que seria assim se a gente, de fato, entendesse a morte logo de cara. Eu teria morrido também, sabendo que você morreu.

O tempo não parou desde aquele momento, quando acordei em um susto. Ele segue indo em frente. E não adianta conversar com o tempo, pedir para que volte. Não adianta implorar e nem a reza mais forte faz com que ele pare. Ele segue indo em frente. O corpo muda, as rugas aparecem, as flores caem, barragens são rompidas, cidades devastadas, guerras iniciadas, a natureza se revolta, presidentes destroem países, o câncer domina o corpo, novos vírus dominam o planeta. *Vidas são perdidas.* O tempo segue indo... em frente.

E volto às perguntas que me trouxeram até aqui: Quando isso tudo começou? O amanhã é o ontem de depois de amanhã? O que será diferente amanhã? O que eu poderia escrever aqui que responderia a tantas perguntas não respondidas? Tento entender o tempo, enquanto passo por ele. E não, eu não vou me recuperar com o tempo, como disseram. *Nós* não vamos nos recuperar com o tempo. Das cicatrizes deixadas pelo tempo, não se recupera. Reinventa-se.

Makau *Mehinako*

Representante indígena da etnia Mehinako, habitantes da região conhecida como Alto Xingu.

BRA / Relato / 08-Mar-2020
Originalmente escrito em português

cotidiano, desafios, incertezas, adaptação

Algumas etnias daqui, que fazem parte do Xingu, tinham tido somente um caso de sarampo, por exemplo. Quando você vê algo acontecendo na história, normalmente não imagina que irá viver aquilo na pele. Porém, foi o que aconteceu com a chegada do coronavírus. A gente não tem tanto o contato neste mundo de meio de informação, da internet e televisão e, talvez, devido a isso, inicialmente não nos assustamos tanto, mas quanto mais escutávamos na TV, na internet, isso foi nos abalando mais. Isso nos enfraqueceu espiritualmente. Pensávamos: como a tribo vai conseguir driblar isso? Qual seria a estratégia?

Nós nos questionamos como iríamos buscar nosso meio de sobrevivência, como seria nossa alimentação, como conseguiríamos material para dar continuidade a nosso artesanato. Eu também sou professor e me perguntava como conseguiríamos buscar material escolar na cidade, como faríamos para trazer a merenda das crianças. Esse não saber o que fazer, não conhecer a maneira correta de lidar com o inesperado, nos colocava em uma situação constrangedora.

Alguns diziam: vamos nos entregar a essa doença, pegar logo e ver como que é. O pensamento deles era de que, pegando uma vez o coronavírus, não pegaria mais. Achavam que assim iam se livrar logo da doença. Logo nessa primeira fase da doença, tínhamos pouca informação sobre tratamentos, medicamentos e qual seria a cura para isso. Víamos os dados divulgados pela internet de número de mortos e infectados, e isso nos assustava muito. Nós nos perguntávamos: será que nós somos os próximos dessa lista? Até que o coronavírus chegou realmente na aldeia. Como ele chegou, nós não sabemos. Tínhamos estabelecido protocolos de segurança, mas algumas pessoas passaram a não respeitar mais os protocolos, e essas medidas de proteção acabaram não dando mais tão certo.

Mesmo não tendo um remédio para a cura, precisamos de remédios para quando as pessoas da aldeia adoecessem – remédios para ajudar no sistema imunológico etc. Para isso foi muito importante a ajuda com recursos financeiros, para conseguirmos comprar esses remédios. Esse apoio foi fundamental. Minha mãe teve esse quadro mais grave, já a minha esposa teve um quadro mais leve. Por sorte não aconteceu nenhuma morte aqui na nossa aldeia, mas em nossa etnia perdemos 10 pessoas. Agora nós tomamos a primeira dose, a segunda dose e agora há poucos dias tomamos uma dose de reforço da AstraZeneca.

O que a gente aprende com isso é que vivemos algo que já tínhamos ouvido falar, visto reportagem na TV, mas que não imaginávamos que aconteceria com a gente. Pensávamos: era isso que a gente tinha visto na TV e agora estamos sentindo, estamos sofrendo. Essa doença desafia o humano, o combate a uma coisa que você não enxerga. Mas aí vem o preparo da ciência, a procura pelo tratamento, pela cura.

Em primeiro lugar, eu acho que os governos precisam cuidar do seu povo. Além de cuidar do seu povo, também precisam investir mais na ciência. O que eu desejo é achar um rumo, uma cura, para que a gente não precise se preocupar amanhã.

Marta *M. Roy Torrecilla*

Arquiteta pela Escola de Arquitetura de Madrid. Fundadora e Diretora da KARTONKRAFT. Tutora de Design. Mestre em Arquitetura de Interiores e Design de Varejo no Piet Zwart Institute.

ESP / Relato / 26-Mai-2020
Originalmente escrito em inglês

isolamento, introversão, cotidiano, adaptação

Eu só posso responder pelo meu amanhã, e, apesar de ele poder parecer o amanhã de muitos outros, deriva das especificidades do meu dia a dia (embora seja verdade que a Covid-19 nos lembrou como cada indivíduo está inexorável e universalmente interconectado hoje em dia).

Portanto, vou começar pelo meu cotidiano. Em um dia de trabalho médio, fico de 11 a 12 horas fora de casa, percorro mais de 160 quilômetros, e centenas de pessoas chegam a 1,5 metro de mim no trem. Durante as últimas sete a oito semanas, todos esses números são zero. Não tive outra escolha.

O confinamento de fato encolheu o território do meu cotidiano, mas as (antes negligenciadas) qualidades do meu ambiente próximo têm sido reveladas em desafio a seu caráter mundano: perceber diariamente como a primavera explodiu durante minhas caminhadas diárias pela vizinhança; comprar e pegar vegetais orgânicos e leite dos fazendeiros locais para evitar ir ao supermercado ou tomar banhos de sol abundantes e despreocupados (com sua inestimável e muito necessária vitamina D) no parque vizinho, pois se tornou o ponto de encontro social mais seguro.

Essas e mais novas adições ao meu cotidiano me induziram a uma reconexão indelével com o espaço e o tempo, literalmente. Não apenas para reconhecer as qualidades do(s) lugar(s) que habito diariamente, mas também para agir e melhorá-las, contribuir para elas. No final das contas, sou arquiteta, e isso deve ser sempre o meu propósito.

Meu amanhã voltará a ser multiescala (e multiescolha) nos próximos meses. O que será diferente amanhã? Minhas escolhas diárias, como a vida real prospera no dia a dia, não nos amanhãs.

Revisão

15-Jun-2022

Meu amanhã de dois anos atrás se tornou definitivamente multiescalar (e multiescolha) novamente. Como uma encenação real do filme de Eames, *Powers of Ten*, eu me sinto como o protagonista despreocupado cochilando no cobertor do piquenique enquanto reflete sobre todas as mudanças que a Covid-19 trouxe em várias escalas ao meu dia a dia.

Na escala doméstica, a proporção entre computadores e humanos – e, portanto, a conta de energia – também está em seu número mais baixo dos últimos dois anos, uma vez que o período de *home office* terminou. O cenário comercial de minha vizinhança permaneceu bastante intacto. Apenas algumas pequenas empresas desapareceram após longos períodos de fechamento forçado. Esses espaços das economias locais foram ocupados pela extensão de uma cadeia nacional de supermercados. Agora posso escolher entre uma variedade mais ampla, porém, menor de tomates sem sabor.

Não faço mais parte da sociedade de um metro e meio. O regime de segregação espacial desapareceu da cidade como se nunca tivesse existido. Todos aqueles adesivos e letreiros governamentais remanescentes nos pavimentos e muros perderam todo o sentido, tornando-se tão despercebidos como qualquer outro *graffiti* genérico. Somente sua descontextualização pode dar-lhes novamente um lugar no imaginário comum, como o agora onipresente cartaz motivacional britânico de 1939 – *"Keep Calm and Carry On"* – e todas as suas variações miméticas contemporâneas.

Meu cotidiano voltou a seus 80 quilômetros de viagem de trem e congestionamento, e minha pegada de carbono neste primeiro semestre já é o dobro da acumulada nos últimos dois anos. Esse fato me faz lembrar que sou novamente responsável por minhas próprias decisões diárias. Não estou mais sob o conforto imposto pelas regras gerais que precisam negar a diversidade e a individualidade por razões operacionais, a fim de serem fácil e satisfatoriamente aplicadas. Durante meses, as condições espaciais distintas de uma rua medieval estreita, uma avenida arborizada do século XIX e um estacionamento suburbano foram negligenciadas e consideradas idênticas sob a compulsão da máscara facial. O problema da escala se sobrepunha à complexidade. A eficiência se sobrepôs ao projeto (mais uma vez).

Semelhante ao final do filme de Eames, a nanoescala do meu corpo também encapsula por si só uma realidade instigante ao pensamento. A primeira vez que o vírus habitou meu corpo, deixou sua marca incrustada em meu organismo. Desde então, os minúsculos vasos sanguíneos em meus dedos das mãos e dedos dos pés se contraem inelutavelmente quando expostos a um contraste súbito na temperatura. Quer eu esteja apenas lavando minhas mãos com água fria ou tirando uma garrafa de leite da seção refrigerada do supermercado, meus dedos ficam brancos e dormentes por um breve, mas teimoso, período de tempo. Não é doloroso e, felizmente – ao contrário de para tantos outros infelizes –, não implica um problema mais sério (dizem os médicos até agora).

No entanto, implica, pelo menos para mim, um forte e persistente lembrete da realidade frequentemente ignorada de como seres não humanos também estão inexorável e bilateralmente interconectados aos seres humanos em todas as escalas. É provavelmente muito difícil quantificar a quantidade de vírus antigos que intervieram na evolução biológica humana, mas é muito mais fácil rastrear seu impacto em nossa própria evolução cultural.

Nitzan *Zilberman*

Curador de *Design* e Arquiteto da Neri Oxman.
Mestre em Arquitetura pelo MIT. Bacharel pela Bezalel Academy of Art and Design.

ISR / Relato / 27-Abr-2020
Originalmente escrito em inglês

isolamento, coletividade, tecnologia, nostalgia

O toque tem uma memória. Quando abrimos uma porta, seguramos a maçaneta circular em nossa mão, esperando sentir o metal frio sob nossos dedos. Somente então giramos a maçaneta e entramos na sala. Só podemos usar o metrô depois de pressionar a tela de vidro na máquina de venda automática, empurrar a pequena barreira de plástico para recolher nosso troco e passar o bilhete de papel fino na catraca, antes de colocá-lo de volta no bolso do nosso casaco de algodão. Valorizamos os móveis públicos por sua materialidade; a textura sem esforço da madeira quando nos sentamos em nosso banco de jardim favorito ou a suavidade do concreto quando bebemos água da fonte.

Estamos diante de um mundo sem toque; as superfícies se transformaram no novo inimigo, a infraestrutura pública se tornou um portador de doenças perigosas. As pessoas andam pelas ruas com álcool em gel e luvas descartáveis tendo apenas uma coisa em mente: não tocar.

Como o amanhã será diferente do hoje? O amanhã será sensorizado. Um sensor de movimento que chama o elevador e um sensor de calor que liga o micro-ondas no trabalho. As portas se abrem, a água flui diretamente para a boca; um mundo sem necessidade de resistência, operação ou habilidade motora fina. O esquema em andamento para automatizar a cidade continuará, mas mudará de rumo; em vez de tornar a vida mais confortável de todas as maneiras possíveis, o objetivo será "perder o contato".

O *design* tem tudo a ver com textura; sua essência está na interação humana com objetos, têxteis, edifícios, cidades. Qual será a sensação de um mundo sem textura? Será que sentiremos falta das sensações simples, como o giro de uma maçaneta de porta?

Bruno *Rodrigues*

Economista. Doutorando em Economia pelo IE/UFRJ.
Mestre em Economia pela UFF.
Graduado em Economia pelo IE/UFRJ.

BRA / Relato / 21-Mai-2020
Originalmente escrito em português

cotidiano, desafios, incertezas, tecnologia

Muito se tem discutido sobre os possíveis impactos que a pandemia pode causar no mercado de trabalho. A necessidade de isolamento imposta pelo coronavírus está obrigando as empresas a se adaptarem a uma nova realidade que demanda soluções inovadoras e adoção de novas dinâmicas de trabalho.

Para as áreas administrativas de empresas e setores da economia que têm seu alicerce no digital, é evidente uma aceleração do processo de transição para o trabalho remoto. O que anos atrás era uma tendência que vinha crescendo com o aprimoramento de eficiência e expansão de tecnologias como *Cloud*, hoje se torna uma política de prioridade, que deve ser logo adotada e implementada, uma vez que parte das tarefas pode continuar sem a necessidade de interação humana física.

A redução do contato humano que o escritório propicia traz adeptos e críticos. Existem aqueles que acreditam que existe um mito sobre o escritório ser um catalisador de criatividade e produtividade, um ambiente de troca intensa que permite tirarmos o melhor de nosso trabalho e resolver questões de forma bastante prática e rápida a apenas algumas baias de distância. E que, na verdade, o ambiente de casa pode ser muito melhor para concentração, e que as reuniões por videochamada acabam sendo muito mais produtivas que as típicas de escritório que aconteciam o tempo todo. O remoto não se torna distante, torna-se apenas diferente.

Por outro lado, muitas pessoas relatam queda na produtividade e dificuldade em uma reorganização. As pessoas preferem a reunião pessoal. Reuniões ao vivo ainda têm seu espaço, ainda reforçam a amizade e a colaboração. Nós aprendemos muito com as interações físicas, o que se torna fator importante, inclusive, para negociações.

Independente das opostas opiniões, a transição para o digital está acontecendo, e o questionamento muda de foco. Precisamos pensar em como fazemos para tornar essas novas dinâmicas de trabalho melhores. Como podemos tornar o trabalho mais efetivo para aqueles que podem trabalhar de casa e como tornamos o ambiente mais seguro para aqueles que não. A maioria das pessoas realizam atividades que não permitem um trabalho remoto.

O que nos leva a um outro ponto de incerteza, que é a implementação de robôs e do uso da tecnologia na cadeia de produção, que não era um problema tão iminente ainda. Muito se fala sobre ainda precisarmos de humanos em todos os lugares e que a automação poderia estar contribuindo melhor nessa situação. Gerando um debate de necessidade de foco na qualidade do trabalho e não da quantidade, usando a *Big Data*, por exemplo, como "*Smart Data*", complementando os trabalhadores, e não os substituindo.

Porém, a inteligência artificial de que disponibilizamos no momento, de uma forma geral, é mais artificial do que inteligente. As escolhas ainda não estão nas mãos das pessoas, o Google que escolhe o que chega na sua caixa de *e-mail*, não você. Então estamos ainda em um cenário de substituição, em que as máquinas farão coisas que não podemos. A mão de obra, além de muito operacional ainda, é cara, e as empresas vão procurar cortar custos. Se as máquinas forem correspondentes ao homem, e mais baratas, pode ser que elas dominem.

Mas ainda é muito cedo para prever impactos tecnológicos. Existe muita incerteza dos limites da automação, de até onde o trabalho do homem e das máquinas pode ir.

Mas se teve uma coisa que essa conjuntura nos mostrou é que existe um descolamento entre o valor de mercado e o valor social de determinadas funções. O que consideramos como trabalhos essenciais, hoje, ganha destaque para que economias não entrem em colapso. Estão sendo expostas as mudanças que podem ocorrer na segurança dos trabalhadores mais operacionais, que têm menores salários, menores qualificações, mas que estão sendo de grande valor econômico.

E para os demais trabalhadores operacionais da indústria e do comércio, a queda de consumo se torna um problema muito mais imediato, uma vez que a impossibilidade de se realizar trabalho remoto se torna muito mais sensível à queda de demanda por serviços ou produtos.

O aumento do trabalho remoto pode até abrir espaço para melhoria da qualidade do trabalho, ganho de eficiência na utilização das tecnologias, para aqueles que podem trabalhar dessa forma. Para aqueles que não, o cenário futuro pode ser nada otimista dependendo do modo como vamos modificar as estruturas de trabalho.

Liv *Soban*

Jornalista, comunicadora e escritora
Mestre em Comunicação pela University for the Creative Arts (UCA).

BRA / Relato / 14-Abr-2022
Originalmente escrito em português

isolamento, cotidiano, expectativa, recomeço

O que se diz novo é velho e está gasto

Não havia uma informação que chegava aos ouvidos de Marcelo que lhe trouxesse curiosidade. Vivia uma rotina igual por muito tempo, tanto tempo que nem se lembrava mais de quanto tempo fazia. Acordava, tomava banho, se vestia com a roupa de sempre, tomava um café, às vezes, requentado do dia anterior, por mais que ouvisse a voz de sua mãe em sua cabeça falando mal sobre o ato, e saía rumo ao trabalho. Escolhia entre ir de bicicleta ou ônibus, trabalhava perto de sua residência, e havia largado o carro fazia alguns anos. O engraçado é que Marcelo tinha uma profissão criativa em uma área da tecnologia. Era tão específica que ele nunca conseguira explicar o que fazia para nenhum membro de sua família e amigos de infância, que escolheram caminhos tradicionais como advocacia ou medicina. Marcelo, não, ele sempre quis ser diferente. Chegava no trabalho e seguia sua rotina de sempre. Pegava um bolinho na cafeteria e um suco, hoje havia escolhido banana e verde, respectivamente. Subia ao andar onde encontrava seu time, alguns ficam em casa, outros iam trabalhar porque tinham a necessidade de sentir calor humano. A tela já os havia fadigado, até porque trabalhavam em projetos para fazer os outros humanos não desgrudarem dela. E lá desenhavam e planejavam aplicativos e soluções diversas para se ver *pixeladas*. Acabava o dia, ia para a academia treinar. Em seguida, saía com seus amigos ou com um encontro novo que havia se conectado em algum *app* de relacionamento e, por mais fantástico que fosse, ele já sabia que, mesmo os dois querendo, aquela conexão tinha algum prazo de validade.

Voltava para a sua casa, tomava uma ducha rápida, escovava os dentes, lia qualquer página de livro até adormecer. Marcelo não sabia que, por mais que sua vida parecesse inovadora e diferenciada, que fazia muitos amigos terem inveja, era tão parada e rotineira quanto qualquer outra. Ele entrou em uma zona de conforto tão grande que se anestesiou. Não havia nada que o desafiasse verdadeiramente, nada que o interessasse, a imensa quantidade de informações que recebia diariamente o colocou em uma qualidade estagnada. O excesso o "superficializou", se podemos inventar esta palavra. Nada tinha profundidade. O pensamento virou etéreo e fugaz. Lidar com a busca do novo na tecnologia fez até o novo ficar gasto. Nem sonhar Marcelo conseguia mais. Era um sono por vezes agitado, por vezes, não. E, independente disso, ele nunca se lembrava de nada. Acordava e repetia todo o seu protocolo. Marcelo, no final, estava cansado. Cansado de si. Cansado de tudo. Apesar de tanta coisa diferente, ele também era homogêneo.

Indo para o trabalho aquele dia, o Sol de uma manhã de início de primavera batia levemente nele, uma brisa fresca e a sorte de ele ter em passar por ruas arborizadas o fez pensar em tudo isso, e foi então que descobriu não ter nenhuma diferença entre ele e seu amigo antigo considerado o mais quadrado de toda a turma. Mudava o cenário, alguns detalhes, mas a monotonia era a mesma. Marcelo, naquele momento, percebeu. O novo só existe quando não nos prendemos a nenhuma rotina. O novo só vem quando não criamos estruturas para nos proteger de algo que nem sabemos o que é. O novo só existe quando deixamos de cimentar nossos caminhos e regamos a terra para brotar o que for, porque sabemos que terá frutos. O novo não é pelo que se faz ou como se vive, é pelo que se transgride e questiona. Marcelo havia parado de se questionar. Tinha tanta certeza de suas verdades que se tornou um morto-vivo sem perceber. Marcelo havia morrido, mesmo vivo, há muito tempo, e ninguém o avisou. Neste momento, um caminhão entrou na rua sem dar seta e quase o arrebatou. Não aconteceu nada com o Marcelo, além do susto. Ele parou, respirou fundo e seguiu.

E ninguém sabe até hoje se Marcelo deu continuidade ao seu pensamento ou simplesmente retornou para a sua mesmice que parece nova, mas não é. O novo-novo só vem se o deixarmos vir. E, no final, sabemos que nem todos têm esta coragem. Nem mesmo Marcelo, nem mesmo nós.

Isaac *Volschan*

Professor Associado do Departamento de Recursos Hídricos e Meio Ambiente da Escola Politécnica da UFRJ. D.Sc., Engenharia de Produção - Engenheiro Civil e Sanitarista, M.Sc. em Engenharia Sanitária.

BRA / Relato / 26-Jul-2022
Originalmente escrito em português

coletividade, tecnologia, expectativa, recomeço

Refletir sobre o que será diferente amanhã logo me remeteu ao célebre samba-enredo "O Amanhã", do carnaval de 1978 da GRES União da Ilha, e que em seu principal refrão concluía "o meu destino será como Deus quiser". Ainda que de pleno acordo, eu me arrisco a responder provocações do mesmo samba e que são comuns a esta reflexão: como será o amanhã? O que irá me acontecer?

Crendo que seremos cada vez mais beneficiados pelo incremento da velocidade de progresso da ciência e da tecnologia e pela apropriação de seus resultados por políticas públicas de saúde, ambiente, educação e geração de trabalho e renda, ouso dizer que no amanhã serão maiores a expectativa de vida ao nascer e a longevidade; que cidades, indústrias e matrizes de energia estarão alinhadas para o uso racional dos recursos naturais e a economia de baixo carbono; e que em todos os níveis, competências e habilidades específicas serão a base da qualificação ao trabalho.

Entretanto, ainda que apostemos na conquista dos benefícios da ciência e da tecnologia e na aplicação dos mesmos para a evolução humana, arriscamos não evoluir a contento, e no amanhã não diferir, a condição de quesitos mais básicos e fundamentais de nossa existência, tais como a segurança alimentar e a habitação. O bem-estar do homem tem no alimento a sua fonte de energia e em sua casa o ambiente de mais próximo entorno. O conforto de ambos também confere saúde e o caminho para a mesma educação, o trabalho e a renda.

Nessa mesma nave em que estamos, convivemos com a expectativa do que o futuro promissor possa nos trazer, e com os débitos e passivos que ainda temos de reverter. Já que "o meu destino será como Deus quiser", queira Deus logo solucionar estes últimos.

Beatriz *Guimarães*

Graduanda em Estudos Literários pela Universidade Estadual de Campinas (Unicamp).

BRA / Relato / 11-Abr-2020
Originalmente escrito em português

isolamento, introversão, cotidiano, incertezas

Não se deem as mãos

Na primeira semana, perdi a fome. Na segunda, a vontade. Na terceira, a sanidade. Depois, tudo, gradativamente.

É um marasmo de eterno domingo. Sinto uma dor de cabeça latente, bem no meio do crânio; distante de todos os analgésicos que possa tomar. Uma ideia latejante de que escolhi estar presa. É pelo bem dos outros, sim. Isso é maior do que eu. Sinto-me como alguém que não quero por perto. Mas não vou me livrar de mim. Fui minha primeira prisão. Agora, todos nós somos. Uma prisão compartilhada. Conviver consigo mesmo também é assustador. Tudo nos foi tirado tão rápido que pisamos em falso. Sinto as palmas das mãos sangrarem com a queda. E tenho de lavá-las sempre.

"Lavar bem, com água e sabão": como diz a cartilha que nos bombardeia diariamente. É uma guerra de trincheiras. Estamos presos em um buraco. Não vemos quem nos mata. Mas temos de lavar as mãos. Sim, lavar, preciso lavar. Não toco mais no que as mãos de quem amo tocou. Estou doente. Não dessa doença externa. É interna. Minha alma tem uma tosse seca de saudade. Tenho uma febre nas mãos que me faz não saber o que fazer com elas. Tremem. Tremem muito. Tenho falta de ar às vezes. É ansiedade, certamente. Tenho de lavar. Passar álcool. Talvez deva me embriagar de lágrimas desse álcool para esquecer. Uma bela ressaca. Uma ressaca fenomenal. Uma ressaca crassa. Daquelas de acordar com dor de cabeça. Bem no fundo do crânio. Onde nenhum analgésico vai encontrá-la. Lavei as mãos. Uma, duas, três. Três vezes. E acabei de acordar. Mas encostei no interruptor. Depois no cabelo. Sim, tenho de lavar muito bem as mãos. Minha pele já está descamando. Está cada vez pior. A melhor arma contra esse veneno flutuante está arrancando minha pele. Literalmente. Se eu lavar mais, começa a arder. E pinica. Coça. Não quero lavar mais. Mas tenho medo de cumprimentar as pessoas. Meu Deus, quantas pessoas vou ter de parar de cumprimentar? É um tédio nojento. Me dá enjoo acordar e pensar que tenho mais um dia. Mais um dia. Existo, mas não vivo. Viver clama por experiências, e não as tenho mais.

Estamos em uma balsa da medusa, como o quadro que vi há anos. Estamos afundando e não podemos segurar as mãos uns dos outros. Então seguramos em pedaços já lascados da jangada, um resto de vela, cordas frouxas. E, lá no fundo, bem lá no fundo, há uma luz. Mas é pequena demais para que, no meio do caos de Hades, nós a notemos com frequência. Então, talvez a gente afunde mesmo. Profundamente. Quem sabe, não nos tornemos pinturas como essa, histórica de alguma maneira. Queria viver algo histórico, mas não era bem assim. Deram-me os médicos e as máscaras assustadoras; as marcas da peste na alma. Temos nossa própria peste negra. Também usamos máscaras. Ou deveríamos. Talvez entremos na história como essas iluminuras medievais sobre a doença.

Não queria que fôssemos lembrados assim. Não queria que lembrássemos do agora assim. Fico pensando (e temo) o tempo todo que o barco vai ser virado por uma medusa. Fico pensando nisso e em nunca mais parar de lavar as mãos.

Originalmente publicado em *Escritos da quarentena: crônicas* / Organizadora: Dayane Celestino de Almeida; Revisor: Úrsula Antunes. - Campinas, SP. Unicamp/ Publicações IEL, 2020

Takumã *Kuikuro*

Cineasta, membro da aldeia indígena Kuikuro. Premiado em festivais de cinema, como os de Gramado e Brasília, e no Présence Autochtone de Terres en Vues, em Montréal. Primeiro jurado indígena do Festival de Cinema Brasileiro de Brasília (2019).

BRA / Relato / 11-Abr-2020
Originalmente escrito em português

isolamento, cotidiano, desigualdade, coletividade

Na Terra Indígena do Xingu, estado de Mato Grosso, nós, o povo kuikuro do Xingu, sofremos na pandemia, sem apoio do governo federal. As lideranças mais importantes das aldeias do Xingu morreram de Covid-19, como nos povos *kalapalo, nahukuá, yawalapiti e kamaiurá.*

No início de março de 2020, a aldeia Ipatso dos *kuikuro* criou uma estratégia de luta para enfrentar a pandemia. A aldeia foi fechada para visitantes de fora. As lideranças fizeram reuniões para conscientizar as comunidades sobre os cuidados.

Uma grande casa foi levantada para isolar os pacientes infectados. Com apoio de doações de campanhas realizadas pela internet, os *kuikuro* montaram uma unidade própria de saúde, que contou com cilindros de oxigênio.

Foram contratados um médico e enfermeiros temporários. Alimentos e materiais de higiene foram distribuídos para as famílias não precisarem sair da aldeia.

Foi criado ainda um aplicativo para monitoramento dos casos e dos deslocamentos da comunidade. E equipes de saúde visitaram todas as casas dos moradores. Os pajés também atuaram junto com os médicos com preparos de ervas pela medicina tradicional.

Falemos do *Kuarup* [ritual que reúne indígenas de várias etnias]. Ele foi cancelado pela primeira vez. Mas algumas aldeias decidiram fazer a cerimônia com barreiras para visitantes de fora.

No meio da pandemia, incêndios queimaram o Xingu, afetando ainda mais quem estava doente. Criei, ao lado dos meus irmãos, uma brigada de voluntários para combater os incêndios.

O pior da pandemia já passou. Fomos guerreiros com a organização de todas as comunidades. Vencemos essa luta. Na aldeia *kuikuro* não houve nenhuma morte por Covid-19.

Em fevereiro de 2021, os kuikuro começaram a ser vacinados contra a Covid-19.

Melissa *Du*

Estudante do terceiro ano da Universidade de Harvard, concentrando-se em Ciência da Computação e Inglês.

EUA / Relato / 25-Jun-2020
Originalmente escrito em inglês

desafios, coletividade, expectativa, esperança

"Mal posso esperar para que as coisas voltem ao normal." Mas o que é normal? Normal é frequentar a faculdade presencialmente e sair com os amigos. Normal é frequentar a faculdade presencialmente e sair com os amigos. Normal é viajar sem medo de pegar ou espalhar a Covid-19. Normal é poder sentar-se em um restaurante. Normal é também a injustiça racial institucionalizada, enraizada dentro de preconceitos implícitos (e explícitos), legislação e sistema de aplicação da lei e encarceramento em massa. Normal é a elevação do nível do mar, os ecossistemas moribundos e a mudança climática. Normal é um sistema político imperfeito, impulsionado por grandes quantias de dinheiro, que funciona contra os cidadãos que deveria estar protegendo.

A Covid-19 nos mostrou o que podemos fazer quando somos forçados a mudar. Conseguimos fazer a transição para aulas *on-line*, parar quase totalmente as viagens, depender principalmente da comida de casa – essas são coisas que provavelmente nunca imaginamos fazer. Para nós, é fácil conceituar vírus e morte, e adaptamos nossos estilos de vida e legislação para minimizar os riscos. E o que dizer de tratar de problemas que não têm consequências tão imediatas, mas igualmente drásticas? Considere como nossa sociedade como um todo não havia sentido a mesma urgência em relação ao racismo sistemático e à violência contra os negros americanos. Ou em relação à extinção de espécies e ao derretimento das calotas polares. Nós, tanto em nível individual quanto em nível governamental, não conseguimos mudar substancialmente para enfrentar estas doenças que têm atormentado nossa vida cotidiana. A maioria de nós pensou: “Isso é problema de outra pessoa, ela cuidará disso” ou “Eu sozinho não posso fazer diferença” ou “Eu simplesmente não tenho tempo ou energia para lidar com isso agora. Talvez mais tarde”.

Ao perturbar nosso senso de normalidade, a Covid-19 nos deu uma chance de desafiar o *status quo*. Antes da Covid-19, todos estavam preocupados com as exigências de sua vida cotidiana. Como estudante universitário, sei que fui consumida pela bolha da vida universitária, tentando equilibrar escola, extracurriculares e uma vida social. Mas, desde a ruptura, tive a oportunidade de refletir sobre o que quero e como quero viver minha vida – uma oportunidade de melhorar a mim mesmo. Quais valores quero integrar em minha vida diária? O que posso fazer ativamente para ser mais feliz?

Também tive a oportunidade de refletir sobre o *status* do mundo, como muitas outras pessoas também tiveram. As consequências são refletidas especialmente através do movimento *“Black Lives Matter”*. Como nação, temos a oportunidade não só de pensar profundamente sobre como queremos que nossa sociedade seja, mas também de agir coletivamente. Esse movimento não teria acontecido se não fosse pelo Covid-19 – pense nos inúmeros assassinatos horríveis de vidas negras que ocorreram em anos passados. A nação não havia se mobilizado da forma como o fez agora, pois estávamos consumidos por nossos desafios mais imediatos e pessoais. Agora percebemos que esse problema é nosso e que, juntos, temos tanto o poder quanto a responsabilidade de mudar a sociedade em uma escala maior.

Amanhã, espero que as coisas não voltem ao normal. Normal é estagnação e complacência. Espero que continuemos a redefinir nosso normal, lutando por uma sociedade mais igualitária, justa e sustentável. Temos que continuar mudando, melhorando, nos comovendo e questionando por que as coisas são como são – porque há uma sociedade melhor lá fora. Uma sociedade que celebra a diversidade em vez de forçar a conformidade, que é altruísta e confiante em vez de egoísta e odiosa, que se preocupa com o meio ambiente e sua posteridade, que respeita a voz de cada cidadão. Esse sonho é viável, só temos que criá-lo para nós mesmos. E ele começa com a recusa de cada um de nós de voltar a cair em nossos hábitos confortáveis e de desafiar nosso *status quo*.

I & II

Entrevistas

Sheila *Jasanoff* / **Ana Cristina** *González Velez*

Sheila *Jasanoff*

Professora de Estudos de Ciência e Tecnologia na Harvard Kennedy School. Pioneira em seu campo, é autora de mais de 130 artigos e capítulos, e autora ou editora de mais de 15 livros. Seu trabalho explora o papel da ciência e da tecnologia no direito, na política e na política das democracias modernas. Ela tem diplomas AB, JD e PhD de Harvard, e doutorado honorário das Universidades de Twente e Liège.

IND / Entrevista / 07-Jul-2022

Originalmente em inglês

coletividade, política, tecnologia, natureza

Amanhã *(de)Novo* Gostaríamos de iniciar a entrevista com uma conversa a respeito de sua trajetória profissional. Você fundou o Programa de Estudos de Ciência e Tecnologia na Harvard Kennedy School, que é um programa que você dirige atualmente, mas também fundou programas similares em outros lugares, como o Departamento de STS [Estudos de Ciência e Tecnologia] na Cornell – sem mencionar que seu trabalho é considerado um dos pioneiros nesse campo de estudo, e você ganhou todos os prêmios possíveis. Curiosamente, no entanto, sua formação inclui graduação em Matemática, Linguística e Direito.

O que a levou a fazer convergir esses diferentes interesses para o que conhecemos hoje como STS? E, para aqueles que não estão familiarizados com o termo, você poderia explicar um pouco quais são a abordagem e a visão dos Estudos de Ciência e Tecnologia?

Sheila *Jasanoff* Acho que a palavra trajetória é bastante enganosa porque sugere que há uma direção. Mas, se eu tivesse de descrever minha trajetória intelectual, eu diria que ela foi motivada mais pelas exigências pessoais das relações: onde eu estava, quem eu era. Sou indiana por nascimento e um produto de uma geração de pais que vivenciaram a Independência Indiana. Todos eles estavam comprometidos com uma visão particular. Meu pai era economista de desenvolvimento, isso significava que ele estava comprometido com soluções tecnológicas como parte da questão da modernização, e com o fato de que a melhor educação para as crianças é técnica.

Acho que a visão do meu pai era a de que eu faria algo mais aplicado. Acho que sua visão particular era a química. Eu caí na matemática porque era um curso mais rápido. Eu tinha a chamada "posição avançada" quando vim para Harvard. Isso significava que eu poderia conseguir um ano de crédito e terminar a universidade em três. E, como viemos de uma situação financeira modesta, ele não queria que eu ficasse aquele ano extra, então eu tinha de terminar a faculdade em três anos e a matemática era uma das áreas que me permitiam fazer isso.

Depois fui enviada para fazer um trabalho de pós-graduação em química na Alemanha, o que foi um desastre total por vários motivos. Não foi a coisa certa para mim em muitos aspectos. Conheci meu marido naquele ano, e ambos éramos graduados em Harvard. Mas eu nunca tinha nenhum conhecimento de que a linguística sequer existia como um campo. Eu sabia sobre o estudo da literatura, mas não que havia essa forma mais formal de estudar a língua, aprendi isso com ele, e me pareceu muito mais apropriado para meus talentos.

Quando eu terminei, já havia uma crise no mercado de trabalho. Além disso, não acabei trabalhando com gramática generativa e Chomsky, que era a moda. Acabei fazendo Linguística Histórica, e não havia essencialmente nenhuma demanda por história da língua bengali, que era minha língua materna. Foi o casamento de duas carreiras que me impulsionou a pensar no Direito como alternativa. Uma vez que entrei para a advocacia, também ficou claro que eu nunca iria fazer direito empresarial. Meu primeiro emprego depois da faculdade de Direito foi em um escritório de advocacia ambiental, um pequeno corpo especializado que havia acabado de começar.

Depois nos mudamos para o norte de Nova York, para a Universidade de Cornell, e eu caí nesse programa interdisciplinar sobre ciência, tecnologia e sociedade, porque era o único lugar que tinha algum reconhecimento pelas coisas que eu estava fazendo. Fiquei lá por exatamente 20 anos. Levei 10 anos para descobrir quais eram as perguntas que eu iria fazer. Acho que o principal dos paradigmas não é que eles sejam construídos socialmente ou que sofram revoluções, mas que sejam espaços muito seguros. Os paradigmas lhe dão instruções e o que você deve fazer; eles lhe dizem o próximo passo, a trajetória importante, a pessoa a quem você deve ir se quiser estar no topo de seu campo. Eu não tinha nada disso, eu estava tomando um diploma pragmático de Direito e tentando descobrir como construir uma carreira de pesquisa em torno disso. Levei cerca de 10 anos para começar a sentir que eu realmente podia fazer perguntas que faziam sentido para mim, e que elas se mantinham de pé em algum sentido.

Depois tive a grande oportunidade de cristalizar isso, porque me tornei diretora desse programa, que havia se desencaminhado. A STS na Cornell, em 1988, quando me tornei diretora, tinha muito pouco a seu favor. E acho que não gosto de coisas dilapidadas, então comecei a pensar em como reconstruí-lo.

Em 1991, esse campo de estudos se tornou um departamento e, com isso, trouxe todos os tipos de responsabilidades. Desde que decidi voltar a ser estudante, para mim a questão era: vou dar às pessoas um diploma neste campo, do qual ninguém ouviu falar, e para onde quer que elas vão isso será um investimento para elas. No final, elas terão um pedaço de papel que diz "Doutorado em STS". Eu realmente tive de começar a pensar sobre o que era aquela coisa de uma maneira muito mais coerente. Não é ter o caminho traçado com antecedência, é fazer o mapa e viajar com ele ao mesmo tempo. Nesse aspecto, tem sido uma viagem constante de descoberta e incrivelmente emocionante. Entendi o que significa ser pioneiro, de certa forma. É muito experimental, você pode sempre tentar coisas novas.

Sua segunda pergunta foi "pode explicar o que é STS?", e a primeira coisa que digo às pessoas é: a sigla em inglês, pode ser Estudos de Ciência e Tecnologia ou pode ser Ciência, Tecnologia e Sociedade. Ambos são abreviados como STS. Estudos de Ciência e Tecnologia era a versão mais europeia e mais orientada filosoficamente, mais internista do campo, que dizia: como pensaríamos sobre ciência, se, em vez de apenas ouvirmos os cientistas, realmente agíssemos com o que eles estão fazendo enquanto abordam essas questões. Como é que os cientistas decidem que algo é verdade? Isso é um deslocamento; é de repente transformar um campo que tinha sido completamente autônomo e permitir-se fazer sua própria história em um campo temático, um campo sobre o qual você pode estudar e fazer perguntas.

Essa tradição estava mais fundamentada na Europa, comprometida com esta ideia de que você entende de ciência e tecnologia, examinando como os cientistas e os próprios tecnólogos estão tentando fazer o que estão fazendo. A versão americana sempre foi mais politicamente consciente. O que são a ciência e a tecnologia que levam à criação de riscos? É possível evitá-los? Quais são as implicações, do ponto de vista ético, de se fazer ciência e tecnologia? Como a sociedade muda como resultado da ciência e da tecnologia? Essas eram perguntas de STS mais ao modo da escola americana. Tive o benefício de estar exposta a ambas, em parte porque vim de fora e, portanto, não tinha noções preconcebidas.

Meu ponto de vista era que não se pode compreender de forma totalmente crítica o poder da ciência e da tecnologia no mundo sem entender como elas funcionam como instituições sociais e políticas em si. Mas isso é a metade da questão ou a metade do problema. Não vale a pena fazer isso até olhar totalmente para o grupo e dizer: que diferença faz que essas coisas existam na sociedade? Se você diz às pessoas que eu faço estudos religiosos, e elas meio que entendem por que é importante estudar religião e por que deveria haver pessoas estudando, mas não entendem se você diz Estudos de Ciência e Tecnologia. No entanto, se você diz, religião, ciência e tecnologia, qual é a diferença? Eles não seriam capazes de dar uma resposta muito boa para isso. Isso então se torna parte do problema. Como essas duas instituições poderosas e centrais se retiraram da reflexão e da sociedade, para que as pessoas pensem que é uma coisinha estranha a se fazer, parar e perguntar-lhes? Eu quero chacoalhar as pessoas e dizer: como você pode não querer estudar essas coisas que são tão centrais em suas vidas? É como falar: eu quero estudar o poder, eu quero estudar a sociedade.

A. *(d) N.* Várias vezes, você demonstrou como a ciência e a tecnologia estão intrinsecamente embutidas em quase todas as formas de organização humana e como essa articulação tem sido central na redefinição de nossa relação com o mundo natural e manufaturado e nossos sistemas de práticas sociais. Esse processo é um processo que você e outros rotularam de "coprodução", que funciona como uma ferramenta crítica para o rastreamento do poder em reinos onde a teoria social não conseguiu fazer isso.

Você pode expandir o conceito de coprodução?

S. *J.* Primeiro, tenho de tirar um sentido de coprodução de que não gosto. Muitos termos linguísticos têm uma vida cotidiana e uma vida técnica, e elas nem sempre coincidem. Meu senso de coprodução é um senso muito mais metafísico. É um sentido que diz que a forma como entendemos o mundo está profundamente relacionada e é inseparável de nossos compromissos normativos dentro desse mundo.

Pegue qualquer exemplo bobo: pegue o incesto. Você não deve se casar com sua irmã, certo? Mas aí isso depende de se é sua irmã. Supondo que você tenha dois pais divorciados, e cada um traga um filho de um casamento diferente, e não haja consanguinidade. Vocês foram criados juntos como irmãos desde cedo, e aí decidem se casar um com o outro; isso é incesto? Isso não é incesto? Nesse sentido, é o famoso tropeço de Bill Clinton quando ele disse que tudo depende de qual é o significado de "é". Acho que esse foi um momento profundamente metafísico, porque ele estava questionando os fundamentos do "é" em um contexto social naquele momento. Acho que ele tinha razão, ainda que reconhecidamente não tenha sido um momento muito nobre na história americana.

O tipo de coprodução que tenho em mente, e que os estudiosos nesta linha de trabalho também têm em mente, tem a ver com os estados do mundo que evocamos nas comunidades. Comunidades de crença, é assim que penso sobre elas, mas também comunidades de ação e comunidades de compromisso. Há uma diferença entre como alguém vai olhar para as temperaturas recordes de ontem na Inglaterra, se essa pessoa pensa que o planeta é um só. O aquecimento global é uma responsabilidade coletiva; devemos pensar nisso como o clima falando, e não apenas como instrumentos de medição em Londres. Todas essas coisas voltam atrás e dão *feedback* sobre o seguinte: nós nos sentimos como parte da mesma comunidade de pessoas que esses londrinos? Ou achamos que é problema deles?

Você se lembra de que, em 1983, Ben Anderson escreveu um livro extremamente influente chamado Comunidades Imaginadas. Mas sua ideia de comunidades imaginadas era apenas uma ideia política: o poder imposto a partir do topo faz com que as pessoas vejam o mundo de uma certa maneira. A Guerra Fria foi a quintessência, o melhor exemplo de comunidade imaginada. Para mim, como uma estudiosa da STS, a mudança climática é um tipo típico de formação de comunidades imaginárias, em que tem tanto a ver com a natureza e com o que é nosso componente humano nessa natureza. Ela altera a imaginação do que se sente ou onde pertence enquanto cidadão.

É possível inventar novos conceitos, como o de cidadania climática em uma estrutura de coprodução, e as pessoas entenderiam do que você está falando. Acho que um termo teoricamente produtivo como esse realmente permite que você faça outras construções conceituais que começam a desfazer as fronteiras que foram impostas pelo paradigma antigo. Acho que o paradigma está mudando em parte por um ponto de vista coproducionista diferente, que está surgindo. A percepção de que nós cobramos as categorias antigas até um ponto as torna não mais válidas; e faz com que você reterritorialize seu espaço imaginativo de uma maneira diferente.

A. *(d) N.* Em múltiplos ramos dos estudos sociais, é perceptível um retorno ou um aprofundamento da atenção às formas de materialismo. Para a ciência e a tecnologia, isso vem com um processo de fundamentação em que abordagens epistemológicas puras são substituídas por outras onde os constituintes materiais desses campos são trazidos à tona. Em outra ocasião, você mencionou que começamos a levar a sério o fato de que "as coisas existem no espaço; a tecnologia atua por meio de objetos; os objetos têm agência; a ciência é criada em determinados lugares; e a sociedade não existe em abstrato".

Quais são as implicações desse material para a forma como evoluímos como sociedade?

S. *J.* Esta é uma pergunta realmente importante e interessante, porque, toda vez que as pessoas dizem que há uma curva assim, há uma tendência a fetichizar essa curva e ir nessa direção. Eu certamente seria negligente se não dissesse logo no início que a pessoa que mais popularizou essa virada material foi Bruno Latour. Porque a frase "os objetos têm agência" é realmente uma das ideias dele. Acho que é uma maneira moralmente enganosa de agir se a gente parar por aí. Obviamente, acredito que a forma como projetamos os materiais, as dimensões e os elementos do mundo tem um enorme impacto e constrange as pessoas. Na STS, há anos as pessoas têm notado essas coisas. Aliás, muito antes de Bruno Latour, havia o filósofo, cientista político, Langdon Winner, que escreveu um artigo muito famoso dizendo que os artefatos têm política. Essa foi a linha dele, mostrando assim que as preferências políticas são incorporadas à fabricação de artefatos. A ideia latouriana é que não são apenas os seres humanos que têm uma força no mundo que permite que as coisas aconteçam; são também as coisas materiais. Há um exemplo famoso: você pode obedecer a um policial que está em um cruzamento com uma placa dizendo "Siga" ou "Pare". Mas, igualmente, se você construir uma lombada na estrada, essa lombada é, em seus termos, um policial adormecido que também diz isso. Ela tem agência, mesmo sendo imóvel.

Agora, eu acho que isso é uma distração. Porque, se você se concentra na agência, tende a minimizar a estrutura. E, portanto, você não faz a pergunta "Por que esses materiais? Por que construímos o mundo desta maneira e não de outras?". Se você vive nos Estados Unidos, esta pergunta está sempre presente. Por que um tiroteio em massa aconteceu ontem em Indiana, e todos estão falando do homem que matou o atirador como um Bom Samaritano? Eu não sou cristã, mas, na Bíblia, o Bom Samaritano era alguém que prestava auxílio a uma vítima e fazia com que ela se sentisse melhor, não alguém que sacava uma arma e atirava em alguém para evitar um futuro ato de violência. Se o bom cidadão estivesse armado com uma arma e pronto para tomar uma ação vigilante, onde quer que um problema se apresentasse, a gente cairia no caos mais rápido do que poderia dizer "surpresa". Ao dar agência a objetos, sim, o objeto pode matar. O objeto tem uma vida, está transformando nossas sociedades. Mas isso não é o mais importante. É o compromisso com o individualismo. É o sentido de que a sociedade não tem a obrigação de suprimir certos desejos das pessoas a fim de elevar certos outros desejos. É a ausência da esfera pública. É a falta de motivação para que qualquer solução coletiva seja formada. Porque "eu posso resolver o problema com minha arma, meu contrato de seguro, meu emprego, meu carro". A constante volta às soluções baseadas em "eu" em vez das soluções baseadas em "nós" que são tão fundamentais para a sociedade americana. Tudo isso não aparece se você disser que o objeto tem agência. Não diz "por que essa agência?", "por que esse tipo de objeto?". Ele apenas toma o objeto como se fosse garantido sem lhe dar uma história, ou história moral, o que seria um relato coproducionista.

A. *(d) N.* Gostaria de mudar de assunto, para a pandemia e sua relação com a informação. Sabemos que esta crise sanitária também veio com outra forma de crise marcada pela desinformação em torno do tratamento e da prevenção da doença. Isso reforçou a importância do acesso à informação e a urgência de uma formação mais elaborada e robusta de uma cultura política entre a população. Você também se referiu ao nosso momento atual como um momento em que o conhecimento está no centro de nossa sociedade.

Quais são as formas que você vê para aumentar a consciência pública e democratizar o envolvimento público com a ciência, evitando a atual polarização sobre o significado e a confiabilidade da informação?

S. *J.* Um dos axiomas dos estudos científicos é: "a verdade não existe diante da sociedade". É um acordo da sociedade dizer que algo é verdade, que produz a verdade. A verdade é o ponto final de um processo, não o início deste. Seria possível dizer exatamente a mesma coisa sobre informação. O que é informação? Eu acho que o tipo de virada pós-moderna de meados do século XX foi, em parte, fazer esta pergunta: como a perspectiva afeta o que vemos, o que se toma como certo, até o que se considera notícia?

Tudo isso sugere um substrato de aceitação comum de certas coisas. A informação tem de ser significativa, interpretável em um contexto, utilizável de uma maneira que se possa agir sobre ela. Caso contrário, não é informação, é simplesmente um sinal.

Mas, então, o que é informação? É toda a matriz interpretativa mais o sinal. Nesse sentido, acho que se pode dizer que a informação é apenas o ponto final de um julgamento coletivo que todos nós concordamos que é importante, significativo, relevante.

Tomemos outro caso de extrema importância ética: o direito a ser esquecido, a decisão do Google na Espanha. O direito de ser esquecido diz, em essência, que "posso, por meio do meu *software*, coletar pontos de dados sobre você, mas, se esses pontos de dados deixarem de ter conteúdo informativo no contexto dos costumes da sociedade (se for falso, irrelevante, trivial, muito velho, ultrapassado, pedaços de julgamentos da sociedade), então posso solicitar ao Google que tire de lá e não pertença ao seu catálogo de informações, simplesmente não deveria estar lá". A decisão do Google Espanha é metafisicamente muito significativa porque diz que é o julgamento social sobre o que é informação válida que deve controlar se esse modo de capitalismo de vigilância é ou não uma modalidade legítima.

Para mim, os estudos científicos precisam entrar e ser capazes de escavar. É preciso dizer que o que realmente está acontecendo neste momento é uma demonstração de que nós, como sociedade, estamos comprometidos com essa noção de que uma norma social é mais importante do que um dado tecnicamente coletado. Se os dois estão em conflito, é a norma social que governa, e não a existência do ponto de dados. Esse é um julgamento normativo bastante importante. É possível imaginar transformá-la em uma lei constitucional. Esses são os tipos de formas pelas quais eu acho que o STS pode contribuir para o discurso público, primeiro usando estruturas analíticas e ferramentas para explicar, em um caminho mais claro, o que está acontecendo em situações muito complexas. Você queria ficar andando sonâmbulo neste regime onde uma tecnologia de plataforma imperial apenas decide que ela vai perpetuar você?

Todas as sociedades têm sua ideia sobre o que é tabu, o que não deveria ser, mas estas tecnologias de plataforma invadiram nossas almas e tomaram nossa alma sem nos dizer que isso é o que está acontecendo. Eu vejo aqui o projeto crítico de STS, o projeto democratizador de STS. Não se trata apenas de construir referendos, e assim por diante, mas de apontar analiticamente: onde o fato está acontecendo, onde a apropriação está acontecendo, onde a formação de capital está acontecendo, onde os poderes não analisados entram em cena... Então, que as pessoas assumam ou não, conforme o caso, e decidam deliberar, mas alguém precisa mostrar que isso não é apenas uma coisa neutra, é uma mudança de estado.

A. *(d) N.* Mas talvez haja alguns motivos comuns nos quais conversas como esta possam acontecer.

S. *J.* Mas o solo pode não existir. Estou fazendo um projeto que chamamos de The Global Observatory, em relação à edição do genoma humano. A premissa desse projeto é ser um espaço para discutir essas questões profundas sobre o que é a vida e para que serve a vida. Essas são as duas perguntas que coloquei em um de meus livros, mas que não há lugar para debater; costumavam ser domínio da religião. Não construímos uma alternativa secular. Nós dissemos: os cientistas definem o que são ambos, e por isso lhes é permitido definir para que serve a vida. "Eu encontrei uma cura, uma terapia para esta condição, portanto, posso declarar que a condição é ruim e retirá-la." E as pessoas concordarão porque foi isso que definimos. Mas é um caminho perigoso porque, como mostra a recente decisão do Supremo Tribunal de Justiça sobre o aborto, é possível voltar atrás. E, a menos que você tenha teorizado esse território de forma mais profunda, pode ter pessoas dizendo que outras coisas estão erradas, e então os mecanismos institucionais não existem para consertá-lo.

A. *(d) N.* Com relação à Covid, em 2021, você liderou, junto com Stephen Hilgartner da Universidade de Cornell, o estudo denominado "Resposta Comparativa à Covid: Crise, Conhecimento, Políticas (CompCoRe)", no qual foi feita uma análise comparativa entre as respostas dadas por diferentes nações à pandemia da Covid-19, levando em conta a perspectiva dos estudos de ciência e tecnologia. Por meio de seu estudo, foi feita uma tentativa de responder à questão de por que algumas nações, mesmo enfrentando o mesmo inimigo comum, tiveram resultados tão diferentes em termos de taxa de contaminação e fatalidade; isto é, enquanto algumas tiveram sucesso em conter o vírus, outras tiveram grandes dificuldades em combater a doença.

Além de um grau de preparação ou recursos financeiros, onde está a discrepância, especialmente quando olhamos para ela por uma perspectiva STS: é uma questão de política, de comunicação científica ou mesmo de como as reivindicações de conhecimento são construídas e contestadas?

S. *J.* Decidimos, para nosso projeto, que iríamos chamar a atenção para o pacto social, como nós o chamamos, ou contrato social que rege essas sociedades. Dissemos que, onde o pacto social foi amplamente aceito por toda a sociedade, houve uma resposta relativamente eficaz. Uma coisa que isso nos permite fazer é evitar a distinção entre autoritário e democrático, porque acontece que não tem a ver com ser autoritário ou democrático, mas com se a sociedade aceita a natureza do autoritarismo ou a natureza da democracia, e qual é, de qualquer forma, a natureza dessa democracia.

Em Cingapura, por exemplo, houve muito pouca discussão, porque esta sociedade concorda que um modo autoritário de governança produzirá melhores resultados. E para a China, até a variante Ômicron aparecer, isso também era verdade. Os chineses estavam extremamente orgulhosos e concordavam que suas políticas muito rigorosas de Covid-zero haviam derrubado as infecções em Wuhan e apenas eles, no mundo inteiro e com mais de 1 bilhão de pessoas – haviam mostrado o pico caindo e sem voltar a subir. A esse respeito, se você julgar o comportamento democrático pela existência de um grande convencimento público, os chineses estavam aceitando mais a abordagem de seu governo do que os americanos.

Nos Estados Unidos, é bem sabido que o pacto social tem se desgastado ao ponto de não haver um conjunto abrangente de princípios com os quais toda a sociedade concorde. E, portanto, houve uma bifurcação também em relação à ciência. Dependendo de onde e como se sente em termos da política do presente, cada lado está afirmando ter sua própria ciência e respeitar isso, e não os outros. Não é algo que tenhamos visto em nenhum outro país, vimos alguma resistência, mas não uma divisão 50/50, nem uma recusa completa por parte de qualquer um dos lados de aceitar em qualquer grau as posições do lado oposto. Acho que isso fala da natureza muito frágil do compromisso americano com o governo e a governança. Países que tendem a ir melhor em geral são os que são autoritários (China, Cingapura) ou democráticos e socialistas (Alemanha, Holanda, Suécia). Esses países têm uma espécie de solidariedade entre os cidadãos, uma espécie de expectativa compartilhada do que o Estado deve fazer e quase nenhuma controvérsia técnica prolongada – como temos nos Estados Unidos sobre a eficácia das vacinas (que tem sido bastante aceita em quase todos os outros lugares).

A. *(d) N.* Sim. Está mais relacionado com como os governos são construídos e recebidos pela população.

S. *J.* É a expectativa do que são os benefícios sociais, que o governo deveria estar proporcionando, e se o governo está fazendo um bom trabalho ao oferecer esses benefícios. Neste momento da história americana, uma das partes está basicamente pronta para dissolver o governo na medida do possível, e simplesmente não há soluções coletivas. Mas, se você não tem soluções coletivas, então se torna a sobrevivência do mais forte ou do mais rico, ou o que quer que seja. E é uma espécie de lei da selva que está quase definindo isso.

A. *(d) N.* Gostaria de ter uma conversa sobre a noção de objetividade. Agora sabemos que, uma vez que o vírus seja controlado e não seja mais uma ameaça à saúde humana ou um fardo para os sistemas públicos, os problemas e desafios que surgiram e foram exacerbados por este momento de crise persistirão e potencialmente crescerão. Dessa forma, a pandemia da Covid não só atingiu nosso corpo, mas também trouxe à tona falhas em alguns alicerces que foram vendidos insistentemente como objetivos: como o modelo de economia liberal, os fluxos globais de troca de mercadorias, as representações atuais da democracia e as formas de prestação de assistência social. E, com essa objetividade, costumava vir um discurso construído sobre uma forma de racionalização tendenciosa que elogiava a medição, a classificação, a autodisciplina e a não intervenção em vez de aspectos relativos a interpretação, escolha e tomada de decisões. Podemos até dizer que faz parte da formação de um aparato moralizante apontado para a validação da produção do conhecimento e do discurso político; ou o estabelecimento de condições para legitimar e alocar o poder, reivindicando a verdade argumentativa.

Como devemos revisitar a ideia de objetividade quando está claro que os sistemas que foram elogiados como estáveis, corretos ou inevitáveis estão realmente se desmoronando?

S. *J.* Penso que há muito a ser dito para um entendimento de que sistemas excessivamente rígidos tornam-se frágeis e angustiados. Eu acho que a objetividade foi um desses tipos de ideias muito frágeis, porque ela pressupõe colocar algo fora da sociedade. Voltando ao STS, o ponto básico é que construímos um conjunto de indicadores de como é o mundo e nos curvamos diante deles, como ídolos. Não quisemos reconhecer que criamos esses ídolos. Até certo ponto, portanto, externalizamos nossas imagens científicas a partir do que nós mesmos colocamos neles. A objetividade, como a verdade, como a informação, é em última análise uma decisão cultural que vamos considerar como o modo como o mundo realmente vê as coisas, e como elas são.

Na história da arte, há muitos exemplos de especialistas que discordam completamente de se algo realmente foi feito por santos ou não. Gosto de falar sobre uma das exposições mais interessantes que vi no Metropolitan Museum em Nova York. É um dos grandes museus do mundo, e eles tinham uma exposição inteira de Rembrandts que o museu havia comprado em épocas diferentes. Para alguns deles, você e eu, como observadores leigos de Rembrandt, teríamos dito: como alguém pode ter pensado que isso era um Rembrandt? Mas, na época em que foram comprados, as pessoas pensavam que eram Rembrandt de verdade. Ao lado de cada um deles, havia uma declaração de um historiador de arte e uma declaração de um analista químico, dizendo se era real ou não. Na maioria das vezes, eles tendiam a concordar. Mas chamava a atenção para o fato de que existem duas maneiras radicalmente diferentes de ler aquilo culturalmente. Você pode tomar o olhar interpretativo ou pode decidir deixar que um instrumento químico lhe diga, mas ambos são instrumentos sociais, que estão lhe dizendo certas coisas.

A ideia de objetividade é importante para as pessoas. Há muitos lugares onde não se quer agir com base na intuição de uma única pessoa, e ajuda saber que é possível confiar em algo na medida em que se quer. Mas tomar isso como um substituto para a verdade real e defendê-la de alguma forma é onde ela começa a dar errado. Para ter uma objetividade forte em uma sociedade, acho que é preciso ter ideias fortes de em quem você confia para produzir aquela leitura que você vai fazer para ser objetivo. Eu posso ter uma instituição de saúde pública com séculos de existência e confiar nela. Portanto, tomo como objetivo o que ela está fazendo. Mas a descoberta, por exemplo, de que nesta instituição havia secretamente um monte de nepotismo, ou algo assim, iria alterar isso, imediatamente. Diz apenas que eu aceito que meu governo tem sido muito bom no que diz respeito aos funcionários e não vai mentir. O fato de você aceitar isso é o que se vê como objetividade, não que eles produzam o único relato do mundo com o qual todos concordariam. Meu próprio trabalho comparativo mostra que a forma processual pela qual as pessoas atingem a objetividade e a tomada de decisões sociais varia muito entre os contextos, e especialmente entre os países.

Nos Estados Unidos, há uma ficção de que existem dois adversários na sala de audiências, e, se eles se enfrentam, a objetividade e a verdade surgirão porque cada lado tirará o preconceito do outro lado. Mas quem observa as melhores práticas diz que esse é o lugar errado para começar. O lugar para começar é como eles trouxeram esses especialistas para a sala em primeiro lugar e olhar para a forma como eles constroem todo o campo de jogo, e não apenas o confronto frente a frente no momento.

Acho que o que o STS tem de frutífero, o que o torna uma constante e perturbadora – mas para mim sempre emocionante – jornada de autoentendimento e crítica, é pegar essas palavras em negrito de nossa civilização moderna (palavras como "verdade" e "imparcialidade" e "objetividade" e a própria "razão") e não mostrar indulgência, em algumas comunidades particulares da razão, com a necessidade de facticidade e objetividade. Então, o autoconhecimento faz isso. Você compreende que, dada uma escolha, isso é o que as pessoas prefeririam fazer. É o que elas considerariam sacrossanto. E, então, elas chamarão isso de ciência ou de projeto. Mas você se dá conta dessa tendência e vê outros e como eles estão fazendo isso. Às vezes, outras pessoas podem estar fazendo melhor. Outras vezes, pode parecer que os custos são altos demais para fazer daquela maneira. Podemos pensar que o projeto crítico é para melhorar o autoconhecimento, para que o que possivelmente precisa ser corrigido em você mesmo se torne mais aparente, para que você comece a ver o caráter conjunto da sociedade, as coisas em que caímos, sem tentar achar linhas de falha que não são visíveis a olho nu. Acho que esse é o tipo de percepção que esse campo oferece e que faz dele algo novo a cada dia.

A. *(d) N.* Gostaríamos de concluir olhando para o futuro. Historicamente, tempos de crise também foram circunstâncias forçadas de revisitar ideias cristalizadas, ordens existentes e formas consolidadas de agir, comportar-se e pensar. Com esta pandemia, que já é um dos acontecimentos mais perturbadores deste século, há ou talvez tenha havido uma abertura de uma "janela" de inflexão histórica, uma oportunidade para repensar e reformular novos caminhos para o futuro.

Você acha que este momento será marcado como um ponto de transição, ou será que perdemos a oportunidade? O que você acha que pode sair da era Covid?

S. *J.* No início da pandemia, eu estava esperançosa de que enfrentar um inimigo comum aumentaria nosso senso de uniformidade no mundo. Mas, à medida que a coisa avançava, eu me tornei consideravelmente menos esperançosa e gostaria que provassem que estou errada em meus pontos de vista pessimistas.

Nossa reação à pandemia não foi fazer a pergunta: que formas de socialidade podemos empregar para ficar seguros e tomar precauções, mas, mesmo assim, não desistir da ideia do social? Acho que isso teria levado a práticas diferentes. Em vez disso, era um problema social – porque há a transmissão do vírus –, e assim, especialmente nos Estados Unidos, afastamos todas as dimensões da socialidade. Livramo-nos das academias, dos esportes de todos os tipos, dos cinemas, de todos os teatros e salas de concertos. A primeira decepção para mim foi que eu estava incrivelmente ansiosa por uma apresentação ao vivo no Symphony Hall. Eu não fui, e essas coisas não podem ser trazidas de volta. Para outras pessoas, os custos eram muito mais altos, como quando as escolas estavam fechadas. Acho que as sociedades que foram mais flexíveis em manter as escolas abertas se saíram melhor.

Fomos muito rígidos ao fechar escolas. Tiramos todos os apoios sociais e deixamos as pessoas trabalhando por conta própria. Foi uma espécie de experiência global por dois anos sobre o que acontece quando se dissolvem os laços sociais. Penso que levará muito tempo para superar a sensação de alienação, as consequências para a saúde mental das pessoas durante o isolamento.

Veja os grandes macroindicadores: as pessoas não querem voltar ao trabalho. As pessoas não querem viver em cidades. A pandemia dissolveu certos modos de ser coletivo amplamente aceitos. Não sei o que vai acontecer, acho que o aumento da violência armada no país, a compra de armas, as taxas de suicídio... Há alguns indicadores disto, mas ainda não sei o quanto eles são significativos. Os índices de solidão foram exacerbados pela pandemia, e acho que alguma versão disso aconteceu em todo o mundo. E isto não é uma coisa só, está vindo em cima da questão do clima. O problema climático hoje também está sendo visto como um movimento em direção ao isolamento, de certa forma. É desfazer a rede do mundo que, nos últimos três ou 400 anos, temos estado ocupados em construir. É uma espécie de dissolução. É como ver uma coisa sendo gradualmente corroída por um ácido, e eu não sei o que vai acontecer.

"O objeto tem uma vida, está transformando nossas sociedades. Mas isso não é o mais importante. É o compromisso com o individualismo. É o sentido de que a sociedade não tem a obrigação de suprimir certos desejos das pessoas a fim de elevar certos outros desejos. É a ausência da esfera pública. É a falta de motivação para que qualquer solução coletiva seja formada."

Sheila *Jasanoff*

"Eu acho que o corpo é o último lugar de disputa do patriarcado, ou pelo menos o mais simbólico. Não se pode compreender a liberdade das mulheres sem incluir a possibilidade de elas decidirem sobre o próprio corpo. A liberdade tem a ver com prefigurar um projeto de vida. Como uma mulher pode prefigurar seu projeto de vida sem ser livre em relação a seu corpo? A ideia de liberdade que disputamos hoje é uma ideia de liberdade dos homens."

Ana Cristina *González Velez*

Ana Cristina *González Vélez*

Pesquisadora, advogada e especialista na área de saúde sexual e reprodutiva, direito à saúde e igualdade de gênero. Professora de Direito Sanitário da Faculdade de Medicina da Universidad de Los Andes e ex-diretora nacional de saúde pública da Colômbia. É a fundadora do The Right to Decide, um grupo médico na Colômbia, e cofundadora do La Mesa por la Vida y la Salud de las Mujeres. Ela também é membro da coordenação política da Articulación Feminista Marcosur, uma coalizão feminista latino-americana.

COL / Entrevista / 28-Jul-2022
Originalmente em português

política, responsabilidade, regressão, adaptação

Amanhã *(de)Novo* Ana Cristina, gostaríamos de iniciar a nossa conversa abordando a sua trajetória profissional. Você possui formação em medicina e, atualmente, leciona direito da saúde na Faculdade de Medicina da Universidad de Los Andes. Além disso, é fundadora do grupo The Right to Decide e cofundadora do La Mesa por la Vida y la Salud de las Mujeres.

O que a motivou, ao longo de sua carreira como médica, a especializar-se no campo da saúde sexual e reprodutiva e dedicar-se à luta pelo direito à saúde e à igualdade de gênero?

Ana Cristina *González Vélez* Eu acho que foi a confluência de minha vida como feminista e de meu estudo de medicina. Eu comecei a estudar muito jovem e experimentei por muitas vezes algo que hoje eu sei que se chama discriminação, mas, naquela época, eu não tinha ideia de que aquilo tudo tinha um nome. Dois ou três anos depois, eu comecei o ativismo em alguns grupos em Medelín. Foi aí que eu compreendi que o que eu experimentava tinha nome. Por exemplo, comentários sobre eu não poder estudar ortopedia, por ser algo destinado aos homens. Ou quando estava estudando ginecologia e obstetrícia e não nos ensinavam sobre aborto ou métodos contraceptivos. Foi o encontro entre o ativismo em Medelín e o estudo que me levaram a um campo essencialmente vinculado à liberdade das mulheres, que são os direitos sexuais e reprodutivos.

Meu primeiro trabalho como médica foi na PROFAMILIA, que naquela época era a maior organização privada do mundo em provisão de serviços de saúde sexual e reprodutiva. Eu tive a possibilidade de escolher entre um trabalho no hospital mais importante da cidade ou um trabalho em saúde reprodutiva. Essa talvez tenha sido a escolha da minha vida.

Eu comecei meu trabalho profissional no campo da saúde sexual na década das conferências nacionais da ONU. Então, ao mesmo tempo que comecei a prestar serviço nos bairros mais pobres, também comecei a fazer *advocacy* internacional na agenda de gênero e saúde reprodutiva, como parte dessas conferências. Misturei minha vida profissional com ativismo, o que intensificou meu interesse pela desigualdade de gênero e o campo da saúde reprodutiva. Acho que encontrei na minha profissão uma maneira de fazer um ativismo mais técnico. É político, mas tem uma base forte na expertise. Eu sou reconhecida por conhecer tecnicamente desses temas e ao mesmo tempo ser uma ativista do debate público.

A. *(d) N.* Você foi uma das líderes do movimento Causa Justa, cuja mobilização resultou em uma mudança radical nas leis colombianas relativas ao aborto. Em fevereiro desse ano, a Corte Constitucional da Colômbia aprovou a descriminalização do aborto até a 24ª semana de gestação. Dessa maneira, ficou determinado que as mulheres colombianas podem optar pela interrupção de sua gravidez até o sexto mês da gravidez. A decisão conforma uma vitória histórica para o movimento para a garantia de direitos fundamentais das mulheres colombianas e também latino-americanas.

Como começou a mobilização legal do movimento? E quais foram as principais estratégias articuladas pelo movimento Causa Justa para alcançar este objetivo?

A. C. *G. V.* É importante situar como nasce o movimento. Em 1998, eu e um grupo de mulheres criamos a La Mesa por la Vida y la Salud de las Mujeres. Quando começamos, o aborto era totalmente proibido na Colômbia, e decidimos juntar mulheres de campos diferentes (advogadas, médicas, ecologistas, filósofas) para começar a pensar argumentos que abrissem a conversa sobre o aborto. Até então, ninguém falava sobre isso. Por ser um delito, era muito difícil falar do problema de saúde pública.

A Mesa foi um coletivo que trabalhou por todos esses anos até que, em 2006, o aborto foi descriminalizado pela primeira vez na Colômbia em três circunstâncias: para salvar a vida e a saúde das mulheres; nos casos de violação e estupro; e nos casos de malformação fetal incompatível com a vida extrauterina. Então, decidimos fazer todos os esforços necessários para implementar essa decisão, porque sabíamos que muitos países já tinham exceções à criminalização do aborto – inclusive o Brasil – mas isso não significava maior acesso ao aborto para as mulheres. Duas ações foram tomadas; a primeira foi o acompanhamento das mulheres que enfrentavam barreiras de acesso ao aborto. Esse acompanhamento serviu para que conseguíssemos mostrar os tipos de barreiras enfrentadas. Ao mesmo tempo, construímos uma interpretação dessas causas para que os operadores judiciais e sanitários tivessem elementos para julgar amplamente os casos. Conseguimos, ao longo de 15 anos, treinar quase 5 mil médicos no país para que, quando uma mulher solicitasse um aborto, eles tivessem as ferramentas de interpretação da situação, de maneira coerente com o marco dos direitos humanos.

Uma década depois, percebemos que esse modelo estava esgotado. Apenas 10% das mulheres tinham acesso ao aborto legal, os demais eram clandestinos. A criminalização contra as mulheres cresceu, chegando a 400 casos por ano de mulheres criminalizadas e 26 condenadas. O número de condenações por aborto era o dobro do número de condenações por violência contra mulheres. O delito do aborto era mais perseguido do que o de violência contra elas. Então, começamos a construir uma crítica desse modelo para mostrar que ele aprofundava as desigualdades entre mulheres e que era necessário mudar o paradigma. Criamos a iniciativa Causa Justa para lutar pela eliminação do crime do aborto do Código Penal. Até esse momento, falava-se em aborto como um crime, e queríamos fazer um movimento de todas as organizações feministas e de direitos humanos para construir uma estratégia para abrir a conversa sobre o aborto nos nossos próprios termos. Éramos contra o crime porque ele era ineficaz, injusto, contraproducente e discriminatório. A iniciativa da Mesa virou um movimento, hoje temos mais de 100 redes nacionais que participam organicamente em mais de 20 cidades do país e o apoio de líderes políticos. A Causa Justa busca abrir a conversa democrática e pública, para isso escrevemos um livro com 90 argumentos da ordem da saúde pública, do direito criminal, da bioética, da desigualdade, do estado laico e da liberdade de consciência. Porque a única maneira de abrir uma conversa é dispor de muitos argumentos que apelam para diferentes audiências.

Nós priorizamos cinco pontos estratégicos. Primeiro, a comunicação política e a mobilização social: conseguimos estar na mídia por mais de 500 dias com notícias positivas sobre o aborto. Além da mídia tradicional, nós abrimos as nossas próprias redes sociais. O segundo ponto foi o trabalho para que esse fosse um debate nacional, abarcando diferentes cidades do país. Em terceiro, a mobilização nas ruas. Também fizemos trabalhos pedagógicos com várias audiências. E, por fim, a estratégia legal, que contemplava algumas opções.

A Causa Justa foi apresentada publicamente em 2020 para abrir a conversa e, somente quando houvesse a oportunidade, entraríamos com a estratégia legal. Isso aconteceu em outubro desse mesmo ano a partir da tentativa de reverter todas as conquistas até então quanto ao aborto. Um juiz nos falou da necessidade de avançar. Fizemos a demanda na Corte Constitucional e ela só foi ouvida depois de 523 dias. Durante esse tempo, mantivemos nossas estratégias. Os dados que temos são resultado de um estudo que fizemos. A divulgação desses dados marcou uma ruptura, porque muitas pessoas não tinham ideia de que o aborto realmente era uma ameaça e constituía uma perseguição ativa do estado contra as mulheres. Nossa estratégia se baseou em um trabalho coletivo.

No final, todo mundo sabia que Causa Justa era um movimento identificável – não era abstrato –, baseado em argumentos sólidos e na mobilização nas mídias, nas redes e nas ruas.

A. *(d) N.* Com a decisão tomada em fevereiro, a Colômbia tornou-se o sexto país latino-americano a descriminalizar o aborto. A decisão tornou-se a terceira vitória do movimento nos últimos dois anos, sucedendo Argentina e México, que também mudaram suas legislações relacionadas à garantia de aborto. No entanto, apesar dos avanços expressivos nos últimos anos, fruto da árdua luta travada por ativistas de direitos reprodutivos, alguns países da América Latina ainda possuem as mais duras leis antiaborto em todo o mundo, em que se proíbe a prática de aborto em qualquer cenário.

Como você vê o cenário latino-americano diante da luta pelo direito à saúde e à igualdade de gênero? E quais são os próximos passos e desafios para o movimento?

A. C. *G. V.* A Colômbia acabou se tornando uma vanguarda na América Latina e no Caribe nessa questão. Mas nós não conseguimos que o crime de aborto fosse retirado do Código Penal. Nosso modelo legal ficou como uma "modelo de prazos"", em que, dependendo do tempo de gestação, o aborto não é crime. O aborto continuar configurado no Código Penal tem um impacto simbólico muito grande. A América Latina e o Caribe configuram o aborto como crime, em todos os países.

Para além disso, temos três grandes divisões nas diferenças de legislação. Alguns países legalizaram o aborto, a depender do tempo de gestação (Argentina, partes do México, Uruguai, Porto Rico, Cuba e Colômbia). Dentre esses países, alguns têm modelos mistos, com prazos amplos. Por exemplo, na Colômbia, depois de 24 semanas, só é permitido o aborto se estiver enquadrado em uma das três exceções. Esse modelo é arbitrário, porque o prazo é definido com base na divisão da gestação por trimestres. Essa divisão tem sentido para a gestação, porque marca riscos referentes à gestação, não tem nada a ver com o aborto. Há países que só permitem o aborto até a oitava semana, quando quase nenhuma mulher sequer tem ciência da gravidez ainda. Ao mesmo tempo, esse modelo garante alguma autonomia para as mulheres, porque até esse prazo elas não precisam apresentar nenhuma justificativa.

O segundo bloco, que engloba o maior número de países da nossa região, é o que demanda justificativa ao aborto. No Paraguai, por exemplo, apenas é permitido o aborto para salvar a vida da mulher. Por fim, temos o grupo dos países em que é totalmente proibido – a maioria localizado na América Central – ou com alto grau de perseguição criminal. No caso do Brasil, a justiça persegue a mulher, os médicos, o medicamento.

Essa região tem todas essas diferenças legais, e talvez seja a menos avançada nesses termos, mas temos um movimento feminista ativo, organizado e com intercâmbio de estratégias, ideias e argumentos que mantêm vivo o debate. Os EUA tiveram uma grande decisão nos anos 1970 e seguiram muitos anos em silêncio depois disso. Eu acho muito importante essa ausência de silêncio na nossa região, mas o desafio é avançar em direção à igualdade em relação ao aborto. Precisamos nos mover na direção de uma crítica sólida do uso do direito penal para regular o serviço de saúde. A única maneira de fechar esse movimento pendular de avanços e retrocessos é eliminar o delito e regular fora do âmbito criminal, apenas no âmbito sanitário. Outro grande desafio é a implementação. As barreiras de acesso para mulheres, mesmo em contextos liberais, são imensas, pois ainda estão ligadas ao estigma do crime. Eu vou estudar medicina para ser um criminoso?

Eu acho que a grande batalha feminista deste século é a liberdade reprodutiva. No século passado, foi o direito ao voto e à educação. A liberdade reprodutiva está no centro da agenda de uma batalha cultural feroz.

A. *(d) N.* A América Latina é uma região tradicionalmente conservadora, devido à grande influência exercida pelas Igrejas Católica e Evangélica. Apesar de as democracias latino-americanas garantirem a existência de um estado laico, a igreja possui um papel de grande destaque, com bancadas políticas religiosas que influenciam diretamente na tomada de decisões políticas.

Qual o peso do conservadorismo e da moralidade religiosa para o avanço dos direitos das mulheres nos países latino-americanos?

A. C. *G. V.* Essa não é uma área da minha especialidade, mas eu penso que há uma distância grande entre a estrutura institucional da igreja e as pessoas comuns. Nos níveis pessoal e individual, tomamos decisões – como interromper uma gestação – sem nos importarmos se somos cristãs ou católicas. Fizemos uma pesquisa na Colômbia e ficou clara essa dissociação da religião das questões mais íntimas. A institucionalidade da Igreja é um dos personagens que fazem parte da batalha cultural que eu falei.

Sinto também que eles foram perdendo os argumentos. Tivemos 523 dias de conversa pública sobre a nossa luta, e a Igreja teve uma participação muito baixa na conversa, a qual esteve focada em apenas dois argumentos: a vida inocente do feto e os efeitos negativos do aborto na saúde mental das mulheres. Eles não conseguem se envolver na conversa democrática pautada em argumentos, então, focam na manipulação emocional. O avanço na qualidade das imagens dos exames contribui muito para este tipo de argumento, porque vemos como o feto já se parece com uma pessoa. A Igreja usa, como estratégia, ausentar-se das conversas e tentar derrubar os argumentos pró-direitos. Na Colômbia, uma das razões na demora para a decisão final da Corte foi o envio de 20 requerimentos de anulação da nossa demanda. Agora que ganhamos essa decisão, estão tentando anulá-la, organizando um referendo baseado em mentiras e manipulação das emoções. A campanha deles é no púlpito.

A. *(d) N.* Expandindo sobre essa discrepância entre a norma e a prática, a criminalização do aborto, além de não evitar que os atos sejam realizados, submete mulheres, sobretudo aquelas de baixa renda, à realização dos procedimentos clandestinos e insalubres, devido à ausência de acesso a meios seguros de realização do aborto.

Desse modo, é possível dizer que a repressão dessa conduta, além de se demonstrar ineficiente na ordem prática, também se configura contrária aos objetivos e esforços de melhoria da saúde pública, uma vez que valida um meio de ataque à saúde e ao bem-estar social das mulheres, assim como gera ao redor disso uma forma de preconceito social?

A. C. *G. V.* Depois da conquista de uma mudança legal é muito importante ter clareza que o nosso esforço está apenas começando. É preciso criar condições para a lei ou a sentença serem de fato implementadas, com disponibilidade em serviços de saúde, assim como treinamento e campanhas. É nesse momento que nos deparamos com a resistência cultural em relação ao aborto.

Seria injusto não reconhecer que, em nossa região – a América Latina –, temos avançado também nesse âmbito. Há 15 anos era muito mais difícil identificar prestadores disponíveis para fazer o serviço do aborto. Hoje, encontramos em quase todos os países, apesar do estigma. Vemos o crescimento de grupos de médicos e profissionais que lutam pelo direito de decidir.

Também avançamos nas regulações sanitárias. Depois da lei, também é preciso algum tipo de instrumento para garantir a ação dos profissionais de saúde, para que as ferramentas sanitárias falem a linguagem deles. A OMS tem sido muito clara em determinar como os serviços devem ser prestados.

Outro desafio é no nível da educação. Temos pouca inclusão dos assuntos sobre gênero, direitos sexuais e reprodutivos nas escolas de medicina. É preciso mudar a cabeça dos médicos depois de formados para que se adéquem às mudanças legais.

Temos construído uma linha muito importante para avançar na implementação: as mulheres que já decidiram fazer o aborto não vão mudar de ideia, mesmo que ameaçadas. Então, do ponto de vista de saúde pública é melhor que essas mulheres cheguem a tempo no serviço de saúde para evitar complicações, morbidades que afetem sua fertilidade no futuro ou até a morte.

O mais importante para mim é que as conquistas legais são uma grande vitória. Agora, a grande disputa está na implementação. Por isso é essencial regular sem delito, sem direito criminal, porque assim conseguimos levar a conversa no nível mais técnico e sanitário.

Finalmente, essa pergunta tem tudo a ver com o que chamamos de despenalização social. É o desafio de mudar a cabeça e o coração das pessoas, para criar legitimidade às decisões das mulheres, respeitando-as como sujeitos morais plenos, com capacidade de decidir. Como explicar que temos um padre em Pernambuco preocupado com uma mulher fazendo aborto no Rio Grande do Sul? É uma desconfiança na capacidade moral das mulheres.

A. *(d) N.* Em junho deste ano, após quase meio século de garantia constitucional para a prática de aborto nos Estados Unidos, a Suprema Corte americana revogou a decisão histórica *Roe versus Wade*, que reconhecia o direito e legalizava o ato em todo o país. Essa deliberação já está exercendo grande fortalecimento de vozes antiaborto e conservadoras, em geral.

Levando em conta a enorme influência exercida pelos Estados Unidos, em face do seu poderio político, militar e financeiro, é possível que a decisão tomada pela Suprema Corte americana possa ter um efeito contagiante e reverso sobre as políticas de países latino-americanos? Como essa influência pode significar um passo atrás na luta latino-americana, principalmente em países como o Brasil, em que ainda não tiveram avanços em direção à descriminalização do aborto?

A. C. *G. V.* Eu acabei de publicar um artigo exatamente sobre essa questão.[1] Não tenho dúvida de que os governos ou as frações mais conservadoras dos países vão tentar utilizar essa decisão para justificar qualquer ataque aos nossos avanços, inclusive para criar a ideia equivocada de que o que aconteceu nos EUA também vai acontecer aqui.

Como eu disse, ainda estamos esperando que a Corte Constitucional da Colômbia resolva as solicitações de anulação da decisão de fevereiro. Isso faz parte de qualquer processo, qualquer um pode solicitar uma anulação. No dia da revogação da *Roe versus Wade*, o

1. GONZÁLEZ VÉLEZ, Ana Cristina. La derogación de la decisión 'Roe vs. Wade': hay que mirar al Sur Âmbito Jurídico, [s. l.], 19 jul. 2022. Disponível em: https://www.ambitojuridico.com/noticias/analisis/la-derogacion-de-la-decision-roe-vs-wade-hay-que-mirar-al-sur. Acesso em: 15 ago. 2022.

governo da Colômbia, em um ato manipulador, disse estar pedindo a revogação da decisão de fevereiro. Todos os jornais nos ligaram e tivemos de esclarecer que essa notícia é velha e que não foi isso que o governo pediu. As notícias faziam parecer que era algo decorrente da decisão americana.

Sinceramente, eu acho que, do ponto de vista jurídico, a decisão na Colômbia é distinta da *Roe versus Wade*. A decisão americana foi baseada na proteção à privacidade, enquanto a da Colômbia está pautada no direito à saúde, na igualdade, na liberdade de consciência, e tem uma crítica ao uso do direito penal. Ela tem fundamentos diferentes, e está arraigada nos princípios constitucionais, por isso não vai cair.

Além disso, eu acho que o movimento e a conversa em relação ao aborto são muito diferentes nos EUA e na América Latina. Nós temos um movimento que não se calou, é ativo e organizado. Nos EUA, eles estão começando agora a se organizar, mas não há grupos dedicados a isso. Eu acho que é o momento de o norte olhar para o sul. Não como uma arrogância nossa, mas pela solidariedade. Eles devem conhecer o que temos feito em termos de estratégia, argumentos e movimentos para manter a conversa viva.

Os EUA levaram 50 anos para derrubar essa decisão. Foi uma longa estratégia dos grupos antidireitos na Corte Suprema. Precisamos ter cuidado com o debate concreto, mas também com todas as macroestruturas em que ele se apoia.

A. *(d) N.* Como você colocou, a luta pela garantia ao acesso ao aborto vai muito além da simples descriminalização do ato. Ela faz parte de uma batalha pelos direitos femininos à saúde, à privacidade e à liberdade, representando assim o respeito às mulheres como indivíduos livres e protagonistas das decisões sobre si mesmas.

É possível entender o corpo como uma fronteira política, que reflete na esfera privada disputas ideológicas travadas no domínio público? Esse campo de batalha se configura também como o remanescente de uma tentativa patriarcal de controle sobre o corpo feminino?

A. C. *G. V.* Eu acho que o corpo é o último lugar de disputa do patriarcado, ou pelo menos o mais simbólico. Não se pode compreender a liberdade das mulheres sem incluir a possibilidade de elas decidirem sobre o próprio corpo. A liberdade tem a ver com prefigurar um projeto de vida. Como uma mulher pode prefigurar seu projeto de vida sem ser livre em relação a seu corpo? A ideia de liberdade que disputamos hoje é uma ideia de liberdade dos homens.

No âmbito público, as decisões que limitam nossa liberdade foram tomadas por homens. Os códigos penais têm mais de um século, foram feitos quando estávamos fora do acordo social. É um acordo sexual para dividir o mundo do público para os homens e o mundo privado para as mulheres. Tudo dentro do âmbito privado é menos valorizado. O mundo privado limita nossas possibilidades de sermos mais autônomas economicamente. Por exemplo, as mulheres que dedicam horas ao trabalho doméstico não remunerado têm de procurar trabalhos que se adaptem a essas obrigações. Isso as leva para o trabalho informal e com menor remuneração.

Hoje, as mulheres trabalham, têm alguma participação na esfera política e conseguem que assuntos privados façam parte da conversa democrática pública. Estamos na disputa e explicando como nosso corpo está preso por acordos de privilégios entre homens. Tentamos explicar algo tão simples e óbvio, e tão difícil, ao mesmo tempo. Em várias entrevistas, os jornalistas me pedem para explicar mais uma vez. Todas sabemos que a grande disputa hoje está no controle da nossa reprodução, porque ela é importante para manter a vida e para manter as mulheres em um lugar de controle.

A. *(d) N.* Para finalizar as nossas conversas, costumamos abordar com nossos convidados a temática do amanhã e nosso futuro em comum. Desse modo, apesar de vivenciarmos vitórias e enormes avanços, como a liderada por você na descriminalização do aborto na Colômbia, a nossa sociedade também experiencia a ascensão recente de um fundamentalismo político e de uma reação neoconservadora, cenários que ameaçam o avanço da luta por direitos humanos fundamentais, igualdade de gênero, raça, crença etc. Vivenciamos ainda situações persistentes de marginalização das mulheres, por meio de abusos sociais e violência sexual – obstáculos que, apesar de séculos de lutas e batalha feminina, se demonstram, infelizmente, ainda muito presentes e nos privam às vezes de enxergar um mundo melhor e mais justo.

Quais são os caminhos e pontos de inflexão necessários para a construção de um futuro em que mulheres desfrutem de uma vida plena, saudável e livre de qualquer repressão ou estigma social? O que cada um de nós deve fazer para garantir a construção desse futuro?

A. C. *G. V.* Quando paramos para perceber, já estamos, como eu, há 25 anos lutando por uma causa. Eu não programei e não planejei isso; eu fui lutando.

Algo que sempre me foi útil foi ter a capacidade de falar com honestidade, clareza e convicção. Porque muitas pessoas nunca tiveram a oportunidade de ouvir argumentos claros, concisos e honestos. Essa é uma maneira de apelar ao coração das pessoas. Uma importante maioria das pessoas concordaria que as mulheres são sujeitos morais plenos. Essa frase é muito simples e muito importante. Todos confiam nas mulheres como mães e cuidadores no geral, mas não confiam em nós para decidir se queremos continuar uma gestação ou não, inclusive pensando no bem-estar daquela futura criança que não queremos, não conseguimos ou não podemos trazer para o mundo. É importante questionar as pessoas sobre o efeito negativo gerado ao ignorarem a nossa plena capacidade moral .

Estou convencida de que o cenário mais pacífico para todos é aquele sem crime de aborto. Acredito que as mulheres mais jovens vão continuar essa luta, que é a batalha cultural deste século.

"O tempo, como o espaço, está sujeito a direção, divisão, dispersão, emaranhamento." [1]

O tempo parou por um tempo. Foi interrompido contra nossa vontade. As rotinas foram pausadas, os hábitos, esvaziados, os encontros, adiados. Os dias se misturaram, cada um se tornando igual ao anterior e previsível como o próximo. Tudo meio que igual. Tornou-se difícil acompanhar o tempo porque ficamos presos nele, o eterno dia da marmota. O presente ficou congelado, e a lacuna que o substituiu parecia dividir ainda mais o passado e o futuro; os dois se distanciando a cada dia adicional de pandemia. Um desfiladeiro se abria, e com ele um abismo se tornava evidente. Talvez esse abismo estivesse lá desde sempre, escondido à vista de todos: um abismo sob a fina camada que tínhamos construído para abrigar nossas desculpas. Desculpas para não cuidarmos de nós mesmos, não valorizarmos uns aos outros, não enfrentarmos a desigualdade, não criarmos economias mais justas, não redistribuirmos a riqueza, não renovarmos a política, não corrigirmos a crise climática, não protegermos a natureza e não amarmos todas as formas de vida, entre uma lista interminável. Por muito tempo, evitamos olhar para o abismo com medo de nos vermos no vazio. Mas a suspensão do tempo permitiu a contemplação e, com a contemplação, veio a autorreflexão. Um vislumbre da escuridão e de nós mesmos. Uma pausa necessária que nos permitiu indagar o que significava aquele vazio e como raios ele abrigava todas essas evasivas de responsabilidade.

Dentro desse hiato, alguns viram negligência em relação às coisas que realmente importavam; outros viram compromisso de reavaliar significados. Alguns notaram a vida em piloto automático; outros

---

1. BARAD, Karen. No Small Matter: Mushroom Clouds, Ecologies of Nothingness, and Strange Topologies of Spacetimemattering. In: LOWENHAUPT TSING, Anna et al. Arts of living on a damaged planet: ghosts of the anthropocene. Minneapolis e Londres: University of Minnesota Press, 2017. p. G106.

Hiato

perceberam que o piloto sempre esteve lá. Alguns encontraram razões para romper com a inércia profunda; outros encontraram a chance de desacelerar e aceitar a quietude. Alguns inspecionaram atentamente; outros não inspecionaram nada. O que cada um fez com essa pausa é o tema desta seção. Os textos descrevem diferentes relações com o tempo, modos de descontinuação, tipos de vazios, espécies de intervalos. Há reflexões sobre a própria lacuna, da mesma forma que há sobre os dois lados que foram separados por ela. Às vezes figura, às vezes fundo.

Habitar um hiato significa oscilar entre dois momentos ou dois espaços. O tempo e o espaço seguem lógicas que, no final, são mais parecidas do que diferentes. A semelhança entre os dois aproxima, ou mesmo torna permutáveis, as características necessárias para descrever essa condição de separação. É um estado intermediário. Nessa linha, vários textos comparam o vazio àquele que existe entre duas notas musicais, sem o qual a melodia se transformaria em cacofonia. O momento vazio é simultaneamente uma cola e uma pausa, ambas indispensáveis. Isso, no entanto, não quer dizer que o vazio seja apenas aquele que se experimenta no momento da reflexão: ele também aparece como uma fenda futura que contém tanto uma direcionalidade como uma espacialidade que pode se manifestar amanhã. Algumas reflexões sinalizam que tudo o que a pandemia está desenterrando no presente construirá um hiato no futuro; ora um sinal de tempos mais difíceis, ora um sinal de otimismo.

Pinar *Yoldas*

Escultora Sináptica. Professora Associada da UC San Diego. Ph.D. pela Duke University. Bacharel em Arquitetura pela Middle East Technical University. Mestre em Artes pela Bilgi University. Mestre em Ciências pela Istanbul Technical University. Mestre em Belas Artes pela University of California.

EUA / Relato / 19-Jun-2020
Originalmente escrito em inglês

desafios, desamparo, coletividade, expectativa

Como espécie, somos literalmente cegos para o futuro. Para detectar som temos ouvidos, para detectar calor e pressão temos a pele, para detectar luz temos olhos, no entanto, não temos um órgão sensorial dedicado exclusivamente a detectar o passar do tempo. Sabe-se que existem muitos circuitos relacionados ao tempo no cérebro, tais como o núcleo supraquiasmático, a glândula pituitária ou a glândula pineal, favorita de René Descartes, que ele declarou confiantemente como "a sede principal da alma e o lugar em que todos os nossos pensamentos são formados". Embora a alma não apareça nas ressonâncias, Descartes sabia de alguma coisa: como percebemos o tempo, o que consideramos como nosso passado, presente e futuro afeta nossos pensamentos, crenças, esperanças e desejos.

Nossa noção de tempo define quem somos. O tempo como o conhecemos, como ancorado em dias da semana, horas em um dia, estruturado e medido é uma nova invenção. Durante a maior parte de nossa história, a humanidade viveu sem um amanhã. Ou um ontem. Havia entardeceres e amanheceres, dias e noites, mas não uma semana atrás ou daqui a três meses. A humanidade tinha o vocabulário de um presente prolongado que não incluía necessariamente um plano de cinco anos, porque um ano não estava em sua língua. Só recentemente fizemos a transição para uma compreensão do tempo que inclui um passado, um futuro, com ferramentas e técnicas para quantificar a passagem do tempo.

Não ter um amanhã realmente funcionou muito bem para nós. Então por que existe essa ênfase no amanhã, que acredito ser o primeiro *quantum* para a construção de um futuro coerente? Por que estamos tão preocupados com o amanhã? Se um tempo cíclico sem prazos rígidos, páginas desbotadas de um calendário, fusos horários variáveis e relógios atômicos funcionava perfeitamente bem, por que ficamos todos obcecados com um tempo linear? Uma linha do tempo (e não um calendário de tempo ou um relógio de tempo) que tem pontos suficientes para os gráficos de progresso e retorno dos investimentos. O tempo como medida de produtividade, de desenvolvimento estável, de crescimento econômico.

Nem é preciso dizer que a Covid-19 atingiu diretamente nossa percepção do tempo. A linha do tempo estava dobrada para trás, apontando para uma noção de tempo incessantemente à espreita nas profundezas de nossas mentes arcaicas. Tempo de bolha da água fervente, tempo de calor de um frio que chega logo após o pôr-do-sol, tempo de canto dos pássaros da manhã, tempo de pele de uma carícia que dura. A Covid-19 também mostrou que, independentemente de quanto estamos investidos em um tempo linear, simplesmente não podíamos ver o futuro. Permitiríamos que os santuários de vida selvagem perecessem se não fôssemos cegos para o futuro? Continuaríamos ignorando a explosão na China que se prolongou por semanas, falando de tempo? Permitiríamos viagens aéreas apesar dos riscos? Agora, afastando-nos da Covid-19, que eu insisto ser um caso especial de cegueira futura, o que mais não faríamos se não fôssemos cegos para o futuro? O que mudaríamos se pudéssemos ver, ouvir, tocar, inalar o futuro, se o futuro fosse corporal, não corporativo?

Talvez a questão mais urgente em mãos, que precisa ser tratada e resolvida, não seja a pobreza, o câncer, as viagens espaciais, as mudanças climáticas, a guerra ou a fome, mas a cegueira para o futuro. Como continuamos agindo como se soubéssemos o que estamos fazendo enquanto não temos como ver nosso futuro.

Revisão

05-Ago-2022

Setecentos e setenta e nove dias após ter escrito o texto acima, 18.696 horas, 1.121.760 minutos, 67.305.600 segundos depois, a Covid ainda está por perto, porém, as restrições de viagem, o pânico, a incerteza e o medo são sentidos sempre tão levemente em comparação com os meses que se seguiram ao surto do vírus. Ao digitar estas palavras, ainda há milhares de pessoas morrendo por causa do Coronavírus a cada dia, pois ele continua mudando e mutando enquanto várias versões de vacinas e medicamentos foram e estão sendo desenvolvidas. Onde eu moro, no sul da Califórnia, o *lockdown* é um evento do passado, os espaços públicos começaram a "abrir-se", as empresas estão com a agenda cheia, as escolas estão fazendo aulas presenciais, os amigos estão se reunindo em restaurantes e bares, há até grandes reuniões internas com ou sem máscaras. A vida como a conhecemos é restaurada. O tempo linear está de volta. Exceto quando você está doente. Eu era uma "*Covirgem*", membra de um grupo afortunado de pessoas que não foram afetadas pelo vírus e não adoeceram desde o início do surto. Eu tinha sido um dessas pessoas ridiculamente cautelosas, sempre usando uma máscara ou uma camada requintada de máscaras, mesmo quando saía para uma corrida, o que tornou o exercício aeróbico muito pior do que deveria ser. Evitei qualquer coisa em público, a princípio porque era o que se supunha, que "todos", depois, gentil e educadamente, evitávamos casamentos, reuniões de amigos e qualquer tipo de encontros íntimos com estranhos. Consegui até viajar para o exterior e voltar sem ficar doente.

Foi no dia 4 de julho, quando fui a uma festa para celebrar a independência desta nação, assistindo aos fogos de artifício, que acredito ter contraído o vírus. Nos dias seguintes, pude me sentir mais tranquila, sem qualquer dificuldade, o que a princípio foi uma mudança agradável em meu cérebro perpétuo e insone. Pouco depois, acordei com uma dor excitante em todo o meu corpo, especificamente em meus músculos e articulações, onde parecia que alguém entrava sorrateiramente no meu quarto à noite e injetava mercúrio líquido por via intravenosa diretamente na minha corrente sanguínea. Além de ser letalmente venenoso, o mercúrio é o líquido mais pesado, com uma densidade de 13,6 g/cm3. Eu não conseguia me mover. Meu corpo era pesado como um bloco de mármore, e todas as células do meu sistema musculoesquelético estavam gritando de dor. Eu estava com febre, tosse e outros sintomas típicos da doença, era hora de fazer um teste rápido. Naquele momento, tendo feito estes testes três dúzias de vezes, seus passos ritualísticos haviam se tornado uma segunda natureza. Vi linhas vermelhas duplas aparecerem com meus olhos inchados. Dada minha história com gravidezes indesejadas, meu pensamento: "haverá um momento feliz para mim quando eu vir uma linha vermelha dupla em uma tira?".

Eu não me lembro dos quatro ou cinco dias seguintes. Cancelei minhas aulas por meio de mensagens de texto com algumas palavras e *emojis*, que era a extensão da minha capacidade linguística, e esperava que as três doses de vacinas fizessem sua magia. Embora eu seja alguém que gosta de estar doente com gripe, pois isso me dá tempo suficiente para descansar e ler e recuperar tarefas mundanas em casa, estar doente com a Covid-19 não deixou nenhum poder em mim, intelectualmente eu fiquei lisa. No sétimo ou oitavo dia, uma amiga preocupada pulou por cima do portão da minha casa para se hospedar comigo. Eu havia descartado seus textos e chamadas; pois meu iPhone – que normalmente está colado à minha mão – era complicado demais para operar, para o meu cérebro de Covid-19, eu nem sequer estava carregando-o. Ela também tinha Covid-19 e me encontrou engessada em minha cama, cheirando como um bode bebê, suando pelo meu pijama, com um leve sorriso em meu rosto ao reconhecer quem ela era. Nossa experiência somática da doença não podia estar mais distante. Enquanto ela experimentou a doença semelhante a uma ressaca depois de muito uísque na noite anterior, levei duas semanas, 15 dias, 21.600 minutos, 1.296.000 segundos para sentir-me leve novamente. (Posso estar desligada, mas não há nenhum sistema para calcular o tempo exato do corpo ou da célula neste momento.).Finalmente pude usar meus braços e dedos sem muita dor, verificar meu telefone, como fazem as pessoas normais, caminhar, conversar, ter pensamentos intrusivos sobre prazos e experimentar ansiedade noturna. Continuei testando positivo por mais dois dias, e demorou mais 10 dias antes para que eu pudesse fazer meus exercícios habituais, e resistência exigindo tarefas em minha vida, tais como carregar compras para minha casa. Enquanto estava doente com Covid-19, deixei o tempo linear como minhas rotinas, reuniões, dia e noite estavam fora ou perturbados, para entrar em um tempo mais natural, somático, celular, orgânico, biótico, biológico, bioquímico, biofísico, mitocondrial, hormonal, hereditário, orgânico, animal. O tempo do sistema vivo, que pode ser medido, mas não muito bem compreendido. Tempo dos sistemas vivos em geral. Tempo das células vegetais, das árvores, das florestas como comunidades. Tempo de cianobactérias e algas que estão fazendo a maior parte da captura de carbono que a COP é tão inflexível. Tempo do micélio. Hora das baleias-piloto juvenis. Hora de uma avó orangotango.

Enquanto estava doente com a Covid-19, aparentemente escrevi em um *post-it* de cor neon em caligrafia esguia: "A vida é para os vivos". É verdade que, quando me recuperei, senti um impulso de energia e um raro sabor de otimismo. Eu estava doente e miserável há tanto tempo, que ouvir o pássaro no pinheiro de Torrey em meu quintal, ou notar o banho de névoa matinal sobre a vizinhança, eram experiências reanimativas e felizes. Quando fui dar uma corrida pela primeira vez, estava rindo de alegria. O declínio em direção à doença e a ascensão da mesma foi muito bem-vindo e razoavelmente eufórico. Eu estava cega de futuro quando fui a essa festa no dia 4 de julho. Agora sou cega do futuro. Não sei o que vai acontecer em três meses ou três anos. Posso falar como se soubesse, e planejar e executar meus planos, mas na verdade não sei o que vai acontecer.

A complexidade e a sabedoria da vida estão além de mim, e tenho certeza de que está além de você também, querido leitor, a menos que você seja uma inteligência artificial secreta de um planeta alienígena que dominou todos os processos da vida em seu planeta natal e veio à Terra para estudá-la por meio do método de ler tudo na Internet. Os sistemas vivos têm seu próprio tempo/tempo, e os humanos a partir de 2022 estão apenas começando a entender isto. Eu gostaria de pensar e acreditar que, por meio do máximo cuidado e consideração, seremos capazes de estudar e entender como o tempo funciona na natureza. Como o tempo na natureza significa crescimento e morte. Minha preocupação é que estamos muito presos ao tempo linear em nosso pensamento de que descartamos a multiplicidade de linhas de tempo (não estou falando de nenhum universo Marvel aqui), fusos horários e tempo dos sistemas vivos. Parece-me que, se não dobrarmos nosso pensamento linear para incluir o tempo da vida, que pode (topologicamente falando) vir em todas as formas e formatos, não seremos capazes de sustentar sistemas básicos de suporte de vida como o oceano. Minha esperança é que reconheçamos nossa cegueira futura e atuemos de acordo, que vejamos a diversidade temporal ao nosso redor tanto quanto a biodiversidade e atuemos com cuidado.

Zuenir *Ventura*

Jornalista e escritor. Vencedor do Prêmio Jabuti de 1995. Ex-professor da Universidade Federal do Rio de Janeiro. Membro da Academia Brasileira de Letras.

BRA / Relato / 10-Mai-2020
Originalmente escrito em português

isolamento, perdas, responsabilidade, esperança

Duas lições foram deixadas pela experiência com a pandemia: aprender a valorizar a ciência como única solução no combate ao mal, e descobrir o afeto como o melhor conforto nos tempos de isolamento.

Em pesquisa para saber do que os brasileiros confinados sentiam mais falta, 84% revelaram que do "abraço dos parentes e dos amigos". Em seguida, vinha a saudade de vivências sensoriais ligadas principalmente ao paladar e ao olfato. Muitos entrevistados sentiram falta do "cheiro de pão da padaria", enquanto outros tiveram saudade do "chope no botequim".

É difícil saber sociologicamente o que vai ser do mundo pós-coronavírus. É mais fácil prever o "nosso" mundo. Eu me lembro de que, ao me sentir curado do câncer, há mais de 20 anos, quando a doença era mais do que hoje associada à morte, senti prazer inédito em admirar o mar, por exemplo, que antes eu via diariamente sem especial emoção.

Embora eu seja em geral otimista, temo que fique dos tempos de agora uma memória traumática. Mesmo os mais velhos como eu (89 anos) não conviveram tanto com a morte distante e até de próximos. A globalização tornou o mundo uma "aldeia global", como já antecipava McLuhan.

A comunicação de massa nunca foi tão poderosa e onipresente. Somos submetidos diariamente a um espetáculo mórbido de corpos, caixões, valas, enterros. Vamos demorar a esquecer essas visões macabras. A esperança é que a ciência vai acabar descobrindo uma vacina, como fez no passado, e a alegria da descoberta nos fará esquecer as más lembranças.

José Roberto *de Castro Neves*

Advogado e sócio no FCDG. Doutor em Direito Civil pela UERJ. Mestre em Direito (LL.M.) pela Universidade de Cambridge. Bacharel em Direito pela UERJ. Professor da PUC-Rio e da FGV.

BRA / Nota / 14-Jun-2020
Originalmente escrito em português

desafios, perdas, coletividade, responsabilidade

No direito não há perdão. Não se ensina a ceder na faculdade. Não se forma o advogado para ter caridade do devedor. Ao contrário, seu trabalho é cobrar a dívida. Executar.

Na nossa cultura, o perdão se aprende na religião. Olhar para o próximo, desenvolver a empatia, "oferecer a face" são conceitos que separam o direito da religião.

E agora? Com tantas perdas causadas pela pandemia, qual direito vai atender à sociedade doente? Muitos, em função do coronavírus, não conseguem cumprir suas obrigações. Deveriam os advogados simplesmente cobrar essas dívidas, aplicando a lei dos homens?

A crise que vivemos aponta para um direito mais próximo desses valores religiosos. Neste momento, ao receber a consulta do cliente com um título vencido, o advogado deve indagar: como o devedor sofreu? Colocando-se no lugar do outro, o direito, nesta hora, ajuda mais.

David *Birge*

Cientista Pesquisador do Norman B. Leventhal Center for Advanced Urbanism MIT. Diretor Associado e Designer de Computação Sênior da ORG. Mestre em Arquitetura e Urbanismo pelo MIT.

EUA / Ensaio / 04-Mai-2020
Originalmente escrito em inglês

isolamento, urbano, adaptação, recomeço

A pergunta era: o que mudará? Meu avô passou pela Grande Depressão quando era criança, e ela ainda hoje assombra sua tomada de decisão – especialmente em torno de finanças. Tais mudanças duradouras, que não voltam aos hábitos anteriores, exigem traumas profundos ou exposição prolongada a novas condições. Ainda não se sabe se a Covid mudará ou não nossa cultura, nossas normas sociais, nossas formas fundamentais de ser, mas eu pessoalmente duvido disso por duas razões. Primeiro, presumo que haverá um forte desejo de voltar à normalidade como uma espécie de tônico emocional que nos permite colocar essa situação no passado. Não a normalidade porque é melhor persistir, mas porque ela nos permite agir como se tivéssemos nos recuperado e seguido em frente –superado a crise. É isto que acontece com uma crise, com uma emergência: a gente quer que ela termine. O sinal mental e emocional para que ela termine vem tanto de nosso retorno aos padrões de vida do passado quanto de um especialista nos esclarecendo tudo. Em segundo lugar, embora houvesse muitas coisas de que não gostávamos em nosso antigo dia a dia, a vida é em parte definida por momentos únicos, mudanças de cenário etc. Minha reflexão pessoal é que não há diferença suficiente quando se está preso em casa – um dia simplesmente vira o dia seguinte. Podemos sair disto valorizando o banal, o ligeiramente desagradável, apenas pela mudança de cenário. E, então, em uma semana ou duas, não mais valorizaremos, mas estaremos de volta ao normal – e isso não é problema, para a maioria de nós.

Para aqueles que não estão bem, que sofrem injustamente em condições normais, espero que a sociedade tome consciência e faça mudanças permanentes em seu nome. Mas, novamente, o desejo de voltar à normalidade é poderoso, e isso inclui ignorar a situação daqueles menos afortunados do que você. As mudanças sociais e políticas drásticas necessárias para reordenar a sociedade americana para ser mais justa certamente poderiam acontecer, mas poderiam exigir um trauma muito maior do que qualquer um está prevendo atualmente, e sem dúvida mais do que qualquer um esperaria.

Meu avô viu sua mãe alimentar os vizinhos famintos na porta dos fundos por muitos anos antes de as coisas se recuperarem durante a Depressão. A terrível ironia para os americanos mais pobres é que eles podem muito bem precisar sofrer mais antes de chegarmos a um ponto de ruptura. Quanto mais rápido nos recuperamos, menos vontade política e social é construída para fazer mudanças radicais e de longo prazo.

Com essa advertência bastante grande, vejo duas mudanças potencialmente duradouras em escalas diferentes. Uma não tão boa, a outra mais esperançosa.

Escala 1: A longa duração do Capitalismo

O capitalismo americano parece estar descobrindo como administrar crises – tanto aquelas que ele cria como aquelas exógenas, como a Covid-19. A resposta do governo em 2009 foi sem precedentes, impulsionada pela memória da Grande Depressão. A resposta atual é o dobro, cerca de 6 trilhões. Lições políticas também foram aprendidas em 2009, tais como não deixar as empresas fazerem o que querem com dinheiro de resgate – pelo menos *prima facie*. O capitalismo está aprendendo, e isso é bom e aterrador – bom que as redes de segurança social sejam expandidas durante as crises e se espera que o façam para minimizar o sofrimento, mas aterrador na medida em que cada crise parece consolidar ainda mais a riqueza e retirar o poder dos trabalhadores no dia a dia. Depois de 2009, veio a *gig economy*. Agora estamos recebendo defesas da Renda Básica Universal (RBU). Minha maior conclusão ao assistir aos últimos 15 anos de neoliberalismo é que o capitalismo inventará uma forma de explorar toda e qualquer coisa, inclusive a RBU.

Se a RBU se tornar padronizada, pode ter certeza de que haverá compensações em outras áreas: direitos dos trabalhadores mais fracos, salários mais baixos e menos redes de segurança servirão para equilibrar a renda perdida para as corporações e para os ricos. Mais preocupante, os estados sociais criam riscos morais porque colocam os cidadãos à mercê do governo. O trabalho sindicalizado, embora certamente não perfeito, pelo menos mantém o poder nas mãos dos trabalhadores. Temo que a RBU seja colocada determinada apenas no valor suficiente para permitir uma nova forma de pobreza, mas que permita que as corporações removam empregos por meio da automação etc., de tal forma que uma grande parte dos americanos dependa completamente de esmolas. Isso cria um pesadelo político em que um grande bloco de votação não tenha agência real se e quando se tornar dependente da RBU. Provavelmente haverá uma lua de mel em que os benefícios superem os encargos para o americano médio, mas eu me preocupo com as implicações a longo prazo.

As pessoas se acostumarão a ela, confiando nela fundamentalmente, não apenas para melhorar a vida e a flexibilidade do trabalho, mas para sobreviver. Isso coloca o cidadão na dependência direta do governo para sobreviver.

Essa é uma visão altamente pessimista, é claro, mas sinto que é melhor dar crédito de mais ao capitalismo do que de menos. Como um sapo em uma panela de aquecimento lento, podemos acordar após a próxima crise, em algum momento em 203X, e olhar para 2009 e 2020 como momentos críticos em que novas estratégias de consolidação de poder e riqueza foram testadas e colocadas *on-line*. Muitos descreveram uma nova fase no capitalismo em que as emergências são constantemente geradas para manter os cidadãos dóceis. Mas não há substituto como uma crise de vida e morte real, legítima, sem besteira, para manter as pessoas ocupadas enquanto se tira sua agência e se dá incentivos fiscais aos ricos na forma de deduções por transferência. A RBU me preocupa especialmente porque seria o derradeiro cavalo de Troia.

Escala 2: O pessoal

Um retorno à domesticidade é positivo, pois nos dá controle direto sobre nossa reprodução mais básica, que na realidade é tudo o que a vida realmente exige de nós. Muitos de nós aprendemos a delegar as tarefas diárias para outros por meio de aplicativos e de outras conveniências. Mas há algo satisfatório, até uma realização, em fazer seu próprio café e aprender como cozinhar de verdade, e fazer uma pausa de uma seção difícil em um artigo para ir lavar sua roupa. A esfera doméstica tem tantas conotações de gênero que podemos esquecer que, para a maior parte da história de nossa espécie, a "vida doméstica" foi tudo o que realmente existiu. Independentemente da divisão do trabalho, cada pessoa estava diretamente envolvida na solução das principais necessidades: comida, abrigo, água, roupas. Complicamos demais nossa vida por causa de um senso de competição, ou autoimagem, ou qualquer outra coisa. Mas esquecemos que as únicas coisas que a vida realmente exige de nós são bastante simples: comer comida o bastante, beber água, não congelar até a morte, limpar-se. O resto são milhares de anos de cultura, de sistemas econômicos, e assim por diante. Pessoalmente, descobri que há algo singularmente agradável nessas tarefas simples – quando tenho tempo suficiente para fazê-las, é claro – que existe, em um registro diferente. Imagino que não estou sozinho.

Além disso, imagino que cada pessoa durante esse *lockdown* esteja aprendendo a fazer algo novo ou retomando um hábito antes perdido que se relaciona com nossa vida doméstica. A única maneira de redirecionar sua vida, assim diz um ditado, é mudar algo que você faz todos os dias. Minha esperança, tanto para amigos quanto para estranhos, é que pequenos hábitos criados agora floresçam em novas e melhores trajetórias de vida no que lemos, como dormimos, comemos e nos exercitamos, e como compartilhamos a vida com nossos amigos e familiares. Um ponto positivo da Covid é que ela nos forçou a largar tanto os bons quanto os maus padrões em nossa vida e deu a muitos de nós tempo suficiente para refletir e decidir quais queremos pegar do outro lado disso.

Finalmente, como arquiteto, espero egoisticamente que os americanos comecem a refletir mais sobre a importância e a possibilidade do lar como um reino complexo para a vida. Espero que as pessoas possam perceber como toda a vida é muito melhor quando as casas são especificadas para seu próprio uso. Se parássemos de tratar nossos domicílios como investimentos que devem reter o valor de mercado e, portanto, ser o mais atraente possível e, portanto, o menor denominador comum de moradia, isso abriria muitas possibilidades.

Michael *Waldrep*

Cineasta, fotógrafo e pesquisador com foco em arquitetura e planejamento urbano.

EUA / Relato / 01-Mai-2020
Originalmente escrito em inglês

política, responsabilidade, expectativa, esperança

"O amanhã será quase indistinguível do hoje."

Sabemos que as coisas estão mudando – de pequenas coisas, na forma como devemos interagir com estranhos em público, a políticas macroeconômicas transnacionais e equilíbrios políticos de poder em todo o mundo. Talvez seja meu pessimismo, mas, especialmente depois de ver Joe Biden emergir como nosso candidato Democrata à presidência, sinto que, quando as sociedades se recuperarem, as estruturas de poder incorporadas continuarão, em grande parte, nos moldes que tinham antes. Pelo menos, tentarão seguir assim. Para escolher dois exemplos feios, Trump já está usando o vírus para emitir declarações amplas (ainda que enganosas) sobre a suspensão de toda a imigração para os Estados Unidos, enquanto na Hungria a situação permitiu que Viktor Orban e seu partido concretizassem ainda mais uma compreensão autocrática do poder político.

Tínhamos problemas ontem: entre eles o aumento dos mares, a discriminação, a desigualdade e a polarização política; hoje eles estão ampliados e desnudados por esta crise. Temo que estejam conosco amanhã, quando a Covid-19 for transformada em um aspecto aceito e administrável da vida. Como sapos em uma panela de aquecimento lento, os vários desafios da vida do século 21 podem nos ultrapassar sem nos darmos conta, especialmente quando nos isolamos em casa, preocupados com os mais velhos em nossas vidas, e fazemos o melhor que podemos para apaziguar e enfrentar o hiperobjeto (pedir emprestado a Timothy Morton) que esse novo coronavírus representa. Não se pode ter tudo em mente de uma só vez.

O amanhã será quase indistinguível do hoje, para o bem ou para o mal. Mas nesse "quase" há uma oportunidade. Rebecca Solnit escreveu em seu livro de 2009, *A Paradise Built in Hell* [Um paraíso construído no inferno], sobre as amabilidades espontâneas que tendem a irromper em tempos de crise, contra qualquer teorização econômica de interesse próprio racional, e até certo ponto a Covid-19 gerou solidariedade em nossas comunidades e além-fronteiras, mesmo quando elas se fecharam. Há espaço nesse "quase" para ativistas e redes pedirem por uma sociedade mais justa, na qual seria tão desumano forçar pacientes com câncer à falência quanto seria para os que sofrem da Covid-19. Pequenas e positivas mudanças que podemos conseguir hoje – o que este momento exige – permanecerão conosco amanhã, mesmo que, como as cicatrizes e os traumas desta crise, não sintamos necessariamente todas as suas reverberações de uma só vez.

Revisão

21-Jun-2022

Eu sou uma pessoa que se preocupa, seja por natureza ou neuroquímica. Embora eu consiga ver isso em meu texto de 2020, lendo-o hoje, fico impressionado com seu brilho de otimismo. Honestamente, temo hoje em dia que sou uma pessoa diferente daquela que o escreveu, ou o mundo é diferente, ou mais provavelmente as duas coisas.

Devo dizer que minha própria vida tem ficado cada vez mais caótica desde aquele período tranquilo em que queríamos achatar a curva e assar pão. Em ma manhã do ano passado, fiquei sabendo por uma mistura de alemão, inglês e esboços rudimentares que precisaria de uma cirurgia reconstrutiva para reparar meu pulso quebrado após um acidente de bicicleta. Com o desenho em mãos e pensando nas consequências, cheguei em casa a tempo de assistir a uma tentativa (mal?) orquestrada de derrubar minha república nativa pelo YouTube e do *live streaming* dos participantes.

Um pouco como o assassinato governamental televisado de George Floyd e os protestos em massa concomitantes pela justiça racial nos Estados Unidos, um pouco como a morte de milhões de pessoas no mundo inteiro por um novo vírus respiratório, eu esperava que os acontecimentos daquele dia em janeiro do ano passado nos fizessem coletivamente pausar. Que a torrente de "eventos atuais" permitisse algum tipo de contemplação e reação, talvez até mesmo um processo de cura que fortalecesse a sociedade além de seu estado pré-evento.

É seguro dizer que houve uma reação a esses tempos, que, em contextos diversos ao redor do mundo, parece ser uma combinação de revanche violenta e pensamento mágico. Há uma vanguarda ativista, revolucionária comprometida com o *status quo* – ou, pior ainda, uma época pré-apocalipse imaginada, impulsionada por visões de sonhos febris e obsessões doentias com números de natalidade, e sustentada por uma rejeição generalizada, digamos, de uma campanha de vacinação eficaz, do valor da democracia representativa ou dos preceitos básicos dos direitos humanos.

Pelo menos do meu ponto de vista, qualquer senso de uma sociedade melhor após a Covid-19 deu lugar a uma espécie de fase de barganha: talvez as coisas não sejam tão piores do que costumavam ser? Há uma estranha e generalizada incapacidade de lidar com certas realidades que se apresentam, incluindo aquelas possibilidades que dançam em nossa imaginação, ou mesmo discuti-las (quanto mais confrontá-las ou modificá-las). O espaço para melhorias que eu esperava identificar foi lotado e inchado até se fechar por *lockdown* após *lockdown*, e hoje em dia eu me pergunto se alguma vez ele realmente existiu.

Minha mão está curada, basicamente, mas nunca será a mesma de antes. Ainda estou me acostumando a essa ideia, movendo-me na vida e usando meu membro com gentileza, com cuidado, conscientemente, em todos os momentos. Parte de mim gostaria de propor que há aqui uma lição para os outros: que um olhar contínuo para os problemas, ou um sentimento ativo de personificação, ou uma paciência aprofundada vale a pena, é generalizável. O resto vê nisso uma espécie de solipsismo, um colapso improdutivo do pessoal sobre o universal. A pergunta que nos foi colocada originalmente era: o que será diferente amanhã? Dois anos depois, luto até mesmo para conceituar o hoje e minha relação com ele.

Houve um tempo em que eu esperava ansiosamente pelo fim desta crise (da Covid-19), como se tivéssemos nos reunindo em um final de tarde designado para re-formar a sociedade, divertindo-nos juntos nas ruas. Mas, se conseguimos concordar sobre quando algumas crises começam – digamos, 24 de fevereiro deste ano –, pode ser muito mais difícil dizer exatamente quando elas terminam, se é que conseguimos reconhecê-las, antes que elas se entrelacem e sejam incluídas nas ondas da história.

Na medida em que estou olhando para o futuro, preocupo-me, embora, como tenha dito, eu esteja sempre preocupado, e muitas vezes desnecessariamente. A melhor esperança que posso ter é que, mais uma vez, eu esteja comprovadamente errado nisso.

Murilo *Ferreira*

Executivo, ex-CEO da Vale do Rio Doce. Membro do Conselho Consultivo do CEO do MIT, do Conselho de Desenvolvimento Econômico e Social da Presidência da República. Membro do Grupo de Sábios Brasil-Japão.

BRA / Relato / 26-Abr-2020
Originalmente escrito em português

desafios, perdas, desigualdade, responsabilidade

De imediato o principal efeito da crise sanitária será a perda de emprego e de renda, especialmente para as camadas mais desfavorecidas da população escancarando a brutal desigualdade que temos atualmente, inclusive no Primeiro Mundo.

Mais adiante veremos a destruição permanente de empregos e das cadeias de produção. Veremos uma tendência de verticalização da produção em cada país, mas não veremos uma geração de empregos equivalente. Haverá uma substituição por robôs e a utilização cada vez mais intensa da tecnologia, especialmente nos países de mão de obra mais cara.

O entretenimento em casa, a telemedicina, assim como o trabalho remoto, serão vencedores, apesar de que a interação laboral ainda será um ponto de resistência à mudança.

E dessa vez os desempregados não terão porta de saída. Em um mercado já abastecido por essa mão de obra, não terão como migrar para um mercado formal, pois não possuem escolaridade.

O desafio é enorme e não poderá ser vencido sem políticas compensatórias de renda a que a elite econômica resiste fortemente.

Talvez o mundo vá piorar muito antes de melhorar. Quero estar errado.

Sonia *Esteves*

Relações Institucionais do IPTI-US.

EUA / Nota / 07-Ago-2020
Originalmente escrito em português

natureza, expectativa, recomeço, esperança

O mundo precisou parar para percebermos que a vida estava em um ritmo extremamente acelerado. Não tínhamos tempo suficiente para ver, cuidar e/ou apreciar o outro, nem a natureza. Logo, logo, o coronavírus vai ser dominado e vamos voltar para uma vida melhor, dando atenção às coisas verdadeiramente importantes. Menos material e mais humana.

Monica *Nogueira*

Arquiteta, esposa e mãe.

UK / Relato / 16-Jun-2020
Originalmente escrito em português

isolamento, tecnologia, recomeço, esperança

Quando a pandemia do Covid-19 teve início, acordava todos os dias com a sensação de que havia tido um pesadelo com o tema de ficção científica... talvez isto também tenha acontecido com outras pessoas.

Uns dois meses antes, celebrava com muita alegria e saúde, entre família e amigos queridos, a passagem do ano 2019 para 2020. De repente, começaram a chegar as notícias dramáticas vindas de locais mais distantes, novas expressões começaram a encher as redes sociais e normas de comportamento começaram a ser implantadas, e nós sendo obrigados a segui-las: isolamento social? Ficar em casa? O que isso representa na prática? Como será que vou conseguir acompanhar o desenvolvimento do meu primeiro netinho de apenas um ano, que vive a 10km de mim? Conversas apenas por videoconferência? Sem abraços, beijos, ou qualquer outro tipo de contato físico? "Ele vai se esquecer da Vovó!"... E quanto ao segundo, que está a caminho? Não poderei acompanhar minha filha nas consultas com a obstetra, ouvir seu coraçãozinho que já pulsa forte e esperançoso no amanhã?...

Tudo tão diferente, e me deparo com a sensação estranha de termos sido levados a viver em outro planeta. Fisicamente está tudo igual: mesmos edifícios, mesmas estradas, as cidades continuam iguais, mas com as ruas agora vazias, elas parecem estar começando a ser povoadas com aqueles que resistiram e conseguiram sobreviver à pandemia.

Na verdade, estamos no mesmo planeta, só que todos nós, nossa aldeia global de algo em torno de 7 bilhões de pessoas, sem exceção, estamos todos mudados! Sem pedir permissão alguma, sem qualquer preconceito, seja de raça, sexo, classe social, religião, este vírus invadiu nossas vidas, nossos lares, nossa Terra!

O que será diferente amanhã? No dia a dia, não sei dizer, mas com certeza sei que será diferente. Nada será como era antes, os seres humanos serão diferentes, as relações serão diferentes, nosso planeta será diferente! Acredito otimistamente que cada um de nós já está fazendo o que pode para tentar deixar um mundo melhor para as próximas gerações. Acredito positivamente que meus netos poderão ver mais verde, respirar um ar mais puro, ouvir melhor o canto dos pássaros, valorizar a simplicidade dos pequenos gestos, entender que somos todos iguais e o quanto a solidariedade faz total diferença.

Acredito confiantemente que seremos mais HUMANOS!

Victor *Orestes*

Economista, graduado pela USP
Mestre em Economia pela FGV-EESP
Doutorando em Economia no MIT.

BRA / Relato / 15-Jun-2020
Originalmente escrito em português

isolamento, desafios, desigualdade, coletividade

Hoje é difícil até conjecturar quando essa pós-crise acontece, mal sabemos quando será o amanhã, muito menos como. Ainda esperamos por uma vacina ou cura, e ainda é uma incógnita se as experiências de reabertura não levarão a uma segunda onda de contaminação. No entanto, podemos apontar futuros desafios com os quais teremos de lidar.

A crise veio em um momento de fragilidade econômica para muitos dos países em desenvolvimento, em especial para o Brasil, a retomada no mundo será muito desigual. Mal saímos da maior crise da história para entrar em outra. Toda a agenda extremamente necessária de investimentos de longo prazo em educação, saúde e infraestrutura ficou ainda mais prejudicada. Consequentemente, as novas gerações terão este fardo para enfrentar, além de todos os outros que já estavam presentes antes da crise e que foram potencializados pela mesma, como a desigualdade de renda.

Estamos tendo de tomar decisões extremamente difíceis nesta crise, tanto na esfera pessoal quanto na vida em sociedade. Pessoas decidiram o isolamento total, países tiveram de escolher quem recebe assistência médica. Espero que essa experiência seja útil para as nossas escolhas futuras e sirva como parâmetro para avaliar a capacidade, ou não, de líderes e instituições.

Agustin *Schang*

Arquiteto, curador, produtor cultural. Bacharel pela Universidad de Buenos Aires. Mestre em Práticas Críticas, Curadoriais e Conceituais em Arquitetura pela Columbia University GSAPP.

ARG/EUA / Relato / 30-Jun-2020
Originalmente escrito em inglês

introversão, política, expectativa, recomeço

Das milhões de imagens que processamos em nossas telas todos os dias, logo no início da pandemia, houve uma que me prendeu. Alguém que conheço postou no Instagram uma camiseta estampada com a seguinte frase: "Introvertidos, seu momento chegou" [1]. Há algo muito estranho e libertador em saber que, fora de sua casa, a cidade inteira parou. O termo introversão foi popularizado por Carl Jung nos anos 1920 e sugere uma orientação para dentro do próprio mundo e do próprio ser. Se você pesquisar no Google estatísticas sobre o número de introvertidos, o algoritmo rege 25 pessoas de um grupo de 100. E se esses 25% estivessem no poder? Sua primeira ordem executiva promoveria tempo para que todos compreendessem as ideias antes de passar para novas ideias? Será que alguns de seus departamentos administrativos divulgariam diretrizes sugerindo que só falariam quando houvesse algo a dizer, então há uma maior chance de que essas palavras tivessem impacto? E que tal uma dedução fiscal por permanecer calado se isso provasse aumentar o índice social geral de felicidade?

Talvez amanhã possamos solicitar uma sessão especial para esses novos representantes para pôr um fim à horrível prática de estar constantemente preocupado com o tempo. Vamos fingir que temos todo o tempo do mundo. Podemos fazer tudo o que quisermos.

1. Lev Bratishenko [@misanthropocene]. (2020, March 20). https://www.instagram.com/p/B-PUsNtJHeC/

Devemos ficar quietos?- Deveríamos começar tudo de novo?

Mary *Gao*

Investidora de criptomoedas na General Catalyst. Bacharel em Ciência da Computação pela Universidade de Harvard. Assistente de Pesquisa no MIT Media Lab. Gerente do Harvard Innovation Labs AR/VR Studio. Diretora Associada do WECode na Women in Computer Science.

CAN / Relato / 20-Jun-2020
Originalmente escrito em inglês

coletividade, tecnologia, responsabilidade, esperança

Acho que os Estados Unidos estão em meio a um despertar duro e em uma bifurcação na estrada. No final de tudo isso, as coisas podem voltar a ser como eram antes, mas é evidente que as fundações dessa sociedade estão quebradas. Da saúde à educação, da política ao meio ambiente, ela não pode continuar (bem, sob este cenário, vai declinar para a irrelevância).

Espero que amanhã traga respeito à ciência e facilite as conversas entre a comunidade acadêmica e a sociedade em geral. Espero que, como sociedades, consertemos o que foi dito claramente. Por exemplo, precisamos respeitar o que os cientistas dizem para evitar outro colapso pandêmico/ambiental. Precisamos ter uma classe média forte e educada para uma democracia funcional. Precisamos que os jovens sintam esperança de que as coisas podem mudar e que nem tudo é corrupto e perdido.

Esperamos que amanhã aumentem os níveis de alegria e satisfação das massas.

BA *Mir*

Bacharel em Economia Quantitativa e Filosofia pela Tufts University.

CAN / Relato / 03-Jun-2020
Originalmente escrito em inglês

perdas, coletividade, responsabilidade, esperança

Há sempre o amanhã. Através de nossos dias mais negros, o amanhã pode brilhar como um farol, guiando-nos para a terra. O amanhã pode nos envolver em seu calor e nos ajudar a reconstruir o que antes estava perdido. A promessa do amanhã é o sustento do presente, e com ele vêm as esperanças e os sonhos da humanidade.

Hoje, as famílias estão desfeitas, os amigos se perderam e os gritos de mudança caem em ouvidos moucos. Nosso reconhecimento da chegada inevitável do amanhã nos dá esperança de que ele possa mudar. Amanhã nos esforçaremos para ser melhores cuidando dos que nos rodeiam, lembrando-nos daqueles que perdemos e acendendo a mudança em honra daqueles que amamos. A história mostra que tal compaixão e determinação feroz muitas vezes vêm após períodos de tragédia em massa. Mais uma vez, o destino de amanhã repousa em nossas mãos.

Que possamos dar ouvidos às lições do passado.

Que possamos semear as sementes da fraternidade futura. Que nossos sonhos de amanhã possam ser esperançosos, como todos os bons sonhos são.

Gabriella *Vieira de Carvalho*

Mãe.

BRA / Nota / 26-Mai-2020
Originalmente escrito em português

desafios, coletividade, tecnologia, adaptação

O mundo está em transição, assim como já aconteceu em outras épocas, por outras pandemias. Só que, hoje, todo o planeta participa desse caos, ativa ou passivamente. A globalização e a tecnologia dos tempos atuais nos permitem essa realidade. Uma realidade dura, triste, angustiante, mas, ao mesmo tempo, firme e transformadora. É a natureza mostrando que todos somos iguais, totalmente vulneráveis a algo que não podemos controlar. O cheiro da morte ali na esquina e a obrigação do confinamento trazem à tona nossas maiores sombras, descobrimos que muitos dos defeitos que apontamos no outro, na verdade, são os nossos. Descobrimos que somos seres interdependentes. E sempre seremos, do nascimento à morte.

A energia do planeta oscila entre o medo e a caridade, a ambição e o altruísmo, a carência e a afetividade. Disso tudo, podemos escolher o que melhor se impõe para nós, para os nossos e para a vida.

O mundo nunca mais será como antes, mas, quando tudo isso acabar, muitos voltarão a ser os mesmos.

E você? O que vai escolher ser?

Helena *Moreira Dias*

BRA / Nota / 16-Mai-2020
Originalmente escrito em português

desafios, coletividade, política, recomeço

Para mim, o amanhã vai trazer uma decadência nas relações interpessoais e trabalhistas. Vínhamos assistindo a uma piora gradativa na perda do senso de humanidade com a *uberização* das relações de trabalho, as eleições de governos fascistas pelo mundo e a destruição massiva dos recursos naturais em prol do lucro para os que já exclusivamente vivem dele, a pandemia fará com que essa discrepância econômica piore. Será necessário abolir, de uma vez por todas, essa concepção individualista de que eu sou o mundo que me cerca. A diferença virá nesse despertar coletivo da compreensão aprofundada de que nós não vivemos em bolhas e sim em rede, e, portanto, somos interdependentes de pessoas, relações e recursos naturais.

Gisela *Zincone*

Diretora na Editora Gryphus.

BRA / Relato / 16-Mai-2020
Originalmente escrito em português

incertezas, tecnologia, adaptação, esperança

É muito difícil prever o futuro, mesmo o futuro próximo, pois sempre há fatores exógenos que influenciam os acontecimentos, fatores estes que nos pegam de surpresa, como o próprio coronavírus: quem poderia adivinhar, digamos, em dezembro de 2019, que estaríamos nesta situação presente? A minha sensação é a de que já estamos vivendo o futuro, o futuro imaginado pela ficção científica, o futuro que reflete o passado, o futuro que acelera o presente.

Todos migramos ainda mais para o *on-line*: no meu ramo de negócio (livros), as livrarias virtuais são as únicas que estão funcionando. Mesmo quem tinha dificuldade com a ideia de comprar *on-line* já não deve ter mais, pois foi obrigado a mudar a sua forma de consumo. Mas acho que é um excelente momento de reflexão sobre o que é essencial para a nossa vida e o que não é. Precisamos comprar tanta coisa? O que vejo é que está todo mundo perdendo dinheiro, mas, em compensação, também estamos todos gastando muito menos dinheiro, portanto, as coisas tendem a se equilibrar. Sou otimista por natureza e acredito que vamos encontrar um caminho novo, uma nova forma de capitalismo, talvez pegando um pouco da maneira de ser dos anos 1960 (como fazer roupa em casa, por exemplo) misturado ao mundo virtual e *on-line* que veio para ficar.

Daniel *Milagres*

Arquiteto e *performer*. Doutorando do PROARQ/FAU-UFRJ. Bacharel em Arquitetura e Urbanismo pela PUC-Rio. Mestre em Arquitetura pela PUC-RIO.

BRA / Relato / 11-Mai-2020
Originalmente escrito em português

incertezas, coletividade, adaptação, esperança

Muro Alto

A pergunta lançada sobre como podemos pensar a diferença no amanhã certamente nos invade a todo momento. Lidar com a imprevisibilidade provocada por esta pandemia não é uma tarefa simples para nós, criados na previsibilidade como fundamento de nossa sobrevivência. Sobrevivência. Com esta palavra chego no meu ponto, que considero o sustento crucial da pergunta inicial: como iremos sobreviver?

A experiência de terreiro e de trabalho comunitário cotidiana como filho de santo na comunidade Jorge Turco, no Rio de Janeiro, me ajuda a pensar nesta pergunta, pois ela nos persegue todos os dias. Os terreiros de matriz afroameríndia e a população (majoritariamente negra) que vive em comunidades sofrem ataques às suas existências histórica e cotidianamente no Brasil, fazendo com que esta pergunta seja, de fato, parte importante de nossas subjetividades. Porém, junto a isso, foram (e são) criadas inúmeras táticas de sobrevivência, também cotidianamente, a estas forças opressoras, fundadas em visões de mundo que nos formam e nos guiam na cultura de terreiro.

Compartilho aqui três dessas táticas de sobrevivência, terreirizando o pensamento, pois penso serem importantes para caminharmos com uma discussão produtiva sobre o amanhã, ou melhor, sobre o amanhã (de)novo, ou ainda melhor, sobre um amanhã diferente.

A primeira é sobre compor forças e aprender a driblar. O entendimento da pandemia enquanto uma doença, inevitavelmente fortalecido no mundo diante de sua letalidade, coloca o vírus no registro de algo, de uma "coisa" capaz de infectar nosso corpo, desequilibrar nossa saúde e possivelmente nos matar. Ao terreirizar o pensamento, podemos pensar em nossa saúde como uma composição de forças capazes de entradas, permanências, deslocamentos, saídas. Do mesmo modo, aquilo que desestabiliza nossa saúde, neste caso, o vírus. Ele é composto por forças extremamente imprevisíveis e, no momento, intensamente letais. Porém, toda força tem suas frestas, suas brechas, seus vácuos. É nelas que podemos encontrar meios de driblar o caos gerado pela doença, de caminhar firmes, solidários com os que sofrem mais e encontrar, nestes laços de solidariedade, meios de sobrevivência.

A segunda é sobre compreender. A lógica do entendimento sobre a pandemia, hegemônica em nosso contexto, individualiza o conhecimento. Quando terreirizamos nossa visão, aprendemos a buscar a lógica da compreensão. Compreender, como diz nossa tradição, está um degrau acima do entender: é "entender com", é colocar no coletivo o conhecimento, os ensinamentos. Diante do projeto político de caos informacional em curso no Brasil, focar em compreender o que estamos vivendo é mais um modo de não somente reduzir as mortes em curso no mundo, mas, sobretudo, de compor forças de conscientização e responsabilização coletiva nas pessoas sobre aquilo que produzimos e sobre o modo como vivemos.

A terceira, que se desdobra das duas anteriores, é sobre encarnar o comum. Diante do desencarne coletivo e do desencarne do coletivo em que vivemos, há que se aprender com as culturas de terreiro no que se refere ao "encarne do comum". O sentido de coletividade é encarnado na construção das subjetividades e nos corpos de terreiro, por meio de sua comunidade, deste comum criado coletivamente, de modo que não existimos sem ela.

Tentar compreender, portanto, o que pode vir a ser a diferença no nosso amanhã, mas, fundamentalmente, como iremos sobreviver no amanhã, passa por aprender a encarnar o coletivo através do comum, a incorporá-lo em nós de modo amplo e profundo, para que possamos agir de forma responsável, solidária e inclusiva, e talhar outro mundo com tais ações. Um mundo diferente.

Estas linhas constroem o início de um caminho possível para se pensar a diferença e a sobrevivência no amanhã que parte de visões de mundo intensamente brasileiras e profundamente invisibilizadas pelo racismo estrutural do pensamento hegemônico ocidental. Seguiremos caminhando neste sentido, atentos às frestas e produzindo nossas subjetividades terreirizadas, pulsantes de vida, de capacidade de drible para sobreviver e encantar a vida, pois, como canta nossa tradição "Esse muro é alto.... Ainda tem outro mais alto... Toma cuidado com ele... ô, senão você cai dele...".

Estas linhas constroem o início de um caminho possível para se pensar a diferença e a sobrevivência no amanhã que parte de visões de mundo intensamente brasileiras e profundamente invisibilizadas pelo racismo estrutural do pensamento hegemônico ocidental. Seguiremos caminhando neste sentido, atento às frestas e produzindo nossas subjetividades terreirizadas, pulsantes de vida, de capacidade de drible para sobreviver e encantar a vida, pois, como canta nossa tradição "Esse muro é alto.... Ainda tem outro mais alto... Toma cuidado com ele... ô, senão você cai dele...".

Mauro *Ventura*

Jornalista, escritor e editor do *site* *Testemunha Ocular* do Instituto Moreira Salles.

BRA / Relato / 10-Mai-2020
Originalmente escrito em português

perdas, desigualdade, coletividade, política

O coronavírus vai ampliar o fosso entre as nações, aumentar a desigualdade social e deixar uma memória de dor, de luto e de perdas. Minha esperança é que a humanidade adote comportamentos mais solidários. Que a empatia demonstrada agora se prolongue e que passemos a olhar com atenção os mais vulneráveis, em vez de mantermos a cegueira deliberada de sempre. E que os países percebam o quão interdependentes eles são e assumam que não há caminho melhor do que a cooperação e a confiança.

É mais torcida do que crença em uma mudança radical. Afinal, a história não é linear, ela é cíclica, feita de avanços e recuos. E a xenofobia, o nacionalismo e o obscurantismo estarão sempre à espreita, prontos para ressurgir, ainda mais fortes.

De qualquer forma, está claro que o desastre de agora foi agravado por anos de descaso com a saúde pública e com o saneamento básico. Torna-se imperioso e urgente um maior investimento nessas duas áreas, e uma revalorização da ciência e da pesquisa. Caso contrário, corremos o risco de mais uma vez fracassarmos terrivelmente diante de novos vírus.

Diego *Portas*

Arquiteto, formado pela Faculdade de Arquitetura da Universidade de Buenos Aires. Mestre em Arquitetura pela UFRJ. Professor da FAU-UFRJ e fundador da C+P ARQUITETURA.

ARG / Relato / 11-Mai-2020
Originalmente escrito em espanhol

incertezas, perdas, desigualdade, regressão

A crise "fornece uma magnífica razão de ser para esta tendência marcante: uma certa obsolescência que parece atingir as relações humanas", diz Michel Houellebecq.

Opinião

Houellebecq acredita que o mundo pós-coronavírus será "o mesmo, mas um pouco pior" Enquanto a epidemia de Covid-19 matou quase 25 mil pessoas na França, o escritor Michel Houellebecq afirma que "nunca a morte foi tão discreta quanto nas últimas semanas".

O escritor francês Michel Houellebecq não acredita de forma alguma que o mundo pós-coronavírus será diferente, pelo contrário, acredita que será o mesmo, "mas um pouco pior". "Não acredito nem por um segundo em declarações como 'nada será como antes'. Ao contrário, acho que será exatamente igual", diz o escritor francês contemporâneo mais lido no exterior, em carta lida segunda-feira na estação de rádio da França. "Não vamos acordar depois do confinamento em um novo mundo, será o mesmo, mas um pouco pior", insiste Houellebecq, tão popular quanto polêmico. A epidemia de coronavírus, estima o romancista, "deverá render como principal resultado a aceleração de algumas mutações em curso", em particular, "a diminuição do contato humano". A crise "oferece uma razão magnífica para esta tendência marcante: uma certa obsolescência que parece atingir as relações humanas", diz ele. "Também seria falso afirmar que redescobrimos o trágico, a morte, a finitude etc.", continua o escritor, apontando em sua carta aos autores que se confinam em suas segundas residências. "As vítimas são somadas a uma unidade na estatística diária de mortes, e há algo estranhamente abstrato na angústia que se espalha pela população à medida que o número total aumenta", continua o autor... "Outra figura terá ganhado grande importância nestas semanas, a da idade dos doentes. Até quando devem ser revividos, curados? 70, 75, 80 anos?", escreve Houellebecq. "Nunca antes expressamos com tão serena indecência o fato de que a vida de todos os indivíduos não tem o mesmo valor".

"Existe a tentação de ver certos eventos remodelando o mundo. É a tentação narcísica de cada geração, ávida por testemunhar a mudança na história – diz Lucas Moreno, orquestrador de uma Córdoba sitiada em *O Apocalipse*, segundo Asmar. Mas a história nada mais é do que um acúmulo de camadas narrativas sem muita originalidade, folhas de decalque que são copiadas com sutis variações. A pandemia tentará marcar um antes e um depois, o discurso ficará saturado para que assim seja, mas os imaginários anteriores não sofrerão o colapso definitivo. Lentamente, o coronavírus será mais uma camada na pilha, embora seja aquela que destacou sua precariedade psicológica, sua fragilidade, no desenho subjacente."

Anne *Bogart*

Diretora de teatro e ópera.
Diretora artística da SITI Company
Professora da Columbia University e escritora.

EUA / Ensaio / 11-Mai-2020
Originalmente escrito em inglês

incertezas, desamparo, recomeço, esperança

A ilusão de controle

> *"Homem, orgulhoso homem, investido de uma pequena e passageira autoridade, empreende tão fantásticas missões perante os céus que faz os anjos chorarem."*
> *(William Shakespeare)*

Normalmente, quanto mais incerta estou, mais anseio por controle. Quero me sentir no controle, e quero exercer controle porque me sinto mais segura quando acredito que posso controlar as coisas. Mas, no atual estado, confinada em casa, posso não estar sozinha experimentando a sensação avassaladora de que não controlo quase nada. Diante desta grande imprevisibilidade, tenho a oportunidade de considerar as questões de controle de novas maneiras.

Aos 13 anos de idade, fui abusada sexualmente por um homem no alto de um trator em uma colina na Rhode Island rural. O choque de encontrar suas enormes partes masculinas é algo que eu não consegui esquecer por muitos anos. Mas, apesar do terror e do trauma físico do encontro, nunca falei com meus pais sobre isso. Na verdade, não falei a ninguém sobre esse acontecimento por muitos anos. Tive medo de que, se confessasse, não pudesse mais vagar livremente pelo campo. Mas me senti culpada, confusa e assombrada com o incidente. E houve consequências e uma mudança em meu comportamento. Fiquei com medo de lugares altos e de cair de alturas precipitadas. Comecei a comer com uma nova intensidade para engolir meus medos e, talvez, como sugerem os psicólogos, para me tornar menos atraente para os homens. Desde então, tenho lutado com o peso. E então, ao longo dos anos, para emagrecer, para ter algum tipo de controle sobre minha ansiedade, fiz dietas rígidas. Estava claramente tentando tomar conta de algo em meio ao que parecia ser um mundo incontrolável, perigoso e imprevisível.

Aos 15 anos, eu me apaixonei pelo teatro. Não sei quanto de minha escolha de me tornar diretora teve a ver com minha necessidade de controlar as condições. É claro que a profissão de diretora sempre teve muito a ver com questões de controle. Como diretora, sentia que tinha algum controle sobre a atmosfera nos ensaios, controle sobre os padrões éticos, sobre o nível de respeito e escuta. Eu poderia exigir certa dedicação e qualidade de ser da equipe. Eu poderia demitir pessoas se elas não estivessem à altura dos desafios. Minhas próprias ambições de carreira pareciam estar ligadas ao meu medo de cair, de me debater e de me afogar.

Minha esposa Rena frequentemente me pede para parar de dirigir em casa. E ela está certa. Sempre tive consciência de que minha tentativa de controlar os acontecimentos da minha vida me impediu de viver plenamente, com entrega e prazer. Ao longo dos anos, meu estudo do Tai Chi Chuan e, por um tempo, do Aikido, amenizou minha necessidade de controle. Ambos são "artes marciais internas" fundamentadas em fortes princípios filosóficos sobre ceder completamente a um ataque e depois usar a energia do ataque para derrotar o agressor. Tanto o Tai Chi quanto o Aikido enfatizam a harmonia entre mente, corpo e ambiente. Ambos envolvem movimentos suaves e contínuos. O Aikido em particular me coloca frente a frente com meu medo de cair, pois uma grande parte da prática envolve tombar, rolar e cair.

O Tai Chi Chuan foi fundado em princípios e filosofia taoístas. Para simplificar, o taoísmo ensina como viver e se mover em harmonia com as forças existentes da natureza. Imagine um peixe que nada em um mar caótico. O peixe não tem a ilusão de controlar o mar ou outros peixes no mar. O peixe nem sequer tenta controlar onde vai parar. Ele apenas nada. O estudo do taoísmo e o do Tai Chi Chuan me encorajaram a confiar em meus valores e nadar nas correntes e circunstâncias que existem de momento em momento.

"A Mestra permite que as coisas aconteçam
Ela molda os eventos conforme eles vêm.
Ela sai da frente
e permite que o Tao fale por si."
(Lao Tzu)

A ilusão de controle é a tendência das pessoas de superestimar sua capacidade de controlar ou influenciar eventos. Nós, humanos, temos um forte motivo para manipular nosso ambiente porque as situações ideais na vida parecem ser aquelas em que nos sentimos em total controle do resultado. Quando fazemos julgamentos e decisões sobre o mundo ao nosso redor, gostamos de sentir que somos objetivos, lógicos e capazes de digerir e avaliar as informações disponíveis. Quando estamos no controle, sentimos que brilhamos aos olhos de outras pessoas. Mas, na verdade, esses momentos são menos comuns do que imaginamos. Os preconceitos cognitivos, um tipo de erro de pensamento que acontece no meio do processamento e da interpretação de informações, distorcem nossos pensamentos e nossas percepções.

A ilusão de controle é um viés cognitivo que me leva a supor que tenho controle sobre os resultados. Na verdade, raramente tenho. Alguns dos preconceitos estão relacionados à memória e outros a problemas de atenção porque, na verdade, a atenção é um recurso extremamente limitado. Os vieses sutis podem se infiltrar e influenciar a maneira como eu vejo e penso sobre o mundo. Meu cérebro naturalmente tenta simplificar a informação recebida para que eu possa tomar decisões rapidamente. Minha pressa pode produzir erros radicais de cálculo. Esses erros de pensamento podem então afetar radicalmente as decisões e os julgamentos que eu tomo.

Os seres humanos, aliás todos os seres vivos, procuram padrões a fim de dar sentido ao mundo. Os seres humanos podem ser os únicos a atribuir um significado simbólico, às vezes, profundamente matizado ou com um conteúdo emocional poderoso, a esses padrões. E, uma vez percebidos, tecemos narrativas a fim de explicar o padrão ilusório. De acordo com estudos recentes, a sensação de falta de controle aumenta essa propensão para o reconhecimento de padrões, intensificando a busca a fim de ganhar algum controle. Esse reconhecimento hiperativo de padrões, por sua vez, leva a falsas percepções e a uma sensação de controle ilusório.

Ao longo da história, os seres humanos desenvolveram rituais e cerimônias para influenciar eventos e controlar o meio ambiente. Os rituais incluem danças e sacrifícios destinados a influenciar o clima, melhorar as colheitas, garantir a vitória em batalha, apaziguar um inimigo ou expulsar fantasmas malévolos. Naturalmente, agora sabemos que o clima e nosso meio ambiente não são algo que possamos controlar facilmente por meio de cerimônias de desejos. Chegamos a entender que os humanos estão muito menos no controle dos eventos do que se imaginava anteriormente.

Sentir uma falta de controle geralmente nos faz sentir ansiosos e nos leva a decretar rituais supersticiosos que prometem aliviar essa ansiedade. A maioria enraizada na religião, no folclore e na mitologia, a superstição é uma estratégia consciente para controlar o meio ambiente. Superstições e pensamento mágico – a crença de que uma ação, símbolo ou evento pode causar e resultar quando não há conexão lógica – há muito tempo têm ajudado os seres humanos a dar sentido a um mundo caótico. Eles dão uma ilusão de controle na crença de que podemos convidar sorte ou azar. É por isso que jogadores esportivos profissionais e apostadores de alto risco tendem a ser supersticiosos. Eles têm altos riscos em um resultado sobre o qual têm um controle incompleto, ou mesmo nenhum. Os apostadores tendem a lançar os dados com mais força se quiserem um número maior, e mais suave se quiserem um número menor. As pessoas nas máquinas caça-níqueis tentarão controlar o resultado pela forma como pressionam a alavanca. Nós batemos na madeira para dar sorte. A atividade do TOC é uma tentativa de controlar a vida. É claro que todas essas ações físicas não têm impacto real sobre os resultados, mesmo que as pessoas gostem de pensar que elas são racionais e que pensam consideravelmente nas coisas antes de fazê-las.

Talvez um enorme viés cognitivo tenha surgido durante o século XVIII, no período conhecido como a Era do Iluminismo. Um punhado de intelectuais e filósofos europeus propôs que a ciência e a razão poderiam superar o mistério, o caos e nossa conexão com os grandes ciclos da natureza. O Iluminismo questionou a autoridade tradicional e abraçou a noção de que a humanidade poderia ser melhorada por meio de uma mudança racional. Esse período também viu um interesse crescente em compreender e usar a ciência em vez da religião para explicar os fenômenos naturais. Sob o pretexto do humanismo, no sentido de "maximizar o florescimento humano", os humanos se colocaram no centro do universo, propondo que pensar e analisar – a capacidade da mente de pensar racionalmente por meio dos problemas – poderiam liderar a carga de reorientação da política, da filosofia e da ciência. Essa mudança incutiu em nós, até hoje, a sensação de que merecemos certezas sobre o futuro.

Mas, na verdade, a incerteza é intrínseca à condição humana. Por mais que tentemos nos rodear de tantas garantias quanto possível, habitamos um mar de incertezas. A Era do Iluminismo pode ter sido o forte impulso na tentativa humana de dominar o mundo pela produtividade, pelas revoluções políticas, pela indústria, pela ciência e pelos desenvolvimentos tecnológicos.

E agora, em 2020, esse ímpeto de avanço, esse progresso aparentemente imparável, chegou a uma parada inesperada. Mas esta não é a primeira vez que o botão de pausa é pressionado. Fomos pegos de surpresa com a queda da União Soviética em 1989 e o colapso do World Trade Center, em 2001. Esses eventos aconteceram inesperadamente, embora em retrospectiva talvez fossem, como o coronavírus, inevitáveis. Mas nós não estávamos preparados, e os governos que sabiam das ameaças não se prepararam. Agora, na pressa de controlar o vírus, vemos o quão pouco, de fato, controlamos.

Nesse momento, a verdadeira natureza da incerteza está presente e palpável. O grande número de perdas de empregos causados pelo encerramento do coronavírus aumenta diariamente. A incerteza sobre quando será seguro se reunir com a família, os amigos e os colegas de trabalho é real. A incapacidade de muitos de confortar aqueles que estão nos hospitais parece insustentável. Não posso deixar de imaginar o sofrimento e a solidão das pessoas que estão morrendo, e o sofrimento daqueles que os amam e estão proibidos de qualquer tipo de expressão de ternura e amor, sem mencionar a falta dos ritos essenciais ao luto e elementares a qualquer civilização.

Mas, talvez, à luz desta pandemia, possamos mudar nossas expectativas. A perspectiva de um futuro seguro sempre foi uma ilusão de qualquer maneira. Atualmente, sabemos muito pouco sobre o coronavírus, sobre sua origem ou sobre sua real nocividade. Estamos enfrentando uma grande imprevisibilidade e talvez uma convulsão social com consequências econômicas radicais. Neste novo cenário, podemos refletir sobre a incerteza e reavaliar nossas suposições sobre o que importa.

Seguindo em frente, seremos definitivamente chamados a inovar, a ativar nossa imaginação de novas maneiras e a proceder com empatia e dignidade. Seremos obrigados a inventar uma nova realidade dentro de circunstâncias desconhecidas. Essas inovações e as ações que terão de acontecer para chegar a elas exigirão razão, engenhosidade, confiança e coragem, além de uma abertura a novos paradigmas científicos, sociais, econômicos e políticos.

> *"Historicamente, as pandemias forçaram o ser humano a romper com o passado e imaginar seu mundo de novo. Esta não é diferente. É um portal, uma porta de entrada entre um mundo e o próximo. Podemos optar por caminhar por ela, arrastando as carcaças de nosso preconceito e ódio, nossa avareza, nossos bancos de dados e ideias mortas, nossos rios mortos e céus fumegantes. Ou podemos caminhar levemente, com pouca bagagem, prontos para imaginar outro mundo. E prontos para lutar por ele."*
>
> *(Arundhati Roy)*

Durante esses dois últimos meses, Rena e eu vivemos em Londres com Mabel, nossa Golden Retriever que não para de crescer. Toda manhã levamos Mabel para passear nos Jardins de Kensington, não muito longe de nossa casa. Atualmente, os cidadãos britânicos podem entrar nos parques uma vez por dia para fazer exercício ou passear com seus cães. No parque fizemos amizade com uma família e seu pequeno cachorrinho labrador chamado Leo. Agora, nossas visitas ao parque coincidem com as de Leo e sua família. Mabel e Leo se adoram, e todos nós nunca nos cansamos de ver os dois filhotes de cachorro rolarem um sobre o outro com gosto e alegria. Esses encontros diários têm gerado um significado especial em nossas vidas durante este período do coronavírus. Nossos encontros no parque se tornaram significativos. Um dia na semana passada, Rena, Mabel e eu aparecemos no parque e Leo e sua família não estavam em nenhum lugar e não atendiam nossos telefonemas. Inadvertidamente, começamos a nos preocupar com o bem-estar de nossos novos amigos. Tínhamos ficado enredadas nos novos significados de nossos novos relacionamentos.

Um traço fundamental da inteligência humana é criar sentido, associar significados aos objetos que percebemos no mundo, às nossas relações com os outros. Nós damos sentido a este mundo fenomenal. O significado da amizade é importante. Os novos significados que engendramos nesta mudança paradigmática atual serão importantes. O que podemos controlar acaba sendo nossa própria atitude diante das circunstâncias de mudança, e podemos, até certo ponto, controlar nossas posturas físicas, emocionais e mentais. E podemos criar e celebrar novos significados que surgem a partir de nossas novas circunstâncias.

Originalmente publicado em *SITI Company*.

Pedro *Pirim*

Empresário. Cofundador, contador de histórias
e editor da VOZ Futura

BRA / Relato / 01-Mai-2020
Originalmente escrito em português

perdas, coletividade, expectativa, esperança

Eu achava que, quando era criança, era alérgico ao jornal.

Toda vez que abria, espirrava, coçava o olho, tossia e me sentia mal.

Eu acho que, de tanta alergia que aquilo me causava, gerou também algum problema na minha visão. Porque a mesma coisa acontecia, todo dia que eu assistia ao noticiário na televisão.

Então parei de ler e assistir e tentei escutar. Quando entrava no carro, ligava o rádio e a alergia voltava. Mas não era o mofo dos bancos nem a falta de limpeza do filtro do ar. Era a falta de ar que me causava toda vez que anunciavam a condição de isolamento e o número de óbitos que viria a aumentar.

Não era o cheiro da tinta do jornal, nem o brilho da TV, nem as vozes que grudavam na minha cabeça que me faziam enlouquecer... Ou, melhor, espirrar.

Comecei então a entender que a minha alergia vinha da tragédia anunciada, explorada e reprisada em todos os canais, meios e formatos das mídias alternativas, sociais e tradicionais.

Eu me pergunto se não adoecem também os narradores dessas tragédias?

Viraram contadores de mortes quando poderiam ser grandes contadores de histórias.

Enquanto viramos bobos da corte em um presente que, futuramente, será um passado sem memória.

Desculpem-me por ser agora mais uma fonte de pessimismo.

Fui contaminado pelo vírus também encontrado na falta de crença do niilismo.

Daqui a pouco passa. A gente só não sabe quando.

Daqui a pouco volta tudo ao normal. A gente só não sabe como.

Mas, enquanto puderem, fiquem em casa, lavem as mãos, meditem, exercitem-se.

Não ouçam as notícias do rádio, não leiam as notícias do jornal, e não assistam às notícias da televisão.

O amanhã só será diferente se agirmos coletivamente em prol de notícias, conteúdos, ações e atitudes que buscam uma solução.

O amanhã só será diferente se fugirmos do *status quo*, do pensamento egoísta e individualista, que nos trouxe até aqui e que nos colocou nessa situação.

O amanhã só será diferente se formos propositivos.

Portanto, amem o próximo, mesmo distantes.

Coloquem suas energias naquilo que consideram ser o mais importante

Paz, amor, saúde, empatia, simpatia, postura, atitude, amizade...

Completem com o adjetivo, o substantivo ou o verbo que for, para que, juntos, a gente construa um novo amanhã em uma única frase.

Bruno *Tavares*

Mestre em História.

BRA / Nota / 21-Mai-2020
Originalmente escrito em português
isolamento, coletividade, expectativa, esperança

Hoje não há um projeto único e ideal de futuro. Restam projetos parciais. Entre os que buscam estar livres de qualquer ilusão totalizadora ou messiânica estão os artistas, que mantêm uma tensa relação questionadora entre coletividades e estruturas de saber e poder. Acredito que amanhã veremos crescerem estes movimentos socioculturais vivos em busca de utopias praticáveis. Entre os que produzem e escutam música como uma forma ativa de significar a passagem do tempo, entre ontem, hoje e amanhã, espero que se recupere a história de todos aqueles que foram, e ainda são expulsos dos dramas oficiais da civilização.

Maria Eduarda *Moog*

Advogada. Graduada em Direito pela PUC-Rio. Pós-graduada em Direito Processual Civil pela PUC-Rio. Mestre em Direito e Negócios - Bucerius Law School. Mestre em Direito Processual pela Universidade do Estado do Rio de Janeiro.

BRA / Relato / 01-Mai-2020
Originalmente escrito em português

isolamento, coletividade, natureza, recomeço

Uma vírgula, mas não um ponto

Estamos no século XXI. A era da globalização, do capitalismo, do crescimento, das metas, dos objetivos. A era da correria, do tempo escasso, da ansiedade. Os tempos em que o estresse é quase tão alto quanto as expectativas e as cobranças que impomos a nós mesmos.

São tantas as atividades, as tarefas, as faturas, que as nossas vidas, até a Covid-19, pareciam muitas vezes escorregar pelas nossas mãos em uma avalanche de *checklists*. Fazíamos tantas e tantas coisas dentre tantas e tantas prioridades que às vezes – algumas das mais importantes – nos escapuliam: esquecíamos de telefonar para nossos entes e amigos amados, de acompanhar o crescimento dos filhos (terceirizando a função), de reparar a beleza da natureza e de um céu estrelado.

E, no meio dessa correria, assim, de uma hora para outra e sem ninguém esperar, tivemos de nos trancar em casa, com poucas pessoas, com poucos afazeres, com poucos planos e com quase nenhuma certeza. Paramos. Os carros quase que perderam a utilidade, assim como os aviões, as roupas chiques e as bolsas de grife.

Algumas coisas, porém, passaram a ser mais valorizadas: um abraço apertado, um "eu te amo", uma ligação inesperada, um bolo quentinho, o respirar do ar puro. A possibilidade de ver as estrelas que antes não víamos – seja pelo ar poluído ou porque não tínhamos tempo de prestar atenção – agora nos aparecem com ainda mais brilho. A necessidade de nos unirmos em prol do bem comum e nos solidarizarmos com outros que talvez não sejam tão privilegiados quanto alguns. Os animais, antes acuados com tanto barulho, fumaça e bagunça, passaram a aparecer, mostrando que também podem (e devem) desfrutar do planeta em que TODOS vivemos.

As fábricas pararam, a produção diminuiu, a economia estagnou. O mundo que eu *(90's kid)* conheço, subitamente deixou de existir. E quando tudo isso passar, será que ele vai voltar a ser como antes? Espero que não totalmente.

Espero que consigamos enxergar essa pausa como uma vírgula necessária na nossa louca correria e que o mundo pós-Covid-19 seja um mundo em que estejamos mais atentos ao outro, à natureza e a nós mesmos. E quando digo "a nós" não me refiro aos nossos salários, cargos ou bônus, mas aos nossos corações, aos nossos laços de amor, à nossa saúde mental e à nossa capacidade de fazer um mundo melhor para o que realmente importa: o amor, a união, a solidariedade, a natureza e a nossa constante capacidade de transformação.

Mariana *Meneguetti*

Arquiteta, graduada pela PUC-Rio. Mestre em Projeto e Teoria de Arquitetura pela PUC-Rio. Cofundadora do ENTRE, um coletivo de arquitetos.

BRA / Relato / 24-Abr-2020
Originalmente escrito em português

coletividade, responsabilidade, adaptação, recomeço

O amanhã será diferente quando a nossa percepção do tempo mudar. Antes de qualquer tentativa de profecia ou de previsão do futuro, acredito que precisamos, antes, renunciar ao futuro que nos levou a uma imagem de desenvolvimento absurda, onde o "novo" se tornou slogan para um mundo hiperprodutivo, ansioso, superável infinitamente. Esse tempo presente que estamos experienciando é um intervalo ou pausa entre o agora e o passado, antes de um intervalo entre o agora e o futuro, e assim se aproxima mais de um tempo dilatado, elástico, onde outros metabolismos humanos são possíveis. Fico imaginando se desafiarmos o futuro com esse hiato, fermentando o amanhã com a nossa própria ausência, com o vazio, assim transformando nossas pegadas e vestígios em evidências sutis. Ficaríamos espantados com a presença e a vida de outros organismos possíveis. Quem sabe o amanhã seria outro amanhã e cada um teria a força do tempo lá fora.

Manuela *Müller*

Arquiteta, com bacharelado pela PUC-Rio e extensão de estudos na Faculdade de Arquitetura da Universidade Técnica de Lisboa.

BRA / Nota / 27-Mai-2020
Originalmente escrito em português

incertezas, perdas, política, expectativa

Amanhã?
Divido-me entre o medo e a angústia.
Angústia por sentir esse tempo-pausa que corre, por viver dentro desse "nevoeiro translúcido"[1].
Medo desse desgoverno apocalíptico, dessa fé imaculada na personificação do autoritarismo.
Pessoas-números.
Vidas-estatísticas.

É assim que o defunto do neoliberalismo olha a pandemia, como se vivo estivesse.
Esse modelo cometeu suicídio.

Cadáver distópico[2].
A angústia paralisa, o medo reage.
Eu: meio parêntese, meio ação.
Como supor o amanhã?
Utopia!

1. Ler "Dentro do Nevoeiro" de Guilherme Wisnik. Ver "O futuro engavetado" – encontro virtual que faz parte do "Seminário de cultura e realidade contemporânea" da Escola da Cidade.

2. Ver "Utopias e distopias urbanas em tempo de pandemia" – encontro virtual que faz parte do "Seminário de cultura e realidade contemporânea" da Escola da Cidade.

Jessica *Charlesworth* & **Tim** *Parsons*

Jessica Charlesworth é uma artista transdisciplinar, *designer* e educadora. Cofundadora da Parsons & Charlesworth. Tim Parsons é *designer*, autor e educador. Cofundador da Parsons & Charlesworth.

EUA / Relato / 29-Mai-2020
Originalmente escrito em inglês

coletividade, natureza, recomeço, esperança

Há mais vírus no planeta do que estrelas no céu. Esses patógenos perigosos existentes no limite da vida (um vírus só "vive" quando entra em uma célula viva como um parasita) abalaram a raça humana até o núcleo, intimidando-nos para uma nova coexistência. Em nosso hiato imposto, a modernidade ocidentalizada que domina e destrói o planeta Terra por volta de 2020 está finalmente sendo questionada com maior urgência.

O amanhã pode ser como antes, mas, com toda probabilidade, os vírus voltarão e seremos novamente lançados no caos de agora. Especialistas dizem que é possível que o vírus se instale em uma nova espécie e construa um reduto para reinfectar as pessoas no futuro. Existe uma terceira via? Não há a ignorância de ontem nem o pânico de hoje? Como é o mundo quando levamos em conta a maneira como um vírus funciona?

Como um ditador, o Covid-19 tem imenso poder sobre as pessoas, separando famílias e amigos, restringindo a liberdade de movimento, prejudicando sem explicação aqueles que não obedecem. Ele impõe novos horários, novas rotinas, por decreto. Tem também qualidades de divindade. É invisível, não se dando a conhecer até que tenha sido ativado dentro de nós. É misterioso, mas consome tudo em seu alcance global. Se você optar por não acreditar nele, está sujeito a ser punido. Mas, ao contrário do evangelista, é o não crente que mais se espalha. Já estamos criando novos rituais para essa divindade profana, e em breve criaremos mais. Espaços separados em células de um metro e meio, bordas transparentes, ar filtrado. Calçadas unidirecionais, máscaras de luxo. Não é uma religião à qual qualquer pessoa sadia estaria disposta a aderir.

O "Amanhã (de) novo" deve emancipar-nos dessa divindade ditatorial, demoníaca e de futuros surtos similares. Em vez de aceitar nossa coexistência coagida, precisamos repensar os mundos que construímos.

Para começar, podemos aprender nossas lições não invadindo o território de animais selvagens. Ou, mais radicalmente, designar metade do planeta como fora dos limites e deixá-lo voltar a ser selvagem. Devemos coletivamente mudar nosso ponto de vista antropocêntrico que nos coloca em uma hierarquia acima da natureza. É a separação dos seres humanos da natureza que nos permite imaginar a natureza como um "recurso" a ser "explorado". Devemos reconhecer novos tipos de famílias, agrupamentos e relacionamentos com os não humanos. A natureza é parte de nós e precisamos imaginá-la de uma forma que não negue nosso lugar nela ou o impacto que temos sobre ela.

Atapucha *Waujá*

Líder indígena do povo Waujá,
habitantes do Parque Indígena do Xingu.

BRA / Relato / 07-Mar-2022
Originalmente escrito em português

cotidiano, desafios, incertezas, adaptação

No começo da pandemia, quando o coronavírus chegou aqui no Xingu, morreu muita gente. A gente não sabia como lidar com a doença no início. Na minha aldeia, nós fizemos muito isolamento. Quando alguém saía para a rua, por exemplo, tinha uma casa para quarentena. Lá a pessoa ficava por volta de 10 dias para ver se não tinha nenhum sintoma. Foi assim que nós controlamos a Covid quando ela chegou no Xingu. A situação foi aos poucos melhorando, aliviou muito. Hoje o pessoal já está bem mais organizado.

Nós fazíamos quarentena e assim controlamos a pandemia. Fazemos uso de máscara e pretendemos continuar desse jeito. Nós também controlamos a doença com remédios naturais, com medicina indígena. Além disso, o pessoal tomou raiz para aumentar a imunidade.

As vacinas chegaram também aqui. Tomamos primeira, segunda e terceira doses. Está todo muito vacinado. Estamos agora com casos de outra variante também. Por isso é importante para nós continuar com o uso de máscara. Essa variante que chegou é mais fraca e passa mais rapidamente. De agora em diante nós só aguardamos, estamos bem, bem de saúde agora, e esperamos voltar logo à vida normal. Mas não sabemos como vai ser daqui em diante, se outra doença como essa chegar...

Tamara *Vaughan* & **Timothy** *Hofmeier*

Tamara Vaughan é psicóloga com bacharelado em
Psicologia pela University of Sussex e doutorado
em Counseling Psychology (PsychD) pela
University of Roehampton, Londres
Timothy Hofmeier é ator e dublador.

BRB/AUS / Relato / 07-Jul-2020
Originalmente escrito em inglês

isolamento, incertezas, desigualdade, expectativa

A Covid-19 criou uma série de incertezas. Incertezas sobre renda, moradia, saúde e, para nós em particular, incertezas em torno de quando poderemos visitar nossa casa e ver nossas famílias novamente. Como muitas, essas incertezas criaram um sentimento contínuo de tristeza, de saudade e de ansiedade.

Entre tudo isso, também houve grandes oportunidades para que nós, como casal, nos valorizássemos mais e de formas diferentes ao longo dos últimos meses. Temos passado mais tempo de qualidade um com o outro e ao ar livre, e menos tempo correndo por Londres em transporte público. Tornamo-nos mais conscientes de nossa própria extravagância relativa e desenvolvemos uma apreciação ainda maior, e uma prática ativa de vida sustentável e minimalista. Também abraçamos a oportunidade de trabalhar de diferentes maneiras mais flexíveis que também nos deram tempo para fazer outras coisas que gostamos.

Também estamos cientes de que estamos em uma posição extremamente privilegiada por poder desfrutar de nossas oportunidades e aprendizado. Continuamos, em grande parte, a receber uma renda estável, e nossos entes queridos e nós permanecemos seguros e saudáveis durante todo esse tempo. Estamos cientes do aumento do risco e do impacto subsequente, tanto direto quanto indireto, para aqueles de origens socioeconômicas mais baixas; além disso, especialmente como um casal inter-racial, estamos cientes das disparidades em risco e resultados para pessoas de etnia negra e asiática. Isso esclareceu ainda mais as questões de racismo sistêmico não apenas no âmbito da saúde, mas, como o aumento de protestos e campanhas de *Black Live Matters* têm mostrado, em outras esferas da vida também.

Esperamos que, após a Covid, aqueles de nós que foram privilegiados o suficiente para sair disto com mais coisas a valorizar do que ansiedades e perdas substanciais sejam capazes de manter e implementar mudanças significativas em nossa vida. Que possamos apoiar mudanças positivas nas diversas disparidades e preconceitos que este período nos mostrou. Que nossos órgãos dirigentes e organizações em posições substanciais de poder façam sua parte para garantir e melhorar a segurança, a saúde e o bem-estar de todos os que nos cercam, e que os encorajemos ativamente a fazê-lo e os responsabilizemos quando não o fizerem.

Xhulio *Binjaku*

Arquiteto, designer, geógrafo e escritor. Graduando do programa de Mestrado em Arquitetura do MIT.

EUA / Relato / 28-Mai-2020
Originalmente escrito em inglês

isolamento, desigualdade, política, adaptação

Em outubro de 2019, alguns meses antes de uma certa doença de origem zoonótica reorganizar tudo, vi a abertura da exposição *Agnes Denes: Absolutes and Intermediates* [Agnes Denes: Absolutos e Intermediários] no Shed, em Nova York. A exposição é a maior retrospectiva da profunda carreira de Agnes Denes, que começou na década de 1960. Denes é o tipo de artista pioneira que os críticos têm achado difícil categorizar, seu trabalho estende os limites da escultura, da arte ambiental, da arte sistêmica e da arte conceitual. Acima de tudo, Denes é uma filósofa visual e uma futurista profundamente preocupada com as questões que a sociedade coloca a si mesma. Para Emma Enderby, a curadora da exposição, Denes "estava realmente à frente de seu tempo pensando em como a maneira como vivemos terá de mudar drasticamente. Como se projeta um modo de vida futuro". [1]

Em março de 2020, por volta da mesma época em que a exposição deveria terminar, o Shed fechou temporariamente suas portas, assim como outros museus e instituições. Ainda assim, durante este tempo de *lockdown*, as obras de arte e as perguntas que Agnes Denes forneceu ao longo de sua vida apenas se ampliaram. As obras que mais ressoam comigo são as da Série Pirâmide. Toda a galeria do segundo andar é dedicada a desenhos, modelos e gravuras que preveem espaços radicalmente diferentes para a sociedade. A partir da década de 1970, Denes começou a desenhar milhares de pequenas pessoas que se aglomeram em formas distintas, a maioria delas em forma de várias pirâmides. Cada pessoa, desenhada como uma simples silhueta, representa um único nó com uma malha maior que compõe as complexas estruturas tridimensionais. Embora cada figura represente simplesmente um ponto de coordenadas matematicamente derivado, cada pessoa dentro dessa rede maior é distinta e expressiva. A atual Série Pirâmide de Denes imagina novas sociedades que são

1. Jesse Dorris, "Now is the time to get into Land Art pioneer Agnes Denes," Elle (2 de Julho de 2019). https://www.elle.com/culture/art-design/a27701786/agnes-denes-artist-new-york/

ISO INT COT DES INC DSM PER DSI COL POL TEC URB NAT RES REG NOS ADP EXP REC ESP formadas mais pela configuração das pessoas e como elas se unem do que pela arquitetura que as une. Para Denes, essas pirâmides são uma espécie de cidade do futuro que expressa uma "sociedade de matemática visual" em forma monumental[2]. À primeira vista, suas obras de arte parecem platônicas, estáticas e até opressivas. Um olhar mais atento revela que cada composição é um frágil equilíbrio entre as pessoas e o espaço entre elas. Versões posteriores da série brincam com esta estrutura, onde a solidez das formas se torna fluida, como em *Flying Bird Pyramid – A Space Station* [Pássaro voador pirâmide – A estação espacial], de 1994.

As sociedades, tanto futuras quanto passadas, têm sido tipicamente visualizadas como pirâmides hierárquicas. Denes reconhece isso enquanto simultaneamente questiona – e reestrutura – essa estrutura de seu trabalho. O futuro, diz Denes, deve "responder-nos não sobre os objetos que fizemos, mas sobre as perguntas que fizemos"[3]. Uma de minhas obras favoritas, *Snail People – The Vortex* [Pessoas-lesma – O vórtex] (1989), reimagina uma sociedade futura envolta na hélice de uma concha de caracol. Com a peça, Denes retrata um amanhã diferente, em que centenas de pessoas, em minúsculas e únicas, finalmente convergem em um horizonte singular e distante.

2. New School News, "Majestic Site-Specific Commission by Agnes Denes Unveiled," The New School (27 de abril de 2017). https://blogs.newschool.edu/news/2017/04/majestic-site-specific-commission-by-agnes-denes-unveiled-at-the-university-center/

3. John Hallmark Neff, "Agnes Denes. An Appreciation", em Agnes Denes: Concept Into Form, Works 1970-90 by Agnes Denes and Arts Club of Chicago. Chicago: Clube de Artes de Chicago, 1990.

Barbara *Graeff*

Arquiteta e urbanista, graduada pela PUC-Rio. Mestre em Arquitetura Paisagista pela Universidade de Harvard.

BRA / Relato / 28-Mai-2020
Originalmente escrito em português

coletividade, responsabilidade, expectativa, esperança

A pandemia tornou inevitável pensarmos em um amanhã regido pela coletividade – não mais somente nos discursos, mas nas ações cotidianas. Fomos forçados a pausar e a perceber que nossa singularidade é importante, mas é também apenas um fragmento de uma grande teia de pontos conectados e interdependentes. Não há sustentação no individualismo, como também não existe o coletivo sem que cada um cumpra seu papel individual.

Que, amanhã, a euforia de retomarmos o que interrompemos tão abruptamente não nos faça esquecer as reflexões que emergiram na pausa. Que seja um amanhã de mais ciência, mais consciência, mais responsabilidade ambiental e social, mais empatia, mais solidariedade e, é claro, mais corpo presente.

Aguardo pelo amanhã com gratidão pelo que o virtual nos proporcionou até aqui, mas com urgência de viver o concreto.

José Guilherme *Cantor Magnani*

Mestre pela Escuela Latinoamericana de Sociologia pela Facultad Latinoamericana de Ciencias Sociales. Doutor em Antropologia pela Universidade de São Paulo. Professor Titular do Departamento de Antropologia da FFLCH/USP e Coordenador do Laboratório do Centro de Antropologia Urbana - LABNau.

BRA / Relato / 14-Abr-2022
Originalmente escrito em português

isolamento, desafios, coletividade, responsabilidade

Os efeitos negativos e positivos resultantes de epidemias, catástrofes naturais, guerras e outras formas abruptas de ruptura com determinada ordem das coisas – a Covid-19 é uma delas – ao longo do tempo, acabam se compensando. Deixam suas marcas, claro; a questão é que os humanos não vivem na "longa duração", para usar uma expressão de Fernand Braudel. Sua temporalidade é mais curta e, ao coincidir com determinada catástrofe coletiva, alguns dela se safam, outros aprendem, adaptam-se ou dela tiram proveito – mas muitos, muitos sucumbem. A desigualdade social e os sistemas políticos discriminadores são alguns dos fatores estruturais que estão na base dessa disparidade.

No caso da atual epidemia, a consequente necessidade de isolamento ou convívio forçado no estreito círculo familiar teve como contrapartida o estabelecimento de contatos e parcerias por meio de plataformas *on-line*: para aqueles que dispunham dos equipamentos adequados, evidentemente. Como professor, dei aulas, conferências, *lives*, orientação de trabalhos para alunos e interessados nos mais distantes rincões, muitos dos quais em outros tempos jamais teriam acesso a essas atividades. No entanto, como já sobejamente tratado, para outros essa alternativa não substitui o contato presencial – e os jovens foram particularmente afetados, impedidos de fazer seus "rolés", frequentar seus "pedaços" habituais de sociabilidade, isso sem contar a interrupção dos cursos regulares nas escolas.

Esse é apenas um dos aspectos envolvidos na atual conjuntura, e não há nenhuma novidade nessa análise, nem na tentativa de alguma explicação convincente, geral, para essas situações. "Nada de novo sob o sol", diz o Eclesiastes. E, em outra tradição, a Fênix, que renasce das cinzas? Não há uma resposta única; os povos, ao longo da história, com suas diferenças culturais, forjaram explicações na busca de sentido para essas situações na religião, na filosofia, na ciência, na mitologia – cada qual com a respectiva episteme: desde perspectivas apocalípticas até as esperançosas, passando pela convicção de que tudo é impermanente, em contínuo processo de mudança.

Se não há uma explicação única, conclusiva, por parte de paradigmas dominantes, por que não levar em conta o que dizem os invisibilizados que mantêm um modo de vida "desviante", alternativo, de longa tradição? Só uma referência: A Queda do Céu, de Davi Kopenawa: uma análise a partir da cosmologia *yanomami* sobre a noção de "progresso" do "povo da mercadoria", como ele denomina – e bem antes da eclosão da atual pandemia. Vale a pena transcrever a citação da contracapa, de autoria do antropólogo Viveiros de Castro:

> "A Queda do Céu é um acontecimento científico incontestável que levará, suspeito, alguns anos para ser devidamente assimilado pela comunidade antropológica. Mas espero que todos

os seus leitores saibam identificar de imediato o acontecimento político e espiritual mais amplo e de muito grave significação, que ele representa. Chegou a hora, em suma; temos a obrigação de levar absolutamente a sério o que dizem os índios pela voz de Davi Kopenawa – os índios e todos os demais povos 'menores' do planeta, as minorias extranacionais que ainda resistem à total dissolução pelo liquidificador modernizante do Ocidente."

Sim, não só os índios, mas os demais povos e também os inúmeros coletivos urbanos que, em suas experiências diárias no enfrentamento das dificuldades e impasses, buscam soluções, fazem experimentos e seguem pistas como "táticas" em contraposição às "estratégias" dos grupos dominantes, para usar a expressão de Michel de Certeau.

Auritha *Tabajara*

Contadora de histórias, atriz e compositora. Primeira mulher indígena a publicar livros de cordel no Brasil.

BRA / Nota / 27-Mai-2022
Originalmente escrito em português

desamparo, tecnologia, natureza, regressão

Olha, para falar a verdade, o que eu acho é que, se continuar tudo do jeito que está, o amanhã será a extinção da Terra e a colonização de Marte.

Alessandra *Fischer*

Jornalista.

BRA / Relato / 27-Mai-2022
Originalmente escrito em português

coletividade, expectativa, recomeço, esperança

Só posso imaginar...
Se o amanhã nos for concedido,
Amanhã abraça infinitas oportunidades
para encerramento
para novos começos

Para um sonhador, o amanhã pode ser um respirador
um momento de restabelecimento da ligação
Para um pintor, amanhã pode ser uma tela vazia
Para um poeta, o amanhã pode ser palavras não-colonizadas e mentes que voam para o céu
Para uma criança, amanhã pode estar a clicar em uma árvore
Para um arquiteto, o amanhã pode ser "ambiente construído".

Começa por si e por mim
Sonhadores ou não,
somos capazes de mudar
as nossas ações individualizadas e coletivas e não ações dançam em efeitos de ondulação

Só posso imaginar...
Se o amanhã nos for concedido,
O amanhã protege a nossa Mãe Natureza
Para todos os seres vivos
Para uma nova coletividade e ações sustentáveis

Amanhã
A nossa união, a nossa coletividade
Pode guiar-nos através de um novo amanhã
Acorda
Há muito a fazer!

Lucio *Salvatore*

Artista conceitual, multidisciplinar, com trabalhos em fotografia, narrativa, pintura, escultura, *performance* e apropriação de processos. Bacharel em Economia pela Universidade Bocconi de Milão e em filosofia pela Università Statale.

BRA / Relato / 27-Jun-2020

Originalmente escrito em português

introversão, desafios, coletividade, adaptação

Sant'Elia Fiumerapido, 27.06.2020

Recebo em tempos de pandemia a pergunta sobre o que acho que será diferente amanhã.

Historiadores nos dizem que, apesar de todo o conhecimento que temos sobre o passado, é ilusório acreditar poder prever o futuro.

Todavia, a história nos ensina uma lição importante: as coisas sempre mudam.

Os governantes, as elites mudam, os impérios nascem e desaparecem, as cidades e as florestas estão em contínua transformação, o clima mudou, muda e vai continuar mudando.

Posto que é necessário nos adaptarmos às mudanças, em vez de adivinhar o que poderia ser diferente amanhã, colocaria a atenção sobre o nosso desejo e a atitude em relação à mudança e reformularia a pergunta: o que eu quero que seja diferente amanhã?

Não posso saber como será o amanhã, mas posso escolher o que quero para o nosso amanhã.

Mais importante ainda seria reformular esta pergunta no plural: o que queremos que seja diferente amanhã?

O desejo que move cada um de nós na sua dimensão coletiva pode gerar narrativas ainda mais poderosas, pois podem mobilizar multidões.

Qual é então o meu lugar e quais são as minhas responsabilidades dentro da coletividade?

Para entender o meu lugar no mundo com os outros posso começar por exemplo me perguntado sobre a minha casa, se tenho uma, em qual endereço, e quanto lixo produzo nesta casa, que vai para onde, quanta energia consumo, como é produzida, quanta água consumo, como chega até mim, por meio de uma empresa pública ou privada, e o hospital mais perto, e a escola mais perto, e o transporte público, é gerido por administradores que apoio, voto neles, e os meus familiares, os amigos votam para quais políticos... e assim vou perguntando para entender onde realmente estou e como quero inscrever o meu nome na sociedade.

São inúmeras as questões que me levam a entender o meu lugar no mundo, e quando os assuntos demandam um posicionamento meu ou ação, me pergunto simplesmente: e que lado estou?

Para dar um exemplo, em tema de políticas sociais eu pessoalmente estou do lado da narrativa da emancipação que quer ampliar o direito a ter oportunidades iguais a todos os membros de uma sociedade, a partir do direito universal a educação e a saúde públicas de qualidade.

Consequentemente rechaço a narrativa oposta que quer uma sociedade estratificada, onde as oportunidades permanecem nas classes privilegiadas que se beneficiam de sistemas onde a educação e a saúde de qualidade são disponíveis somente para quem pode pagar.

Sempre defendo a narrativa da emancipação, pois é necessário me posicionar e afirmar o meu comprometimento com esse lugar político que escolhi, e então preciso me perguntar: o que estou disponível a sacrificar para sustentar este meu lugar?

Para um amanhã diferente, estou disponível a sacrificar os meus privilégios para ter mais justiça? Estou disponível a sacrificar o meu conforto para preservar o meio ambiente, ou a sacrificar o meu descanso para ir à rua e exigir mudanças?

Para concluir, voltaria à pergunta inicial, com um último questionamento: o que é o amanhã?

O amanhã é um tempo muito longo que, se não começar a acontecer hoje, pode se tornar o tempo do nunca. Evitar isso depende de mim, depende todos nós.

Fernanda *Germano*

Aluna de Medicina na Unicamp. Professora voluntária de Literatura do Cursinho Popular Zilda Arns.

BRA / Relato / 15-Mai-2020

Originalmente escrito em português

isolamento, introversão, cotidiano, incertezas

A paciência das laranjas apodrecidas

As laranjas resolveram apodrecer desde domingo.

E, assim como elas, que me encaram de frente naquela fruteira gigante e feia, de um verde cansado, que desistiu de viver, apodreço também.

Minha cabeça gira. Uma tontura de fome, de angústia e de ânsia. Esperá-la passar é uma opção que já não funciona: espero por tudo, e nada vem. Eu giro à toa, caindo, quase dormindo em pé, sonâmbula. Eu sou o giro que me deixa tonta todos os dias. E, nesses últimos, tenho percebido que tudo é imprevisível. O controle já saiu de todas as mãos há muito tempo. A vida está se mostrando ingrata com tudo o que já lhe foi oferecido; e ninguém consegue avançar estando parado sempre no mesmo lugar. Mas eu desvio sempre demais ou de menos, viro demais ou viro de menos, corro demais ou corro de menos. Porque a minha coragem se encontra descalibrada. A minha coragem anda sozinha, a esmo, sem saber muito bem o que faz ou que passo dar a seguir. A minha coragem anda perdida. E, com isso, quem se perde sou eu.

Na sexta-feira, por exemplo, caí enquanto andava de ônibus, segurando a barra de sustentação acima da minha cabeça – ficar de pé já parecia não mais fazer sentido. Mas ninguém notou. Ninguém mais consegue prestar atenção ao lado. O mundo desmorona, mas ninguém vê. Eu segurava a barra do ônibus e sorria, mas não sentia a alegria que falsamente expunha. E por que, então, a expunha? Porque é vergonhoso sofrer, é intimidador ser triste, é difícil falar – as máscaras impedem as bocas. Estava ali, parada, sorrindo, meio que sinceramente, aos olhos alheios, somente de corpo. O pensamento voa, vai longe, desesperador, e não se pode falar. O desespero salta aos olhos, mas ninguém vê. E não é porque os pensamentos são invisíveis; é que ninguém presta atenção ao lado. Sinto falta de alguém, uma falta de fala, uma falta de poder dizer, enquanto as únicas companhias que me encaram são laranjas, que apodrecem e me esperam chegar, sem nenhuma outra esperança para o dia seguinte. Os dias são todos iguais, sempre iguais. Mas ninguém ouve, ninguém vê. Sempre ajudo quem posso, faço e refaço quantas vezes é preciso, mas e quem cuida de quem deve cuidar?

Ninguém vê. Não porque estão cegos, mas, sim, porque não reparam. Não enxergam que a pessoa, ali, segurando a barra do ônibus, está sozinha, com uma tristeza permeada por felicidade clandestina; que está cansada de tanto correr de si mesma todos os dias quando o dia começa e, por isso, cambaleia, chuta em vão, desequilibra. Ela deve espantar o medo diariamente. Procura um outro que a acolha, mas ninguém vem, porque ninguém vê. É ela por ela mesma. Quem seca as lágrimas, quem dá o abraço – agora proibido por questões maiores –, quem a acompanha agarrada até a cama todos os dias é ela mesma. Hoje, amanhã e depois, por tempo indeterminado, é ela por ela mesma. As máscaras estão também nos olhos.

Ninguém parou para escutar. Ninguém viu. Ninguém reparou. Sufoco-me com essa pandemia, que, além de doença, é angústia. As laranjas apodrecem, em um domingo de sol de julho, na fruteira empoeirada, verde, paciente e cansada, e esperam os que caíram nos ônibus se levantarem e começarem seus dias – mais uma vez.

Originalmente publicado em *Escritos da Quarentena. Volume 1: crônicas. 2020.* Universidade Estadual de Campinas.

Bárbara *Buril*

Pesquisadora visitante da Universidade de Lucerna (Suíça) e doutoranda em filosofia pela Universidade Federal de Santa Catarina. Mestre em Filosofia pela Universidade Federal de Pernambuco. Bacharel em Comunicação Social/Jornalismo.

BRA / Ensaio / 05-Abr-2020
Originalmente escrito em português

isolamento, introversão, coletividade, expectativa

A pandemia e o individualismo que nunca existiu

Nenhuma forma de sofrimento deveria ser vista em chave pedagógica. Por mais que possamos aprender algo com as catástrofes, trata-se apenas de uma *possibilidade* de aprendizado. Os sofrimentos que a humanidade carrega nas costas após anos de escravidão, décadas de totalitarismo e genocídios os mais diversos não nos impediram de ainda praticar a escravidão, mesmo que em outras formas, nem de defender torturadores, tampouco de ir às ruas para pedir a volta da ditadura. Os exemplos da história nos mostram que o sofrimento nos ensina muito pouco. Contudo, não deveríamos ver o sofrimento em chave pedagógica, não porque todo sofrimento é injustificável, é ultrajante, é violento e, por isso, não pode ser motivo de pedagogia, como defendeu o filósofo Geoffroy de Lagasnerie em uma postagem na sua página no Facebook. Na minha opinião, não podemos ver o sofrimento em chave pedagógica porque simplesmente não é possível fazê-lo: os exemplos da história nos mostram que temos muita dificuldade em aprender com o sofrimento. Também discordo do argumento de Lagasnerie de que o ultraje de um sofrimento deveria impedi-lo de ser visto pedagogicamente, em uma interpretação moralizante. Se não fomos capazes de evitá-los, que ao menos tenhamos a liberdade de tentarmos aprender algo com eles.

No entanto, embora seja infrutífero falar do potencial pedagógico desta pandemia, uma vez que os exemplos da história nos mostram que os sofrimentos parecem nos ensinar muito pouco, acredito que podemos, ao menos, conceder à pandemia um poder revelatório. Refiro-me aqui ao fato de que, se a pandemia não vai nos ensinar nada posteriormente (ou muito pouco), certamente ela já nos revela agora, em luz neon, aspectos de nossa forma de vida que não víamos muito bem quando a vida funcionava em "modo normal". Paradoxalmente, é só agora, em uma situação de exceção, que podemos perceber a forma, o calibre e a densidade da vida que levávamos há até pouco tempo. Foi só com a suspensão das rotinas que pudemos, enfim, enxergá-las – e com tudo o que elas significam para nós.

Embora haja uma variedade de textos hoje dedicados a refletir sobre algum aspecto revelatório da pandemia – a necessidade de um Estado de bem-estar social, a importância da luta contra a desigualdade, a urgência de pararmos de consumir carne, para citar alguns exemplos –, acredito que o fato principal revelado por ela é como a vida em sociedade nos é necessária em nível psíquico. Parece óbvio, mas não é, porque até pouco tempo estávamos administrando o nosso tempo para harmonizar as nossas buscas individuais com a necessidade aparentemente socialmente imposta de encontrarmos pessoas. Como se o social não fosse uma necessidade profundamente nossa. Como se as pessoas funcionassem como decoração de uma paisagem espelhada onde o que vemos apenas são reflexos repetidos de quem somos: eu, eu e eu. Como se o outro fosse um obstáculo, e não a condição de possibilidade de realização. Como se fôssemos mesmo muito bons e muito fodas para não precisarmos de ninguém (Não é por acaso que o livro *Seja Foda!*, de Caio Carneiro, é um *best-seller*. Ele fala sobre o nosso tempo.)

Um artigo muito interessante publicado no *The Atlantic*, intitulado "Why You Never See Your Friends Anymore", mostra que está cada dia mais difícil encontrar os nossos amigos. Não por falta de dinheiro ou de transporte público, mas porque simplesmente não temos espaço, na nossa rotina, para aquilo que ultrapassa as nossas buscas individuais de realização individual. Infelizmente, encontrar amigos não parece, na nossa sociedade, integrar este projeto normativo de felicidade. A nossa forma de vida nos diz de modos indiretos, pela tangente, de modo subliminar, mas nem sempre, que o tempo que dedicamos a um outro deve ser compreendido como uma perda de tempo.

Assim, o que esta pandemia nos revela é que, aquilo que tentávamos "encaixar" como figurantes ou objetos decorativos, em nossa rotina insana de busca pela realização de nós mesmos, é justamente aquilo que estrutura a nossa existência, de modo muito profundo, psiquicamente. Querem nos fazer acreditar que somos suficientes para nós mesmos ou que, no máximo, a família nos é suficiente, mas é só uma pandemia como esta nos obrigar a ficarmos confinados em casa, em família, para vermos como as pequenas e grandes trocas com amigos, colegas de trabalho e senhores da vendinha nos eram vitais.

Essa "falta de gente" de que padecemos nos revela muitas coisas. A primeira delas é que esta forma familiar burguesa nos é insuficiente. Há pessoas isoladas que certamente estão pensando que agora, em família ou pelo menos em casal, seria mais fácil. Talvez sim, mas certamente não seria muito mais satisfatório. Quem está acompanhado agora sabe que a família não dá conta das nossas necessidades amplas e diversificadas do outro, em sua rica alteridade, seja ela agradável ou perturbadora, mas certamente rica. O isolamento de uma vida individualista, restrita à família burguesa, nos torna empobrecidos.

Um segundo aspecto desse sentimento de "falta de gente" é que ele revela como o trabalho se tornou central nas nossas vidas. Refiro-me aqui, desta vez, não ao aspecto produtivo do trabalho, mas ao relacional. O *home office* não supre a riqueza relacional que oferece o trabalho realizado na firma, no escritório, no consultório. Neste sentido, temos uma rica rede de amizades, de companheirismo ou, ao menos, de afinidades em um ambiente de produção que se revela como mais do que isso. O trabalho é mais do que o trabalho. O trabalho, feliz ou infelizmente, compõe a nossa vida afetiva.

Essa pandemia nos revela como as pequenas e grandes trocas relacionais do dia nos eram psiquicamente vitais. Mesmo quando tentávamos viver segundo um imperativo individualista psiquicamente empobrecedor, não o conseguíamos de fato: sempre havia os colegas de trabalho, o chefe, o amigo, o senhor da vendinha que ora nos solicitavam, ora éramos nós quem os solicitávamos. Confinados nos limites apertados da família ou dos próprios pensamentos, é agora que vemos como esta forma de vida individual, realmente carente de outro, nos seria insuportável se fosse possível. Na prática, vivemos mais no trabalho do que em família, afinal. Isto nos revela que, em situação de normalidade, o núcleo da sociedade não é a família, mas a sociabilidade.

Pode ser que aprendamos algo com a pandemia, pode ser que não. Só veremos as mudanças *a posteriori*. O sofrimento não necessariamente nos ensina algo: a tendência inclusive é que ele não nos ensine muitas coisas. Não podemos negar, no entanto, que o sofrimento *revela*. O sofrimento *fala* e, principalmente, *fala sobre*. O sofrimento *fala* sobre os conflitos entre o que realmente desejamos e o que dizem que precisaríamos desejar. Neste nosso contexto de pandemia, os sofrimentos que experimentamos em casa revelam a impossibilidade do individualismo: nós nunca fomos sozinhos mesmo, e só agora estamos nos dando conta disso. Mesmo que ele não fosse impossível, como não parece ser agora, no momento em que estamos, em certa medida, emulando temporariamente o que seria viver em uma sociedade individualista, o sofrimento *fala* sobre o caráter insuportável desta forma de vida. A pandemia revela, então, que o individualismo não só nunca existiu, como ele não seria suportável.

Originalmente publicado na Revista *Marco Zero*.

Kapisi *Kamayura*

Representante do povo indígena da Aldeia Kamaiurá, localizada na região do Alto Xingu.

BRA / Relato / 05-Mar-2022
Originalmente escrito em português

isolamento, desafios, incertezas, perdas

Tenho muita preocupação. Primeiro, o corona chegou lá na aldeia, no Mato Grosso. Foi muito triste. Matou 10 pessoas lá. Morreram. Tenho preocupação, né? A gente tinha remédio, mas acaba rapidinho. Pegou todo o pessoal, mas agora não tem mais remédio. E o pessoal não trabalha mais, não. Parou tudo lá. E continua, hoje lá na aldeia ainda tem muito corona. Tem três doentes agora, e por isso que tenho minha preocupação, né?

Queria colocar internet lá na aldeia... em cada aldeia, né? Cada aldeia tem de colocar internet, para gente conseguir se comunicar com outras etnias – organizar... E outra coisa também, futuramente o pessoal tem de ajudar a gente, né? Tem de trabalhar junto, e algum pessoal tem de ajudar o povo indígena – o pessoal do Xingu. Porque lá é mato, mato difícil para chegar na cidade, e é longe. As minhas preocupações são essas. Estou colocando tudo o que me preocupa.

Adalberto *Neto*

Autor, dramaturgo, roteirista vencedor dos prêmios Shell, Ubuntu e Reconhecimento Popular pela peça *Oboró - Masculinidades negras.*

BRA / Nota / 10-Jun-2022
Originalmente escrito em português

desafios, coletividade, responsabilidade, expectativa

Cada amanhã que chega traz consigo evolução, sabedoria e maturidade. Há quem resista a ele. Mas resistir é deixar o bonde passar. E o bonde do meu amanhã tem em mente que indivíduo e mundo são praticamente a mesma coisa, que as pessoas dependem umas das outras e que a natureza é o nosso melhor remédio. No meu amanhã, o preconceito vai cada vez mais diminuindo, e o amor vai crescendo e vencendo. Vai ter quem tente levar meu amanhã de volta para o ontem. Mas o amanhã é do bem. E o destino do bem, o mundo está careca de saber.

III & IV

Entrevistas

Carmen *Silva* / **Vita** *Susak*

Carmen *Silva*

Professora e urbanista; ativista pelo direito à moradia e líder do Movimento dos Sem-Teto do Centro (MSTC). Foi coordenadora do Conselho Participativo da região da Sé na cidade por dois biênios, e, em 2018, foi conselheira municipal e estadual de habitação e das políticas públicas para mulheres.

BRA / Entrevista / 15-Mar-2022
Originalmente em português

coletividade, urbano, cotidiano, expectativa

Amanhã *(de)Novo* A senhora é baiana e veio para São Paulo durante a década de 1990, em busca de melhores condições de vida. Gostaríamos de iniciar abordando a questão do seu movimento de migração para a capital paulista e quais eram suas expectativas em relação à cidade.

Qual o futuro que a senhora imaginava com a sua chegada a São Paulo e qual foi a realidade que encontrou?

Carmen *Silva* Eu vim para São Paulo, como todo imigrante, com o sonho de vir para uma grande metrópole e aqui conseguir trabalho e moradia; com todos os desejos que são de qualquer cidadão, independentemente do local de origem. Só que, quando eu cheguei em São Paulo, apesar de ser brasileira, eu me senti uma refugiada em meu próprio país. Eu vi que a cidade não era tão acolhedora naquele momento. Mesmo tendo uma aptidão em alguma profissão, a cidade não lhe dava essa abertura. Depois eu entendi que não fazia diferença estar aqui ou em qualquer outro lugar do Brasil, eu não ia me sentir acolhida porque eu não tinha nenhum pertencimento ao local. Essa foi uma desilusão naquele momento.

A. *(d) N.* Como resposta à produção de um espaço urbano desigual e segregatório, que é uma realidade que se estende por diversas cidades do Brasil, surgem experiências de resistência popular pela permanência no espaço central das cidades, reivindicando edifícios e espaços públicos ociosos.

Como a luta pelo acesso à cidade e à moradia digna têm se conformado ao longo país? Olhando para o caso de São Paulo, onde as articulações na cidade já são vistas como exemplos de mobilizações estruturadas, tanto do ponto de vista de governança como do financeiro e logístico, de que forma o caso paulista exerce influência em âmbito nacional?

C. *S.* O caso paulista, a nível de organização popular, exerce uma influência porque tem algumas súmulas de organizações que em outros lugares do país não têm. Por exemplo, os movimentos sociais e as lideranças se organizam no mesmo local em que está o Poder Público, ou seja, dentro dos conselhos, participando efetivamente dos conselhos gestores, das discussões do Plano Diretor.

Quando eu viajo pelo Brasil, vejo que as organizações sociais, a nível da região central, ainda são tímidas, não avançam na discussão de lutar por um centro urbano organizado. Essas ainda focam na moradia como eixo principal, sem ligar a moradia a outros direitos. Mas, de certa forma, hoje, com a comunicação mais rápida, com as redes sociais, com as grandes campanhas para explicitar que a problemática de política pública não está somente em São Paulo, temos grandes discussões, grande movimentação. Há um levante em que as organizações vêm discutindo, a nível nacional, a questão da moradia. Hoje estamos com uma ampla campanha, que é o Despejo Zero. Isso tudo está interligado, e estamos tendo essa troca, que é um compartilhamento de experiências.

A. *(d) N.* Essa campanha do Despejo Zero é decorrente do cenário instaurado com a pandemia?

C. *S.* Isso, vem da pandemia. Apesar de estarmos em uma pandemia, houve e ainda estão acontecendo diversas ameaças de despejo. Temos quase 300 mil famílias em todo o Brasil que estão sob ameaça de reintegração de posse, sem contar os casos que acontecem sem grande divulgação.

A. *(d) N.* A senhora começou a participar de reuniões do movimento de luta pela habitação e ocupações durante o final da década de 1990, época na qual a cidade de São Paulo passou por um processo de especulação imobiliária e aumento dos custos de vida em seu centro urbano, cenário que resultou na saída dos trabalhadores para bairros mais distantes, localizados nas franjas de seu espaço urbano. Nesse contexto também surge o MSTC propondo a organização dos trabalhadores em meio urbano e reivindicação do direito à habitação. O movimento, cuja origem data no ano de 1997, hoje, configura-se como um dos mais importantes movimentos sociais do país.

Ao longo desses quase 25 anos de luta contra o *déficit* habitacional, onde são nítidos os avanços e ganhos sociais resultantes do movimento, quais mudanças você considera as mais importantes durante esse período?

C. *S.* Como ganho social, eu enxergo que as pessoas estão discutindo mais o problema da moradia. As pessoas entenderam que movimento sem teto não é um movimento de pessoas que estão em situação de rua, e, sim, um movimento de trabalhadores que não têm condição de financiar uma casa pelo sistema bancário, pelo sistema do capital.

Outro ganho é a questão de participação do próprio movimento nos mesmos locais em que o Poder Público está. Também vejo mais discussão dentro da academia e nos grandes eixos do próprio Poder Público. Discussões sobre como deve ser o financiamento, como deve ser o investimento em moradia popular. Nós temos uma grande percepção de que essa discussão hoje é muito mais ampla, mais aberta e mais transparente.

Hoje há vários atores discutindo isso, inclusive no âmbito privado. Outro ganho é a compreensão de que não podemos entrar em queda de braço com o Poder Público, mas podemos propor saídas viáveis, podemos discutir isso juntos. Ainda há uma conjuntura desfavorável, visto que a moradia popular não tem uma produção tão ampla quanto o mercado imobiliário em geral. Outra questão é a criminalização, porque, por mais que avancemos, ainda há muita criminalização dos movimentos sociais.

A. *(d) N.* As mulheres são maioria nas ocupações, situação agravada pela violência doméstica, abandono parental e falta de apoio financeiro com os filhos. Elas são também a força motriz que comanda o movimento e as ocupações, sendo maioria também dentro das lideranças do movimento.

Você poderia falar um pouco sobre essa a correlação entre a ampla organização feminina dentro dos movimentos de luta social urbana e os desafios vivenciados diariamente pelas mulheres na sociedade como um todo? Essa é uma correlação que se manifesta da mesma forma por meio da questão racial?

C. *S.* As mulheres já começam lutando por creche, por comida, por moradia. Quando essa mulher chega no movimento social, ela já vem com essa carga de experiência. Mesmo não percebendo, ela já lidera, já vem com o feminismo presente, porque está sempre lutando por direitos. As mulheres têm uma capacidade de mobilização, de contestar... Quando elas chegam no movimento, encontram um espaço em que há escuta e podem desenvolver suas habilidades.

Nós temos, no entanto, uma grande dificuldade por estarmos em um país machista e patriarcal. Por mais que as mulheres estejam em evidência e exercendo as mesmas profissões que os homens, elas ainda ganham menos. Precisamos pensar em uma reengenharia do trabalho da mulher, porque o trabalho doméstico, o trabalho do cuidado, ainda não tem remuneração. A mulher ainda tem de ter uma igualação, precisamos estar nos mesmos cargos nas grandes empresas. Ainda não temos essa condição de igualdade.

A. *(d) N.* Gostaríamos de abordar a conjuntura de insegurança financeira e aumento de índices de desemprego no país nos últimos anos, ocasionada majoritariamente pela crise econômica desencadeada pela pandemia de Covid-19. Inúmeras pessoas foram despejadas de suas moradias ou passaram a viver em estados de extrema fragilidade.

Em qual grau a pandemia de Covid-19 escancarou, como também agravou, as situações de desigualdade e *déficit* habitacional no país? E, como, a partir dessa conjuntura, a luta pelo direito humano de uma moradia digna configura-se nos dias atuais como uma pauta ainda mais urgente a ser abordada?

C. *S.* A pandemia desencadeou e tornou visíveis os problemas que ainda estavam na invisibilidade. Na pandemia, as mulheres, mesmo trabalhando pela necessidade do sustento de sua família, foram as primeiras a serem demitidas. A pandemia tornou visível tudo o que estava invisível. Por exemplo, aumentou o número de pessoas em situação de rua. Hoje, temos famílias inteiras e não mais uma pessoa com dependência química ou que estava na rua porque desejou, individualmente. Quem está na rua são pessoas que foram despejadas, que moravam em coabitações... A solidão dos idosos também ficou em evidência. Muitas coisas despontaram com a pandemia, e nós, o Poder Público e todos os cidadãos temos de nos atentar a elas. São problemas reais do nosso país e de muitos lugares. O pacto da solidariedade evidenciou que só trabalhando em rede e na coletividade é que a coisa dá certo.

A. *(d) N.* O movimento de luta pelo direito social à moradia é muitas vezes veiculado pelos meios de comunicação hegemônicos em tom criminalizatório e difamatório. Nesse sentido, as mídias sociais surgem como um novo canal de interlocução com o público em geral. Por meio dessa plataforma, líderes do movimento dão visibilidade à pauta e podem compartilhar narrativas, conhecimentos, assim como articular agendas e demandas.

De qual forma a senhora acredita que os meios de comunicação virtuais, por meio de plataformas digitais, são capazes de avançar na aceitação e no reconhecimento da legitimidade das reivindicações do movimento?

C. *S.* Hoje a comunicação é muito mais rápida, e isso para nós é muito eficaz. Antes, quando sofríamos alguma agressão ou alguma ordem de despejo, dependíamos de alguém que viesse dar notoriedade. Hoje, não, com as redes sociais, assim que acontece alguma coisa a gente já está sabendo. Para além de mostrar as desgraças, a rede social é capaz de ter uma comunicação de chamamento, de dar informação e formação. É eficiente a rapidez de comunicação.

A. *(d) N.* Gostaríamos de abordar a forma como os movimentos sociais podem contribuir para a academia.

Qual a importância de unirmos a universidade à prática social, trazendo também para dentro das salas discussões sobre a efetividade das políticas públicas e a tensão social atualmente contida na forma que produzimos e ocupamos a cidade? E, para além disso, como o movimento pode contribuir para a discussão de novas formas de pensarmos o planejamento urbano de nossas cidades?

C. *S.* A transformação da cidade se dá quando temos a participação de todos. Hoje é muito evidente que as organizações sociais e o próprio Poder Público estão discutindo o direito à cidade. Para isso, é preciso um equilíbrio entre todos os poderes: público, popular e privado. Se isso não ocorrer, nada vai dar certo.

O que acontece hoje nas cidades é que há uma grande discussão real da importância de esses três elementos estarem em equilíbrio. Quando nós vamos para uma conferência discutir um plano de bairro ou discutir territórios, todos os elementos precisam estar juntos, senão, não dá certo. Essa é a grande diferença, essa abertura de propostas e conversas, essa escuta ativa. O movimento social está discutindo fachada ativa, qual é a melhor localização de um condomínio... Embora ainda seja uma discussão desigual porque as propostas que existem são para o mercado financeiro.

A. *(d) N.* Atualmente, vivemos em um país imerso em uma conjuntura política marcada pela segregação social, o conservadorismo e o desrespeito às minorias. Atravessamos, de certa forma, um espaço de tempo distópico no qual profundas transformações estão em curso.

Como você vê o futuro dos movimentos por moradia, e quais transformações precisam ocorrer, a nível de sociedade, para acelerarmos a construção de uma sociedade mais justa e igualitária? Você acredita que a pandemia teve algum impacto na direção desse futuro?

C. *S.* A pandemia teve um impacto na direção do futuro, ratificando um passado bem presente. A pandemia veio desencadear o que nós sempre lutamos: moradia. Quando a pandemia surgiu, a primeira coisa que se gritava era "Fique em casa!".

E quem não tem casa, vai para onde? Essa sempre foi a nossa discussão. No futuro, o que temos de alcançar é que não dá mais para a participação ser isolada. Hoje a participação tem de estar em uma lista tripla: equilíbrio entre Poder Público, privado e popular. Senão outras pandemias ainda virão, pandemias reais que estão acontecendo com o surgimento desta atual. Hoje temos uma sindemia, uma série de problemas que a Covid trouxe: a fome, a miséria deplorável, a falta de saneamento básico, a falta da moradia. Foram várias pandemias em uma. Para o futuro, todos temos de rever como de fato é a nossa participação. E, mais do que nunca, a política pública tem de ser efetivada no Brasil, principalmente saneamento básico e educação.

"A pandemia teve um impacto na direção do futuro, ratificando um passado bem presente. A pandemia veio desencadear o que nós sempre lutamos: moradia. Quando a pandemia surgiu, a primeira coisa que se gritava era 'Fique em casa!'. E quem não tem casa, vai para onde?"

Carmen *Silva*

"Por que é tão difícil começar a abrir-se para algo novo? Temos de dar liberdade ou alguma independência à região basca na Espanha, ou esta é pequena demais? Qual é a medida que possamos conceber para separar uma determinada cultura?"

Vita *Susak*

Vita *Susak*

Pesquisadora independente e membra da Sociedade Acadêmica Suíça para Estudos do Leste Europeu. Doutorado em História da Arte pelo Instituto Estatal de Estudos de Arte em Moscou (1997). Antiga chefe do Departamento de Arte Moderna Europeia da Galeria Nacional de Arte de Lviv (1992-2016). Antiga professora na Universidade Nacional Ivan Franko (2011-2015).

UCR / Entrevista / 06-Mar-2022
Originalmente em inglês

perdas, política, coletividade, esperança

Amanhã *(de)Novo* Iniciamos esta iniciativa olhando para a pandemia, cujo início, com todas as incertezas, bloqueios e mortes, criou uma ansiedade mundial sobre o futuro que nos aguardava. Era como se o futuro tivesse sido suspenso. E, no momento em que conseguimos nos distanciar dos acontecimentos iniciais, parecia haver perspectivas mais positivas sobre o que o amanhã poderia trazer para a humanidade, pelo menos quando se tratava de evitar mais mortes.

A guerra na Ucrânia, no entanto, perturbou esse progresso e apagou, para muitos, qualquer possibilidade de esperança ou de um reencontro com o progresso (seja ele social, cultural ou econômico). Hoje gostaríamos de discutir a relação entre esses dois eventos (pandemia e guerra), pensando sobre as transformações que suas inter-relações podem trazer para o nosso futuro. Vemos vários momentos ao longo da história em que a guerra e as doenças maciças se sobrepõem, uma se alimentando da outra.

Um par de casos notórios inclui o surto de peste bubônica de 1348-1351, conhecida como Peste Negra, que foi disseminada tanto na Europa quanto na Ásia por causa da guerra entre os dois; a invasão da Rússia por Napoleão, em 1812, que foi dissuadida não apenas por causa do inverno, mas também por causa do tifo, uma doença transmitida por piolhos corporais, que dizimou 80 mil soldados apenas no primeiro mês da campanha de Napoleão; e a Primeira Guerra Mundial e a pandemia de gripe espanhola de 1918, que infectou ⅓ do planeta e foi a mais mortal da história: pelo menos 50 milhões de mortos, enquanto a guerra tirou a vida de aproximadamente 20 milhões. Mas as guerras tendem a ofuscar as pandemias.

Como você vê a confluência desses eventos no tempo presente com a guerra na Ucrânia?

Vita *Susak* É absolutamente lógico que as pessoas estejam em guerra. A condição de vida, de vida normal, já não existe mais. As pessoas estão vivendo em péssimas condições. Todo mundo sabe que, em última instância, o fim da Primeira Guerra Mundial foi provocado pela gripe espanhola, quando todos os soldados, de ambos os lados, ficaram muito doentes. Esse foi um dos mais importantes ímpetos para deter esta guerra. Creio que a pandemia da Covid-19 deu às pessoas mais dois anos antes da guerra na Ucrânia. Se não fosse pela pandemia, eu acho que Putin teria começado mais cedo. Mas, com esse novo vírus, ele também teve de esperar. Ele também não sabia quais consequências essa doença poderia trazer. A partir do momento em que entendemos que essa doença não era mais tão perigosa, acho que isso ofereceu uma luz verde para esse monstro. A meu ver, a Covid foi uma pequena pausa antes da guerra. Outra coisa que tenho em minha mente é que tudo isso se trata de um jogo com a humanidade. O vírus se tornou uma forma de ver o que acontecerá a seguir. Ele mostra que podemos nos organizar, encontrar soluções e sobreviver. Alguma explicação política pode ser mais inteligente e até mais racional, mas eu tenho esse tipo de sentimento.

A. *(d) N.* Parece quase não haver espaço para discutir uma pandemia quando estamos em meio a assassinatos, ocupações de países e enfrentando uma enorme desestabilização sociopolítica.

Você acredita que a Guerra na Ucrânia é um marco histórico, que também representa o fim da pandemia? Ou acredita que, após o fim do conflito, ainda estaremos vivenciando a pandemia do Covid-19 e preocupados com a propagação da doença?

V. *S.* É tão difícil falar sobre o que acontecerá amanhã. Antes da guerra, é claro, nós estávamos falando sobre isso. Ao discutir, aqui na Suíça, com meus colegas de outros países, pensávamos que uma nova variante de vírus ou bactéria será absolutamente inevitável. Ela virá. Com todas essas variantes de vírus, é absolutamente claro que elas se transformarão e aparecerão em novas formas. Antes tínhamos as gripes, a AIDS... A humanidade pôde reagir a elas com alguma capacidade e, na verdade, elas não se demonstraram tão perigosas. É claro que se trata de doenças ruins, mas no final das contas não tão nefastas. Certamente teremos novas variantes de vírus e bactérias e, com isso, novos desafios para a humanidade. Isso é uma coisa, e a guerra é outra, mas, de certa forma, uma usa a outra.

A. *(d) N.* Gostaríamos de falar sobre os processos de desconstrução que são observáveis nesta guerra. Tanto a tentativa russa de desconstruir a identidade ucraniana, que talvez possa ser lida como um processo exógeno, quanto a própria ruptura de identidade endógena do regime russo, que esta guerra desencadeia em seus cidadãos.

Putin se recusa a reconhecer a soberania da Ucrânia e afirma que o país não tem direito histórico a um Estado. Embora a história compartilhada da Rússia e da Ucrânia seja inegável, o nacionalismo ucraniano remonta a mais de um século antes do início da União Soviética, e Kyiv foi fundada centenas de anos antes de Moscou.

Alguns chamaram essa recusa de ver da parte da Rússia como uma espécie de amnésia histórica e os esforços para eliminar o próprio conceito de Ucrânia.

Como você vê a divisão entre cultura, identidade e linguística da população ucraniana em relação à russa, e de que forma essa divisão se manifesta hoje?

V. *S.* É uma questão muito complicada. Podemos falar longamente sobre isso e em direções muito diferentes. Todo este mito sobre a extensão territorial da cultura russa e a posição da Ucrânia como parte dela foi preparado por muitos anos no imaginário da maioria das pessoas na Rússia. Eles estão certos de que a Ucrânia absolutamente não é um Estado nacional. Não sei como eles construíram essa ideia na cabeça de tantos cidadãos russos, provavelmente apenas pessoas mortas podem nos ajudar a entender. E esta é uma história muito longa. Ao longo de toda a história da Rússia, eles tiveram problemas com o território da Ucrânia. Eles começaram a dizer: "Ah, esse é o começo de nossa história". Mas esse não é o caso; não está no território do atual Estado russo. Dá para imaginar se a França começasse a dizer: "Nosso passado foi tão grandioso que precisamos retomar a Itália, a Alemanha etc."? Não, é absolutamente impossível. As pessoas na Rússia estão de alguma forma certas de que este foi o início do grande império russo, e que a Ucrânia não existia. Os historiadores ucranianos têm sido ativos neste debate. Mas somente após a guerra eles receberam a possibilidade de falar abertamente, antes havia somente algumas publicações sobre isso. Trata-se de um discurso dominado pela Rússia, o qual será muito difícil de desconstruir.

A. *(d) N.* **Você acha que, enquanto a Rússia tenta desconstruir a Ucrânia, está causando involuntariamente sua própria fragmentação e desconstrução, como podemos ver com as massivas manifestações internas e a guerra que Putin está travando contra seus próprios cidadãos dissidentes?**

V. *S.* Se a Rússia não vencer, caso a Europa ajude a Ucrânia e, assim, nós sobrevivamos como um Estado independente, podemos imaginar que esta guerra seria o início da desconstrução do império russo. Por outro lado, se a Ucrânia se tornar vítima desta guerra, e a Rússia restaurar sua fronteira dos tempos do início da União Soviética, então todo o território ucraniano se tornará um grande *gulag* – um campo de concentração da União Soviética.

A Europa, entretanto, não ajuda. É absolutamente uma repetição dos 30 anos com Hitler, quando a Europa concedeu pequenos pedaços de países e pensou: "Tudo bem, provavelmente é suficiente para eles; provavelmente é o bastante para apaziguar este regime nazista". Só que, para Putin, é outro tipo de regime, trata-se da reconstrução da Grande Rússia. O nome da União Soviética é apenas outro nome do Império Russo. Não posso dizer o que o amanhã nos reserva, mas a história infelizmente nos mostra que pode ser a Ucrânia a vítima.

A. *(d) N.* Você é uma pessoa cuja história faz a ponte entre os dois países – Ucrânia e Rússia. Para citar alguns pontos, você estudou em São Petersburgo e recebeu seu doutorado em História da Arte do Instituto Estatal de Estudos de Arte em Moscou e, por outro lado, chefiou o Departamento de Arte Moderna Europeia na Galeria Nacional de Arte de Lviv e lecionou na Universidade Nacional Ivan Franko, em Lviv.

Se pudermos falar sobre suas experiências pessoais, quais são suas percepções e sentimentos em relação ao conflito atual?

V. *S.* Eu nasci na União Soviética. Essa foi também uma das primeiras identidades que foram destruídas na época da Perestroika. Eu tinha apenas 20 anos de idade, essa foi a primeira grande desconstrução de mim mesma. E, mais tarde, ir estudar na Rússia foi como uma escolha para mim. Quando comecei meu curso em São Petersburgo, recebi todo esse conhecimento sobre a grande cultura russa, sua arte e literatura. E era uma dúvida para mim: "O que devo fazer para meu desenvolvimento pessoal como profissional? Devo começar a fazer pesquisas sobre os grandes artistas russos, ou posso fazer minha pesquisa sobre artistas absolutamente esquecidos e desconhecidos, que eram ucranianos?". E eu, como ucraniana, disse a mim mesma: "Ok, vou tentar fazer algo que é absolutamente ignorado". E assim escolhi Alexis Gritchenko como tema de minha dissertação, um artista ucraniano que estava ativo em Moscou no período de vanguarda.

Nos anos 1990, a Rússia não estava tão forte e estável, logo após toda a destruição decorrente do fim da União Soviética – havia uma espécie de nostalgia. Mas eu gostava de meus colegas de curso, de meus amigos em Moscou, e havia uma comunicação normal e pacífica. E quando eles mencionavam a grande avant-garde russa, eu contestava: "Ok, mas estes artistas nasceram na Ucrânia, cresceram e receberam sua primeira educação artística lá...". Mas para eles era tudo sobre o grande império russo. E eu avaliava que precisávamos de um pouco mais de tempo para construir nossa história ucraniana, nossa história da arte, a história de nossa literatura. Agora, tenho esta pergunta: quem é mais responsável, os intelectuais – que deram todas essas ideias distorcidas em suas publicações, em seus campos de influência, em suas discussões – ou os militares estúpidos – que pegaram essa ideia e a colocaram em prática? Quem é o culpado?

A. *(d) N.* Além da questão da responsabilidade, a guerra está destruindo material e espacialmente a Ucrânia, o que desencadeou um dos maiores êxodos da história dentro de um curto período de tempo. Sob essa luz, gostaríamos de discutir tanto a evacuação das pessoas quanto a dos tesouros culturais ucranianos, tais como as obras de arte.

Talvez, partirmos do primeiro: centenas de milhares de pessoas estão escapando da Ucrânia para o oeste, buscando segurança em países vizinhos como Polônia, Hungria, Moldávia e outros países europeus.

Como você vê esse movimento, uma vez terminada a ocupação da Ucrânia, em termos de reconstrução da unidade de um povo e sua identificação com um lugar?

V. *S.* Isso é uma coisa que você pode ver em nossa história repetidas vezes. Tivemos tantos movimentos e tantos êxodos que deslocaram pessoas de um país para outro. Há sempre a pergunta: o que acontece quando as pessoas mais instruídas deixam o país? O que acontece com a metrópole? As pessoas com melhor formação estão saindo deste país agora mesmo. Isso já ocorria antes da guerra, é claro, porque os jovens intelectuais buscavam obter uma boa educação na Europa ou nos Estados Unidos. Este processo começou antes da guerra. Durante a guerra, no entanto, esse número cresceu vertiginosamente e milhares de pessoas partiram.

Podemos comparar isso com a história da Rússia: quantos deixaram a Rússia após a Revolução de Outubro? Muitos! Mas, parece-me que a base deste território confere novas forças para o aparecimento de novas pessoas, muito inteligentes e perspicazes. A Alemanha, por exemplo, após a destruição absoluta, se reconstruiu rapidamente. Para mim, não é a questão de que tantas pessoas deixaram a Ucrânia, é de se a Ucrânia permanecerá como um Estado independente. Se a Rússia persistir com este ditador, o perigo, para nossa civilização, também perdurará. Não sei qual preço teremos de pagar, nem qual será a solução, mas, para mim, é absolutamente claro que a Europa e a Ucrânia conseguirão se reconstruir sozinhas. As pessoas que estão ficando na Ucrânia, que estão lutando contra Putin, são de uma nova geração, uma geração muito inteligente de pessoas incríveis e que não querem deixar a Ucrânia. Eles preferem ser mortos, mas tendo lutado, a fugir do país.

A. *(d) N.* As guerras, além da violência física, também infligem a violência cultural.

Como você vê os ataques da Rússia à herança cultural ucraniana? E qual é a importância para você, como historiadora de arte e curadora, de que o resto do mundo se familiarize e valorize mais com a cultura e a arte ucraniana?

V. *S.* Foi uma pena que as pessoas só tenham começado a se interessar pela cultura ucraniana depois que esta começou a ser ameaçada. Estou em contato com um colega historiador de Kiev, e sei o que os trabalhadores do museu estão fazendo por nossa coleção de arte. Trata-se de uma coleção muito rica construída em cima dessa herança comum que nós temos – não só ucraniana, mas também polonesa. O trabalho dos historiadores está ajudando a preservação da obra, embalando-as com diferentes materiais, cobrindo-as ou colocando-as nas cavernas, sob o solo... Também sei que alguma parte da coleção foi digitalizada – porém não todas as coleções, e uma obra de arte digitalizada não é a mesma que a obra original – mas ainda assim. Não sei o que vai acontecer com todas estas obras de arte. Em relação à arquitetura, infelizmente, alguns monumentos estão sendo destruídos. Em Lviv, minha cidade, as pessoas adoram as suas obras de arte, e estão protegendo os vitrais, as esculturas, as estátuas, as construções... Quando foi possível colocá-las em um *bunker* ou em um porão, eles o fizeram. Mas, se os russos vierem, acho que será como com a Crimeia, quando eles levaram as melhores obras dos museus da Crimeia para Moscou. Eles as levarão. Eu, no entanto, prefiro acreditar que eles não as destruiriam (embora tenham destruído algumas artes nacionalistas na invasão da Crimeia).

A. *(d) N.* **Você sente que essa circunstância coloca mais responsabilidade em sua profissão, como historiadora da arte?**

Devido ao seu envolvimento e todo o seu conhecimento tanto com a história quanto com a arte ucraniana, isso pode representar agora um fardo ainda maior em seu trabalho. Podemos dizer que, de alguma forma, você é uma das que carregam o peso de uma cultura.

V. *S.* Eu posso observar algumas tendências. Antes, eu já havia recebido convites para dar palestras sobre a *avant-garde* ucraniana na Europa, em Tóquio, Paris e Irã, por exemplo. Mas a arte ucraniana estava esquecida. Eu, no entanto, prefiro ser uma historiadora da arte absolutamente desconhecida.

Naturalmente, é absolutamente necessário conhecer mais sobre esta pequena cultura e, portanto, difundir o conhecimento sobre ela. Em minhas apresentações, digo que, para a maioria das pessoas, não é tão confortável dedicar tempo para compreender uma pequena cultura de 40 milhões – seja ela ucraniana, bielorrussa ou georgiana. É tudo russo. Por que é tão difícil começar a abrir-se para algo novo? Temos de dar liberdade ou alguma independência à região basca na Espanha, ou esta é pequena demais? Qual é a medida que possamos conceber para separar uma determinada cultura? Quando falamos da Suíça, por exemplo, que é muito, muito pequena e não é conformada por uma única cultura. Lá, temos a francesa, a alemã e a italiana, as quais estão juntas. No entanto, ninguém é capaz de questionar e dizer: "Ah, essa aqui não existe".

A. *(d) N.* Conforme a violência e as crises humanitárias se desenrolam em tempo real, o resto do mundo assiste, a partir de suas casas, em TVs e *smartphones.*

Que papéis os cidadãos de outros países podem desempenhar no apoio ao povo e à cultura ucraniana?

V. *S.* O apoio é enorme. Posso dizer que o apoio dos cidadãos comuns é mais eficaz do que a assistência dada pelos governos de outros país. Ontem, em Zurique, houve uma manifestação com cerca de 40 mil pessoas presentes. Ontem eu estive na Basileia, onde havia inúmeras pessoas protestando também. E sei que o mesmo aconteceu em Genebra, em Zurique e em outras pequenas cidades da Suíça.

A ideia e a vontade de ajudar são enormes. Isso é também um reflexo da quantidade de ucranianos que estão na Europa e na América trabalhando. As pessoas que estão se mobilizando são pessoas normais e bem-educadas, trabalhando para ajudar os ucranianos, coletando dinheiro... É agora um grande drama a possibilidade de a Ucrânia não existir mais; seria um grande trauma. Os países europeus também estão sob defesa. Este apagamento não pode ser uma possibilidade. Putin não pode destruir essa experiência, essa memória e potencial dos 30 anos de existência da Ucrânia e de sua nova geração que já está ativa.

A. *(d) N.* Olhando de uma perspectiva global, essa guerra está reconfigurando a geopolítica a ponto de definir grande parte do futuro do mundo. Países historicamente neutros como Suécia e Suíça se posicionaram, vários países europeus estão fornecendo ajuda de diferentes formas, a influência da OTAN e da ONU nos países do Leste está crescendo, países como China e Irã se abstiveram da votação da ONU, mas não se posicionaram contra, entre outros eventos.

Quão transformadora você acha que essa guerra será? Qual é o amanhã que ela está inaugurando?

V. *S.* Sim, poderia ser muito bonito. Mas, neste momento, não posso dizer nada sobre o que podemos imaginar para amanhã. Tenho um desejo muito grande e espero que algo aconteça na Rússia, que esse monstro possa ser destruído. Não posso, no entanto, excluir a possibilidade de que a Ucrânia possa ser destruída. Isto seria uma tragédia muito grande, para mim pessoalmente, para meus amigos próximos, para a minha geração. Seria uma tragédia absoluta para toda a humanidade, para a Europa. No entanto, hoje, neste momento, simplesmente não consigo saber como vejo nosso amanhã e depois de amanhã.

O conceito de entropia está presente na segunda lei da termodinâmica, que implica a perda inexorável presente em todos os processos energéticos, assim como a irreversibilidade de um sistema fechado. Ele descreve um grau de desordem e aleatoriedade de um sistema. Segundo Robert Smithson, certas paisagens, caracterizadas por processos de destruição contínua, seriam melhor caracterizadas como "pós-naturais", devido à escala e à intensidade da mudança a que foram submetidas. Elas nunca poderão ser realmente recuperadas; não há retorno a um estado anterior. As "paisagens entrópicas" de Smithson são lugares onde os processos autorreguladores e autossustentáveis da natureza estão tão irremediavelmente comprometidos que o retorno espontâneo de uma atividade ecológica não é mais possível. O que resta são espaços transformados, simultaneamente novos e antigos, que descrevem tanto um colapso como uma ordem emergente.[1]

Antigos porque funcionam como índices de configurações passadas que persistem até certo ponto no presente. Como ruínas, eles revelam passados que foram quebrados, mas que ainda assim permanecem de forma comprometida. Não completamente mortos nem completamente vivos. São passados que começaram a perecer, levando consigo velhos modos de viver, pensar e se relacionar. Enquanto desmoronam, eles revelam a obscenidade de suas constituições, mais aleatórias e improvisadas do que planejadas e estáveis, como se fez crer.

---

1. SMITHSON, Peter; SMITHSON, Robert. *Robert Smithson*: the collected writings. Berkeley, California: University of California Press, 1996.

Escombro

Em sua decomposição, porém, servem de nutrição para um estrato emergente da vida. Nesse sentido, também representam algo novo. Têm a capacidade de inaugurar novas formas e espaços de existência. Portanto, o que parecia desordem só era assim devido a uma perspectiva particular ou tempo limitado de observação. Os pedaços desmontados sempre carregavam consigo as sementes para a próxima reordenação. Uma nova ecologia surgindo das cinzas de uma mais antiga. Isso não significa que o novo espelhe o antigo, mas que as sucessões são feitas a partir do intercâmbio entre continuidade e descontinuidade, entre apropriação e ruptura. Nunca é apenas um lado, mesmo que a relação se estabeleça no inverso: um existe porque nega o outro.

A coleção de textos nesta seção revela estados de deterioração. Seja ela deterioração trazida pela crise ou revelada por ela; nova ou existente. Eles chamam a atenção para o declínio dos paradigmas e para a desintegração das certezas. Alguns apontam para a formação de ruínas no presente, enquanto outros preveem o seu aparecimento no futuro. A destruição é vista às vezes como transitória, em outras, como perene. Nada é sólido como costumava ser. Os escombros estão em toda parte. A única natureza é a pós-natureza.

Fernando Henrique *Cardoso*

Sociólogo, professor, escritor, político e ex-presidente do Brasil (1995-2002). Ex-Ministro das Relações Exteriores e Ministro da Fazenda na gestão de Itamar Franco. Ex-professor de Sociologia da USP.

BRA / Relato / 22-Jun-2020
Originalmente escrito em inglês

desafios, desamparo, política, responsabilidade

Chegou a hora de falar. Não podemos ficar em silêncio. A democracia está em risco no Brasil. É hora de defender a liberdade. O presidente Bolsonaro está perseguindo incansavelmente uma agenda antidemocrática. Enquanto ainda temos liberdade de ação, é hora de deixar de lado nossas diferenças políticas e ideológicas do passado e unir forças na defesa da democracia.

Estamos vivendo uma "tempestade perfeita" no Brasil. A pandemia do coronavírus está se descontrolando e o presidente da República demitiu dois ministros da Saúde que queriam seguir os conselhos da comunidade médica para manter as pessoas em casa e salvar vidas. Uma tremenda crise social e econômica paira no horizonte, expondo a terrível desigualdade em nossa sociedade. A economia global também está em farrapos.

Assustados com a tempestade perfeita, os líderes de um punhado de países se agarram aos mitos. Nas sociedades primitivas, ninguém ousava desafiar os mitos predominantes. Hoje aqueles que não só acreditam nos mitos, mas fingem encarná-los, como no Brasil, se apresentam como salvadores da nação. Na verdade, sua arrogância trai o medo de que sua força possa evaporar sob o peso de uma realidade que eles não conseguem entender.

Eles procuram inimigos e traidores em vez de diálogo e convergência para enfrentar a tempestade com danos mínimos ao navio, à tripulação e a todos os passageiros a bordo, especialmente os que se encontram nos conveses inferiores.

Os que estão no poder muitas vezes não compreendem os sinais vindos de outros setores da sociedade. Como a política de ódio prevaleceu na vida política brasileira, a luta entre "nós" e "eles", o adversário se tornou inimigo. Os inimigos devem ser destruídos até, e a menos que se ajoelhem, se rendam e abram mão de suas ideias "subversivas" que corroem a "lei e a ordem".

No Brasil de hoje, esse "nós" contra "eles" é um ato criminoso. A vítima é a estabilidade da democracia, essa conquista civilizatória que nos permite resolver nossos conflitos políticos de forma pacífica. Quem promove ou aceita em silêncio essas vozes autoritárias não é um conservador. É um condutor ou um cúmplice dessa regressão civilizacional.

Alguns deles são fomentadores da violência, do fanatismo e da ignorância. Eles é que são os verdadeiros "subversivos", não aqueles que levantam a voz para salvaguardar a democracia: a herança comum de todos os brasileiros, homens e mulheres, civis e militares, conservadores, liberais e progressistas.

Vivemos em tempos inquietantes e incertos. É nossa responsabilidade apelar para a racionalidade, o bom senso, a solidariedade e a unidade nacional, admitindo que não há soluções mágicas, mas cabe ao país procurá-las de braços dados.

O Brasil tem vulnerabilidades, a começar por suas enormes aglomerações urbanas, onde milhões de pessoas não têm empregos formais e vivem em moradias precárias. Para não falar dos muitos que perderam suas fontes de renda com a pandemia. O país tem severas limitações fiscais que podem e devem ser aliviadas em um momento de emergência social e econômica.

Mas o Brasil também tem ativos: seu Serviço Único de Saúde, instituições de pesquisa científica de primeira linha, universidades, epidemiologistas, militares dedicados ao serviço público, uma sociedade civil vibrante, governadores de estado e prefeitos que se empenharam para enfrentar o desafio da saúde, para não falar de uma mídia destemida e instituições públicas determinadas a preservar o bem comum.

O que falta até agora são pessoas que, em vez de ódio e ressentimento, possam restaurar nossa confiança em nós mesmos. A confiança exige sabedoria, sobriedade, compostura, capacidade de convencer pelas ideias e pelo exemplo para não impor pela força ou ameaça.

O momento está repleto de riscos. O presidente Bolsonaro persegue uma agenda que não é democrática. Cabe a nós, democratas, levantarmo-nos e opormo-nos à ameaça às liberdades cívicas e aos direitos humanos.

Devemos estar todos juntos, agir em conjunto na defesa da democracia. Estamos todos no mesmo barco, e esse barco pode afundar. Para evitar tal desastre, precisamos afirmar nossa convicção e esperança em um futuro melhor para o Brasil inspirados nos valores da liberdade política e da inclusão social. Os militares evidentemente também devem ser incluídos neste diálogo sobre o futuro comum.

Nossa atitude deve ser sempre um viés de esperança. A responsabilidade de salvaguardar a democracia e inventar o futuro é nossa, como indivíduos, como povo, como nação.

Originalmente publicado em *Berggruen Institute*.

Ani *Liu*

Artista Experimental e Tecnólogo. Bacharel pela Dartmouth College, Mestre em Arquitetura pela Harvard Graduate School of Design e Mestre em Ciências pelo MIT Media Lab. Professor Associado de Prática na Universidade da Pensilvânia.

EUA / Relato / 26-Jun-2020
Originalmente escrito em inglês

coletividade, política, tecnologia, esperança

"O que estamos tratando nesta nova tecnologia de poder não é exatamente a sociedade (ou pelo menos não o corpo social, como definido pelos juristas), nem é o corpo individual. É um novo corpo, um corpo múltiplo, um corpo com tantas cabeças que, embora possam não ser infinitas em número, não podem necessariamente ser contadas. A biopolítica lida com a população, com a população como um problema político, como um problema que é ao mesmo tempo científico e político, como um problema biológico e como um problema de poder."

- M. Foucault[1]

Um único vírus RNA de cadeia simples com ~30.000 pares de bases[2] impactou radicalmente tudo, desde a economia global até o ritual social diário do aperto de mão. Quando estudei pela primeira vez a noção de biopolítica de Foucault, nunca imaginei que estaríamos vivendo hoje em tal crise biopolítica.

Há em mim uma tecnóloga e pesquisadora que anseia por uma solução na ciência: uma compreensão analítica do problema, levando a uma melhor dissemina-

1. FOUCAULT, M. The Birth of Biopolitics, 73-79. In: *Ethics, Subjectivity, and Truth*: P. Rabinow and J.D. Faubion eds. New Press, 1997.

ção de informações, comportamentos acionáveis e vacinas que podem nos ajudar a superar isso. No entanto, há um animal emocional em mim também, e me preocupo com nossa reação instintiva ao desconhecido: o fechamento de fronteiras, a acumulação de suprimentos, o medo induzido pela xenofobia. Continuamos a ver isso hoje, com coberturas faciais como uma forma cientificamente demonstrada de diminuir a propagação do vírus e um ponto de fulgor cultural no qual alguns americanos sentem uma ameaça à "sua liberdade". Os dados mostrando que o uso de máscaras pode ajudar a diminuir a transmissão e a propagação desta pandemia vêm de encontro às normas e preocupações da sociedade. Infelizmente, a razão muitas vezes não é o antídoto para o medo ou a ansiedade. Receber fatos e dados muitas vezes não é tão influente quanto o tentador *clickbait* gritando diretamente para sua amígdala.

Há uma tênue relação entre a forma como os seres humanos se movem entre emoção e razão e, como artista e *designer*, passei muito tempo meditando sobre isso. Como o conhecimento científico atravessa o limiar da influência cultural e política para induzir mudanças comportamentais? As pessoas existem em culturas com crenças e tradições, e, para o melhor ou para o pior, isso afeta a forma como elas interpretam os fatos. Os valores culturais podem muitas vezes entrar em choque com informações factuais conhecidas, como vemos com várias respostas às mudanças climáticas, à eficácia das vacinas e até mesmo à geometria de nosso planeta. A desconfiança nos sistemas de poder que produzem conhecimento, seja médico, seja político, ou ambos, tem complicado ainda mais essa dinâmica.

2. CHEN, Yu et al. Emerging Coronaviruses: Genome Structure, Replication, and Pathogenesis. *Journal of Medical Virology*, John Wiley and Sons Inc., abr. 2020. Disponível em: www.ncbi.nlm.nih.gov/pubmed/31967327/.

Há alguns avanços urgentemente necessários que precisam ser promulgados com urgência, tais como aqueles para ajudar os profissionais da saúde a servir com segurança na linha de frente. Entretanto, há também avanços culturais urgentemente necessários, mas que requerem períodos de incubação mais longos para se tornarem efetivos: novos hábitos de higiene, novos rituais de conexão, novos modos de manter a solidariedade enquanto separados. Como aponta Foucault em *Nascimento da biopolítica*, há muitas modalidades pelas quais os indivíduos constroem subjetividades entre o coletivo e o eu, mediados por muitos sistemas de poder: econômico, tecnológico, governamental. É minha esperança que possamos aproveitar esta crise como uma oportunidade de refazer os muitos sistemas quebrados que este momento expôs. A agência encontrada dentro do *design* tem um grande papel na remodelação dessas realidades mutáveis.

Kátia *Bandeira de Mello Gerlach*

Advogada, escritora e ilustradora. Mestre em Direito Internacional Privado pela Universidade de Londres e pela NYU School of Law. Professora de Direito da Fundação Getulio Vargas.

BRA/EUA / Ensaio / 30-Mai-2020
Originalmente escrito em português

isolamento, incertezas, perdas, política

O que será do amanhã? No filme "Le Mépris", de Jean Luc Goddard, em uma das cenas de abertura, o diretor menciona Ulisses e sua luta contra Prometeu, e indaga: "Deus criou o Homem, ou o Homem criou Deus?". A pandemia de 2020 lançou-nos de volta ao ato da criação, uma incógnita perpetuada ao longo da existência individual e coletiva. Confrontados de forma extrema com a mortalidade, enxergamo-nos apequenados, frágeis, levados a cultivar o presente como uma planta em um vaso. Concentrar-se na planta do vaso, regá-la, mantê-la: uma eventual medida de salvação. Na capa da revista *New Yorker*, datada 1 de junho de 2020, o desenho da moça por detrás da janela com os seus dois vasos de planta na sacada.

Em 1722, Daniel Dafoe, autor dos romances Robinson Crusoe (quase tão traduzido quanto a Bíblia) e *Molly Flanders* (uma novela sensacional), deixou o humor de lado e publicou Um Jornal do Ano da Praga, relato ficcional assinado por H. C. sobre a epidemia na Londres de 1665, dizimando aproximadamente 70 mil pessoas. A serpente do mal se arrastava pela cidade, escolhendo as regiões pobres para atacar, à guisa do que se sucedeu na Nova York de 2020. *Bronx* e *Queens*, bairros atingidos na carótida. O irmão do protagonista do *Jornal* partia para o campo com o intento de preservar a família, os ingleses apreciam a jardinagem. As guerras estimulam êxodos. No século XVII, as fugas se davam a cavalo ou a pé. H. C. decidiu permanecer em casa, sozinho. Os jornais de 2020 trazem estimativas do esvaziamento de Nova York em 40%. Os aviões já não sobrevoam os céus. As reações individuais diante da ameaça à vida são tão múltiplas quanto as leituras de um livro em tempos distintos. O eu de ontem não será o eu de amanhã, nem o eu de amanhã será o de hoje. Nas praças virtuais, assiste-se à condenação dos outros que não sejam eu; armam-se autos-da-fé improvisados e cita-se *A Peste*, de Albert Camus. Por meio da prosa alegórica de Camus, aprende-se que, em um mundo absurdo, as epidemias não advêm apenas das doenças. Ideologias, convicções, ambições, fanatismo religioso, egoísmo se contrapõem a milhares ou milhões de gestos de bondade, dependendo sobre qual face cai o dado.

No cruzamento da 96th Street com a Broadway, um súbito atropelamento de um mendigo e a lição sobre o impulso primitivo de prestar socorro. Dezenas de pessoas buscam amparar o corpo imundo perdendo vida, estirado sobre o asfalto azul. Os desconhecidos coordenam-se entre si de modo que uns acodem a vítima, outros providenciam a ambulância. O idoso foi resgatado. Amar é humano e devemos nos amar humanamente, recomendou Goethe.

Em 1968, os estudantes de Paris revolucionavam, o Brasil se retraía e a Gripe de Hong Kong eliminava um milhão de vidas. Os acontecimentos que marcam a humanidade podem ser simultâneos e, nem sempre, são percebidos em suas metafísicas. Os avós escaparam à Gripe Espanhola durante a infância em um Rio de Janeiro contaminado à época em que os movimentos do Dadaísmo e do Surrealismo emergiam na Europa como reação criativa ao fim da Primeira Guerra Mundial. Quando o mundo vem abaixo, a saber, a queda das Torres Gêmeas, a resiliência dita fórmulas e soluções. Novas edificações, objetos santificados, a loucura recebe lugar. Após a Segunda Guerra Mundial, um muro cortou a Europa ao meio; na pandemia de 2020, as paredes separam os vizinhos sem a necessidade de radares de controle, bastam os *drones*. No presente, um silêncio se impõe, cruelmente abalado por palcos montados em telas eletrônicas que, sem pudor algum, demandam atenção do público. O silêncio, interrompido ou não, veio cheio de manchas tal qual uma dermatite. Máscaras abafam vozes, escondem lábios sorridentes ou enfurecidos, a expressividade dos rostos. Cada rosto é único e insubstituível, não se deve esquecer. O espelho acolhe infinitas fisionomias, prepara para mortes sem rituais, lutos, momentos de júbilo.

Há crianças assassinadas a tiro no Rio de Janeiro, há pássaros em migração despencando de janelas de vidro de uma construção próxima à casa de ópera, no *Upper West Side* da Nova York esvaziada. Duzentas e quarenta aves tombam sobre a calçada sem que os membros do condomínio se conscientizem para substituir os vidros e preservar a natureza. Muitos se comovem ao ler notícias como a da morte de um menino de 14 anos assassinado por fuzil na região metropolitana do Rio de Janeiro, ou o perecimento anual de 90 a 200 mil pássaros em colisão com as construções envidraçadas de Nova York.

Nos anos 1990, conheci em Paris um sérvio que transformava água e farinha em massa folheada "*phyllo*" e recheava centenas de "*bureks*" para não regressar àquela guerra que o Ocidente ignorou como se fosse no seu apêndice, e não no estômago. É o que é, e o que é, é certo. O otimismo das mãos que preparam finas camadas de amanhã e tudo, absolutamente tudo derrama na literatura, na poesia, na arte de sentir. Não importa o contexto histórico, o lugar, a autoria, e nada se compara com nada, exceto que um verso é como as plantas que brotam do vaso cultivado. A eternidade das palavras é um fenômeno espantoso, arrebatador. Desprovida de sentimento poético, a humanidade se inviabiliza e se autodestrói. Em emissões do passado, os *podcasts*, as aulas de Borges que nos ensinam como a *Ilíada*, a *Odisseia*, os sonetos de Shakespeare, *Os Lusíadas*, dentre várias, ultrapassaram as crises da humanidade e perseveraram como náufragos. Quem existe em 2020, conheceu prisioneiros dos campos ou veteranos das guerras do Vietnam e da Coreia, temeu a guerra nas estrelas, respirou acidentes nucleares e vem dando continuidade à história do ser humano no planeta terra e os versos de Pope em "Ensaios sobre o Homem" ecoam: "por que o homem não tem olho microscópico? Pela pura razão, o homem não é uma mosca". Simples assim. Tão atual. Portanto, se for possível pedir aos *djinns*, aos gênios das *Mil e Uma Noites* (Borges ressalta que "mil e uma noites" nos oferecem a dimensão do eterno e "novecentos e noventa e nove noites" transportariam para um estado terminal, finito) a realização de um desejo, reivindico que se proteja a poesia como os roseirais de Granada na linda canção "Corsário", de João Bosco e Marie So.

Acostumados às distâncias, nós, que pulsamos corações tropicais cobertos de neve, experimentamos os efeitos do exílio, como pássaros em migração. Tombamos em pleno voo diante de paredes inesperadas e reflexos enganosos. Naturalmente, a condição de imigrante ou de observador de pássaros não nos diferencia em matizes de sofrimento do resto das pessoas assombradas por um vírus. Para aqueles à caça de versos, peço que não hesitem, por acaso escrevam-me. Ao reavivarmos as nossas pequenas liberdades, quem sabe não nos presenteamos com versos, poesias de corpo inteiro ou vasos de plantas por florescer. Uma beleza vulcânica se ativa com a troca sentimental. Abrir um livro digno de ser lido faz com que deixe de ser um objeto qualquer. O olho macroscópico é capaz de enxergar cores desconhecidas das moscas e o fulgor das palavras que tocam na alma.

Denis *Mooney*

Candidato ao Mestrado em Relações Internacionais e Política na Universidade de Cambridge.

AUS / Relato / 06-Mai-2020
Originalmente escrito em inglês

desafios, coletividade, política, expectativa

Espero que nossos representantes eleitos se lembrem de como a pandemia de coronavírus provocou uma forma genuinamente consultiva e bipartidária de "fazer" política na Austrália.

Conforme as semelhanças com a normalidade começam a reaparecer, é concebível que a política de *status quo* também siga naturalmente. Conforme isso acontece, que nossos líderes – e também aqueles de nós que os elegem – recordem as alianças que foram forjadas durante a crise: reuniões regulares e consultivas do gabinete nacional com a presença do primeiro-ministro e líderes provinciais de todo o espectro político; parcerias improváveis entre parlamentares conservadores e líderes do movimento sindical; e relações respeitosas entre líderes políticos e especialistas no assunto, sustentadas por uma missão compartilhada para ajudar a proteger os cidadãos australianos.

Tais exemplos podem ser considerados subprodutos temporários da crise, moldados pela necessidade e não pela vontade individual. Entretanto, em um ambiente político como o da Austrália – que passou a ser definido pela constante agitação da liderança –, a noção de colaboração genuína tornou-se um ideal distante, se não mesmo insondável. A cooperação única demonstrada ao longo desta crise não deve, portanto, ser negligenciada.

Minha esperança para amanhã é um novo "normal": um estilo de política que – embora não evitando as difíceis discussões que são centrais para qualquer democracia que funcione bem – é sustentado pelo pragmatismo e por uma inclinação natural para, sempre que possível, trabalhar em conjunto.

Pedro *Roquette-Pinto*

Ator, licenciado em Artes Cênicas pela Faculdade de Artes Cênicas da CAL.

BRA / Relato / 16-Mai-2020
Originalmente escrito em português

desafios, incertezas, desamparo, regressão

Nada vai ser diferente amanhã. Eu não acredito na mudança da raça humana. Ela é vítima do próprio sucesso, teve muito poder e não soube lidar com tamanha responsabilidade. E, como acredito, a liberdade está intimamente ligada à responsabilidade. Só se é livre se tivermos a capacidade plena de saber o peso exato de cada pequeno gesto que trazemos ao mundo, e isso é impossível. Por isso, a raça humana não decide nada, ela é prisioneira dela mesma, e, pior, é e não sabe. É demasiadamente arrogante, imediatista, egoísta, e, acima de tudo, atrapalhada. Um vírus, que vai se reproduzindo sem parar, até a falência total do organismo em que habita. Um suicídio coletivo, gradual e lento. É uma raça fadada ao fracasso. A mais bela tragédia encomendada, uma obra-prima! Portanto, não haverá mudança amanhã. Nada vai ser diferente amanhã. A humanidade continuará como sempre foi, até a sua extinção eminente e óbvia. E, se por um milagre conseguíssemos nos superar, nos adaptar, nos tornar uma nova espécie, um "*homo super homo sapiens*", o amanhã, inevitavelmente, continuará o amanhã.

Mae-ling *Lokko*

Cientista Arquitetônica, *designer* e educadora. Fundadora da Willow Technologies. Professora Assistente da Escola de Arquitetura da Universidade de Yale (YSoA). Ph.D. e Mestre em Ciências da Arquitetura pelo Centro de Arquitetura, Ciência e Ecologia (Instituto Politécnico Rensselaer + SOM) e bacharelado pela Tufts University.

GHA/PHL / Relato / 21-Jun-2020
Originalmente escrito em inglês

desafios, coletividade, política, esperança

Marco zero

Meu pai morreu de embolia pulmonar em 16 de junho, seis anos atrás. É provável que, de um coágulo de sangue formado em algum lugar de seu corpo, uma pequena porção tenha se partido, viajado até os pulmões e feito o pior. Sempre imaginei que, enquanto o coágulo estava fazendo a etapa final de sua jornada até os pulmões, minha mãe estava a caminho de nossa casa, a 10 minutos de distância. E, enquanto ela ia até ele, eu andava por um bairro de Recife, a quatro mil quilômetros de distância. Apesar de estar tão longe de todas as pessoas que o amavam, ele morreu pacificamente em um leito de UTI no Hospital Militar de Gana, sozinho. Ou assim eu pensei.

Até agora, tendo espiado UTIs cheias de pacientes com Covid pela tela do meu telefone, sempre achei que ele havia morrido sozinho, apesar de estar cercado por outros seis pacientes. Todos em ventiladores mecânicos, coletiva e silenciosamente compartilhando a vulnerabilidade individual. E que a presença de minhas irmãs e minha mãe que estavam fisicamente próximas foi sentida por ele.

"Nós" seremos diferentes amanhã. Por enquanto, não me refiro ao coletivo "nós", mas a você, sozinho, e eu, sozinha.

Entre o borrão das mídias sociais e novos artigos que eu percorria com voracidade, tediosamente nas manhãs de março, e agora a leitura mais lenta e seletiva nas tardes de junho, pensei na diferença entre a jornada do coágulo do meu pai e o coronavírus para o pulmão humano. Para uma embolia pulmonar, o pulmão é o fim de sua jornada; para o vírus Covid-19, os pulmões são o marco zero, um local onde mudanças rápidas e intensas podem acontecer internamente para pior.

A morte de George Floyd também foi o marco zero para mudanças em nosso corpo. Por enquanto, não quero dizer nada além de nossos corpos humanos individuais, pois todos começamos a explorar como a ideia de supremacia branca, a simples ideia de que o corpo branco é supremo, chegou aos corpos humanos ao longo de gerações. Enquanto o trabalho está sendo feito nas ruas, nos tribunais, em nossas conversas particulares entre mãe e filha, entre colegas, o lugar que mais precisa de prática para desmontar essa ideia e vai demorar sempre foi dentro de nossos próprios corpos, pretos, pardos e brancos. Nas palavras de Resmaa Menakem, "a força vital por trás da supremacia branca está em nosso sangue, literalmente, e em nosso sistema nervoso".

Nas experiências violentas desses marcos de interseção dentro do corpo humano, impulsionados pelo racismo e uma epidemia viral, um novo amanhã dependerá do tipo de mudança rápida e intensa que ativamos e alimentamos repetidamente.

Revisão
06-Jun-2022

Respiração do solo

O fenômeno do "solo respirando" ocorre quando árvores outrora estáveis começam a sentir a pressão de fortes rajadas de vento, fazendo com que sua ampla, mas relativamente superficial rede de raízes perca a firmeza no solo. Imagino que, quando isso acontece, todas as forças de cima do solo são traduzidas em pressões espantosas e distribuídas por uma ecologia subterrânea de partes interessadas. Se seus laços forem fortes e os solos que cultivaram ao seu redor, saudáveis, elas terão uma boa chance de resistir à tempestade por algum tempo. E, se não, a(s) árvore(s) que uma vez sustentou(aram), acabará(ão) caindo, enquanto esses ventos continuam soprando. Dois anos após o início da epidemia do coronavírus e a morte de George Floyd, os ventos fortes continuaram a vir. Mais regularmente, mais intensamente e de diversas formas -- crises ambientais, econômicas, sociais e de saúde – que continuamente se exacerbam mutuamente.

No entanto, embora esses ventos acabem por se espalhar por nosso mundo, eles não atingem todos os lugares ao mesmo tempo nem com a mesma intensidade. No verão de 2020, permanecer em casa e distantes foi uma importante reação defensiva. Também nos deu o tempo e o espaço de que precisávamos para entender quão vulneráveis éramos e quão trêmulos têm sido os alicerces sobre os quais nos mantemos. Deixei minha casa, que era Nova York, no início da pandemia, e voltei para minha outra casa, Accra, para o que me pareceu uma jornada de aproximação e, mais importante, de aprofundamento da rede. Ao refletir sobre o legado de meu pai sete anos depois, acredito que crescer profundamente é tanto uma função de nossa capacidade de encontrar recursos em lugares e tempos difíceis quanto de nossa generosidade em redistribuí-los para onde eles são necessários.

Na investida de tais crises espacialmente diferenciadas e profundamente integradas, as respostas de hoje demonstraram que, em tais oportunidades de reparo, é a prática ágil de aprofundar e ampliar nossas valências por meio de nossas redes, familiares e alienígenas, que são desesperadamente necessárias. Nos momentos em que as rajadas de rajadas se soltam, há chances maduras de construir (de) novo de forma decisiva e corajosa.

Marcelo *Borborema*

Arquiteto e urbanista licenciado pela Universidade do Porto. Presidente do Instituto de Arquitetos do Brasil (IAB) do Amazonas.

BRA / Nota / 29-Mai-2020
Originalmente escrito em português

incertezas, coletividade, regressão, esperança

O corrente presente de uma imprevisível pandemia tem reações previsíveis de desespero em desmantelar instituições, empresas e empregos, expondo que os elos do sistema atual afinal são fracos.

Ficou claro – como uma despoluição – que a vida era desprezível.

Eu espero que, quando a poeira baixar e sobrar o pó, a ofensiva de recomposição do sistema não encontre mais as suas partes no lugar e quede depenado. Quiçá, as partes estarão em outro sistema, de escambo ou o escambau, em um arranjo novo, vivo de sobrevivido, feito com mãos, com gente.

Rosiska *Darcy de Oliveira*

Escritora, jornalista e advogada. Membro da Academia Brasileira de Letras. Fundadora e ex-presidente da Coalizão das Mulheres Brasileiras. Presidente do Conselho Nacional dos Direitos da Mulher (1995-1999).

BRA / Relato / 08-Mai-2020
Originalmente escrito em português

coletividade, política, expectativa, esperança

A solidez de uma democracia não se mede pelas ameaças que ela sofre, e sim pela capacidade que tem de resistir aos que atentam contra nossas vidas e liberdade.

Mesmo se um bando de extrema direita quer fechar o Congresso ou dispara morteiros contra o Supremo Tribunal Federal, se um ex-ministro dementado quer prender seus juízes e se todos juntos agridem a mídia. Se um presidente inominável incentiva a invasão de hospitais para filmar leitos supostamente vazios. Se um seu apoiador é capaz, com gesto imundo, de arrancar cruzes que na areia de Copacabana lembravam os mortos pela Covid, como se fosse possível esconder 50 mil mortes, apesar de tudo, crimes e desvarios, a democracia resiste à escalada sem fim de que são capazes a insanidade e a desumanidade.

Instituições sólidas, ancoradas na Constituição – Parlamento, Poder Judiciário, mídia destemida –, com a linguagem da lei e da razão, se contrapõem à ilegalidade e à desrazão. Barram os efeitos dos atos tresloucados. Afirmam-se como coluna vertebral da democracia.

Os que confinados em casa e vivendo um momento trágico em suas vidas afirmam "Somos 70%" e "Vamos todos juntos" dar um "Basta" nessas ameaças são a democracia. A corrente de indignação que se espalha nas redes sociais, os panos brancos e a grita nas janelas, o silêncio amargurado do luto dos que perderam entes queridos, vítimas da irresponsabilidade e da incompetência desse governo, todos os que não nos reconhecemos nessa imagem deformada do Brasil projetada no espelho de circo de Bolsonaro somos milhões querendo viver na democracia.

A sociedade que tece sua resistência com as armas da legalidade, a autoridade dos cientistas, o talento dos artistas – lei, ciência e arte que o governo detesta e tenta destruir – e defende liberdades conquistadas em anos de lutas civilizatórias, essa sociedade é a garantia de que a democracia é o nosso destino. O golpe e a ditadura, não.

Vamos amanhecer, estamos acordando. O amanhã será diferente e melhor. Esse desgoverno não é a nossa realidade. Ele é o nosso pesadelo.

Originalmente publicado no Jornal *O Globo.*

Adil *Aly*

Arquiteto.

UAE / Nota / 30-Ago-2020
Originalmente escrito em inglês

desafios, coletividade, expectativa, esperança

Uma mudança em todas as frentes que são públicas e privadas. Aumento do senso de patriotismo, para unir e lutar. Uma mudança em países divididos por seitas religiosas e políticas, para se consolidarem como um só. Uma mudança nas emoções, em que o conforto de estar na presença de alguém pode ser substituído por um maior conforto com a ausência. Embora o otimismo seja o que precisamos em um tempo como este, precisamos ser inteligentes com nosso otimismo. Uma mudança mais inteligente no presente, aderindo às restrições, é o que mantém nosso futuro seguro e estável. O amanhã será diferente. Esperemos que diferente para o bem, que impulsione nosso crescimento em uma magnitude maior do que a que tivemos quando enfrentamos um problema como este no passado. Otimista.

Caroline *A. Jones*

Historiadora de arte, autora, curadora e crítica. Professora na seção de História, Teoria e Crítica do Departamento de Arquitetura do MIT. Bacharel pela Universidade de Harvard. Mestre e Doutora pela Universidade de Stanford.

EUA / Ensaio / 15-Jun-2020
Originalmente escrito em inglês

isolamento, desigualdade, coletividade, política

Vírions – Pensando a escala de agregação

Os seres humanos fazem política com linguagem: "vírus de Wuhan", "gripe Kung", "o vírus chinês"... E depois vêm as ações materiais, como um bode expiatório racista carregando mil pedaços de RNA em escala nanométrica em seus capsídeos proteicos em forma soberana – transformados em uma bole de cuspe real para atirar em qualquer pessoa de aparência asiática nos Estados Unidos de Trump. No entanto, as políticas tóxicas (linguagem e ação) operam na escala errada. Mas, comecemos por aí, já que a humanidade narcisista vive seus efeitos na escala da pessoa individual, o único representante que podemos imaginar de uma identidade de "rebanho".

É claro que você está gritando "o social, o econômico!". E, sim, essa escala entrou em jogo com rapidez suficiente. Temos de admitir que, nessa escala de animal político (*"zoön politikon"*), existem dois medos muito válidos para os humanos do mundo da arte que enfrentam a devastação causada pelo coronavírus (SARS -CoV-2). Além do sofrimento pessoal, há o colapso da precariedade que mantém a arte. Mais sinistramente, há as ferramentas onipresentes de controle da direita que parecem presságios do fascismo. Ironicamente, porém, pelo menos nos Estados Unidos, o preconceito antigovernamental e a mania defraudadora da atual administração – um fator tão óbvio no fracasso nacional em controlar a epidemia – fazem com que seja improvável que vivenciemos a clássica marcha ao totalitarismo que Carl Schmitt teorizou tão bem em suas receitas fascistas para o "estado de emergência"[1]. Portanto, o que temos são milionários em resgate: uma campanha de *crowdfunding* de Jeff Bezos para seus trabalhadores em greve (sem EPI nos armazéns da Amazon), um Robert Kraft manchado pela prostituição em absolvição-via-filantropia, entregando mais de um milhão de máscaras N95 aos hospitais por meio do jato corporativo da New England Patriots. É de fato um culto doentio da personalidade, ignorando as consequências de um estado sistematicamente eviscerado, mas o caos e o absurdo parecem evitar que a assembleia se transforme em qualquer aparato autoritário (até agora, nada "corre no tempo certo").

1. Carl Schmitt era um importante teórico jurídico com inclinações fascistas, cujas noções de lei como norma ou códice sustentam muitas teorias políticas de esquerda, como em Laclau e Mouffe. As ideias de Schmitt a respeito da distinção entre "amigo" e "inimigo" como base para a ordem política se desenvolveram ao longo dos anos 1920, especialmente em seu *The Concept of the Political* (trad. para o inglês Georg Schwab, Chicago, 1996), alimentando o *Feindforschung* ou "pesquisa inimiga" que os nazistas achavam tão atraente. Sou grata a uma colaboração ainda não publicada com o historiador de arte Joseph Koerner pela oportunidade de pensar essas ideias em relação aos movimentos de purificação na arte modernista.

Assim, o pobre CDC, uma sombra de seu antigo eu, agora tem de enviar cartões-postais bregas com o selo "ORIENTAÇÕES DO PRESIDENTE TRUMP SOBRE O CORONAVÍRUS NA AMÉRICA", como se fosse o próprio gênio estábulo que tivesse descoberto as lições aprendidas com a pandemia viral de 1918 ou com as infraestruturas intactas de saúde pública de Hubei, Daegu e Cingapura. Transpondo uma linha tênue entre o suposto "socialismo" do serviço público e a necessidade desesperada de coordenação, o culto trumpista mascara o fracasso do governo em cuidar de sua população (o que Foucault tão brilhantemente imaginou ser a governabilidade). Essa institucionalização do cuidado (o chamado "Estado babá") é o que a ala direita mais teme.

Mas o culto à personalidade é também uma caricatura exagerada da natureza largamente centrada no ser humano de nossa resposta à crise. Tal antropocentrismo foi inevitável após os acontecimentos de 11 de setembro de 2001. Depois desses fatos, um consenso global emergente em torno da ação climática foi abandonado da noite para o dia, adiado, afogado pela enumeração desoladora de vítimas humanas, a necessária celebração humana dos heróis, o pagamento de indenizações às economias humanas e a aprovação de leis de vigilância humana supostamente patrióticas. Essa reação é nossa, para o bem e para o mal. Mas a "desumanidade" da crise atual vem de uma fonte radicalmente diferente: sua causa mais do que humana. Como tal, ela precisa de uma resposta diferente, em uma escala completamente diferente. Podemos aprender a abraçar a "reinicialização das espécies" que a atual pandemia tem forçado em nossa episteme individualista do dia a dia?

Nos rituais duradouros do autoisolamento, nas métricas de distanciamento e no tempo contemplativo de quarentena que não nos levam a lugar algum, apenas em círculos, talvez estejamos realmente chegando a algum lugar. Nessas práticas, aqueles que podem se isolar estão exercendo uma compaixão extraordinária por nossas espécies sitiadas e decretando respeito pelas capacidades não humanas de um vírus "humilde". Aqueles em coortes de baixo risco estão se engajando nessas práticas humanas em nome de coortes de alto risco (como o meu). Embora seja estatisticamente verdade que qualquer um de nós poderia ser reciclado em matéria e energia por uma carga viral insuperável – o "pico de viremia" em nossa corrente sanguínea desencadeando uma tempestade de citocinas que dissolvem o indivíduo humano por meio de suas próprias tentativas de montar uma resposta imunológica apropriada –, o dom das gerações mais jovens em "achatar a curva" não deve ser ignorado e precisa ser recompensado. A reinicialização da espécie com distanciamento e quietude é um ensaio para a reinicialização da espécie com responsabilidade climática. E o coorte agora idoso deve ser desproporcionalmente cobrado por essa responsabilidade. Este ensaio exige que o proliferante vírus RNA transforme nosso pensamento de nós mesmos para a monocultura de nossa espécie no planeta. Comecemos perguntando que tipo de limpeza doméstica em Gaia os vírus normalmente proporcionam.

Os vírus podem ser mais antigos do que a vida, mas, como parte da biosfera, eles desempenham papéis ecológicos tão antigos quanto os sistemas de vida que agora impulsionam o planeta. Desde a chegada dos constituintes orgânicos da vida em cometas e asteroides (e o presumível surgimento da vida por acaso a partir de compostos químicos que se organizaram em sopas em crateras de água do oceano aquecida por vento), os vírus evoluíram para se tornarem componentes cruciais dos processos biológicos e geoquímicos do planeta: os ciclos do carbono, do nitrogênio e do fósforo, dos quais toda a vida depende. Não importa o agora cansativo questionamento sobre se os vírus estão vivos ou não; eles estão no sistema vital e, sem dúvida, são os gatilhos evolutivos de todos os tipos de fusões e eventos de espécies hereditárias, forçando os biólogos moleculares com genes e espécies a acomodar uma compreensão do viral como condutor da vida em geral, em oposição a presunções mais antropomórficas sobre genes egoístas e árvores familiares Mendelianas estáveis[2]. Pensar como um vírus é ignorar o indivíduo, visando ecossistemas e zumbindo em seus domínios homeostáticos.

Virologistas estudam vírions em múltiplas escalas: dentro de uma única célula, dentro de um organismo multicelular, dentro de uma espécie e dentro de um nicho ecológico (considera-se hoje que os oceanos, a mais antiga das matrizes da alma da vida, abrigam trilhões de diferentes tipos de vírus).[3] Eles não podem metabolizar por si mesmos, mas se reproduzem quando o material genético fragmentado do vírion rompe a membrana de uma célula e se prende quimicamente aos motores reprodutivos ativos dessa célula, cujos mecanismos são assim aproveitados para produzir cópias do vírus. Os vírions agora multiplicados podem então fazer a "lise" (de *lysis*, soltar) para fora da célula hospedeira, rompendo suas paredes e se espalhando (por exemplo, naquela bola de cuspe racista, progênie tão repulsiva quanto o pesadelo dos nascimentos de *Alien* de Ridley Scott). Esse é o vírus patogênico que ficou famoso na imprensa popular e em *O enigma de Andrômeda*.

Mas essa não é a história toda. Muito mais importante no longo prazo é que a agência viral tem sido uma potente força evolutiva para a biodiversidade. Os vírus nem sempre fazem a lise fatal seus hospedeiros, eles podem ser lisogênicos, entrando no genoma hospedeiro para fazer outras coisas. Aqui eles se tornam mutualistas cruciais, contribuindo profundamente para a especiação ao permitir que o hospedeiro agora evoluído realize novos truques – como quando um retrovírus diário adicionou sua genômica transformadora a uma linha particular de organismos multicelulares durante o Triássico tardio. Nessa fatídica transformação, a capacidade do vírion de quebrar as paredes celulares acabou por permitir a formação de um sincício placentário naquele hospedeiro, produzindo os mamíferos: nós. O sincício (*syncytium* + *cyte* = "célula unida") é uma camada produzida quando as membranas celulares dissolvidas se fundem para formar uma massa indiferenciada. Essa camada esponjosa tornou possível que um feto ficasse por muito tempo dentro de um hospedeiro materno (em vez de se desenvolver sozinho em outro lugar, bem fechado em uma concha de cálcio). Com as divisões celulares normais do organismo fetal agora confundidas pelas ações dos vírions líticos,

2. Ver Maureen O'Malley, The ecological virus. *Studies in the History and Philosophy of Biological and Biomedical Sciences*, 59: 71-79, 2016, e, na mesma edição, Thomas Pradeu, Mutualistic viruses and the heteronomy of life, p. 80-88. Sigo em dívida com Bruce Clarke por esses artigos científicos e, em geral, por seus esforços pacientes e brilhantes para ensinar metafísica de Gaia a todos nós. Para uma introdução, ver Clarke,

https://www.gaian.systems/authors/bruce-clarke.

3. Carl Zimmer, Matter: The Virosphere is Bigger than You Can Imagine. The New York Times, 24 de março de 2020, D3. Usando novas pesquisas de Jens Kuhn et al. publicadas em *Microbiology and Molecular Biology Reviews*, Zimmer relata: "alguns passageiros suspeitam [...] muitas outras espécies de vírus. O número real pode ser até 10 trilhões".

a placenta resultante era tanto uma barreira contra o reconhecimento pelas patrulhas imunológicas maternas (procurando por proteínas alheias à parede celular) quanto uma camada crucial de contato com a corrente sanguínea da mãe e seus nutrientes. O feto parasita é alimentado enquanto consegue evitar ser reconhecido como um Outro. A agência retroviral protegeu cada um de nós de ser identificado como o querido invasor que éramos. Há muito tempo incorporado às células germinativas dos mamíferos e transmitido por pelo menos 200 milhões de anos, o que agora é um "retrovírus endógeno" (interno ao cromossomo humano) continua a mediar entre os cérebros imunes do eu e de outros, confundindo a episteme da individuação no que Luce Irigaray e Bracha Ettinger há muito identificaram como a natureza matricial da existência.[4]

E o viral em uma escala de ecossistema? Aqui, o que uma espécie chama de pandemia, outra espécie pode experimentar como correção de cursos ecossistêmicos que trazem alívio em escala planetária. Pela lei da proliferação aleatória, os vírus são mais propensos a infectar e a fazer lise em células de crescimento rápido em populações em expansão, seja na escala de micro ou macro-organismos. Há simplesmente mais hospedeiros para gerar mais ciclos líticos de replicação. Mas, em uma dinâmica de expansão e expansão, o sucesso viral como patógeno começará a eliminar mais e mais de seus hospedeiros que antes se proliferavam, e o equilíbrio se voltará contra as espécies dominantes. Os virologistas ecológicos chamam isso de "punir o vencedor". Escrevendo em 2016 em defesa dos vírus como agentes ecológicos da diversidade, a filósofa de microbiologia Maureen O'Malley coloca desta forma: "Na [competição interpopulacional de micro-organismos], as populações menos competitivas acabam sobrevivendo e até florescendo – mas não muito bem, ou então se tornam alvos favoritos dos vírus".[5] Por meio de seu papel na homeostase planetária (operadores da bomba biológica que move o carbono da atmosfera para o oceano e de volta para a teia alimentar fitoplanctônica), os agentes virais tornam-se niveladores de monoculturas e incansáveis benfeitores da biodiversidade. O que estou recomendando aqui não é uma perspectiva sem coração de "abate do rebanho" sobre as populações humanas – a repugnante metáfora da criação de animais que o *Daily Telegraph* de Londres, jornal preferido de Boris Johnson, recomendou para a população idosa do Reino Unido algumas semanas antes de o próprio primeiro-ministro ser admitido na unidade de terapia intensiva com o agravamento dos sintomas de Covid-19[6]. Ainda mais dramaticamente propensas a serem "abatidas" antes de seu tempo são as vítimas contínuas das iniquidades de moagem perpetradas pelas "forças de mercado" que foram autorizadas a governar nossos tempos – as injustiças sociais que carregam desproporcionalmente os vírus sobre os corpos de trabalhadores agrícolas imigrantes, trabalhadores que ganham salários-mínimos, trabalhadores domésticos de cor, prisioneiros, populações de desabrigados que sofrem, assalariados na gigantesca economia. Esses grupos suportam o peso da carga viral planetária enquanto trabalham para sustentar os sistemas de suporte de vida dos seres humanos. Podemos sonhar que a reinicialização das espécies pós-Covid será também

4. Sobre o matricial como força dentro da arte, ver Catherine de Zegher, *Inside the Visible*: An Elliptical Traverse of 20th Century Art in, of, and From the Feminine. MIT Press, 1996.

5. O'Malley (2016): 73, citando a obra de T. F. Thingstad et al. (sobre "punir o vencedor" em cadeias alimentares pelágicas, 1993); além de C. Winter et al. (sobre a medida oceanográfica da riqueza bacterial e viral, 2005).

uma reinicialização da sociedade, uma volta a cuidar da maioria, em vez de mimar o 1%, um *demos* (pessoas) ressurgente voltando-se para a tarefa de reconstrução pós-crise, uma mudança de um olhar agrimensor "acima das pessoas" (epi+demia) para o ser-com de pan+demia – concernente a todas as pessoas, o tempo todo. Seguindo a ciência de agregação que é a epidemiologia, podemos impulsionar as políticas de agregação que a democracia exige.

O que trocaremos, depois da pandemia, pelo medo? Proponho que nos preparemos pensando no *pharmakon*: aquela coisa maravilhosa que o Fedro de Platão ofereceu como metáfora para a escrita – *pharmakon* como veneno e cura simultaneamente, ciência e bode expiatório. Para Jacques Derrida e outros que escreveram sobre o conceito nos anos 1980, era crucial que a realidade contraditória do *pharmakon* não fosse resolvida. A produção cultural em resposta à peste sempre inscreverá a memória e a apagará, tanto a curará quanto a infectará – e por esse circuito realizará uma lógica imunitária (o soro do outrora infectado torna-se a base para a futura vacina). Historicamente, essa lógica é parte de um ciclo de autopropagação entre bodes expiatórios arbitrariamente externalizados para as muitas e curiosas respostas imunológicas dentro do eu – corpos diferentemente agregados, expungidos ou voluntariamente imputados, em fluxo evolutivo e cultural.[7]

Para quebrar esse ciclo cansativo (ou seja, para manter a imunidade, mas abandonar o bode expiatório), precisaremos cultivar uma escuta mais que humana das mensagens planetárias. Estas palavras humanas concluem a polêmica filosófica deste ensaio – o que poderíamos chamar de Simbiôntico.[8] Essa diatribe em andamento argumenta que a simbiose (o estado de "com-viver") é aquilo-que-é ("ôntico"). A simbiose refuta filosofias existenciais construídas sobre o indivíduo em favor da escala de nossa agregação entre as agregações. Suas obsessões matriciais evitam a apoteose de quem está a favor daquela contínua condição de codependência convivial que é a vida – começando por nossos antigos acoplamentos endossimbióticos e continuando até nossas contínuas incorporações de formas lisogênicas viróticas. Como nossa estranha espécie inventou a arte como uma forma de mudar a si mesma, pode essa força evolutiva cultural emergir, pós-crise, para nos ajudar a sair de imaginações equivocadas de nós mesmos como "indivíduos"? Pode a arte se juntar ao projeto histórico que já está em andamento, a própria campanha humana de fundir justiça ambiental e social, de romper com o capitalismo extrativista, de moldar uma redistribuição planetária de energias das quais os vírus sempre fizeram parte? Que nossas

6. "Sem definir muito bem, de uma perspectiva econômica totalmente desinteressada, a covid-19 pode até mesmo se mostrar ligeiramente benéfica a longo prazo, ao abater desproporcionalmente os dependentes idosos". *The Daily Telegraph*, citado por Indi Samarajiva, The UK Surrenders to Coronavirus. *Medium*, 14 de março de 2020; Disponível em: https://medium.com/@indica/the-uk-surrenders-to-coronavirus-b4cbefdf5754.

7. "O pharmakon é o movimento, o lócus e a encenação...", segundo Derrida, *Disseminations* (trad. Barbara Johnson. Londres: The Athlone Press, 1981. p. 127); ver também René sobre o *pharmakos* ou bode expiatório em Girard, *Violence and the Sacred* (trad. Patrick Gregory. Baltimore: The Johns Hopkins University Press, 1977).

8. Por enquanto, essa polêmica apareceu em Olafur Eliasson, *Symbiotic Seeing*, Kunsthalle Zurich (2020); Jenna Sutela, *NO|NSE|NSE*, Trondheim Norway (2020), no trabalho ainda a ser publicado por Agnieszka Kurant e em vários fóruns on-line, incluindo os *blogs* "Cultures of Energy" (http://culturesofenergy.com/148-caroline-a-jones/) e "Edge" (https://www.edge.org/conversation/caroline_a_jones-questioning-the-cranial-paradigm). Sou grata a esses artistas excepcionais por me permitirem pensar em voz alta em cognição coletiva com seu trabalho, e a Anicka Yi, que me fez passar do centrismo de espécies para a necessidade da biofição.

solidariedades pandêmicas se transformem em uma humilde consciência de nós mesmos como heterótrofos enredados e interdependentes, totalmente entrelaçados, apenas mais um genoma no holobionte planetário.

Seremos sempre hospedeiros e parasitas, sempre dependentes da vida em geral, em suas formas mais diversas.

Originalmente publicado na *ArtForum.*

Catarina *Flaksman*

Arquiteta e pesquisadora, com mestrado em História da Arte e Design pelo Pratt Institute. Possui experiência curatorial e editorial com trabalhos na The Architectural League of New York e na Bienal Internacional de Arquitetura de São Paulo.

BRA / Relato / 29-Mai-2020
Originalmente escrito em inglês

introversão, desigualdade, coletividade, política

Enquanto o mundo inteiro se debate com uma pandemia, e mais de 60% do globo já teve de cumprir com as ordens de permanência em casa, fechamento de negócios e proibição de viagens, eu me pergunto se esta pausa pode nos ensinar a desacelerar e rever nossos valores individuais e coletivos. Como brasileira que vive nos Estados Unidos, não posso deixar de esperar que a crise atual ilumine a importância de uma liderança responsável e competente. Enquanto escrevo isto, mais de 100 mil pessoas morreram nos Estados Unidos, e mais de 26 mil no Brasil. Não é coincidência que os dois países estejam no topo da lista. Mas as manchetes dos jornais de hoje noticiam os protestos ferozes após a morte brutal de outro negro pela polícia, nos Estados Unidos, e as investigações de grupos de notícias falsas pró-governamentais que ameaçam a democracia, no Brasil. Com tantas tensões políticas, sociais e econômicas intrincadas, a pandemia parece vir em segundo lugar.

Em casa, no Brooklyn, observo da janela enquanto as pessoas passam, a maioria delas usando máscaras. De vez em quando, vejo alguém sem cobertura facial, bebericando seu café e conversando com um amigo, e de repente tudo parece normal, como se isto fosse apenas um longo pesadelo. Mas não é. Aqui, as comunidades negra e latina têm sido as mais afetadas, principalmente os trabalhadores essenciais e imigrantes mal remunerados que não têm o privilégio de trabalhar de casa e têm medo de procurar um tratamento que não podem pagar e que poderia levar à sua deportação. No Brasil, a situação não é tão diferente, o vírus também está atacando aqueles que têm sido marginalizados da sociedade por séculos.

Em uma época em que é tão evidente que nossas ações pessoais têm um impacto direto sobre o coletivo, sobre a vida (e morte) dos outros, espero que a sociedade como um todo possa aprender a tomar decisões responsáveis e abnegadas. Hoje devemos entender a urgência de cuidados de saúde e moradia acessíveis e de alta qualidade para todos, para que amanhã isso não seja visto como uma agenda política, mas simplesmente como direitos básicos que qualquer governo deve proporcionar.

Entre vislumbres de futuro distópico e utópico, prefiro acreditar neste último.

João *Costa*

Doutorando no Mediated Matter Group do MIT Media Lab. M.P.S. grau de ITP na Universidade de Nova York e um B.A. em Design Gráfico e Comunicação Visual pela PUC-Rio.

BRA / Relato / 30-Mai-2020
Originalmente escrito em inglês

coletividade, política, responsabilidade, adaptação

Amanhã será mais quente, e o suor mais úmido vai escorrer pelas nossas bochechas, e o leve sabor do sal em nossos lábios voltará a parecer amargo. Já experimentamos o amanhã muitas vezes. Ao adaptar e reconhecer nossa condição atual, identificamos a ordem e rotulamos os comportamentos emergentes enquanto incessantemente tentamos prever, emular, simular o que virá em seguida. As estações mudaram e, no entanto, aqui estamos pensando em como será o amanhã. Ao correr ao longo do rio, vi os movimentos graduais de mudança: de cinza para verde; de descoberto para coberto. O gosto ainda é o mesmo – para cada quilômetro atrás, há mais um à frente. As únicas constantes são o movimento e a vontade de se adaptar, de mudar, de continuar. Cenários diferentes, hábitos diferentes, dias diferentes? É difícil acompanhar agora, Mais um quilômetro e acabou. Só para começar, mais uma vez, quando o Sol nascer.

A adaptação e a improvisação devem andar de mãos dadas hoje em dia. No entanto, ambos requerem observação, tempo e aprendizagem – não é preciso prever o que vai acontecer, mas, sim, reagir aos pequenos distúrbios para transformar nosso estado atual. É justo dizer que o desconforto produz mudanças. E assim esperamos que, ao nos tornarmos hoje, sejamos capazes de aprender com isso e, de maneira recíproca, vê-lo se tornar nós. O que pretendemos alcançar não é um objetivo absoluto, mas, ao contrário, um estado perpétuo: um estado de cura homeostático recursivo. Amanhã já está acontecendo, talvez precisemos apenas de algum tempo para percebê-lo.

Daniel *Daou*

Arquiteto. Doutor em Design pela Harvard University, Mestre em Planejamento Urbano e Mestre em Estudos de Arquitetura pelo MIT. Membro do Sistema Nacional de Criadores de Arte do México e professor associado da Universidade Nacional Autônoma do México.

MEX / Ensaio / 02-Jul-2020
Originalmente escrito em inglês

desigualdade, política, adaptação, expectativa

É cada vez mais claro que a pandemia de SARS-CoV-2 será um dos momentos marcantes do início do século XXI. Além de uma queda relativamente curta dos mercados ou das emissões de CO2, ela está remodelando o cenário geopolítico mundial. Corrói a credibilidade dos líderes que não conseguem lidar com ela, diminuindo sua influência no cenário mundial. Aqueles que são bem-sucedidos têm uma plataforma para promover suas políticas. E ainda outro grupo está usando a pandemia como uma cortina de fumaça para contornar o escrutínio público. A configuração final é difícil de prever, mas, para compreender os efeitos mais duradouros da pandemia, além de questões de saúde pública ou impactos econômicos, é útil contextualizar este momento historicamente.

Um enredo resumido deste século começaria com a queda do Lehman Brothers em 2008, continuaria pela turbulência política por volta de 2016 e levaria à atual pandemia. A crise global que se seguiu à queda dos serviços financeiros americanos colocou severamente em questão a narrativa econômica neoliberal da economia do gotejamento da era Reagan. Depois de movimentos como o de Occupy Wall Street terem sido evitados, a frustração coletiva voltou-se para as cédulas de votação por volta de 2016 – primeiro com o voto Brexit, depois com a candidatura presidencial de Trump. Qualquer pessoa que concorresse em uma plataforma promissora de uma alternativa à chamada "agenda globalista" – independentemente de quão coerente a alternativa fosse – tinha boas chances de vencer. Tendo em vista o fracasso da esquerda em fornecer uma visão de frente agradável e progressista, as narrativas políticas se resumiram ao unilateralismo e à xenofobia. A democracia regrediu em todo o mundo.

O poeta alemão Hölderlin escreveu uma vez: "Somente onde há perigo, a força salvadora também está crescendo". Logo, várias vozes novas surgiram para desafiar a hegemonia político-econômica prevalecente. O economista francês Thomas Piketty publicou sua obra magna *O capital no século XXI* (2013), fornecendo provas completas das fontes sistêmicas de desigualdade extrema e propondo medidas para enfrentá-la. O historiador econômico holandês Rutger Bregman, autor de *Utopia para realistas* (2014), ficou famoso quando admoestou os bilionários por não discutirem impostos no Fórum Econômico de Davos. O comentarista britânico Paul Mason publicou o primeiro livro do século com o título *Pós-capitalismo* (2015), que inclui um plano sensato para expandir o horizonte de possibilidade política definido por nosso sistema atual. Finalmente, de uma frente acadêmica mais radical, os estudiosos canadenses e autodefinidos aceleracionistas Alex Williams e Nick Srnicek propuseram algo que era, na época, uma visão ousada exigindo uma renda básica universal e o pleno desemprego.

O crítico cultural Frederic Jameson uma vez disse, notoriamente, que "é mais fácil imaginar o fim do mundo do que o fim do capitalismo". Esse gracejo fatalista foi repetido com tanta frequência que se tornou uma espécie de "segunda lei da termodinâmica" para a cultura. Hoje, porém, não apenas esta ideia está sendo desafiada, mas existe um espectro crescente de sombras de alternativas pós-capitalistas.

É aí que entra a Covid-19. A pandemia desnudou as dolorosas irracionalidades de nossa lógica político-econômica. As conversas sobre um novo normal ou um pós-normal surgem não porque não podemos voltar ao mundo como era antes, mas porque não devemos. Trancados no que é sem dúvida a maior experiência social da história da civilização, "o imperativo de reimaginar o planeta" (para pedir emprestado o termo ao estudioso Gayatri Spivak) não é mais um dever de estudiosos, especialistas, comentaristas culturais ou líderes políticos. Qualquer pessoa pode e todos devem participar desta tarefa comum.

Mudanças fundamentais não virão sob a forma de implantação de novos métodos de vigilância de massa, a adaptação de espaços públicos, o reforço de sistemas de saúde ou a adoção acelerada de trabalho remoto, comércio eletrônico e serviços de entrega. Essas mudanças são notas de rodapé que não constituem uma novidade. O efeito mais duradouro da pandemia é a forma como os debates em torno de um novo normal estão mudando a "janela de Overton" (batizado em homenagem ao estudioso de direito americano Joseph Overton, o conceito descreve o espectro de ideias politicamente aceitáveis).

Por um lado, já estamos vendo a necessidade óbvia de maior intervenção estatal e mais autossuficiência nacional – ambas as tendências contrárias à ideologia neoliberal e à política de mercado globalista. Além disso, ideias que pareciam radicais há apenas alguns anos – como uma renda básica universal ou um novo acordo verde – fazem parte das discussões principais agora, se já não estão sendo implementadas. E, até este último ponto, a relação entre a pandemia e a mudança climática é um dos impactos potencialmente mais positivos da emergência de Covid-19. O bloqueio global mostra que é possível uma ação global rápida em larga escala.

O destino da sociedade humana global depende não da capacidade de interrupção do vírus, mas de quão criativas e humanas podem ser nossas reações a ele. A esse respeito, vale a pena lembrar, não sem alguma ironia, as palavras do economista Milton Friedman: "Somente uma crise – real ou percebida – produz uma mudança real. Quando essa crise ocorre, as ações que são tomadas dependem das ideias que estão circulando". O melhor resultado da pandemia seria se a janela Overton, mais do que se deslocar para a esquerda ou a direita, se tornasse um portal para um futuro em que o pós-normal fosse sinônimo de pós-capitalismo.

Ana *Altberg*

Arquiteta. Mestranda em Projeto de Arquitetura pela FAUUSP e Bacharel em Arquitetura e Urbanismo pela PUC-Rio.

BRA / Nota / 16-Out-2020
Originalmente escrito em português

desafios, natureza, responsabilidade, expectativa

Enquanto nos chegam registros de bugios, antas, jacarés carbonizados tais quais vítimas do Vesúvio, é difícil dizer algo positivo sobre o amanhã. Ardemos em um Vesúvio florestal fabricado, calculado, inteiramente humano. Nossa pequenez globalizada é escancarada quando nações unidas são tão ágeis para destruir territórios milenares por petróleo, mas tão inúteis para evitar crimes socioambientais irreparáveis. O amanhã é de perda, abismo, acidificação, erosão, inundação, pandemia, queimada. Mas também de um esforço brutal de sedimentação, de construção de pontes, de reparações, de naturezas heterodoxas, de resiliências e alianças improváveis. No mínimo, o amanhã deve passar pela revisão de um consumo profundamente extrativista – mas uma revisão que se responsabilize pelos 99% que não podem comprar madeira certificada, comer orgânico, ou correr o risco de perder a colheita.

Daniel *Wilkinson*

Advogado especializado em Direitos Humanos.Diretor administrativo da Human Rights Watch, divisão das Américas. Graduado pela Harvard College e pela Yale Law School.

EUA / Relato / 13-Jun-2020
Originalmente escrito em inglês

desafios, política, natureza, esperança

Uma coisa que NÃO será diferente amanhã – após a pandemia passar e a vida voltar ao "normal" – é o fato de que estamos enfrentando outra crise que representa uma ameaça muito maior até do que a Covid-19: a mudança climática. E estamos ficando sem tempo para enfrentá-la. Infelizmente, a pandemia só piorou a situação. O ano de 2020 deveria ser crucial para os esforços globais sobre o clima. Mas a cúpula anual da ONU sobre o clima foi adiada. E os protestos públicos e as mobilizações populares para exigir ações climáticas – que estavam ganhando impulso em 2019 – foram minados pela necessidade de as pessoas ficarem em casa. Enquanto isso, as políticas antiambientais dos governos dos Estados Unidos, do Brasil e de outros países avançaram a toda velocidade, com a administração Trump enfraquecendo a aplicação das proteções ambientais, e o ministro do meio ambiente de Bolsonaro exortando-o a aproveitar a pandemia para impulsionar reformas que acelerariam a destruição da Amazônia.

Esperamos que uma coisa que será diferente amanhã: é que a experiência da pandemia – e agora os protestos do *Black Lives Matter* – nos tornará mais prontos para nos mobilizarmos para exigir ações urgentes de nossos governos e mais prontos para tomar as difíceis medidas necessárias para enfrentar a crise climática antes que seja tarde demais.

Guilherme *Wisnik*

Arquiteto, crítico e curador. Professor da Faculdade de Arquitetura e Urbanismo da Universidade de São Paulo (USP). Curador Geral da 10ª Bienal de Arquitetura de São Paulo.

BRA / Ensaio / 03-Ago-2020
Originalmente escrito em português

desafios, incertezas, política, tecnologia

Predadores de nós mesmos

Quando o vulcão Eyjafjallajokull entrou em erupção, na Islândia, entre março e abril de 2010, sua imensa nuvem de cinzas, rapidamente espalhada pelo vento nos céus do Atlântico Norte, paralisou os voos entre a Europa e os Estados Unidos por mais de uma semana. Economistas e analistas políticos, na época, avaliaram os prejuízos na casa dos bilhões de dólares. Hoje, exatos 10 anos depois, o mundo assiste em tempo real, e impotente, à expansão de um vírus invisível por todo o território do planeta, não apenas paralisando voos, mas confinando as pessoas em suas casas, produzindo mortes em quantidades crescentes, e derrubando as economias em um *strike* global.

Como se sabe, grande parte do extermínio das populações indígenas na América, e em outras partes do planeta, se deveu à falta de resistência imunológica daqueles povos contra as doenças que os conquistadores ocidentais traziam, tais como gripes, sarampo e varíola. Hoje, é toda a população do mundo, predominantemente urbanizado, e globalmente conectado, que se vê vulnerável a um conjunto de vírus que até tempos atrás seriam apenas zoonoses, mas que se produzem e se alastram vertiginosamente dada a hibridação acelerada e irreversível, existente hoje, entre ciência e natureza.

Com o desastre nuclear de Chernobyl, ocorrido em 1986, escreve o sociólogo alemão Ulrich Beck, chegamos ao fim de uma era em que toda a violência que os seres humanos infligiam aos mesmos humanos era reservada à categoria dos "outros": judeus, negros, mulheres, indígenas, refugiados, dissidentes, excluídos etc. Isto é, o que aquele preocupante acidente radioativo revelou ao mundo foi a grande vulnerabilidade e o desamparo de uma sociedade que percebeu já não mais poder se esconder atrás de muros e cercas de proteção, tornando-se refém, por exemplo, da ação aleatória de ventos ou chuvas desfavoráveis que espalhassem a radiação por cima dos agora inúteis bloqueios físicos.[2] Significativamente, apenas três anos depois cairia o mais simbólico de todos os muros, em Berlim, e, com ele, toda a chamada "cortina de ferro".

2. Ver BECK, Ulrich. *Sociedade de risco*: rumo a uma outra modernidade. Tradução de Sebastião Nascimento. São Paulo: Editora 34, 2010. p. 09.

Assim, aquele desastre nuclear, que entra para a história como o detonador da derrocada soviética é, na verdade, como mostra Beck, o sintoma de uma nova era do mundo. Uma moderna era do perigo, que suprimiu todas as zonas de proteção. Uma "sociedade de risco", em suas palavras, que vive sob a constante ameaça de instabilidades ecológicas, financeiras, militares, terroristas, informacionais e bioquímicas (epidemias virais e bacteriológicas). Na passagem dos anos 1980 para os 1990, o fim da Guerra Fria coincide com o começo do uso extensivo dos computadores pessoais e, logo em seguida, com a propagação da internet, em uma economia já predominantemente financeira, e que então se tornava verdadeiramente globalizada, aumentando muito o fluxo de capitais e de pessoas pelo globo.

Sob o mantra do chamado "Fim da História", tal como batizado por Francis Fukuyama,[3] o bloco capitalista, vitorioso na Guerra Fria, dizia conduzir o mundo para uma era de prosperidade e calmaria, na qual toda a ideia de conflito (base da visão marxista de história) teria sido extirpada. Um mundo "prozac", na expressão de T. J. Clark. Mas que, no entanto, apenas uma década depois, com os ataques de 11 de setembro de 2001, em Nova York, viria a se revelar uma nova era do choque e do terror.[4] Um mundo acossado por novas formas de antagonismos baseadas sobretudo em diferenças étnicas e religiosas, resultando em ataques terroristas randômicos pelo mundo. Mas, também, assolado por tufões e tsunamis (que, no caso de Fukushima, em 2011, desencadeou um desastre nuclear), além de pandemias virais de efeitos devastadores, como a que estamos vivendo agora.

3. Ver Francis Fukuyama, The End of History?, publicado em *The National Interest*, julho/agosto de 1989. Três anos depois, o autor veio a lançar uma versão revista e ampliada do argumento em forma de livro, editada no mesmo ano no Brasil. FUKUYAMA, Francis. *O fim da história e o último homem*. Tradução de Aulyde S. Rodrigues. Rio de Janeiro: Rocco, 1992.

4. Ver T. J. Clark, O estado do espetáculo. In: SALZSTEIN, Sônia (Org.). *Modernismos*: ensaios sobre política, história e teoria da arte. Tradução de Vera Pereira. São Paulo: Cosac Naify, 2007. p. 308.

No breve interregno daquele "mundo prozac", pensou-se eliminar definitivamente o inimigo, ou a ameaça, que no imaginário dualizado da Guerra Fria estava localizado no "outro": no capitalista, para uns, ou no comunista, para outros. Hoje, contudo, sabemos que a ameaça está disseminada por toda parte. Ela é invisível, e de difícil detecção e controle. Pois revoltas da natureza podem eclodir em toda parte, e a qualquer momento. Assim como o agente terrorista talvez seja o seu vizinho. O mesmo que, eventualmente, pode também lhe transmitir a Covid-19. Assim, ao contrário do que imaginavam os profetas do "Fim da História", o nosso mundo é dominado por sentimentos crescentes de paranoia e de angústia. E, na impossibilidade de localizar e de culpar um "outro", nos vemos obrigados a considerar um "nós".

Identificando uma imagem recorrente em muitos dos fenômenos icônicos do mundo atual, tais como as terríveis fumaças que cobriram Nova York em 2001, as impalpáveis nuvens digitais nas quais depositamos remotamente todas as nossas informações, e os enxames de capital financeiro se deslocando pelo planeta, venho usando a metáfora do nevoeiro para definir o estado de incerteza em que vivemos. Um mundo ao mesmo tempo trágico e sublime – se tomarmos os exemplos do 11/9[5] e das nuvens digitais –, no qual a nossa percepção das forças que comandam as mudanças é, via de regra, embaçada ou borrada,

5. Ver Guilherme Wisnik, *Dentro do nevoeiro*: arquitetura, arte e tecnologia contemporâneas. São Paulo: Ubu Editora, 2018.

pois os fatos são cada vez mais manipulados e distorcidos na forma de *fake news* e de pós-verdades. Uma vez instalado, o nevoeiro não permite visões de fora. Nele, estamos sempre imersos, sem distância perceptiva ou analítica, e com dificuldade para enxergar as coisas.

No livro *O novo tempo do mundo*, Paulo Arantes passa em revista as seguidas mudanças históricas ocorridas nos séculos 20 e 21, que vieram a comprimir progressivamente a distância entre o espaço de experiência, como dimensão presente, e o horizonte de expectativa, como projeção futura. Hoje, depois do trauma de duas guerras mundiais, da imposição de uma lógica presentista na política e na economia, por décadas de avanço neoliberal, e pela irrupção sistemática de ameaças terroristas, ecológicas e bioquímicas, vivemos um regime de urgência, uma era de expectativas decrescentes. Daí o uso de termos comuns hoje, como "guerra" às drogas ou ao terror, que normalizam estados de exceção.

Sociedades antes orientadas para o futuro, tal como no tempo das vanguardas modernas, no início do século 20, viram seus horizontes de expectativa se turvarem, reduzindo-se drasticamente. Em um mundo em que o globo encolheu, só nos restou o presente comprimido e precarizado.[6] Afinal, a economia financeira se baseia exatamente na venda antecipada do futuro por meio de dívidas e créditos. Agora, condenados a um horizonte de futuro ainda mais estreito, diante de um presente angustiante que não sabemos até quando durará, não é difícil imaginar cenários distópicos para um futuro próximo. Um deles é a possibilidade de que a pandemia venha a funcionar como o grande algoz daquilo que ainda resta de liberdade no ocidente, e que seria, após a crise, levando de roldão pelo modelo asiático de vigilância total, claramente mais bem-sucedido no controle ao Covid-19. Pois, enquanto as combalidas democracias ocidentais derrapam em suas malogradas tentativas de combate ao vírus, muitos dos países orientais conseguem resultados espantosamente positivos por meio de agressivas políticas de controle social.

Como relata o filósofo coreano Byung-Chul Han, em artigo recente, o sucesso do combate à pandemia na Ásia se deve ao uso extensivo do *Big Data*, e à total ausência de proteção dos dados individuais.[7] Assim, em países como a China, por exemplo, todas as informações dos cidadãos são rastreadas digitalmente, o que faz com que as pessoas sejam avaliadas em função de seus comportamentos cotidianos. Isto é, o mesmo sistema que hoje ranqueia os cidadãos em relação ao risco de contaminação, é o que já avaliava suas condutas sociais, fornecendo dados decisivos para a aprovação ou não de créditos bancários ou vistos de viagens, por exemplo. Vigilância total, que opera não apenas por meio de câmeras de reconhecimento facial, mas também pelos próprios *smartphones* pessoais, que medem as temperaturas corporais de seus usuários e enviam esses dados ao governo.

Levando-se em conta esses fatores, podemos imaginar, em um prazo não muito longo, um ocidente periclitante, sucumbindo tanto à ascensão econômica chinesa quanto ao seu estado policial digital. Híbrida combinação entre autoritarismo e capitalismo selvagem. Tomando uma conheci-

6. Ver Paulo Arantes, *O novo tempo do mundo*: e outros estudos sobre a era da emergência. São Paulo: Boitempo, 2014. p. 259.

7. Ver Byung-Chul Han, O coronavírus de hoje e o mundo de amanhã. *El País Brasil*, 22 de março de 2020. Disponível em: https://brasil.elpais.com/ideas/2020-03-22/o-coronavirus-de-hoje-e-o-mundo-de-amanha-segundo-o-filosofo-byung-chul-han.html.

da formulação de Fredric Jameson, boa parte do pânico imobilista que sentimos hoje se deve a uma dupla consciência: nossa capacidade científica para imaginar o fim do mundo, por um lado, e nossa incapacidade política para imaginar o fim do capitalismo, por outro. A pandemia do coronavírus, no entanto, traz novos elementos para esse jogo. Pois, em direção divergente desta que descrevi acima, não são poucos os pensadores progressistas que estão vendo nessa crise de saúde mundial, que se desdobra em grave crise econômica e social, uma possibilidade de freio, em uma escala antes impensável, ao consumo excessivo e irracional. Isto é, uma contestação ao dogma da acumulação infinita que sustenta o capitalismo. Afinal o contágio, como já havia percebido Ulrich Beck após Chernobyl, é um fenômeno democrático e igualitário por excelência, apesar de haver regimes de vulnerabilidade a ele muito diversos pelo mundo, como percebemos no caso da pandemia atual.

Slavoj Zizek, por exemplo, considera que a forte queda das bolsas de valores, e a quase paralisação da indústria automobilística, por exemplo, podem sinalizar transformações importantes no capitalismo, dando-nos a possibilidade de nos deixarmos infectar por um vírus benéfico: a capacidade de pensar em uma sociedade diferente, menos voltada ao lucro individual, e mais guiada por formas de solidariedade e cooperação global.[8] Já para David Harvey, de forma complementar, a pandemia representa um "colapso onipotente no coração da forma de consumo que predomina nos países mais ricos".[9] Depois da crise financeira de 2008, estancada pelo socorro dos estados aos bancos, e pelo papel estabilizador da China no mercado global, a economia mundial se reorganizou impulsionando ainda mais as formas de consumo de alta rotatividade. Assim, de 2010 a 2018, como mostra Harvey, o total de viagens internacionais no planeta quase dobrou, passando de 800 milhões para 1,4 bilhão. Com um expressivo investimento em aeroportos, companhias aéreas, hotéis, restaurantes, parques temáticos e eventos culturais e de entretenimento, os países centrais sustentaram quase 80% de suas economias. Esse é o capital que está em quarentena no momento, bloqueado e agonizante, embora outras formas de reprodução do capital, como os setores de tecnologia, não estejam tão afetadas.

De qualquer maneira, seja qual for o ângulo pelo qual se olhe para essa pandemia, o vírus – essa entidade invisível e onipresente – nos aparece como um emissário do nevoeiro. Nossos vírus não matam mais apenas o "outro", imunologicamente mais vulnerável. Essa categoria do "outro", aliás, nem existe mais enquanto tal. De nada adianta fechar fronteiras e restaurar velhos ressentimentos nacionais. Quem está sob ataque somos todos nós, juntos.

O nevoeiro, afinal de contas, não é nem bom nem mal em si mesmo. Aliás, ele talvez represente, de certa forma, a grande chance histórica que temos de viver em um mundo mais complexo do que aquele do "nós contra os outros", que imperava obsessivamente nos tempos da Guerra Fria. Um mundo onde são reconhecidos diversos matizes de gênero entre homens e mulheres, por exemplo, assim como múltiplas orientações sexuais. Nesse sentido, Steve Bannon, Boris

8. Ver Slavoj Zizek, Zizek vê o poder subversivo do coronavírus. *Outras palavras*, 03 de março de 2020. Disponível em: https://outraspalavras.net/crise-civilizatoria/zizek-ve-o-poder-subversivo-do-coronavirus/.

9. Ver David Harvey, Política anticapitalista na época do COVID-19. *A Terra é redonda*, 28 de março de 2020. Disponível em: https://aterraeredonda.com.br/politica-anticapitalista-na-epoca-do-covid-19/?utm_source=rss&utm_medium=rss&utm_campaign=politica-anticapitalista-na-epoca-do-covid-19.

Johnson, Donald Trump, Jair Bolsonaro e tantos outros representam a recusa violenta dessa complexidade. Surgidos de dentro do nevoeiro, eles, no entanto, pretendem restaurar, de forma regressiva, o mundo dual dos puros contra os impuros, e tantas outras falácias simplórias que inventam para sustentar seus discursos racistas e xenófobos.

Desorganizando o clima anticientífico de pós-verdades que ganhou protagonismo com a generalização do cyberespaço, o coronavírus surge como um antagonista paradoxalmente palpável, obrigando-nos a encarar o mundo real, e de forma ética e coletiva. Desse ponto de vista, ele pode ser um surpreendente agente civilizatório.

Originalmente publicado na *Folha de S. Paulo,* caderno *Ilustríssima.*

Laura *González Fierro*

Arquiteta e curadora. Diretora Fundadora e Diretora de Design da FIERRO. Cocuradora da exposição Paredes de Ar e coeditora do livro homônimo para O Pavilhão do Brasil na 16ª Bienal de Arquitetura de Veneza. Professora Assistente Adjunta da Columbia University GSAPP.

MEX / Relato / 06-Jun-2020
Originalmente escrito em inglês

isolamento, desigualdade, política, expectativa

Uma nova ordem

Nossas mulheres estão morrendo – em casa – durante a quarentena por causa da violência doméstica. Nossos homens estão morrendo – nas ruas – por causa da violência racial e da injustiça social. As pessoas – em todo o mundo – estão lutando pela democracia e se revoltando contra a violência política em seus países de origem. Tudo durante uma pandemia global que desencadeou uma iminente depressão econômica que ainda não nos mostrou seus momentos mais sombrios. Estamos muito além do ponto de escoamento, o que significa que estamos no limite de um comportamento elástico e no início de um comportamento plástico, com mudanças materiais iminentes à nossa frente.

Apesar da incerteza em relação ao futuro imediato do cotidiano e do planejamento a longo prazo que requer um alinhamento de muitos tipos, senti uma sensação de alívio durante a primeira fase da quarentena que permaneceu como uma sensação estranha 85 dias depois: pudemos parar e pensar. A velocidade com que consentimos em viver simplesmente não foi sustentável ou agradável, de uma perspectiva pessoal até o nosso projeto como humanidade. Desenvolvemos rituais e formas de pensar em que as coisas básicas e simples – que realmente importam na vida, como passar tempo com a família, entender o tempo como um bem, estar em silêncio ou fazer uma pausa – foram deixadas para trás, concentrando-se em mais produção e menos conexões.

As tensões entre o sistêmico e o pessoal, o universal e o particular, o privado e o coletivo são manifestações claras de que uma Nova Ordem está em processo, pois os sistemas em vigor provaram ser falhos na abordagem de questões sociais, de gênero, raça, desigualdades sexuais e de classe. Durante o *lockdown*, todos tivemos de lidar com o interior, o exterior e o(s) espaço(s) intermediário(s) de maneira literal e metafórica. Passar o tempo em nossos espaços urbanos pessoais mais interiores nos levou a profundidades ainda mais extremas dentro de nós mesmos, fazendo-nos questionar muitas coisas sobre nossa própria prática, nosso foco na vida, nossa presença física na cidade, nossa relação com a natureza e nosso lugar no mundo de uma perspectiva global. O constante vai e vem entre os "espaços" nos fez entender a complexidade do momento que estamos vivendo, deixando claro que a mudança significativa depende inteiramente de nós e dos sistemas que criamos juntos. A urgência da reconstrução é imperativa, mas o drama humano é justamente oscilar entre polos – movendo-se na história como pêndulos –, e estamos neste preciso momento de transição em que, para metamorfosear, lutaremos pela vida, pela liberdade e pela busca da felicidade.

Revisão

29-Mar-2022

Dois mundos...

Como humanidade, vivemos momentos históricos nos últimos dois anos. Um vírus que começou em um determinado lado do mundo espalhou-se em semanas e se tornou uma pandemia em apenas dois meses – matando milhões de seres humanos até hoje e afetando nossos hábitos e rituais na sociedade para sempre. Estamos atualmente à beira de uma guerra nuclear devido ao conflito entre dois países ainda com implicações globais. O contexto sempre importa, mas recentemente o contexto se expandiu de algo tangível para algo intangível, fazendo-nos questionar como realmente percebemos o mundo ao nosso redor e quais são as ferramentas para nos ajudar a compreender a realidade. Por meio de quais elementos ou dispositivos absorvemos a verdade? Nossa experiência dos últimos anos borrou os limites entre local e global, permanente e temporário, ou mesmo privado e público.

Cada evento – da pandemia à guerra e ao aquecimento global – é um lembrete de que o que está em jogo é o mundo, mas todos nós confiamos em nossas próprias ferramentas pessoais para manter a existência, apesar da série de avisos iminentes. Dois anos se passaram, e o árduo esforço para não ver como estamos polarizados como uma experiência planetária ainda permanece. Como podemos, especialmente agora, pensar no mundo como um todo? Mais do que nunca, questionamos esses mesmos instrumentos que antes foram fontes de fatos e os substituímos por rações de ritmo acelerado que oscilam entre atualizações de guerra, política, sem-teto, desastres naturais, efeitos do aquecimento global, volatilidade do mercado, desigualdade, raiva até esperança, esforços sociais, demonstrações maciças de ativismo, esforços acadêmicos para explorar soluções, moda, marcas e instituições tentando se conectar com a situação atual do mundo.

A ambivalência do mundo sobre a importância de nossos desafios parece ser a única constante nestes dias. Como chegamos até aqui? O drama humano é precisamente oscilar entre os polos – movendo-se pela história como pêndulos –, mas o que antes viajava através dos séculos está agora mudando do amanhecer ao anoitecer para o que quase parece realidades paralelas que se fundem em um híbrido incômodo.

Existem dois mundos, aquele que experimentamos dia após dia por meio da mídia de transmissão e aquele que desejamos criar com matizes de um mundo melhor. O termo é tão ambíguo que é difícil de quantificar o que ele realmente significa. Será que nós, delirantemente, curamos nossas próprias fontes de informação e deixamos de fora qualquer possibilidade de existência do que não seja adequado para nós mesmos lidarmos? Será que de repente esquecemos que a Covid-19 ainda é uma realidade e nos comportamos como se ela tivesse sido apagada da Terra? Será que ignoramos a crise ambiental para nos concentrarmos no aumento dos preços do petróleo, dada a guerra atual? Precisamos constantemente decidir se queremos nos manter informados sobre a situação mundial ou se nos mantemos sãos e presentes. Andar para frente e para trás entre mundos quase em um esforço esquizofrênico para evitar cair no abismo sem fundo.

Apesar de nosso futuro incerto, ainda anseio pelo tipo de mundo em que quero que minhas filhas vivam e prosperem como indivíduos e em coletividade – um mundo com oxigênio e água limpa, onde a harmonia entre as espécies seja palpável, um mundo não polarizado ou dividido pelo poder, dinheiro, visões políticas ou diferenças sociais e culturais. Desde um instante particular no tempo até a eternidade, continuamos lutando para criar uma nova lente, uma nova estrutura a partir da qual a realidade possa ser observada e vivenciada.

Olivia *Serra*

Arquiteta. Bacharel pela PUC-Rio com mestrado em Urbanismo pelo MIT.

BRA / Relato / 11-Mai-2020
Originalmente escrito em inglês

desafios, desigualdade, coletividade, esperança

A pandemia da Covid-19 trouxe à tona uma série de questões relativas à saúde pública e à injustiça sistêmica. Espero que o mundo pós-coronavírus possa ser melhor e que as lições aprendidas não sejam relativas à falta de sociabilidade, mas ao poder da vontade coletiva.

Carlos *Saldanha*

Diretor de cinema, produtor, animador e dublador. Diretor de Ice Age: The Meltdown (2006), Ice Age: Dawn of the Dinosaurs (2009), Rio (2011), Rio 2 (2014), Ferdinand (2017) e o codiretor de Ice Age (2002) e Robôs (2005). Duas vezes nomeado para o Oscar de Melhor Curta-Metragem por Gone Nutty (2003) e para Melhor Animação por Ferdinand (2018).

EUA / Relato / 06-Jul-2020
Originalmente escrito em inglês

desigualdade, responsabilidade, recomeço, esperança

Li uma analogia pertinente sobre este momento de nossa história global, uma analogia que ficou presa a mim enquanto eu continuava pensando na pandemia: “Não estamos todos no mesmo barco. Estamos todos na mesma tempestade”.

A pandemia desmascarou as duras realidades de desigualdade em nossa sociedade. Para aqueles de nós com empregos que continuam a pagar salários e pessoas queridas que nos ajudam a manter conexões sociais e apoio emocional, esta tempestade tem sido uma experiência de aprendizado, uma experiência com seus próprios problemas exclusivos de cada pessoa ou família, mas que somos capazes de superar. Mas muitos se encontram em uma situação mais terrível e estão lutando para sobreviver. Para eles, esta nova realidade é brutal e injusta.

Temos o dever de preencher a lacuna da sociedade que há muito tempo tem sido ignorada. Os que têm continuam tendo, enquanto os que não têm precisam se defender sozinhos, especialmente agora, quando uma mudança tão inexplicável requer uma adaptação drástica e, para muitos, irreal. Cai sobre os ombros de todos nós nesta tempestade entender que estamos nesses diferentes barcos e pensar em como podemos ajudar a viagem de outros que seguem em frente.

Hoje, tenho sorte; estou em casa, estou saudável, mas, para que o amanhã seja melhor, tenho de pensar além do meu hoje. Hoje, acredito que as coisas poderiam e deveriam ser diferentes. Hoje, reflito sobre o que importa e o que não importa. Hoje, acredito que os valores deveriam ser mais simples, a vida pode ser mais simples e a generosidade precisa ser primordial.

É impossível prever o amanhã, mas será diferente de hoje. Embora esta pandemia seja um golpe devastador, talvez, para aqueles de nós que são capazes seja uma oportunidade de parar e pensar não apenas em nós mesmos, mas na sociedade como um todo. Minha esperança é que todos reflitamos e continuemos a crescer, porque, embora esta tempestade possa passar para alguns de nós, ela continuará a pairar sobre muitos, a menos que façamos uma mudança ativa.

Aditya *Barve*

Arquiteto e pesquisador do MIT Urban Risk Lab. Graduado do programa Master of Science in Architecture Studies - Urbanism do MIT. Graduado em arquitetura pela Universidade de Pune.

IND / Relato / 26-Mai-2020
Originalmente escrito em inglês

introversão, desigualdade, coletividade, recomeço

Esta pandemia tem funcionado como um raio X, penetrando o fino revestimento de uma camada de normalidade drapeada em nossa vida diária. Ela iluminou vividamente a desigualdade estrutural e a pobreza brutal, o narcisismo vaidoso e a indiferença insensível, os ataques de ganância e medo de vizinhos desconhecidos, as paredes crescentes e distantes, o clamor pela comida em meio aos picos suaves da *dalgona*.

"O que será diferente amanhã?", uma pergunta desafiadora o suficiente durante os tempos de "normalidade", mas que, durante uma pandemia global, se apresenta como um prólogo de um futuro muito mais ameaçador à nossa frente. Esta nova realidade nos abalou para enfrentar um sentimento inquietante de "misterioso" – um evento fortemente familiar, mas totalmente misterioso, uma espécie de realidade alternativa. Em seu livro seminal, *The Great Derangement* [O grande desarranjo], Amitav Ghosh encapsulou esse sentimento sucintamente como o fracasso da imaginação. O conforto da regularidade da vida "normal", a sensação de uma calma contraída por estatísticas e probabilidades "racionalizadas", só pode ser abalada por forças não humanas como as que vemos hoje.

Embora esta pandemia nos dê um vislumbre da distopia que pode estar adiante, ela também nos proporciona uma sensação surreal de imediatismo – trazida por uma entidade microscópica e semiviva que invade nossos próprios corpos –, somos parte de uma ecologia maior. Enquanto permanecemos isolados, a pandemia nos proporciona as visões de salvação coletiva, uma oportunidade de fazer as coisas de maneira diferente – de passar adiante à medida que chegamos, levemente, sem deixar cicatrizes na Terra.

Revisão

03-Jun-2022

Carta de um futuro/passado,

Ano 01 (Ano da Fênix)

O colapso foi apenas um efeito, não a causa. Todos pensávamos que o ano da peste era terrível, mas estávamos errados. Os anciãos nos disseram que tinha começado há muito tempo no ano do mar. Estava fermentando há mais de séculos, acumulando como fuligem, pouco a pouco. Não há como negar que a última década – nós a chamamos de década do Dodô – foi nossa única chance de preservar qualquer semblante do familiar. Tudo mudou depois disso.

Antes da década do Dodô, dissemos a nós mesmos que a história havia terminado (não havia terminado), tudo era abundante (mas não para todos), havia liberdade (mas apenas alguns poucos desfrutaram) e dinheiro resolveria o problema (não resolveu). Tínhamos confundido muito com fecundidade, bens com riqueza e rotina com normalidade. A praga era apenas um sinal – mostrava onde estão os limites, e nós devíamos ou nos soltar deles, ou ser seus prisioneiros. Em retrospecto, era uma escolha simples. Quando a década terminou, era tarde demais. Suponho que estávamos distraídos – por espetáculos, guerras, fomes, insurreições e inseguranças, construções familiares que eram confortáveis para nos ocuparmos, em vez de enfrentarmos incertezas, desconhecidas de afundar terreno sob nossos pés.

Haverá muita dor para suportar, Deus está morto, e não haverá Messias. Nosso único consolo é que nosso colapso se tornará a luz guia para as gerações futuras e um novo amanhã.

Claudia *Escarlate*

Arquiteta e Urbanista pela FAU-UFRJ. Pós-graduada no IHS - Institute for Housing and Urban Studies - Erasmus University. Mestre em Urbanismo pelo Programa de Pós-Graduação em Urbanismo da FAU/UFRJ. Professora do DAU/PUC-Rio.

BRA / Nota / 12-Nov-2020
Originalmente escrito em português

desafios, incertezas, desigualdade, urbano

A pandemia desvelou a enorme desigualdade social que existe no Brasil e no Rio de Janeiro.

Não consigo realizar este exercício de imaginação sem que a sociedade se reorganize de forma mais justa. As mudanças nos espaços urbanos e privados serão consequência disso, e não o ponto de partida.

Cripta *Djan*

Pixador, artista e ativista.

BRA / Nota / 24-Mai-2020
Originalmente escrito em português

introversão, responsabilidade, expectativa, recomeço

Razão Capital

A maior reflexão que ficará depois do coronavírus é a de que não precisamos de muito para ser feliz, e o quão fútil se tornou o ser humano por conta de uma razão capitalista que valoriza acima de tudo mais o ter do que o ser.

Pedro *Zylbersztajn*

Artista. Mestre pelo programa do MIT em Arte, Cultura e Tecnologia.

BRA / Relato / 04-Mai-2020
Originalmente escrito em português

desigualdade, responsabilidade, expectativa, esperança

Pela velocidade dos desenvolvimentos da(s) crise(s) do momento, eu me sinto cada vez menos investido ou capacitado em exercícios de futurologia – no entanto, ou talvez por isso mesmo, sinto com força a impressão de que, apesar de todas as mudanças extremas vividas e previstas, nenhuma das mudanças estruturais necessárias para o bem-estar planetário virão casual ou automaticamente como consequência da pandemia. À medida que a "normalidade" se impõe sobre os fluxos de pessoas e capitais, uma espécie de mecânica homeostática nos levará, se estivermos desatentos, ao mesmo ritmo de exclusão, desigualdade e extrativismo ao qual estivemos vinculados por ao menos 500 anos. A expectativa mais razoável seria, inclusive, a de um primeiro momento de aumento considerável da desigualdade e da miséria no Brasil e no mundo, somada a um abuso ainda maior de recursos fósseis e minerais como uma estratégia compensatória de uma economia em frangalhos.

A interrupção temporária da vida cotidiana, porém, nos possibilita algum tempo e alguma clareza para (re)considerarmos alguns fatos indigestos. Vemos a diferença do impacto da tragédia em diferentes classes, raças e geografias. Vemos que a redução de uma máquina produtiva de proporções supraplanetárias, mesmo sem planejamento algum, não faz despencar o céu sobre nossa cabeça. Vemos que, apesar da impossibilidade temporária da ideia de crescimento, os recursos existem, são vastos e fluem com certa tranquilidade – mas apenas na mais emergencial das circunstâncias. O conflito que surge de uma percepção mais coletivizada dessas e outras considerações é o que pode funcionar como uma potente guinada no rumo do "progresso". Não por meio de uma mentalização coletiva ou indignação geral, mas de um esforço ativo pela manutenção do estado de emergência no qual nos encontramos hoje, pois já nos encontrávamos nele ontem. Imaginar que o susto bastou e que agora estamos em outra rota não me parece sustentável, em nenhum sentido da palavra. Qualquer mudança, qualquer ruptura com a normalidade tóxica à qual nos sentimos (ou, na melhor das hipóteses, nos sentíamos) presos só se dará a partir de uma sustentação continuada da visibilidade desses conflitos que hoje vemos às claras, somada a uma série infinita de tentativas – e erros, preferencialmente em menor escala – de corrigi-los. Nada será diferente; nós assim temos de fazê-lo.

Revisão
30-Mar-2022

O café da esquina primeiro se desmembrou, e uma parte se tornou uma loja de sapatos. Depois fechou, e no mesmo lugar abriu uma loja de tortas. Do lado, fechou também uma loja de roupas. Foi substituída por uma costuraria. Logo na frente, abriu uma padaria boa. O baleiro que ficava na calçada sumiu. O moço dos churros ainda aparece. Mais perto, os bares que por um tempo adormeceram rapidamente estavam de volta. Um bar abriu bem do lado de casa, em agosto de 2020. Não passou uma noite de fim de semana sem lotar. O público do bar, cuja identidade é construída em torno de estereótipos macho, se conurbou com o público do bar vizinho, declaradamente lésbico. A frente ampla do desassossego noturno. O vizinho da casinha em frente, dono do restaurante, botava o hino nacional para tocar na janela em 2020. Em 2021, já não mais. As festas do estúdio ao lado migraram para o terraço. Logo ao nosso lado, a loja de móveis de madeira virou uma loja de plantas. Dois incêndios, labaredas impressionantes, mas danos mínimos em ambos. No prédio da frente dois apartamentos esvaziaram. A vizinha do térreo se mudou, os vizinhos de baixo se mudaram, os vizinhos dos fundos também. E por fim fomos nós. Mudamos?

Ascânio *Seleme*

Jornalista, colunista do jornal *O Globo* e editor-chefe do Infoglobo. Vencedor da primeira edição do Prêmio CNT de Jornalismo e de três prêmios *Esso*.

BRA / Relato / 18-Mai-2020
Originalmente escrito em português

desamparo, desigualdade, responsabilidade, regressão

Muita gente acha que o Brasil será melhor, que o trauma da pandemia tornará os brasileiros mais tolerantes, solidários e amigáveis. Tenho sérias dúvidas sobre isso. Nós somos um país egoísta, que esconde sua natureza com uma alegria contagiante, musical, dançante, calorosa. Quem nos vê, rapidamente, durante uma semana de Carnaval, por exemplo, acha que somos os melhores seres do planeta, amáveis, tolerantes, misturados. Trata-se de um engano. Não somos, nunca fomos e jamais seremos modelo para o mundo.

"Farinha pouca, meu pirão primeiro" é um velho adágio popular que mostra bem como pensa o brasileiro. Uma outra máxima, conhecida como a "Lei do Gerson", foi expressada em um comercial dos anos 1970, em que um veterano jogador de futebol afirmava que "o brasileiro gosta de levar vantagem em tudo". Verdade. Somos isso mesmo, não adianta querer negar. E temo que esse modo degenerado de ver o mundo seja intensificado depois da pandemia de coronavírus. Os bons exemplos são poucos, é necessário garimpar muito fundo para encontrar casos que mereçam destaque.

Não somos solidários, não somos caridosos, não somos filantropos e também não somos voluntários. Alguém certamente dirá que estou sendo rigoroso demais com o brasileiro, que há muitos generosos e amorosos entre nós. Pode ser, mas são poucos e não dá mais para ser complacente com a maioria. O futuro mostrará se estou errado, mas acho que sairemos dessa mais egoístas e sectários. Nossa xenofobia e nosso racismo serão ainda mais escancarados, porque o brasileiro não terá de se desculpar ao ultrapassar os limites, entenderá, equivocadamente, estar se defendendo. A máscara da cordialidade se esgarçará mostrando melhor a verdadeira face do brasileiro.

Bárbara *Fonseca*

Arquiteta.

BRA / Ensaio / 16-Jun-2020
Originalmente escrito em português

isolamento, introversão, desigualdade, urbano

Primeiro gostaria de dizer que temos várias quarentenas: a de pessoas que vivem aglomeradas, sem isolamento algum, a de pessoas que têm de sair todos os dias para conseguir alguma renda para sobreviver o dia, a de pessoas que conseguem trabalhar de casa e manter uma rotina, entre outras

Vou falar da minha visão, de uma pessoa completamente privilegiada, que tem o conforto de um apartamento grande, a companhia da família, a possibilidade de trabalhar em casa e poder manter uma normalidade, na medida do possível.

Criatividade

Sou arquiteta e consigo continuar meu trabalho de casa, com poucas saídas para um levantamento ou obra, mas, com a crise econômica que acompanha uma pandemia, as prioridades das pessoas mudam, é claro, e, se a pessoa não tem um dinheiro comprometido para isso e que não irá fazer falta, as obras não são mais prioridade, então meu volume de trabalho no escritório diminuiu. Com isso, eu me vi imaginando mil e uma formas de gerar uma nova renda, seja inventando produtos para vender, fazendo trabalhos *on-line*, reinventando minha forma de trabalhar, empreendendo em novos projetos etc. Acredito que isso aconteceu em todas as classes e em todas as áreas, as pessoas são muito criativas e, no momento de aperto, elas fazem coisas incríveis acontecerem, descobrem novas formas de ganhar dinheiro, e, quando "'tudo voltar ao normal"', as pessoas podem fazer disso um incremento de renda ou até mudar de área.

Autoconhecimento

Este período, além de tudo, é um momento de autoconhecimento. No começo, fui bombardeada com *lives*, cursos gratuitos, notícias, informações, e tentava acompanhar tudo, o que me gerou muita ansiedade. Depois fugi de tudo isso e tentei estabelecer, na minha rotina, coisas que sempre quis implantar diariamente e nunca consegui, como meditação, um momento de reflexão, ler mais etc. Então, depois de um tempo, veio o equilíbrio de aproveitar todos os cursos e *lives* disponibilizados *on-line*, que são grandes oportunidades de conhecimento, e separar um momento só para estar comigo mesma. Agora não tem como fugir desse momento ou não o priorizar, nós temos de ser nossa melhor companhia e nos entendermos, interpretar o que sentimos. Eu me permiti dias muito produtivos e dias de tranquilidade, quando não conseguia render, fazendo coisas que fazem bem para mim, priorizando exercícios com o corpo. Acho que, neste período, aprendemos a observar, a conviver e a ter mais paciência com a gente e com quem estamos convivendo diariamente. Aprendemos a respeitar o espaço do outro e o nosso, os sentimentos dos outros, o tempo deles e com eles. Tenho escutado mais, e isso, para mim, é um eterno aprendizado, se você se disponibiliza a apenas escutar alguém, é você quem ganha!

Casa

Como arquiteta, não posso deixar de observar como a nossa casa é importante. Sempre amei ficar na janela observando a rua, os prédios e interiores de apartamentos, vejo as pessoas debruçadas em janelas, deitadas em varandas e coberturas. Como sentimos falta de ver o céu. Coisa que não valorizamos no dia a dia. Como vemos que o prédio pode ser muito colado ao outro e um liquidificador que o vizinho liga te atrapalha. Como descobrimos os cantos onde bate Sol, as melhores vistas, as melhores posições dos móveis.

Vejo gente amando cada dia mais sua casa, e gente desesperada, querendo mudar tudo. De fato, temos de adaptar nossa casa para a gente, ela tem de nos fazer bem, nos abrigar (em todos os sentidos).

A Rua

Como urbanista, sou muito esperançosa com o diferente amanhã nesse aspecto da rua. A pandemia, para o Brasil, veio após a maior festa do país. Que contraste! E um dos motivos por que amo o carnaval é a ocupação da rua e de espaços públicos pelas pessoas. As pessoas definem o trânsito, as pessoas andam a pé, andam em viadutos, periferias, favelas, estão todas juntas, brincando, cantando, se divertindo, se misturando. Acredito muito que nossas praças, ruas, museus, todo tipo de espaço público será muito valorizado e mais utilizado. Acho que mais bicicletas aparecerão, as pessoas querem se movimentar, sair, correr.

E essa transformação não vem do governo. Vem das pessoas. Se as pessoas saem mais de bicicleta, o governo vem e faz ciclovia. Se as pessoas vão para a praça, o governo vem e faz mais praças ou recupera as existentes. A transformação vem da gente e de como usamos nosso espaço. Estar em uma cidade é algo que permite troca e conexão, permite crescimento, ao sair, você conhece pessoas, e apenas compartilhando com pessoas que crescemos, seja econômica, social, espiritualmente etc. É o famoso: juntos somos mais fortes.

Espero que, quando o isolamento acabar, as pessoas reconheçam e utilizem o belo espaço público que temos, pois, ao usar, com certeza, ele só será melhorado.

Natureza

Como pessoa esperançosa que sou, acredito que a natureza foi uma beneficiária da pandemia. Ela precisava de um respiro do ser humano. E como ela recupera rápido! O ar, as águas. É nítido. E que bom que seja nítido, isso nos faz repensar nosso modo de usar nosso planeta, que é tão bom e abundante, e temos de retribuir. Acredito que isso trará mais consciência para as pessoas, com certeza, muitos estudos em relação ao impacto que causamos estão sendo feitos, e, com números, a conscientização fica mais fácil. Até em pequenos momentos do dia a dia, aprendemos a valorizar mais a natureza, seja em um pôr do sol, um céu bonito, uma noite estrelada, são coisas que nos acalmam e que agora temos tempo, e a necessidade, de observar.

Solidariedade

Em qualquer tragédia, esse é um aspecto que se destaca. As pessoas buscam inúmeras formas de ser solidárias, seja por doação de dinheiro, de tempo, de ação, de iniciativas, de pequenos gestos. É muito bom e estimulante ver as pessoas se ajudando.

Por fim, acho que este é um momento único nas nossas vidas e que impactará o futuro de diversas maneiras e em diversas escalas. Acho muito difícil tudo voltar ao "'normal", pois, a cada dia que passamos em quarentena, novos hábitos, pensamentos e visões são formados e estabelecidos. Claro que tem muito sofrimento, medo e preocupação envolvida, mas gosto de pensar o lado bom que isso tudo nos proporciona. Temos de ver o lado bom, para superar e viver cada dia melhor.

Mais uma reflexão que estou tendo agora: ao ver o esgotamento diário do meu namorado, que é médico e está na linha de frente do corona, vejo o lado bom: o esforço sem medidas para ajudar. A falta que ele me faz e o fato de ele não me encostar, não chegar perto, tem um lado bom: é um carinho e uma preocupação comigo. Estou revendo todas as minhas atitudes neste período. Percebi que, ao contrário dele, nunca fui a pessoa carinhosa, e o tanto que faz falta demonstramos para as pessoas o que sentimos. Acho que vou sair abraçando todo mundo pós-quarentena!

Por fim, novamente, descobri que preciso de pouco para ser feliz todos os dias, para me reinventar todos os dias. E isso é um lado bom deste período. Não vou me alienar de todos os lados ruins, mas vou me ater aos bons para fazer um amanhã diferente.

Karla *Mendes*

Sócia-gerente e Diretora da Quantas Estudos e Pesquisas de Mercado. Mestre em Estatística Aplicada pela Unicamp.

BRA / Relato / 18-Mai-2020
Originalmente escrito em português

desafios, incertezas, desigualdade, responsabilidade

O que será diferente amanhã?

Tudo! Qualquer que seja o recorte do olhar encontramos impactos.

Desde a linguagem (como disse o Professor Pasquale: "ninguém mais quer ser positivo"), o trabalho, uma vez que estamos vendo que em muitas atividades o *home office* funciona e, com isso, mas não só por isso, também a moradia. O mercado imobiliário já repensa os microapartamentos (um *boom* na cidade de São Paulo, talvez responsável pela retomada recente desse segmento). Onde colocar o "*office*" em uma área mínima? As pessoas estão descobrindo as suas casas e repensam escolhas decorativas não funcionais.

E as emoções e seus desdobramentos? Aqui penso que está o mais difícil prever. E é onde reside, na minha opinião, a essência do amanhã. Como a pandemia, as crescentes desigualdades sociais ficaram mais evidentes. Vieram para a vitrine, impossível de desviar. A empatia e a solidariedade compareceram. Fomos chamados a ajudar, e a resposta é impressionante. Não há um lugar – físico ou virtual – em que não nos deparamos com amigos, amigos de amigos, familiares, vizinhos fazendo algo e nos convocando a participar. Mas, especialmente no Brasil, também ficou evidente que até nesse momento há espaço para o antagonismo. O individualismo também mostrou sua face mais perversa. Os grupos em manifestação para a volta ao "normal" são um ótimo exemplo disso.

Quando a pandemia passar, o amanhã, sabemos que trará enormes desafios econômicos, no macro e no micro, e, claro, os problemas sociais estarão ainda mais no olho do furacão. Com desemprego alto, recessão, será que a solidariedade e a empatia vieram para ficar? São perenes? Ou vencerão os individualistas que dirão: "não falei?".

Vitória *Hadba*

Artista, historiadora de arte e cenógrafa. Bacharel em História da Arte e Design pelo Pratt Institute. Estudante de Mestrado em História da Arte no Hunter College.

BRA / Relato / 16-Mai-2020
Originalmente escrito em inglês

desigualdade, responsabilidade, recomeço, esperança

Hoje estamos assustados. Mas dizer que só o vírus é responsável por nossos medos é uma simplificação excessiva. A Covid-19 funciona como um *flash* de câmera, refletindo a luz em nossas sociedades da maneira mais indelicada. Tememos nossos governos irresponsáveis; vemos desigualdades, egoísmo e privilégios. Agora estamos aterrorizados com o mundo que até ontem parecia bem. O mundo, como sabemos, é injusto e cruel. Ontem estávamos alheios, hoje temos medo, amanhã vamos lamentar. A tristeza vai reinar. Levará tempo. Para alguns, levará muito tempo, mas a tristeza trará a mudança necessária. Nossas enfermidades sociais não desaparecerão de forma alguma. Ainda assim, questões prementes como a saúde universal, a mudança climática, os salários justos, o poder das corporações e a política carregada merecerão a atenção de que necessitam. "Pare de pensar no apocalipse e comece a planejar a revolução", disse um meme que estou citando sem vergonha.

Tábata *Amaral*

Política e ativista da educação. Deputada federal representando o estado de São Paulo. Graduada em Ciência Política e Astrofísica pela Universidade de Harvard. Cofundadora do Movimento Mapa Educação e do Movimento Acredita. Colunista da *Folha de S. Paulo* e do *Nexo Jornal*.

BRA / Nota / 30-Mai-2020
Originalmente escrito em português

desigualdade, coletividade, política, responsabilidade

A história nos ensina que nunca saímos os mesmos, como humanidade, de crises tão profundas. Essa pandemia nos fez refletir sobre nossas profundas desigualdades e, principalmente, sobre o modelo de sociedade no qual vivemos. Ainda é cedo para afirmarmos o que será diferente amanhã, mas espero que o coronavírus nos leve a um novo Iluminismo, em que a ciência, o conhecimento e a educação sejam de fato valorizados. Que saiamos desta pandemia mais lúcidos, unidos e solidários.

Iker *Gil*

Arquiteto, editor e curador. Diretor do MAS Studio, editor-chefe da organização sem fins lucrativos MAS ConNarrative e diretor executivo da SOM Foundation. Cocurador da Exhibit Columbus 2020-2021 e Curador Associado do Pavilhão dos EUA na 16ª Bienal de Arquitetura de Veneza.

EUA / Relato / 25-Mai-2020
Originalmente escrito em inglês

desigualdade, política, urbano, expectativa

"O que será diferente amanhã" supõe certas condições e inevitavelmente abre questões mais profundas. Pressupõe que algo realmente mudará, não que poderá mudar ou talvez mude. Pressupõe, corretamente, que as coisas serão diferentes em relação a uma condição original, mas identificando uma condição original única e mais importante, mas essa condição original é impossível, pois nossas realidades individuais são únicas e complexas. E, finalmente, abre a definição do amanhã e como ele tem significados diferentes para cada um de nós dependendo de nossa situação, desde os ajustes de curto prazo aos quais alguns são capazes de se adaptar sem problemas até o impacto de longo prazo para muitos que poderiam ser intransponíveis.

A atual pandemia global abalou a todos de uma forma ou de outra. A forma como tínhamos organizado e estruturado nossa vida, desde a forma como vivemos em casa e a forma como trabalhamos até a forma como nos relacionamos com os outros, foi rápida e profundamente alterada. Para aqueles mais vulneráveis para os quais a casa, o trabalho e os relacionamentos com os outros já são precários, essa mudança foi sentida ainda mais profundamente. Alguns ficarem em casa requer que muitos outros, sem escolha, tenham de continuar a fazer seu trabalho em um mundo alterado, enfrentando condições mais extremas e tornando-se mais vulneráveis: enfermeiros e outros trabalhadores da saúde, trabalhadores de mercearia e restaurantes, motoristas de entregas e muitos mais se tornaram de repente "trabalhadores essenciais" (ironicamente, muitos que lutaram por um salário-mínimo mais alto durante anos e continuam a fazê-lo). As condições atuais revelaram ainda mais claramente as desigualdades sobre as quais nossas sociedades são construídas. O distanciamento físico exigido é um luxo que nem todos podem pagar. Como torná-lo alcançável para todos?

Quando projetamos nossas ambições para o amanhã, precisamos estar cientes das decisões tomadas no passado e de como elas desafiam nossas visões otimistas. Como exemplo, durante esta pandemia, muitas cidades decidiram fechar uma parte de suas ruas aos carros e abri-las aos pedestres, proporcionando uma nova maneira de vivenciar a cidade e oferecendo algum alívio. Chicago não fechou suas ruas aos carros. E, aparentemente, isso se deve (pelo menos em parte) a uma decisão tomada em 2008, pelo então prefeito Richard M. Daley, de alugar os parquímetros por 75 anos a uma empresa privada, a fim de aliviar as dívidas da cidade. Esse movimento deixou Chicago sem controle de suas próprias ruas. Para cobrir lacunas no orçamento a curto prazo e deixar o cargo com um orçamento mais bonito, ele comprometeu o futuro da cidade a longo prazo.

Meu desejo para o futuro é que ajustemos a cidade ou localidade em que vivemos para ser o mais igualitária possível, para que a maioria de seus cidadãos possa reagir a momentos complicados como a atual pandemia. Tivemos desafios no passado (a crise econômica em 2008, por exemplo) e, sem dúvida, enfrentaremos mais desafios no futuro. Em vez de tomar decisões para ganho político, mas não social ou, como *designer*, criar soluções de *design* rápidas, surdas e inúteis como acrobacias de RP a serem apresentadas em uma revista brilhante ou em um *website*, temos a chance de pensar com cuidado e de forma abrangente sobre as mudanças estruturais necessárias para atingir esse objetivo. Isso afetará a maneira como pensamos sobre transporte público seguro e confiável, acesso ao espaço público pelos bairros, flexibilidade em vários ambientes de trabalho, *design* de espaços domésticos que podem permitir o trabalho remoto, acesso universal à saúde e salários justos para o trabalho feito para cobrir as necessidades básicas. A tarefa é grande, mas precisamos começar em algum lugar e em algum momento. Que tempo melhor do que agora? O aumento exponencial do lucro de uma minoria devido à exploração de uma maioria só nos tornará mais vulneráveis quando enfrentarmos a próxima crise. Não podemos esperar até lá para nos mobilizarmos.

Quero acreditar que o que for diferente amanhã será algo que melhorará a sociedade para o maior número possível de pessoas, uma sociedade que está mais consciente de seus próprios problemas estruturais e consegue trabalhar em conjunto dentro de seu próprio contexto para torná-la melhor. Algumas podem ser pequenas mudanças rápidas, e outras podem exigir esforços maiores e a longo prazo, mas espero que sejam significativas, cuidadosamente consideradas e aplicadas em toda a cidade para beneficiar a todos.

Revisão

07-Abr-2022

Recarregar, foco e capacitação

Foram mais de dois anos de ondas pandêmicas, reinícios e *lockdowns*, de luto e celebração, de desafios pessoais incomensuráveis e pequenas recompensas. Uma pandemia global que continua apesar do desejo (imprudente) de avançar como se isso nunca tivesse acontecido. Para alguns, parecerá que nunca aconteceu; para muitos outros, as consequências durarão uma vida inteira.

Os desejos de amanhã que escrevi em meu ensaio inicial foram um pedido de mudança, uma carga energética no início de uma pandemia que interrompeu nossa vida e nos forçou a enfrentar situações desconhecidas. O ensaio destacou uma série de mudanças estruturais que poderiam ser testadas e talvez implementadas, a fim de contribuir para moldar um futuro diferente. Uma oportunidade de levar em consideração transporte público, espaços públicos, ambientes de trabalho e salários, espaços domésticos e saúde. Todos esses aspectos foram sem dúvida afetados pela pandemia, introduzindo novas oportunidades, em alguns casos, e aprofundando seus desafios em muitos outros. Talvez essas mudanças estruturais tenham acontecido com todos nós, coletivamente como indivíduos, e não como iniciativas coletivas.

Vivendo no centro de uma grande cidade, adorei redescobrir alguns dos grandes parques urbanos à beira do lago para pequenos encontros seguros com amigos. Os quintais se transformaram em cinemas improvisados até no clima frio, vendo filmes antigos projetados em lençóis. O trabalho acontecia em casa, reequipando móveis e usando cada pé quadrado disponível. A vida profissional e a vida doméstica se fundiram em uma só, com um resultado mais do que questionável. Reuniões no escritório ou na cafeteria local se transformaram em intermináveis chamadas de *Zoom* com pessoas próximas e distantes. Em alguns casos, um retorno aos escritórios aconteceu com mais flexibilidade do que antes. A normalização das videoconferências também criou a oportunidade de se reconectar com amigos e colegas ao redor do mundo. As viagens de longa distância foram substituídas por passeios por novos bairros. O transporte público foi deixado a sua própria sorte, não confiável e inseguro. Uma oportunidade realmente perdida. A alegria de ver uma série de vacinas sendo desenvolvidas para a pandemia, que também abriram o caminho para outras descobertas médicas, contrastou com a politização da saúde. A informação e a desinformação correndo selvagens enquanto vidas estão em risco. E a lista de circunstâncias pessoais locais derivadas de uma condição global não para. A pandemia me fez reestruturar aspectos familiares e reconsiderar a importância (ou falta) de outros.

Todos no meu círculo de amigos e familiares foram poupados de mortes e graves consequências derivadas da pandemia, e sou grato por isso. Não é o caso de outras pessoas que eu conheço. O impacto que esses dois anos tiveram em nossa vida cotidiana, nossa saúde mental e física foi mais significativo do que eu havia previsto mesmo depois de um ano da pandemia. Comportamentos, relacionamentos e estruturas de cuidados construídos ao longo de uma vida foram desafiados nos últimos dois anos. Como nosso futuro pode permitir o cuidado e a cura individual e coletiva?

Dois anos após meu ensaio inicial, um novo bloqueio relacionado à pandemia está ocorrendo em cidades da China, enquanto os Estados Unidos desfrutam de uma janela de diminuição dos números, muito provavelmente antes de um novo surto. A invasão da Ucrânia pela Rússia está devastando um país, reinando o medo de conflitos globais e revelando os limites da rede global e da dependência que foi criada. E tudo isso em meio aos efeitos incessantes das mudanças climáticas que exigem decisões sem concessões. O futuro não para com uma pandemia.

A pandemia talvez seja uma condição única, pois afetou todos ao redor do mundo de uma forma ou de outra e, portanto, proporcionou uma oportunidade para uma conversa e ação global. Às vezes, é necessário um momento marcado, de tragédia ou alegria, para nos reunirmos e agirmos. O fato de a riqueza total dos bilionários do mundo ter crescido mais de 50% durante o primeiro ano da pandemia em vez de ser investida em programas sociais mais fortes de apoio aos necessitados fala muito de nossas estruturas e valores. Por causa disso, o desejo e a necessidade de um amanhã diferente e melhor permanecem. Precisamos de mudanças estruturais globais, mas, como temos visto repetidamente, o "nós" está fraturado e os interesses de alguns poucos indivíduos estão impedindo os benefícios para muitos. Vamos recarregar internamente, recuperar nossa compostura, focalizar, possibilitar os espaços adequados, as condições e as alianças que podem tornar possível a mudança ao nosso redor. E sigamos adiante como se não houvesse amanhã.

Linda *Chavers*

Reitora Residente da Allston Burr da Winthrop House e Reitora Assistente de Harvard. Professora no Departamento de Estudos Africanos e Afro-Americanos em Harvard. Doutora em Estudos Afro-Americanos com foco em literatura pela Universidade de Harvard.

EUA / Nota / 01-Jul-2020
Originalmente escrito em inglês

desigualdade, coletividade, responsabilidade, expectativa

Amanhã, quando uma pessoa que se parece comigo disser que está sofrendo ou que foi alvo de racismo ou, simplesmente, que o racismo existe, ela não será ignorada, não será silenciada, não será demitida bem fuzilada.

Ela será ouvida e, melhor ainda, apoiada.

Amanhã, instituições como a nossa não pararão mais na palavra "compromisso" e começarão a se responsabilizar.

Amanhã, falaremos com vocês como os futuros líderes mundiais que dizemos que vocês são.

Gustavo *Hadba*

Diretor de fotografia, fotógrafo e operador de câmera. Vencedor do prêmio de melhor fotografia no Festival de Paulínia 2010.

BRA / Nota / 16-Jun-2020
Originalmente escrito em português

desafios, desamparo, desigualdade, regressão

Para quem mora no Brasil, o amanhã vai ser igual ou pior. A elite brasileira conseguiu inventar uma máquina do tempo na qual não existe futuro. Sempre voltamos ao passado. A Terra é redonda, mas o Brasil é plano, cheio de injustiça e privilégios para os mesmos de ontem. O Brasil não se mexe, e não sei se vai existir um amanhã para sair do imutável ontem de preconceitos e crueldade.

Murdoch *Rawson*

Estrategista e criativo sênior.

UK / Relato / 02-Jun-2020
Originalmente escrito em inglês

desigualdade, responsabilidade, expectativa, esperança

Amanhã, nada será diferente. A agitação social ainda será sentida universalmente, o desemprego continuará elevado, as pessoas lutarão para educar e alimentar suas famílias e ainda não haverá uma vacina.

Mas os níveis de dióxido de carbono permanecerão em níveis recordes de baixa. As pessoas continuarão procurando os entes queridos com os quais perderam contato, as doações continuarão a inundar os serviços que precisam delas e continuaremos a contar com experiências mais humildes, porém, gratificantes, em casa do que as supérfluas para nos estimular.

A "diferença" não acontece da noite para o dia. É um processo de repetição. Algo ou alguém mudar de verdade requer, infelizmente, tempo.

A pergunta torna-se, então, naturalmente: "o que vamos tirar disso?". Será que realmente precisamos viajar tanto? Consumir tanto? Trabalhar tanto? Vamos ser mais conscientes socialmente do que éramos? Conscientes do ponto de vista fiscal? Conscientes em relação ao meio ambiente?

Temo que, à medida que as restrições começarem a diminuir em todo o mundo, nada do que aprendemos será levado adiante e voltaremos aos estilos de vida egoístas e acelerados a que estávamos acostumados há apenas alguns meses.

Mas tenho esperança de que não o façamos. Por mais devastador que este processo tenha sido, acredito que dele tenha saído muita coisa boa. Fomos forçados a refletir, compreender, aprender e valorizar mais sobre nós mesmos, sobre aqueles que nos rodeiam e sobre o mundo em geral. À medida que a vida começa a avançar, espero que não nos esqueçamos disso.

Só o tempo o dirá.

Ana *Fontes*

Empreendedora social, fundadora da Rede Mulher Empreendedora - RME e do Instituto RME. Delegada Líder BR W20/G20. Eleita uma das 20 mulheres mais poderosas do Brasil pela Forbes 2019 e Top Voices LinkedIn 2020.

BRA / Relato / 14-Abr-2022
Originalmente escrito em português

coletividade, política, responsabilidade, esperança

Há mais de 12 anos, criei a Rede Mulher Empreendedora (RME) para compartilhar experiências e apoiar outras mulheres que, como eu, querem empreender e precisam de geração de renda.

Esse passo me levou a estabelecer outros objetivos pessoais, como a luta incessante contra o preconceito racial, cultural e de gênero. Acredito nos valores humanos da igualdade e da solidariedade, principalmente quando esses valores são transformados em ações práticas que beneficiem a população vulnerabilizada.

Assim, espero que o amanhã seja um lugar justo e equilibrado, principalmente para as mulheres e para todas as pessoas que hoje em dia são deixadas para trás.

Espero, também, que minhas filhas possam ser respeitadas pelo que elas são e não pelo que elas têm. Espero que elas, assim como tantas outras mulheres, possam ter a liberdade da escolha pessoal e profissional, sem parâmetros e limites impostos por uma sociedade discriminatória.

E, se ainda não for assim, espero que no amanhã mais e mais gente continue lutando contra o preconceito e contra a violência, construindo caminhos sólidos de equidade, oportunidades e justiça.

O amanhã será diferente do que é hoje, porque pessoas como nós fizeram com que o hoje fosse melhor do que foi o ontem.

Marcelo *de Troi* & **Wagner** *Quintilio*

Marcelo de Troi é jornalista, doutor pelo Programa de Pós-Graduação Multidisciplinar em Cultura e Sociedade do Instituto de Humanidades, Artes e Ciências da Universidade Federal da Bahia, pesquisador doutor visitante no ISCTE-CIS do Instituto Universitário de Lisboa (Capes Print).

Wagner Quintilio é Doutor em Bioquímica pela Universidade de São Paulo. Pesquisador do Instituto Butantan. Professor Associado do Programa de Pós-Graduação em Interunidades em Biotecnologia (USP/IPT/Butantan).

BRA / Ensaio / 31-Mar-2020

Originalmente escrito em português

desafios, coletividade, política, tecnologia

Introdução

Bactérias e vírus são velhos conhecidos humanos. Tudo leva a crer que o modo de vida dos nossos ancestrais, os coletores caçadores que percorriam a Terra em pequenos bandos, não favorecia a criação de epidemias. Depois de nossa fixação, passamos grande parte do tempo sobrevivendo e criando resistência imunológica a essas estruturas incríveis que habitam o planeta antes mesmo da nossa existência. Isso não faz muito tempo: não ultrapassa os 12 mil anos, época em que começaram os assentos permanentes de humanos. Apenas em 1647, Anton van Leeuwenhoek conseguiu enxergar pela primeira vez, em um microscópio caseiro, "criaturas minúsculas" em uma gota de água. Nos 300 anos seguintes, passamos a ter conhecimento de muitas outras espécies microscópicas (HARARI, 2015).

Aqueles seres minúsculos revelariam muitas vezes um grande poder de letalidade, o que ficou comprovado com o aumento de nossa vida social, a criação de aglomerados e grandes cidades. Entre o século XIV e o XVIII, a Europa registrou cerca de 40 surtos epidêmicos. Em alguns deles, as cidades chegavam a perder de 20 a 30% de sua população. No século XVII, somente a peste europeia teria provocado em Londres a morte de 70 mil pessoas e a fuga de outras 300 mil pessoas (DEL PRIORE, 2015, p. 152). Em 2020, celebramos os 100 anos do fim da temível gripe espanhola, que exterminou 50 milhões de indivíduos[1] em todo o mundo, sendo 300 mil no Brasil (WESTIN, 2020).

No século XIX e início do XX, as epidemias serviram para implantação de projetos higienistas que extrapolavam as questões ligadas à limpeza das cidades. Ações políticas em nome da higiene serviram para exterminar e expulsar pobres de regiões da cidade, expandir o espaço citadino a partir de princípios esboçados pelo urbanismo destruidor do Barão de Haussmann na Paris oitocentista que influenciou todas as metrópoles ocidentais. Um exemplo brasileiro, dentre tantos, foi a destruição do Morro do Castelo, no Rio de Janeiro (TROI, 2017), território de fundação da cidade eliminado a partir de jatos de água succionados do mar no início do século passado. As terras do Morro deram origem ao atual aterro do Flamengo.

O filósofo Michel Foucault, que se debruçou sobre as relações entre conhecimento e poder, estudou com detalhes os instrumentos de vigilância e punição na sociedade. Foucault foi perspicaz ao notar as mudanças de tratamento entre as ocorrências de hanseníase e de peste na Europa, diferenciando os regimes de expulsão da cidade, para o primeiro, e a instauração da quarentena, no segundo. Além disso, o filósofo e historiador vai notar que a união de discursos médicos, judiciários e policiais deixava evidentes os outros interesses que permeavam as sociedades disciplinares. Para Foucault, "a exclusão do leproso" e a "inclusão do pestífero" são alguns dos grandes fenômenos ocorridos no século XVIII. A quarentena ensejava um controle da cidade e dos corpos: "a peste traz consigo também o sonho político de um poder exaustivo, de um poder sem obstáculos, de um poder inteiramente transparente a seu objeto, de um poder que se exerce plenamente" (FOUCAULT, 2001, p. 59).

Por outro lado, em muitos desses períodos, o papel das autoridades, em princípio, era negar o que estava ocorrendo. Sob o argumento de que não era necessária a preocupação, evitando "histeria" e "alarmismo", tais atitudes quase sempre escondiam interesses políticos e econômicos. O século XIX, considerado um dos mais atingidos por epidemias, foi um período de muitas discussões a respeito da teoria do contágio, onde surgiu uma nova geração de cientistas negacionistas que duvidava da eficiência das quarentenas e dos cordões de isolamento: "numa clara associação entre teorias anticontágio e interesses comerciais, que os governos do norte da Europa, mais liberais e progressistas, avançaram com políticas higienistas abolindo quarentenas e cordões sanitários" (ALMEIDA, 2011, p. 1.064). Os Estados também abraçaram o discurso negacionista em função das perdas econômicas. No início do século XX, situações parecidas foram narradas nos surtos de febre amarela no Brasil, com médicos que recorriam a práticas religiosas, negando a transmissibilidade da doença (FRANCO, 1969). As consequências eram as piores possíveis.

1. O *site* Visual Capitalist criou um infográfico com a história das pandemias no qual compara os números estimados de mortes em cada uma delas. Informação disponível em: https://www.visualcapitalist.com/history-of-pandemics-deadliest/. Acesso em: 25 mar. 2020.

A epidemia da Covid-19, que afeta o mundo desde o final de 2019, tem repetido muitas das situações anteriores vividas na idade moderna durante períodos de epidemia. Em um misto de incompetência política e falta de discernimento em relação à realidade, crises epidêmicas têm sido agravadas pela tentativa de dar prioridade à mitigação dos efeitos econômicos em detrimento dos regimes de quarentena. Segundo diversos analistas, essa atitude teria custado à Itália um aumento do número de casos. Somado a isso, atualmente vivemos na era da disseminação instantânea da informação sob forte influência de correntes de pensamentos negacionistas. Negam-se fatos históricos, negam-se evidências científicas das mais contundentes resumindo a produção de conhecimento ao que se convencionou chamar "guerra cultural". Líderes políticos tentam desacreditar o valor e a importância das Ciências em detrimento de seus interesses ideológicos. Mau sinal. A história nos mostra que isso pode agravar a situação e aumentar vertiginosamente o número de mortos.

O novo vírus nos impõe uma nova configuração de transmissão e pode, ao que tudo indica, tornar-se a maior epidemia do século XXI. Mas o que a Covid-19 sinaliza para todos os humanos?

A Covid-19

Coronavírus é uma grande classe de vírus envelopados de RNA positivo não segmentado. Foram descritos pela primeira vez na década de 1960 a partir de estudos relacionados à bronquite aviária. O nome deriva do seu aspecto: vistos em microscopia eletrônica, seu capsídeo circular com as espículas de proteína se assemelham à corona solar (NATURE, 1968).

Trata-se de uma família de vírus que, majoritariamente, afeta animais, sendo que em humanos são conhecidas sete variedades. Delas, quatro já tinham sido detectadas no Brasil e foram responsáveis por infecções respiratórias de pouca importância (GÓES et al., 2019). SARS- CoV-1 e MERS-CoV são as outras duas variedades que não chegaram ao país, felizmente. A primeira provocou o surto de Síndrome Respiratória Aguda (SARS), sobretudo na Ásia, entre 2003 e 2004, e, a segunda, foi responsável pela Síndrome Respiratória do Oriente Médio (MERS), identificada pela primeira vez na Arábia Saudita, em 2012.

Se o MERS-CoV tem como origem os camelídeos (WHO, 2020), tanto o SARS-CoV-1 quanto o SARS-CoV-2 (responsável pela epidemia atual, Covid-19) foram originários de morcegos (WU et al., 2020) a partir de mutações que, em conjunto com a proximidade às comunidades humanas, favoreceram o advento da epidemia. Em especial, no caso do SARS-CoV-2, ao contrário do propalado nas redes de *fake news*, é improvável que o vírus tenha sido originado por manipulação em laboratório a partir do SARS-CoV-1 (ANDERSEN et al., 2020; BENVENUTO et al., 2020).

Vírus respiratórios podem infectar o trato superior, nariz e garganta, onde tendem a ser altamente contagiosos, ou o trato respiratório inferior, traqueia e pulmões, onde se espalham com menor facilidade, mas de maneira mais mortal. O SARS-CoV-2 uniu essas duas habilidades. Além disso, o vírus utiliza um mecanismo de entrada nas células que depende de uma proteína de superfície encontrada nas células de mucosa do trato respiratório superior, além de várias outras no organismo (XU et al., 2020), o que lhe confere uma infectividade muito alta.

Soma-se a isso tudo uma relativa estabilidade. O vírus mantém sua infectividade fora do corpo humano por um tempo relativamente longo, favorecendo a transmissão. Em superfícies como plástico e metal chegam a resistir por até três dias, em papel e em aerossóis por algumas horas (VAN DOREMALEN et al., 2020). Daí o alarme: uma doença potencialmente perigosa se juntou à alta capacidade de infectar seres humanos.

A letalidade da Covid-19 não é, per se, alta. Afinal, há outras doenças com letalidade bem maior (INFORMATION IS BEAUTIFUL, 2020). A partir de dados de março de 2020, conclui-se que a letalidade da Covid-19 estava em aproximadamente 2%, em média. Considerando que a gripe aviária (H5N1) tem letalidade de quase 60%, e que a velha conhecida dos brasileiros, a febre amarela, mata 7% dos infectados, e a gripe sazonal, algo em torno de 0,1% dos infectados (CDC, 2020), averigua-se uma letalidade baixa para a Covid19. Porém, o problema não é a letalidade, mas a morbidade.

O SARS-CoV-2 é um vírus desconhecido, tanto pela Ciência quanto pelo sistema imunológico do ser humano. Sua alta capacidade de infectar pode provocar uma pneumonia severa que demanda hospitalização com assistência respiratória. E esse é o problema do ponto de vista de saúde pública: sobrecarga dos hospitais e do já precário sistema de saúde, no caso do Brasil.

Além disso, a medida de quarentena que, já comprovada, impede o aumento de transmissão de casos, atinge em cheio a sociabilidade dos humanos, uma das principais características da nossa espécie. Sem dúvida, o isolamento traz consequências psíquicas para todos os indivíduos e para a coletividade como um todo, favorecendo tentativas e teorias que minimizam a necessidade dessa ação extrema, porém, necessária para evitar uma explosão do contágio.

Vigilância e tecnologia

Em artigo recente para o Financial Times, o professor Yoan Harari (2020) tratou de refletir sobre o mundo após o coronavírus. Ele pergunta no final: "Iremos percorrer o caminho da desunião ou adotaremos o caminho da solidariedade global?". Dentre as diversas preocupações descritas pelo historiador, estão as tecnologias usadas para contar a epidemia. Isso cria um paradoxo, porque, ao mesmo tempo em que desejamos e concordamos com as medidas de quarentena para evitar o contágio, sabemos que elas tratam, em última instância, da suspensão de direitos constitucionais extremamente valiosos para as democracias liberais. Vigilância totalitária e empoderamento dos cidadãos estão no centro dessa preocupação.

A China adotou diversas tecnologias de vigilância para conter o avanço do vírus, como reconhecimento facial, monitoramento de smartphones, câmeras que podem medir a temperatura dos corpos no espaço urbano, aplicativos móveis que avisam a proximidade de pessoas infectadas. Para Harari, a epidemia pode ser um divisor de águas na história da vigilância já narrada anteriormente por Foucault, normalizando a implantação de ferramentas, criando uma transição dramática da vigilância "sobre a pele" para a vigilância "sob a pele".

Muitos pensadores trataram apressadamente de ver a Covid-19 como um duro golpe contra o capitalismo global. Mas a história também tem nos sinalizado que não é bem assim. Naomi Klein demonstrou em seu livro A doutrina do choque, como no mundo contemporâneo o capitalismo tem se aproveitado de desastres naturais para recrudescer o regime neoliberal. Após o furacão Katrina, o governo norte-americano aproveitou o momento para vender as escolas, até então comunitárias, para a iniciativa privada. Klein mostrou como o dinheiro para as vítimas da enchente era desviado para erradicar o sistema público e privatizar o setor da educação.

Com a população fragilizada pelo choque e incapaz de agir, o enfrentamento de situações de emergência transforma-se em um mercado aquecido, servindo para governos com vieses totalitários desestabilizarem as democracias. Dois rápidos exemplos recentes no Brasil, a partir da chegada da Covid-19, foram a compra de máscaras cirúrgicas com preço 67% acima do seu valor de um aliado do governo[2] e a Medida Provisória nº 928, que suspendeu a Lei de Acesso à Informação[3]. O diretor geral da Organização Mundial da Saúde alertou para o fato de que a Covid-19 está gerando uma repressão global à liberdade de imprensa. Nos Estados Unidos, informações falsas e enganosas do presidente Trump foram ampliadas por uma rede de comentaristas nas mídias sociais e na Fox News, atrasando a resposta pública no país, informou[4] a Columbia Journalism Review, uma das mais respeitadas revistas de jornalismo do mundo, publicada desde 1961.

2. Para mais detalhes sobre esse fato, leia a reportagem "Coronavirus: sem licitação Mandetta paga 67% mais caro para comprar máscaras de empresa de bolsonarista", do The Intercept Brasil, disponível em: <https://theintercept.com/2020/03/22/mandetta-mascaras-bolsonarista- coronavirus/>. Acesso em: 25 mar. 2020.

3. A Lei de Acesso à Informação é considerada uma das maiores conquistas da recente democracia brasileira. Com ela, foi estabelecido um novo padrão na administração pública obrigando os gestores a tornarem transparentes e acessíveis todas as movimentações do governo, com prazos para a entrega de informações. Sobre a Medida Provisória que suspendeu a lei, leia a reportagem "MP que suspende Lei de Acesso à Informação fere conquista democrática", no site Consultor Jurídico, disponível em: <https://www.conjur.com.br/2020-mar-24/mp-suspende-acesso-informacao-fere-conquista-democratica>. Acesso em: 25 mar. 2020. No dia 26 de março, o Supremo Tribunal Federal suspendeu os efeitos da MP.

A partir do atual cenário, o filósofo Vladimir Safatle chegou a cunhar o conceito de "estado suicidário" para descrever a atual situação do Brasil, um novo modelo de gestão do neoliberalismo, afirmando: "Há várias formas de destruir o estado e uma delas, a forma contrarrevolucionária, é acelerando em direção a sua própria catástrofe, mesmo que ela custe nossas vidas" (SAFATLE, 2020, sp).

Um doença na era das *fake news*

Em diversas partes do globo, além de lidarem com os desafios impostos pelo próprio vírus e os respectivos sistemas de saúde, cientistas, governos locais e sociedade civil organizada têm lutado contra outro inimigo: a desinformação.

Temos testemunhado diversos governos ao redor do globo que elegeram como inimigos alguns dos principais pilares das chamadas democracias liberais desde a criação do Estado moderno, a saber, a imprensa, as ciências e a política.

Atuar em situações de emergência nas quais o inimigo não é visível exige confiança naqueles que detêm o poder político, o conhecimento e a informação qualificada. Que tipo de governo é esse que se instalou nos países e que visa a destruição das próprias ferramentas

4. Em artigo publicado no dia 25 mar. 2020, a CJR explana sua preocupação com a liberdade de imprensa e a cobertura da epidemia no mundo, combatendo a ideia oportunista da China de que o controle do governo sobre as informações era essencial para combater a crise. O artigo completo está disponível em: https://www.cjr.org/analysis/coronavirus-press-freedom- crackdown.php. Acesso em: 26 mar. 2020.

democráticas, com teorias conspiratórias, distorção de fatos históricos? Tem-se evidenciado que muito do seu poder e controle vem por um misto de obscurantismo religioso e negacionista mesclado com as próprias tecnologias do mundo contemporâneo como as redes sociais e seus jogos algorítmicos. Para Bruno Latour (2018), essa situação só foi possível porque há um déficit na prática compartilhada, falta-nos um mundo compartilhado. Se o conhecimento só pode existir apoiado por instituições que possam ser confiáveis e tem sido objetivo desses governantes minar a confiança nas instituições, uma espécie de "delírio epistemológico" torna-se público.

Grande parte da comunidade científica tem gastado seu tempo não apenas para informar a população sobre os cuidados para evitar a transmissão da Covid-19 e as projeções numéricas de infectados que impediriam o colapso dos sistemas de saúde, mas cientistas no mundo inteiro têm utilizado seu precioso tempo para desfazer informações mentirosas ou convencer governantes oportunistas de que a ciência pode auxiliar na tomada de decisões que podem evitar a morte de pessoas.

Para Harari (2020), para atingirmos um estado de conformidade e cooperação, essencial para vencer a epidemia, será preciso confiança. Confiança nas ciências, nas autoridades públicas e na mídia. "Agora, esses mesmos políticos irresponsáveis podem ficar tentados a seguir o caminho do autoritarismo, argumentando que você simplesmente não pode confiar no público para fazer a coisa certa", afirmou o estudioso.

Covid-19 e o mundo futuro

A Attac France, uma associação independente francesa que mobiliza a sociedade por justiça social e ecológica, publicou um texto recentemente sobre a construção do mundo futuro após a epidemia do coronavírus, afirmando não querer um retorno à normalidade, "porque a normalidade neoliberal e produtivista é o problema".[5]

A Covid-19 tem funcionado como um amplificador, uma lente de aumento dos problemas do Antropoceno, essa era em que os humanos tornaram-se uma força geológica capaz de desestabilizar o planeta, e do capitalismo neoliberal, demonstrando a importância do papel do Estado e dos sistemas públicos de saúde. As ações de isolamento e circulação tomadas por conta do vírus evidenciaram que o ser humano funciona como uma verdadeira epidemia para o planeta Terra e para as espécies não humanas. Não são raros os registros de pessoas que têm percebido o aumento da presença de insetos e animais, até mesmo em áreas urbanas. A ausência de pessoas também modificou a paisagem de muitos locais, a exemplo de Veneza.[6]

A presença do vírus em nosso cotidiano provocou mudanças radicais nas nossas formas de vida. Primeiro na China, depois na Itália, com a diminuição da poluição na área afetada pelo vírus registrada a partir de comparação de imagens de satélites[7]. Com isso, fica demonstrado que a atividade humana gera impacto e que seria possível uma ação global de emergência para

5. O ensaio intitulado "Coronavírus: uma revolução ecológica e social para construir o mundo futuro" pode ser lida em publicação do dia 23 mar. 2020. Disponível em: https://france.attac.org/nos-publications/notes-et-rapports/article/coronavirus-une-revolution-ecologique-et-sociale-pour- construire--le-monde-d. Acesso em: 26 mar. 2020.

6. A claridade das águas nos canais da cidade italiana surpreendeu moradores e pesquisadores. A ausência dos transportes aquáticos motorizados deixou de agitar as águas. Sobre esse assunto veja matéria no The Guardian, do dia 20 mar. 2020. Disponível em: https://www.theguardian.com/environment/2020/mar/20/nature-is-taking-back--venice-wildlife-returns-to-tourist-free-city. Acesso em: 27 mar. 2020.

diminuir as emissões de gases estufa, garantindo um planeta menos aquecido. Isso também evitaria o aparecimento de novas epidemias a partir dos inúmeros vírus que podem estar congelados nos chamados *permafrost*[8], solos congelados há milhares de anos, ou mesmo os organismos virais que ainda se abrigam nas florestas remanescentes que estão sendo destruídas pela força do agronegócio.

Evidencia-se nesses tempos que a principal arma contra o coronavírus é a mesma contra a crise climática: parar. E isso desafia o modelo de vida imposto desde a modernidade e pautado, essencialmente, pela velocidade. Não conseguimos parar porque todos os sistemas produtivos e econômicos estão aliados a essa lógica. A Covid-19 atinge em cheio um dos pressupostos da globalização, que é a mobilidade, interrompendo de maneira inédita e global a circulação de pessoas (XIANG, 2020) e de mercadorias.

A Covid-19 tem sido responsável pelo aparecimento de outra temporalidade, desorganização da vida que só experimentamos em meio aos levantes e às revoluções, a exemplo das Jornadas de Junho de 2013, que nos atiraram momentaneamente em outras lógicas, fazendo-nos repensar toda a estrutura de vida atual.

Se os governos têm tomado medidas de austeridade com a intenção de socorrer a economia em detrimento das vidas humanas, isso é mais uma prova de que, mesmo com toda a suposta ameaça à economia, a Covid-19 pode, no final, representar lucro e mais depauperamento de vida para as camadas menos favorecidas. Contra isso, cientistas do mundo inteiro têm trocado informações sobre o enfrentamento da epidemia, humanizando linhas de produção, governos nacionalizaram hospitais, para que o lucro não esteja acima das vidas humanas.

Os países que não negam a gravidade da situação e que confiam nas Ciências, pautando decisões a partir daqueles que dedicam suas vidas à construção de conhecimento, têm tido mais chance de reduzir a curva de transmissão e também de mortos. No meio de tantas más notícias, uma solidariedade global se desenha, demonstrando que, em momentos de emergência, podemos fazer o melhor para garantir o futuro.

Podemos e devemos transformar a experiência da epidemia em algo positivo, pensando em um mundo mais justo, menos desigual, e isso deveria valer para pensarmos a crise climática, uma bomba relógio em curso. Mas como sensibilizar as pessoas tal e qual foram sensibilizadas pela ameaça viral? Por que esperar o pior acontecer se podemos agir agora como já estamos agindo contra a Covid-19?

Originalmente publicado em *ScieLO*.

7. O impacto das emissões de gases estufa foi registrado pelos satélites em registros de dezembro de 2018 e março de 2019 comparados às imagens de dezembro de 2019 e março de 2020. Os dados de satélite foram analisados no jornal The New York Times em parceria com o Descartes Labs, um grupo de análise geoespacial, em reportagem do dia 17 mar. 2020. Disponível em: https://www.nytimes.com/interactive/2020/climate/coronavirus-pollution.html. Acesso em: 25 mar. 2020.

8. Uma reportagem da BBC Brasil, em 15 maio 2017, relata como o derretimento de geleiras está levando ao ressurgimento de doenças "adormecidas". Disponível em: https://www.bbc.com/portuguese/vert-earth-39905298. Acesso em: 26 mar. 2020.

nos comportamos no espaço público e privado ainda é um enigma. Este é um desafio diário, sutil, e sólido, a ser notificado dia após dia, ao longo dos anos.

Isabela *Fonseca*

Arquiteta e urbanista, graduada pela PUC-Rio e com extensão de estudos na Technische Universität München.

BRA / Relato / 14-Jul-2022
Originalmente escrito em português

desamparo, política, urbano, expectativa

A pandemia tomou proporções inimagináveis e incalculáveis no mundo inteiro. Mas, no Brasil, virou um pesadelo. Em um país liderado por Bolsonaro, como se já não bastasse a crise por si só, com a chegada da pandemia, o aumento da inflação, da desigualdade econômica, da fome e do desemprego, o país virou de cabeça para baixo. Ao demonstrar sua incapacidade de gestão de crise, o presidente fez piadas com as diversas vítimas da doença e suas famílias, e até mesmo com o próprio vírus. Negou publicamente a vacina com teorias conspiratórias sem embasamento, contradisse as autoridades de saúde pública e divulgou inúmeras *fake news* em horário nobre e canal aberto.

O que se espera, hoje em dia, pelos que ainda têm uma pontinha de esperança, é o fim da pandemia e um novo governo que se mostre capaz de gerir e administrar a magnitude que é o território brasileiro. Um povo com uma rica cultura, belezas naturais, mundialmente conhecido pelo seu carisma, não merece o abandono político, e muito menos a tragédia sanitária ocorrida nos últimos anos.

Como arquiteta e urbanista, é meu dever pensar, inspirar e manifestar uma melhora dos espaços urbanos e refletir quais serão as mudanças a longo prazo no comportamento dos corpos de acordo com o espaço urbano a seu dispor. O real efeito da pandemia em relação a como

Pedro *Brito*

Arquiteto e Urbanista no POLES Studio, graduado pela PUC-Rio.

BRA / Relato / 14-Jul-2022
Originalmente escrito em português

incertezas, coletividade, expectativa, esperança

O amanhã vem de nós e nos atravessa em uma constante, por vezes, inconsciente. A todo momento é pauta do presente, em um futuro de possibilidades incertas desenvolvidas de forma individual e coletiva. Como sucessão de presentes inacabados que porventura materializam-se em novas narrativas. Ser inconstante é propriedade do tempo, em um estado de devir das sucessões do presente inacabado, articulando outras relações com o amanhã. O hiato que vivemos, porém, nos tirou o direito de cultivá-lo temporariamente. Tivemos de aprender a fazer parte de outros cotidianos, inseridos em um novo modo de ser – e não ser – do tempo, como indivíduos dentro de bolhas. Barreiras invisíveis que nos limitaram por seus valores, expandindo suas fronteiras em virtude do tempo.

Mas sobre qual tempo falamos agora? Nós nos acostumamos com uma realidade em suspensão que tomou forma, transformando o presente em dúvida e o futuro em negação. Problemas latentes, que aos poucos se revelaram de maneira muito palpável, pautaram as dinâmicas reais sob forças invisíveis. Em pausa, a vida na cidade e no campo rompeu seu fluxo. Constantemente incerto tornou-se movimento reverso das nossas vontades, trazendo dúvida ao cenário já crítico em que nos encontrávamos. Ferida sobreposta não somente àquelas abertas aqui na América Latina, como no mundo. Mas, justamente aqui, onde se sofre há tanto tempo, que de maneira lenta coagula ao longo desses dois – ou mais – anos.

Como pensar em um amanhã novo se as dificuldades de antes perduram? O presente é, para tanto, forma de refletir sobre o que foi feito e o que vem sendo negado. O amanhã não será nosso, se não for dos poucos que nunca o tiveram. Como disse Galeano, "A história não quer se repetir – o amanhã não quer ser outro nome do hoje –, mas a obrigamos a se converter em destino fatal quando nos negamos a aprender as lições que ela, senhora de muita paciência, nos ensina dia após dia".[1]

As correlações da história portanto, nos trouxeram até aqui. E, passados anos com certo ceticismo de uma síntese positiva, sua inflexão não precisa de mais nada senão da reflexão sobre o que já se foi. Seja na arquitetura, no urbanismo, na ciência ou na ecologia, há tanto a ser feito que é necessário pensar nos outros amanhãs que podem vir a ser. Mas, em época de universos em expansão, é preciso ter cautela. Ainda vivemos em um tempo presente que almeja um futuro pretérito, com escaladas autoritárias, jogos de poder, guerras civis, desastres naturais e a volta da fome no Brasil... Acredito que o amanhã será diferente, porém, se for pensado como processo. Por meio de novos caminhos ecossistêmicos e críticos, fruto da coletividade e que opere sobre todas as formas de vida. Materializado sob constante transformação e guiado por vozes ainda não ouvidas. Assim, poderemos, aos poucos, dissipar essa nebulosa fumaça sublime da realidade e dar a ver narrativas outras do tempo. Será incerto, porém, necessário percorrê-lo.

1. GALEANO, Eduardo. Veias Abertas da América Latina. Porto Alegre: L&PM, 2010.

Luis *Erlanger*

Jornalista e escritor. Bacharel em Jornalismo pela Escola de Comunicação da UFRJ. Trabalhou no jornal O Globo e na TV Globo, como repórter e executivo. Foi um dos coordenadores da equipe de criação e implementação da GloboNews.

BRA / Relato / 14-Mar-2022
Originalmente escrito em português

incertezas, política, tecnologia, regressão

A boa notícia é que ainda podemos ter um mundo diferente para um melhor amanhã. Poucos itens para mudar. Mas difíceis. Respeito aos direitos humanos e ao meio ambiente já faria enorme diferença.

A notícia ruim é que, mesmo diante de tamanha iniquidade, desastres e tragédias – voltamos a conviver com guerra! –, parece que a Humanidade não se movimenta para esse mundo diferente. Isso só acontecerá com a eleição de governantes efetivamente compromissados com um mundo diferente. A falta de Educação é o grande desafio nesse sentido.

Na verdade, nem é para ser diferente: é para ser como deveria e pode ser.

Uma coisa, com certeza, será diferente: o império da Inteligência Artificial.

E, quem sabe, previsto como o período de maior segregação social da espécie, não serão esses *softwares* que resgatarão o instinto de sobrevivência da espécie? Aparentemente deletado do cérebro humano.

V & VI

Entrevistas

Admir *Masic* / **Adèle** *Naudé Santos*

Admir *Masic*

Professor Esther e Harold E. Edgerton de Desenvolvimento de Carreira em Engenharia Civil e Ambiental. Fundador e diretor do MIT Refugee Action Hub (MIT ReACT), uma iniciativa lançada em 2017 cuja missão é conceber e proporcionar novas oportunidades de aprendizagem para refugiados e populações deslocadas à força em todo o mundo.

CRO / Entrevista / 09-Out-2022
Originalmente em inglês

desafios, desigualdade, política, adaptação

Amanhã *(de)Novo* Pensamos em começar a nossa conversa falando sobre os primeiros anos de sua vida e de sua trajetória profissional.

Pode falar-nos um pouco sobre como foi esta trajetória, desde a fuga de uma Bósnia e Herzegovina devastada pela guerra a um campo de refugiados na Croácia, até chegar ao cargo de professor no MIT? Quais foram as principais dificuldades que enfrentou? E qual a importância das oportunidades educacionais para si, na condição de refugiado, para poder prosseguir uma educação superior e ter sucesso académico?

Admir *Masic* É uma trajetória interessante. Penso que a minha jornada é apenas uma das muitas jornadas que as pessoas afetadas pela guerra, ou por outras deslocações forçadas, enfrentam. A minha, em específico, começou em 1992, com o início da guerra na Bósnia. De um dia para o outro, percebemos que precisávamos partir. Você vai para o seu pequeno quarto, pega as coisas mais preciosas – pelo menos na sua mente – e parte. Eu tinha 14 anos, na época. Você parte sem sequer compreender o que está acontecendo.

Deixamos uma casa que se encontrava em ótimas condições. O meu pai trabalhou na Alemanha, e depois construiu esta casa na Bósnia. Em muito pouco tempo, a Iugoslávia tornou-se Bósnia-Herzegovina e Croácia... Eu estava fugindo e tornando-me refugiado no lugar onde nasci, paradoxalmente. Tornei-me um refugiado na Croácia, apesar de ter nascido lá. Mas, porque nasci no hospital que estava do outro lado do rio, que posteriormente se tornou Croácia, e depois ter vivido na Bósnia, tornei-me um estranho, um imigrante da Bósnia para a Croácia.

Para além desses pequenos detalhes, fugimos com a certeza de que voltaríamos atrás. Ficamos em um apartamento com amigos na Croácia durante várias semanas. O meu pai estava no front, lutando na Bósnia, durante meses. Ataques, bombardeios e tudo o mais estava acontecendo. Os sérvios conseguiram de alguma forma atacar até mesmo a cidade na Croácia, onde vivíamos. Todos os dias havia ataques de aviões, por isso passávamos a maior parte do tempo no porão. Mas depois houve um momento interessante, em que os exércitos croata e bósnio conseguiram afastar os sérvios da região onde eu vivia, e assim houve este momento de regresso à casa. Os sérvios não estavam mais ocupando o meu pequeno vilarejo e, por isso, entramos no carro e para lá voltamos. Foi então que percebi que as coisas já não eram as mesmas. Nunca esquecerei o momento em que saímos daquele carro com a minha mãe dizendo: "O que eles fizeram à minha casa?". As cenas de destruição... O nosso vilarejo foi totalmente, 100% destruído. O mais importante: todas as nossas coisas pessoais, tudo o que fazia parte do meu passado acabou sendo destruído, destroçado, danificado. Nunca esquecerei; corri para o meu quarto através de toda a poeira e destruição para procurar as minhas coisas que sabia ter deixado para trás. Coisas que eu amava muito, e já não estavam mais lá. Esse foi o momento de realização, de que a minha vida havia sido realmente afetada e mudada. Não creio que os meus pais tenham se recuperado disso. Foi muito difícil.

Ajudei um pouco meu pai a reconstruir a casa, mas logo a guerra voltou; outra ofensiva. Eventualmente, ocuparam todo o território do norte da Bósnia e então tivemos de partir de verdade. Meu pai se mudou a trabalho, e nos levou com ele. E foi então que acabamos nestes abrigos. Alguns trabalhadores traziam suas famílias inteiras; havia mais de 100 pessoas neste campo de refugiados. Nós vivemos lá por três anos.

Eu sempre fui muito bom na escola. Na Bósnia, eu tirava somente nota A. Eu estava realmente interessado em seguir com meus estudos na Croácia e continuar a aprender. Mas, lá, os refugiados bósnios não tinham permissão para ir à escola. As leis não foram estabelecidas para aceitá-los em escolas regulares. Apesar de ter nascido na Croácia, não pude ir à escola.

As aulas já haviam começado em setembro, quando minha mãe pegou um ônibus comigo e nós fomos para a cidade. E lá, basicamente, procuramos qualquer escola de ensino médio disponível. As primeiras escolas secundárias que encontramos foram uma escola técnica sobre "Comunicações e Transporte" e "Química". Perguntamos se eu poderia começar, mas eles disseram "Não". Minha mãe começou a discutir enquanto eu mostrava meus boletins com todas as notas A. Ela chorou. A psicóloga da escola ouviu falar de nós e nos levou ao seu escritório. Minha mãe explicou que seu filho era muito bom na escola, que éramos da Bósnia e tínhamos acabado de chegar lá. Esta psicóloga então se dirigiu ao diretor da escola, explicando meu caso, e de alguma forma o convenceu a me admitir como estudante convidado. Eles me perguntaram se eu queria ir para "Transporte e Comunicação" ou

"Química". Estas eram as duas opções que eu tinha. Como na Bósnia tínhamos uma refinaria em nossa cidade, eu tinha certeza de que ia voltar e encontrar trabalho, escolhi a química. Foi assim que acabei fazendo química.

Eles me admitiram como convidado, mas registraram todas as minhas notas com algum tipo de caneta que podia ser apagada. Então, quando as leis mudassem, eles poderiam simplesmente validar tudo, mas, enquanto isso, se alguém viesse verificar, eles poderiam apagar os registros; tornando-me inexistente. Foi assim que eu consegui entrar na escola. As lições de casa, para mim, não eram tão exigentes. Eu fazia tudo, claro, com a motivação de uma pessoa que era abençoada por simplesmente estar na escola. Eu me tornei bom em química. Percebi que, de alguma forma, era muito fácil para mim. Eu era talentoso para as ciências.

Em janeiro ou fevereiro, o mesmo diretor da escola disse que havia uma competição na cidade que eu poderia experimentar. Foi tão difícil; eu nunca vi nada parecido. Mas tínhamos quatro horas para resolver as questões. Coloquei tudo o que tinha nisso por horas e fui almoçar. Acontece que, para o meu grupo, não havia segundo ou terceiro lugar, porque o vencedor colocou o nível tão alto que ninguém conseguiu pontos suficientes para conseguir o segundo e o terceiro lugares. E o vencedor foi Admir Masic! Esse foi um momento de mudança de vida. Eu tinha acabado de encontrar meu talento. Então eles me convidaram para as Olimpíadas nacionais, na qual eu me saí muito bem. Depois disso, eles me convidaram para participar da Escola de Verão dos melhores 20 jovens químicos da Croácia; eu era o melhor aluno de todo o país. Foi assim que a história começou. Isto me permitiu realmente me concentrar na química.

Em 1994, após dois anos, meu pai emigrou para a Alemanha, encontrou um emprego e nos enviou vistos para nos juntarmos a ele. Isso foi em abril de 1994. Eu estava terminando o segundo ano do ensino médio e, de repente, tínhamos este sonho do visto. Para um refugiado, ter um visto alemão era como ter um visto para uma vida melhor. Mas eu não queria ir, porque, enquanto eu estava fazendo pesquisa e dando continuidade à minha educação, descobri que a Alemanha não reconhecia as escolas de ensino médio da Croácia. Eu teria de começar de novo. Eu disse: "Eu não quero ir; tenho mais dois, terminarei o ensino médio e depois irei para a Alemanha". Ao que minha mãe respondeu: "Claro que não, você está louco? Estamos em 94, ainda há guerra, não só na Bósnia, mas também na Croácia". Eu tinha 16 anos, portanto, não podia ficar sozinho. É claro que a escola estava me apoiando porque eu era o melhor aluno. Então, encontramos um amigo que morava perto do campo de refugiados e tinha um pequeno estúdio no porão de sua casa. Meu pai convenceu minha mãe a me deixar ficar. Ele lhe disse que eles iriam me comprar um bilhete de ônibus para a Alemanha e depois de duas semanas eu já teria tido suficiente disso, e pegaria o ônibus. Mas isto nunca aconteceu. Desde então, eu vivi sozinho.

Preciso admitir que as famílias do bairro me ajudaram, eles me traziam comida. É uma lição de humanidade, uma humanidade que ainda existe. Enquanto isso, conheci organizações humanitárias da Itália que vinham ao meu campo de refugiados, as quais souberam que eu estava vivendo sozinho. Elas me convidaram a ir com elas para oferecer ajuda humanitária para a Croácia. Foi assim que comecei a me conectar com ONGs italianas. Desde quando minha família partiu até agora, tenho estado imerso nesta rede italiana de ajuda humanitária. A cada duas semanas nós viajávamos pela Croácia ajudando refugiados bósnios.

A. *(d) N.* Então, quando você decidiu ir para os EUA?

A. *M.* Quando terminei o ensino médio, a [George] Soros' Open Society Foundation me deu um prêmio de jovem estudante de maior sucesso da Croácia. Foi muito bom; eu me lembro claramente dessa carta. Recebi também como prêmio 500 dólares. Eu vivia, nessa época, com 100 dólares por mês. Foi um bom momento. Então estas ONGs continuavam me dizendo que eu precisava continuar minha educação. Elas me ajudariam a começar a universidade na Itália, e foi o que eu fiz. Eu me mudei, comecei a fazer química na Universidade de Torino e me formei em 2002. Fiz meu doutorado, também em Torino, e depois me mudei para a Alemanha por uma série de razões. Eu não fui para o lugar onde minha família morava. Em vez disso, fui para Berlim e encontrei um emprego no Instituto Max Planck.

A educação para mim foi uma força motriz. Desde o momento em que descobri esse talento até agora, tudo tem sido apenas para esse talento, colocando trabalho duro no que você sabe que faz bem. Todas as invenções que eu fiz vieram até mim. Eu apenas as visualizava em minha cabeça e as escrevia. Havia momentos em que eu tinha muitas dúvidas porque eu não tinha nada para comer. Se você não tem o que comer, é realmente difícil apostar na educação. Há este desafio. Embora eu tivesse tantas ofertas de doutorado, eu não queria fazer, porque não conseguia viver com 800 euros por mês de salário. Então encontrei esse emprego e fiz meu doutorado no meu tempo livre. É sobre isso que muitos dos meus projetos vão eventualmente falar: levar em conta esta experiência e esta força como uma escolha de apostar na educação. É realmente algo que tem de se levar em conta.

A. *(d) N.* Em 2017, você fundou o programa ReACT – o MIT Refugee Action Hub – como um esforço para fornecer um programa de educação global voltado para as necessidades das pessoas refugiadas em todo o mundo.

De que forma a fundação do ReACT foi baseada em suas próprias experiências, em relação aos desafios enfrentados pelos refugiados e outras pessoas deslocadas, especialmente quando se trata de acesso a recursos de aprendizagem e oportunidades de desenvolvimento profissional?

A. *M.* Em 2015 eu vim para o MIT; eu tinha esta oportunidade incrível para ir a uma das melhores universidades do mundo e fazer o que sempre sonhei: ser professor. É de alguma forma a culminação e a realização de um sonho. Isso aconteceu, e eu me senti muito feliz com isso. Enquanto isso, havia tanta coisa acontecendo com os refugiados. Os números estavam crescendo. Lembro apenas como foi difícil ter acesso a uma educação de qualidade, e quantos obstáculos tive de passar ou como era frustrante não ter oportunidades.

Sabemos que essas pessoas que vemos na TV não terão a oportunidade porque não podem viajar e não têm dinheiro. Eu acabei de perceber o quanto fomos privilegiados, como eu tive sorte e quantos eventos tiveram de acontecer para que eu pudesse estar onde estava. Comecei a aprender sobre o aprendizado digital e o aprendizado aberto. Eu estava dando minhas aulas e comecei a refletir sobre minha experiência. Olhando para os momentos-chave do meu caminho, e quais foram os componentes que fizeram a diferença. Por exemplo: poder acessar conteúdo de qualidade ou ter dinheiro para pagar por comida. Ao mesmo tempo, ser capaz de realmente me empenhar, de sentar-me na sala de aula. Havia tantas pessoas e camadas de dentro do MIT que queriam ajudar. Eles me disseram para apresentar minha ideia, do tipo de programa que poderia tornar viável o acesso dos refugiados à educação. Quais seriam os parâmetros? Um programa que permitisse superar aqueles obstáculos que sempre foram os mesmos ao longo de décadas.

Tinha de ser um trabalho bem remunerado. Na verdade, tinha de haver algo que não fosse apenas um emprego, porque eventualmente você precisava estar disposto a transformar sua comunidade, e ser capaz de ganhar dinheiro enquanto estudava. Estes eram os pilares do ReACT.

A computação, nesse sentido, é o campo ideal, porque a codificação pode ser feita remotamente, por meio de trabalhos remotos. O segundo componente, o intraempresarial, é necessário porque você precisa mudar as mentalidades. Nós lidamos com indivíduos deprimidos, com transtorno de estresse pós-traumático (TEPT). Eu, por exemplo, ainda lido com meu TEPT, mesmo depois de ter me tornado professor.

A. *(d) N.* **Quem pode acessar esse conteúdo?**

A. *M.* Isto também se conecta com a situação da Covid. Temos aulas *on-line* que podem ser acessadas de qualquer lugar do mundo. Nosso processo de seleção é muito difícil. Estabelecemos que admitimos indivíduos extremamente talentosos. Temos cerca de milhares de candidatos e admitimos talvez 100. Este ano, estamos com 150 alunos. A seleção funciona assim como a do MIT, nossa taxa de admissão é de apenas 7%; 75% de nossas vagas são reservadas para refugiados e 25% para habitantes locais nos países em que operamos. Nosso programa opera em 10 centros; estamos todos os dias em expansão. Começamos na Geórgia, onde fizemos os campos de treinamento ao vivo. Isso foi muito caro e exigente. Nesse sentido, a Covid nos ajudou, pois podemos funcionar a distância; precisávamos ir *on-line*.

O terceiro componente são os estágios pagos ou projetos que são feitos localmente onde vivem os estudantes. Atualmente, o modelo ReACT está disponível para todos, em qualquer lugar do mundo, desde que tenham conexão à Internet e um computador, e vivam em um país onde nossa rede de funcionamento está presente. Criamos redes de empresas e programas que permitem que nossos estudantes façam este trabalho prático e ganhem algum dinheiro para viver, se precisarem. Muitos deles trabalham fazendo nossos programas simultaneamente.

A. *(d) N.* Considerando que a oportunidade de acesso à educação mudou sua vida, queremos expandir nossa conversa para o poder da educação dentro de comunidades vulneráveis. Há uma correlação direta comprovada entre o acesso ao conhecimento e a possibilidade de pessoas em condições vulneráveis reconstruírem suas vidas longe de tais condições. De acordo com o Alto Comissariado das Nações Unidas para Refugiados (ACNUR), atualmente 5% dos refugiados têm acesso ao ensino superior. Este número aumentou 4% em comparação com os dados de 2019, que eram de apenas 1%. Entretanto, este índice ainda está muito abaixo da média global entre os não refugiados, 39%.

O que impede o aumento deste número? Quais são os gargalos? Você acha que a maior parte da educação ofertada ainda está seguindo algum tipo de solução ultrapassada?

A. *M.* Absolutamente. Ainda estamos vivendo na Idade Média quando se trata de educação superior. Porque você precisa ir às aulas, estar lá presente, sentar-se nesta cadeira desconfortável, ouvir, e talvez até cochilar. Estou bastante confiante de que isto mudará, mudará na direção de existir a possibilidade tanto do *on-line* quanto do presencial, funcionando de mãos dadas com as experiências; um modelo *on-line* com, talvez, aprendizagem experimental no *campus* ou em algum lugar.

Além disso, estes números estão definitivamente ligados à discriminação. Muitos países não permitem o acesso dos refugiados à escola. Foi o que me aconteceu. Em certas circunstâncias, você também não pode se dar a esse luxo. Imagine que você não tem uma casa, que tem duas sacolas de roupa e nada mais. Você começaria a pensar em investir nos próximos quatro anos de sua vida para estudar? Não, você vai encontrar um emprego e fazer o que quer que seja para cuidar de sua família, para cuidar de si mesmo.

As coisas estão mudando por causa da educação *on-line*. Um bom exemplo agora é a Universidade das Pessoas [University of the People], que é baseada em um modelo de aprendizagem entre pares, em que você aprende com seus colegas. É um grande modelo, no sentido de que permite que você cresça rapidamente. Por exemplo, eles têm agora cerca de 16 mil ou 17 mil refugiados inscritos em seus programas, que são os números que gostaríamos de ver no nosso. Em comparação com o ReACT, eles estão crescendo muito mais rapidamente porque estão abertos a todos. Embora já estejamos trabalhando em acordos com as universidades para aumentar a admissão ao ReACT, penso que, à medida que avançamos nesta nova era do ensino superior, a acessibilidade aumentará, assim como o número de refugiados e pessoas deslocadas envolvidas em programas de ensino superior.

A. *(d) N.* Queríamos abordar a seguir o tema do racismo e da xenofobia em relação aos refugiados. Além dos enormes problemas já enfrentados por eles, tais como a perda de suas casas, a separação da família e a dura perturbação em suas vidas, os refugiados frequentemente têm de lidar com atitudes preconceituosas e estereotipadas na sociedade anfitriã, sendo muitas vezes posicionados como inimigos ou como uma ameaça.

Como essa mentalidade distorcida que, até certo ponto, desumaniza os refugiados, pode ser eliminada, ou pelo menos mitigada? Em que medida o acesso à educação oferece melhor integração social aos imigrantes?

A. *M.* Vamos analisar o meu caso e depois podemos tentar expandir a partir dele, para generalizar. Em 1992, eu fui a um pequeno mercado próximo ao meu campo de refugiados. O proprietário deste supermercado me fez as perguntas: "Qual é o seu nome? De onde você é?". Eu respondi: "Da Bósnia". Ele continuou: "Quantos anos você tem? Você terminou o ensino fundamental? E você era bom na escola?". Eu disse que era bom e tirei somente notas A. Então, ele zombou, mencionando que, ali, todas aquelas notas seriam equivalentes a notas C. Depois, quando acabei nos jornais devido às minhas vitórias, eu lhe trouxe muitos recortes de jornais, só para que ele se lembrasse dessas notas C.

O que eu quero dizer aqui é que, se eu agora voltar para a Croácia, as pessoas comentam "Oh, meu Deus. Você se lembra? Você costumava morar aqui e agora está no MIT".

O que aprendi nessa pequena jornada pessoal é que existe um valor universal na educação. Eu realmente acredito que, quanto mais você for instruído – e talvez também rico – menos discriminado você será. Mas, mais importante ainda, existe esta moeda universal de ser qualificado, de ser uma pessoa valiosa por meio de seu aprendizado e de seu caminho educacional.

É por isso que colocamos na mesma mesa 25 estudantes locais e 75 refugiados, `todos quais pelos mesmos desafios. Colocá-los à mesma mesa, com as mesmas lutas e desafios, gera respeito. Isso vai além de apenas aprender e educar. Deixa emergir a beleza de suas mentes. Se conseguirmos dar a oportunidade, se muitos progredirem de sua situação atual, acho que minha missão já está completa.

A. *(d) N.* Gostaria de expandir e falar sobre a pandemia. **De que formas particulares a pandemia da Covid-19 afetou os refugiados? Quais foram as principais consequências e desafios experimentados por estes, em uma época em que o mundo inteiro fechou suas portas? Eles foram deixados de lado? Houve mais assistência para eles? Como foi a resposta do ReACT à crise?**

A. *M.* Para nós, como eu lhe disse, a possibilidade de operar *on-line*, devido à quarentena de Covid-19, foi uma vantagem, porque tudo se tornou remoto. Ela nos permitiu ter a tecnologia pronta para todos, inclusive os refugiados. Para qualquer coisa que você precisasse durante a pandemia, teria de ter um computador e acesso à Internet. Essa prontidão da tecnologia fez a diferença para nós. Agora, falando sobre as dificuldades que as pessoas enfrentavam, eles estavam presos na burocracia. Todos os escritórios estavam fechados, todos os vistos pararam. Se você fosse um estranho em um país e quisesse ir para outro, você simplesmente não poderia ir. Como você consegue um visto se os escritórios estão fechados e as entrevistas interrompidas? É claro, eles sofreram porque estavam às margens de tudo.

A. *(d) N.* **Por causa da situação, você recebeu um número maior ou menor de estudantes aplicando para o programa?**

A. *M.* Não sei, eu acho que foi a mesma coisa. O número de refugiados está aumentando globalmente. Agora temos centenas de refugiados.

A. *(d) N.* **Existe uma maneira de transferir esse conhecimento para outras universidades, de modo que o programa também possa funcionar em outro lugar?**

A. *M.* O modelo ReACT acabou levando ao estabelecimento de uma estratégia educacional completamente nova chamada ECA – Educação Contínua Ágil. É um conceito de aprendizagem aberta do MIT que inventamos desenvolvendo o ReACT.

A. *(d) N.* Tendo trabalhado com refugiados durante anos e tendo visto os efeitos de uma pandemia, como a atual, para o mundo em geral e para a população de refugiados especificamente, gostaríamos de fechar esta entrevista olhando para o futuro.

Que tipo de amanhã devemos almejar para melhor assistir as comunidades de refugiados? O que devemos mudar na direção que estamos seguindo?

A. *M.* Eu realmente acredito que a educação é a chave para uma vida melhor. Experimentei isso em minha própria pele. Está provado, pelo menos em meu pequeno mundo. Estou convencido disso. Para o futuro, eu realmente quero ter certeza de que essa oportunidade está lá. Quantos estudantes vão aproveitar essa oportunidade? Não é por minha conta, é por conta deles. Mas eu quero ter certeza de que fazer o possível para que eles tenham a oportunidade.

Como vamos fazer isso? Eu acredito no aprendizado aberto e na aprendizagem digital; em levar água às crianças sedentas em todo o mundo. Acho que estamos cada vez melhores em garantir esse copo d'água. Meio cheio ou meio vazio, não nos importamos, desde que seja água. Não nos importamos porque só precisamos de água.

Além disso, eu tenho um sonho de que existirá um ambiente virtual acessível a todos. Por esse espaço virtual – pode ser uma universidade virtual, pode ser o ReACT ou qualquer outro programa – eles passarão por uma jornada educacional de alta qualidade e sairão daquele lugar com habilidades que todas as empresas deste mundo desejariam. Que cada estudante tenha a certeza de que depois dessa experiência, caminho e jornada, algo estará garantido. Essa é a esperança, e eu trabalharei para criá-la e não decepcionar nenhum desses estudantes quando eles entrarem em nosso programa.

"Eu realmente acredito que a educação é a chave para uma vida melhor. Experimentei isso em minha própria pele. Está provado, pelo menos em meu pequeno mundo. Estou convencido disso. Para o futuro, eu realmente quero ter certeza de que essa oportunidade está lá. Quantos estudantes vão aproveitar essa oportunidade?"

Admir *Masic*

"Não é apenas uma coisa americana, é uma coisa latino-americana, sul-africana, é de todo lugar. Para construir moradia para os pobres, eles procuram os terrenos mais desinteressantes, com preços mais baratos, nas margens das cidades, longe de onde as pessoas trabalham."

Adèle *Naudé Santos*

Adèle *Naudé Santos*

Arquiteta e urbanista, com carreira combinando prática profissional, pesquisa e ensino. Ganhadora de concursos internacionais de design, com publicações de trabalhos em revistas em todo o mundo e trabalho em culturas diversas como o Japão, a África e os Estados Unidos. Sua carreira acadêmica inclui cátedra dentro dos programas de pós-graduação de Harvard, Rice University e University of Pennsylvania, onde atuou como Presidente do Departamento de Arquitetura e da University of California, onde foi decana fundadora da Faculdade de Arquitetura da UCSD. Foi reitora da Escola de Arquitetura do MIT, de 2004-2013; atualmente é professora de Arquitetura e Planejamento na mesma universidade.

AFS / Entrevista / 03-Abr-2022
Originalmente em inglês

cotidiano, coletividade, urbano, expectativa

Amanhã *(de)Novo* Pensamos em iniciar esta conversa com o tema da educação, uma vez que ela é a base para o desenvolvimento de novas gerações as quais, em última análise, construirão o nosso amanhã.

Um de seus trabalhos mais importantes foram os 10 anos como reitora na Escola de Arquitetura e Planejamento do MIT, responsáveis por cimentar o papel pioneiro da Instituição, dentro e fora de suas disciplinas.

Como você vê sua experiência no MIT no que diz respeito ao papel exercido pelos educadores na formação de possíveis futuros?

Adèle *Naudé Santos* Eu acho que o MIT é um lugar especial porque, desde o início, ele teve uma agenda social forte, com intuito de construir um mundo melhor. São a mão e a mente, juntas, moldando o mundo. Sempre tivemos isso como base. Nós construímos os fundamentos da Escola a partir disso, e a agenda social sempre fez parte dela; essa máxima sempre fez muito sentido para mim.

Os tipos de estudantes que tendem a vir ao MIT, em comparação a outras escolas de *Design*, como Harvard, vêm com uma espécie de consciência social, querendo causar um impacto positivo no mundo. Portanto, você participa na formação de pessoas que querem fazer a diferença no mundo, de várias maneiras.

Você pode, por exemplo, ter um estúdio de habitação de baixo custo que lida com coisas que não são extremamente atraentes enquanto assunto arquitetônico, mas os estudantes estão interessados e ingressam nele, porque realmente têm esse impulso como pano de fundo. Acho que é isso que eu gostaria de dizer para começar.

A. *(d) N.* Os últimos dois anos foram um período de múltiplas mudanças em nosso *status quo*, em que tivemos de repensar inúmeros hábitos do nosso quotidiano. Devido ao distanciamento social imposto pelo vírus da Covid-19, da noite para o dia, enquanto escolas de todo o mundo fechavam suas portas, sem saber quando voltariam à normalidade, tivemos de rapidamente nos adaptar a um modelo de ensino e pesquisa *on-line*.

Em relação ao ensino *on-line*, as novas possibilidades inauguradas pelo aprendizado digital exigem uma nova conceituação da ideia de lugar quando se trata de educação?

A. *N. S.* É um obstáculo, é claro. Em primeiro lugar, esse aprendizado digital não foi fácil, e a maioria dos professores e alunos nunca chegaram a se adaptar a ele, embora o tenham acrescentado a seu vocabulário comum. E, certamente, no que se refere a nossa disciplina, a arquitetura não é uma coisa fácil de se fazer *on-line*. Tivemos de analisar a forma como ensinamos. Acho que há algumas disciplinas, como história, por exemplo, ou alguns assuntos relacionados à tectônica, que são mais adaptáveis ao formato *on-line*.

Eu, por exemplo, tentei dar uma aula sobre protótipos de habitação, fazendo uma análise de exemplos ao redor de todo o mundo. Foi extremamente difícil de fazer. Mas uma coisa que fiz, a qual achei bastante interessante, foi selecionar vários arquitetos que representavam diferentes pontos de vista sobre a temática, e fazer com que os alunos entendessem seu trabalho e depois participassem de uma discussão diretamente com eles *on-line*.

Infelizmente, as turmas eram muito pequenas, porque a maioria das pessoas havia desistido durante o ano com medo de perder a experiência presencial. Há outras maneiras de lecionar nesse modelo e que podem fazer muito sentido, mas é algo que você tem de praticar e se adaptar. Acho que foi Mark Jarzombek, professor de História e Teoria da Arquitetura no MIT, que teve cerca de 200 alunos em sua turma.

A. *(d) N.* **Há uma escala que é difícil de administrar, certo?**

A. *N. S.* Eu acho que a escala é difícil de administrar. Ela está perfeitamente sintonizada com certos assuntos.

A. *(d) N.* **Ao mesmo tempo, as pessoas começarão a realizar essas atividades de aprendizagem a partir de casa.**

A. *N. S.* Acho que as pessoas encontraram um grande alívio por não ter de estar ali das nove às cinco todos os dias. Particularmente em um contexto como o do MIT, no qual os preços das moradias são muito altos e as pessoas preferem morar mais longe, onde são capazes de pagar o aluguel. Particularmente, por parte dos funcionários – aquelas pessoas que são essenciais para manter o empreendimento em andamento. Para eles, ser capaz de trabalhar a partir de casa foi incrivelmente útil. Trabalhar presencialmente três vezes na semana é o melhor contexto que eles podem imaginar, porque, particularmente naquele estágio de em que se tem filhos e assim por diante. Além disso, pense no tempo que os professores têm de se dedicar ao ensino. Isso pode ser administrado nos dias em que lecionam e, nos dias em que não estão dando aula, podem trabalhar, pesquisar, fazer leituras e tudo o mais. Há um aspecto realmente otimista nisso.

A. *(d) N.* Em paralelo à sua carreira acadêmica, você também tem o seu próprio escritório de arquitetura, Santos Prescott e Associates, com o qual concebeu vários projetos nos quais existia uma estreita intersecção entre o morar e o trabalhar.

Você trabalha com essa relação trabalho-moradia há muitos anos em sua prática arquitetônica, alguma coisa mudou nestes últimos anos?

E, levando em consideração que o período de pandemia foi um ampliador de novas possibilidades em relação ao nosso modelo de trabalho e costumes, você acredita que a Covid possibilitou algumas das coisas que você já pensava antes? Como você vê esses projetos ou concepções iniciais sobre como abordar a ideia de trabalho-moradia?

A. *N. S.* É um fato conhecido que eu sempre morei e trabalhei no mesmo lugar. Isso ocorreu, em parte, porque eu queria ser arquiteta em tempo integral e educadora também em tempo integral. De qualquer forma, é possível fazer isso – morar e trabalhar no mesmo local. Você pode tirar o tempo gasto no transporte e reorganizar seu dia entre o que você faz à noite e o que você faz de dia.

Mas, para a maioria dos lugares do mundo, o zoneamento torna isso problemático; este hibridismo não é comum ao zoneamento regular. Na verdade, esse tipo de ideia de morar e trabalhar no mesmo local tem sido desafiada em todos os lugares. Ela entrou muito em minha vida na Califórnia, onde os artistas habitavam os velhos edifícios industriais, porque ninguém os queria. Isso, no entanto, não era permitido pela legislação local. Houve grandes discussões e, enfim, os artistas ganharam. Assim, morar e trabalhar no mesmo lugar foi realmente absorvido, mesmo que não permitido legalmente pelo zoneamento. Eventualmente, o zoneamento mudou. Parte disso se deveu a um ponto de vista das autoridades: como poderiam provar que as pessoas estavam realmente trabalhando onde simultaneamente viviam sem ir verificar?

Obviamente, o que provamos nesse período foi que viver e trabalhar no mesmo lugar pode ser realmente frutífero. Acho que isso, na verdade, abre todo tipo de possibilidade, porque não há quase lugar do mundo em que viver e trabalhar em um só lugar não seja algo benéfico. Mas, sinceramente, desde o início, sempre achei que isto iria ganhar maiores dimensões a partir do momento em que a Internet se tornasse funcional e disponível a todos. Por que seria importante o local onde você está? Acho que esta é uma coisa muito importante, que definitivamente é resultado deste período.

A. *(d) N.* Outro produto da pandemia foi que se tornaram evidentes inúmeras falhas no planejamento urbano das cidades, assim como a urgência de mudança desse paradigma.

Há lições que esse período trará para as formas como construímos as cidades e nos relacionamos com o espaço urbano?

A. *N. S.* Vejo amigos meus, cujos escritórios, por exemplo, voltaram à normalidade, e agora têm apenas dois terços do pessoal que estaria lá antes em tempo integral. Acho que isso ocorreu em quase toda profissão, na verdade... Nenhum destes funcionários realmente precisava estar lá. Começa a fazer algum sentido que se possa ter espaço disponível de back-office, longe dos centros das cidades, o que o torna muito mais barato. Você não precisa estar no centro da cidade para muitas dessas funções. Daria para começar a pensar em hierarquias de trabalho e no que isso significa em termos das topologias que se constrói. Tudo sempre foi dependente da noção de centralidade, e isso não é mais importante. Acho que não podemos voltar a supor que todos vão ter um emprego das nove às cinco na cidade. Simplesmente não vão.

A. *(d) N.* **Você acha que isso leva a uma espécie de democratização sobre como a cidade está organizada e quem tem acesso a ela?**

A. *N. S.* Eu não sei. É claro que, na maioria das vezes, estamos lidando com adaptações do que existe, mas novos lugares podem produzir diferentes cenários ao todo. Não precisamos sequer estar em cidades tão grandes. Muitas cidades têm vários centros. Isso nos leva a pensar que talvez possa haver mais fragmentação dessas funções centrais. Normalmente, há sempre uma prefeitura, um, talvez dois, anfiteatros, uma grande biblioteca... A ideia de microcentros, de que eles estão divididos hierarquicamente, faz muito sentido. Quanto mais pudermos relocalizar essas funções melhor. A maneira como pensamos sobre este aspecto da construção da cidade está mudando bastante.

A. *(d) N.* A habitação acessível tem sido um tema central em sua carreira. Uma das consequências da crise atual tem sido a escassez de moradias populares em conjunto com a elevação das taxas de desemprego, com as pessoas lutando para pagar suas despesas domésticas.

Embora os problemas de insegurança habitacional não tenham começado durante a quarentena da Covid-19, mais e mais pessoas estão sendo excluídas do mercado habitacional, forçando-as a viver em situações de moradia precárias ou a se mudar para locais remotos.

Qual é a responsabilidade dos arquitetos na produção de moradias populares e por que há um número tão limitado de profissionais engajados com essa questão?

A. *N. S.* Penso que temos de começar por algo mais básico: o sistema de crenças da governança nas sociedades. Ao longo dos anos, concluí que a habitação é tão importante que é a base para se ter uma vida produtiva. Não importa onde você esteja no mundo. Se você não tem acesso a um abrigo adequado, não pode estar higienicamente limpo porque não tem água, não pode estar seguro porque não há como trancar as portas... A moradia é completamente fundamental.

O direito à moradia, é claro, foi um movimento óbvio, graças ao foco internacional nisso. Havia conferências a cada quatro anos ou algo assim, eu fui a algumas delas em minha vida. Há muitas pessoas no mundo que acreditam no direito à moradia – ou no direito à cidade. A maioria das nações fingem que concordam com isto. Será que elas realmente colocarão em prática? Haverá dinheiro para isso? Existem estruturas organizacionais para isso?

Os Estados Unidos, é claro, são os vilões porque nunca acreditaram no direito à moradia. O último presidente que estava interessado em trazer alguma revolução lá foi Johnson. Mas aí entra o próximo grupo de políticos, e se livra daquilo. De qualquer forma, a questão é: isso tem a ver com o mundo público, tem a ver com a quantidade de dinheiro que se é designado para fazer isso.

Há, também, obviamente, a estigmatização das pessoas desabrigadas: um bom número delas pode ser de pessoas doentes, alguns podem dizer, "mas esse não é o ponto". É sobre raça, religião e todas outras coisas que entram no meio, por isso nunca foi fácil. Neste momento, enfrentamos um cenário realmente patético. Para os arquitetos, fazer moradias acessíveis, em um país como este, é um processo muito complexo, porque você até pode conseguir cidades que vão conceder terrenos e há programas, mas nunca são grandes o suficiente. Então, tem toda uma série de regras que você tem de seguir, e muitas delas são totalmente limitantes e não necessariamente progressivas. É todo um processo incômodo, que duplica o tempo de absolutamente tudo. E não dá dinheiro para o arquiteto, você não pode cobrar honorários correspondentes.

Eu me envolvi com isso porque faz parte da história da minha família. Meu tio dirigia uma organização sem fins lucrativos que ajudava os sem-teto da periferia da Cidade do Cabo, e meu pai produzia moradias para eles sem custos. Sempre tive isso em meu sangue. A verdade é que não se pode ganhar a vida com isso de uma maneira decente. Eu ganhei uma competição em Los Angeles e levei oito anos para construir a moradia.

O Museu de Arte Contemporânea de Los Angeles fez uma exposição chamada *Blueprints for Modern Living* [Plantas para a vida moderna] e, como parte disso, decidiram ter uma peça de exposição. Eles fizeram uma competição internacional e eu ganhei. (Eu fiquei chocada de ganhar, para ser sincera.) De certa forma, eu não queria, porque precisávamos produzir moradias em um local que eles tinham escolhido, nas colinas de Hollywood. Antes de tudo começar de verdade, todos os moradores locais gritavam e esperneavam porque não queriam morar ao lado de uma habitação de interesse social. "Não no meu quintal", esse tipo de discurso.

O pior foi que muito poucos dos desenvolvedores que decidiram participar eram qualificados. Eu consegui alguns profissionais de Hollywood Hills, mas que realmente não tinham experiência de trabalho conjunto. Tivemos de encontrar outra equipe para construir. Bem, levou um tempão. Nós redesenhamos muitas vezes. A pessoa responsável por essa área específica da cidade lutou muito para que nossa proposta da competição fosse construída. Então, toda vez que surge outra possibilidade, penso: "Meu Deus, quero passar por tudo isso de novo?".

Por outro lado, trabalhando em um lugar como o Japão, onde estou construindo dois grandes projetos, toda a ideia de habitação social era algo absolutamente usual. Não havia obstáculos sociais; as pessoas tinham esse propósito, era parte de seu dever cívico social. Os empreiteiros locais escolhidos trabalhavam bem. É preciso pessoas realmente qualificadas na administração para entender o valor de um bom projeto. É por isso que as pessoas simplesmente não querem fazer isso na maioria dos lugares.

A. *(d) N.* Isso é interessante, porque às vezes os lugares que mais precisam não têm a estrutura necessária para que isso aconteça. Torna-se impossível para os arquitetos intervir nesse domínio.

A. *N. S.* Não é apenas uma coisa americana, é uma coisa latino-americana, sul-africana, é de todo lugar. Para construir moradia para os pobres, eles procuram os terrenos mais desinteressantes, com preços mais baratos, nas margens das cidades, longe de onde as pessoas trabalham. Mesmo com mudanças na política pública, geralmente não há coragem para modificar isso, é muito complicado.

Vou fazer uma oficina na Cidade do Cabo agora, onde eles decidiram construir moradias sociais na área interna da cidade, próximo ao centro e ao local onde os empregos estão. Mas eles não conseguiram concretizar a ideia, porque a cidade não vai fornecer o dinheiro. E ninguém lá descobriu as parcerias público-privadas, que é a maneira óbvia de fazer isso.

Mesmo em Los Angeles, sempre foi o lucro – o privado –, e a não lucratividade – o público – trabalhando juntos. Eles descobriram isso rapidamente, encontraram maneiras de se construir moradias sociais devido a essas parcerias público-privadas iniciais.

A. *(d) N.* Entendendo que a arquitetura tanto molda como é moldada por nossas sociedades, a qual é abertamente influenciada pelo contexto social e histórico de seu tempo, em sua opinião, **a pandemia trará alguma mudança estrutural na profissão de arquiteto?**

Há algo que possamos esperar ou alguma mudança à qual o profissional terá de se adaptar?

A. *N. S.* Eu diria que muito menos no campo da arquitetura do que no de planejamento urbano. Penso que as mudanças ocorrerão em uma escala maior, a da cidade. E a arquitetura vai continuar sendo o que é. Penso que haverá mais discussão sobre o que é construído e o que não é, haverá mais responsabilidade. Acho que inevitavelmente veremos mais processos públicos, o que as pessoas odeiam, mas parece fazer sentido. Particularmente, é algo que engaja a comunidade.

A. *(d) N.* **Nesse sentido, quais são as respostas espaciais que precisamos abordar para lutar por um amanhã mais justo? No sentido de que, se as mudanças serão mais do lado do planejamento, como podemos construir cidades mais justas e menos desiguais em resposta à pandemia da Covid-19?**

A. *N. S.* Temos de voltar às causas profundas de muitas questões. Temos de descobrir como construir para as pessoas de menor poder aquisitivo, isso é certo. Vamos ter algumas mudanças políticas reais. Acho que essas pessoas deveriam ser integradas nas comunidades como um todo.

A ideia de guetos de pessoas pobres é absolutamente inaceitável. Vamos ter de descobrir o que pode ser compartilhado e como se pode unir pessoas de diferentes níveis econômicos. Poderia ser um sistema de espaço aberto. São sempre esses tipos de coisas que podem trazer comodidades para a cidade, mas compartilhando-as.

Está muito entrelaçado com a política, é claro, e com o contexto econômico em que está inserido. Estávamos tentando fazer isso em algum estúdio-piloto, para ver se conseguíamos preencher a lacuna. Vai ser bastante difícil. Isso requer um mar de mudanças, mas talvez agora seja um momento melhor para algumas delas.

A. *(d) N.* Estávamos discutindo moradias populares e o caminho para tornar as cidades mais equitativas. Elas dependem, como vimos, muito das políticas econômicas e de planejamento, e do tipo de estrutura que uma cidade consegue colocar em prática.

Onde está a relevância da disciplina da arquitetura em relação ao futuro que teremos de construir?

A. *N. S.* Sinceramente, o problema é que temos de ser livres-pensadores. Você não pode aceitar os problemas só porque você sabe que eles não são corretos. Sim, eu acho que a arquitetura é também um negócio. As pessoas querem ganhar dinheiro, e há muitos atalhos envolvidos nisso. É aí que provavelmente o tipo de arquiteto que também é professor pode ter um grande papel, porque estamos lidando com questões teóricas, bem como práticas. Assim, por meio de projetos, como as oficinas que eu faço – as quais se tornaram bastante públicas –, nós podemos sugerir maneiras diferentes de fazer as coisas. Não temos o dinheiro envolvido para isso, é um conjunto de princípios. As grandes empresas nunca vão fazer outra coisa que não seja ganhar dinheiro, é o que elas fazem.

Trata-se também dos clientes. Quem são os clientes? Há grandes organizações, honestamente, que se importam. Devemos ter muito respeito por elas. Em geral, esta é uma questão muito difícil, mas não há outra maneira senão enfrentá-la.

No que diz respeito a plantas e animais, o endemismo é um conceito biológico que tenta designar espécies a lugares. A fixidez espacial, entretanto, quando examinada por meio de escalas temporais mais amplas, parece ser mais ficção do que realidade, já que nenhuma espécie é de fato nativa ou restrita apenas a qualquer área em particular. Isso porque o endemismo requer isolamento, o que é em si uma impossibilidade quando se leva em conta existências que são planetárias por natureza. Cada espécie está passando por uma migração contínua quando o tempo adequado é aplicado. O movimento é fluido e em constante mudança. Mediada por fluxos de vento, correntes de água, animais migratórios, mudanças no clima e transformações ecossistêmicas, a Terra é constantemente reorganizada quando se trata da relação entre seres e lugares. Consequentemente, a insistência no isolamento é uma forma de compreensão arcaica e unidirecional da progressão das espécies. O paisagista Gilles Clément sugeriu que "o isolamento não evita a evolução", porque, de uma forma ou de outra, acabará por levar a múltiplas formas de interpenetração e mistura. Uma "cacofonia maravilhosa" prevalecerá. [1]

Justamente porque o uso do espaço não é fixo, os seres vivos estão sujeitos a encontros, trocas e transformações além de um roteiro predefinido. O potencial de interseções criadas por movimentos desmantela a presença iminente do tribalismo ao inaugurar a construção de múltiplas formas de cosmopolitismo. No momento em que não há reivindicação de qualidades espaciais originárias para nenhuma espécie, suas distribuições pela superfície da Terra tornam-se resultado de processos culturais, ambientais e biológicos ao longo do tempo, em vez de uma luta para implementar o conceito de fronteiras. No entanto, os seres humanos têm sido condicionados por fronteiras ao ponto de não sabermos como viver sem elas. A definição do que deve ficar dentro ou fora de limites fabricados

---

1. CLÉMENT, Gilles. *The Planetary Garden and other Writings*. Filadélfia: University of Pennsylvania Press, 2015. p. 16-17.

Local

tem limitado as formas de organização da maioria de nossas sociedades, da política à religião. A onipresença da propriedade privada é o principal exemplo. E aqueles para os quais as coisas não eram assim, como as comunidades indígenas, foram forçados a aceitar.

A Covid-19 exacerbou esse movimento de fechamento e isolamento do exterior. Vivemos uma espécie de endemismo social em que o desconhecido deve ser mantido do lado de fora. As particularidades de um lugar se tornaram mais importantes do que nunca. Identidades mapeadas novamente em localidades. No entanto, apesar do preço no campo social, este recuo não foi totalmente negativo: em vez disso, ele abriu possibilidades de reavaliar mais de perto as condições de lugares específicos no tempo atual.

As reflexões nesta seção fazem exatamente isso. Elas se envolvem com um local, ao mesmo tempo singular e universal, a fim de discutir como os locais são importantes. Os locais condicionam como ações, ideias, e objetos se cruzam e se materializam. Estes textos nos lembram que os eventos se desenrolam em espaços – sejam eles casas, ruas, nações ou o mundo. É físico.

Embora o tema desta seção seja "local", muitos dos relatos aqui falam de lugares claramente definidos apenas para questioná-los. Eles desafiam o isolamento, oferecendo um retorno ao modelo migratório. Os lugares são importantes na medida em que podem ser superados. Estes textos sugerem novas rotas para alcançar essa "cacofonia maravilhosa" e reconstruir ecossistemas sociais, políticos e naturais em que o lugar é apenas um aspecto, e não a identidade única.

Bruno *Carvalho*

Professor de Línguas e Literaturas Românicas e Estudos Afro-Americanos. Codiretor da Harvard Mellon Urban Initiative. Professor Afiliado de Planejamento e Design Urbano na Escola de Pós-Graduação em Design. Copresidente do Comitê de Arte, Cinema e Cultura do David Rockefeller Center for Latin American Studies.

BRA / Relato / 31-Jul-2020

Originalmente escrito em português

desigualdade, urbano, natureza, esperança

Parte I, 31 de julho de 2020

O amanhã nunca chega. Como o horizonte, ele está sempre logo ali. Fora do nosso alcance, mas cada dia tem o seu. Antes da pandemia, os amanhãs pareciam mais certos e tenebrosos: aumentamos a concentração de gases de efeito estufa na atmosfera, a acidez dos oceanos, o desmatamento. Os amanhãs de agora continuam na mesma toada, mas eles parecem estar um pouco mais imprevisíveis. O que vivemos durante a pandemia não constava das previsões da maioria de nós. Talvez seja preferível viver entre incertezas do que em um tempo definido por um pacto predatório, que só adia o acerto de contas e acelera o desequilíbrio ecológico, como se não houvesse amanhã.

As cidades na modernidade são espaços de disputa entre visões de futuro. Quem tem direito à cidade? Quem tem direito ao futuro? Investidores? Automóveis? Sabiás? Nas frestas que vão se abrindo, podemos imaginar e traçar novos rumos. Desde o século XIX, convivemos com a ansiedade dos efeitos desumanizantes das tecnologias na vida urbana. Durante a segunda Revolução Industrial temia-se que nos tornássemos autômatos. Nós nos mantivemos surpreendentes, irredutíveis e, sobretudo, seres sociais.

Para muita gente, a pandemia botou em relevo as injustiças e disparidades sociais, raciais e econômicas que estruturam nosso cotidiano. Talvez também ajude a botar em relevo o valor dos espaços urbanos condizentes com o convívio, das aglomerações, dos encontros fortuitos. Muito do que, por agora, fica para amanhã. Tenho, claro, minhas receitas para já, quase todas óbvias: menos carros, menos desigualdade, menos autoritarismo, mais tempo livre, mais democracia, mais árvores em pé e rios fluindo. Há discordâncias legítimas sobre como fazer acontecer, mas não há dúvidas de que está ao nosso alcance um mundo melhor.

A partir das minhas investigações e vivências pesquisando como se imaginavam futuros urbanos no passado, ocorrem-me três lições:

1. Na história do planejamento urbano, o não planejado acontece sempre, o improvável, com frequência.

2. O estudo do passado mostra que todo momento presente serve como prova da imprevisibilidade do futuro.

3. As transformações sempre fazem sentido em retrospecto, e, muitas vezes, só mesmo em retrospecto.

Quanto às previsões para o amanhã, faço coro com os poetas Nelson Cavaquinho e Élcio Soares: "O sol/há de brilhar mais uma vez."

Parte II, 29 de março de 2022

O verso inicial do samba acima faz bem mais do que minha citação sugere. A canção "Juízo Final," como o título indica, remete a um horizonte de justiça imbuído de fé: "A Luz há de chegar aos corações/Do mal será queimada a semente/O amor será eterno novamente." Trata-se de uma profecia, não de um prognóstico. No decorrer da experiência humana, o tempo se define pelos ciclos naturais e crença no divino. Já na modernidade, nós aprendemos a esperar um porvir radicalmente diferente do passado e do presente. Antigamente, as pessoas não imaginavam que suas florestas ou que as ruas da Paris medieval fossem se transformar em vastos pastos ou avenidas. Forças maiores do que nós determinavam o amanhã. Durante os últimos dois ou três séculos, o futuro passou a ser uma incógnita. Novas gerações herdam e criam mundos que seus antecessores teriam dificuldade em reconhecer. Sabemos que o sol há de brilhar mais uma vez, mas boa parte do que ele ilumina pode estar em xeque.

A urbanização em escala quase planetária, talvez o grande experimento coletivo da nossa espécie, expressa a premissa de que quem molda o destino humano somos nós, e não qualquer força sobrenatural. Para quem vive sem Deus, os futuros do passado moderno estavam em fluxo e seriam consequências de nossas ações. Essa relação com o amanhã caducou? Agora, em tempos de mudança climática, é como se vivêssemos outra condição, onde as catástrofes parecem inevitáveis. O futuro volta a ser fixo e inexorável, mesmo para quem não crê em nenhum juízo final. A mentalidade secular se vê às voltas com uma crise de fé no progresso. Temos a expectativa do apocalipse, sem possibilidade de redenção. Independente do que façamos, o sol há de brilhar mais uma vez, intensificando cada vez mais as consequências dos gases de efeito estufa.

A experiência dessa pandemia deixará dores, perdas, feridas abertas. Ela me faz querer acrescentar uma quarta lição à lista anterior, que vale também para a história urbana. Prognósticos razoáveis tendem a subestimar a gama de cenários possíveis. A realidade, afinal, não cansa de passar a perna tanto em especialistas quanto no senso comum. Temos hoje modelos sofisticados e imprescindíveis para tentar prever os comportamentos de vírus, mercados, clima, ecossistemas etc. Mas o amanhã será sempre maior do que qualquer soma de partes. O que é humano se mantém sempre irredutível a um determinado conjunto de variáveis. Por um lado, temos como saber mais do que nunca. Podemos ver e ouvir refugiados fugindo de invasões covardes. Ou imagens ilustrando o desmatamento. E, ainda assim, uma interação na padaria da esquina sempre pode guardar surpresas, feitas de pequenas frustrações ou alegrias. A natureza imprevista do amanhã pode ser fatal, ou vital. Ela não deve nos permitir a arrogância de acharmos que sabemos o que virá, e nem a paralisia de tomarmos qualquer destino fatídico como incontornável.

Nas cidades contemporâneas, o planejamento urbano quase sempre tem de lidar com o gerenciamento de crises, ao invés de inspirar novos mundos. Também é verdade que nossa aparente sinuca de bico resulta dos novos mundos de gerações anteriores. Muitos dos nossos desafios atuais são consequência das soluções inovadoras do passado, como o automóvel. Ao mesmo tempo, quem imaginava as invenções mais mirabolantes décadas ou séculos atrás se surpreenderia com avanços que de fato ocorreram de lá para cá. Pensemos nas relações de gênero, por exemplo. O tecno-messianismo e o pessimismo apocalíptico não nos salvarão. Mas aceitar os limites do que podemos prever pode afrouxar o domínio de imaginários fatalistas. Quem foi capaz de antecipar os acontecimentos dos últimos dois anos? Sim, é bem provável que o futuro seja ainda pior do que somos capazes de imaginar. Mas só podemos prever o passado. E sabemos que amanhã será diferente do que esperamos. Enquanto a história planetária envolver seres humanos, surpresas nos aguardam. Há aí uma brecha para sonharmos. Fiquemos, dessa vez, com a Maria da canção de Milton Nascimento e Fernando Brant, e sua "estranha mania/de ter fé na vida".

Renata *Minerbo*

Ativista e empreendedora social. Arquiteta e urbanista formada pela Universidade Mackenzie. Fundadora da Acupuntura Urbana. Curadora e chefe de programação da Be The Earth Foundation.

UK / Relato / 16-Jun-2020
Originalmente escrito em inglês

desigualdade, coletividade, urbano, natureza

É difícil saber o que será diferente amanhã, já que ainda estou tentando entender o que está acontecendo hoje. O que posso é dizer algo sobre tendências que vejo obter mais espaço para se manifestar:

– As pessoas que questionam sua vida na cidade estão, pela primeira vez, deixando os ambientes urbanos para se reconectarem com a natureza e as formas simples de viver.

– Sistemas mais localizados, diminuindo a dependência de produtos e indústrias globalizadas, mudando para comunidades mais fortes, empresas locais menores e maior respeito pela natureza.

– Maior conexão entre as pessoas e os alimentos que elas consomem, sendo a razão ou o porquê de estarem cultivando seus próprios vegetais, ou por que estão mais interessadas em saber de onde vêm.

– A desigualdade nunca foi tão visível, e isso fortalece tanto a colaboração quanto os comportamentos individualistas.

Acho que eu poderia continuar, mas acredito que o sistema econômico local, a comunidade e a conexão com a natureza são meus principais desejos para o novo amanhã.

Osborne *Macharia*

Fotógrafo comercial, artista digital e *designer*. Bacharel em Arquitetura. Primeiro queniano a ser nomeado como membro do júri do prestigioso Prêmio Leão de Cannes e do ONE CLUB/ADC Awards. Orador da série de oradores Penny Stamps Speaker Series 2018 da Universidade de Michigan e Design Indaba 2017.

KEN / Nota / 16-Mai-2020
Originalmente escrito em inglês

desafios, incertezas, coletividade, natureza

Nosso amanhã deve ser um lugar onde colocamos a raça HUMANA em primeiro lugar. Deve ser um mundo onde aprendamos que, assim como a natureza nos mostrou, é por causa de nossa diversidade e diferenças que florescemos, prosperamos e tornamos o mundo um lugar bonito de forma sustentável. A história nos ensinou que, a menos que todos nós tenhamos uma pauta que esteja nos elevando uns aos outros e fazendo uns aos outros viverem melhor, a extinção é uma realidade não muito distante.

Leticia *Cotrim da Cunha*

Graduada em Oceanografia pela UERJ. Mestre em Geoquímica pela UFF e Doutora em Oceanologia pela Université de Perpignan. Professora Adjunta da Faculdade de Oceanografia da UERJ. Coautora do 6º IPCC WGI Climate Assessment Report e colíder do Grupo Brasileiro de Pesquisa em Acidificação dos Oceanos (BrOA).

BRA / Relato / 17-Jun-2020
Originalmente escrito em português

natureza, responsabilidade, recomeço, esperança

Amanhã teremos um planeta muito diferente sob vários aspectos. A ação do homem vem modificando a Terra, modificando ecossistemas, multiplicando-se, usando cada vez mais recursos para gerar energia. E, assim, o homem conseguiu modificar também o ar que respiramos e os oceanos, que cobrem 70% da superfície da Terra.

Apesar do sucesso (tudo é relativo) do *Homo sapiens* (e esse nome de espécie denota uma certa arrogância, se pensarmos bem), gostaria pessoalmente que todos tivessem uma experiência de estar isolado em meio ao oceano, no alto de uma montanha, ou no sertão, ou no deserto. Parados ali, conseguimos ter a verdadeira noção da nossa pequenez, e de que somos parte do planeta e não seus proprietários.

Mudamos o planeta, muito bem. Fizemos em um par de séculos coisas de dar inveja aos grandes acontecimentos geológicos. Mas nos esquecemos (ou fingimos, provavelmente) de que não há um botão vermelho escrito "PARE" ou "VOLTE AO INÍCIO".

Esperamos que o amanhã não traga em passe de mágica o botão vermelho, até porque o mundo nunca parou para ninguém descer. Esperamos que a porção *sapiens* mostre a que veio, e com criatividade e generosidade encontre soluções para nos adaptarmos às mudanças no clima, nos ecossistemas, e garantir a vida de maneira digna. Esperamos para o amanhã encontrar maneiras de (con)viver que não queiram mais competir com o tempo geológico. Não podemos ser, nós mesmos, cobaias de nossos "experimentos" com o planeta.

Esperamos que o amanhã, o mais rápido possível, traga a consciência de que está em jogo o Homem. Dos pontos de vista social, econômico, ecológico e climático, não fazer nada significa ameaçar a própria existência, ou depauperar as condições de vida para boa parte da humanidade. Significa desmerecer o nome da espécie *sapiens*. Esperamos, finalmente, que hoje todos se perguntem e respondam com sinceridade: que mundo eu desejo para o amanhã?

Revisão
03-Jun-2022

Amanhã - Dois anos depois

Dois anos depois de um desejo para que houvesse mais consciência sobre o nosso papel no planeta, eu paro agora e olho para trás.

A pandemia não acabou, mas temos esperanças de que o fim está próximo porque já temos vacinas. Apesar de toda a inundação de informações falsas (várias delas de fontes oficiais, governamentais), o país está quase todo vacinado.

Dois anos muito duros, de perdas de familiares e amigos queridos, além das pessoas públicas que admirávamos, e que nos deixaram.

As lições deixadas foram muitas, mas é difícil generalizar, até porque as percepções são muito variadas, muito íntimas.

ISO
INT
COT
DES
INC
DSM
PER
DSI
COL
POL
TEC
URB
NAT
RES
REG
NOS
ADP
EXP
REC
ESP

Dois anos depois do início da pandemia, com o lançamento do sexto relatório de avaliação do clima do Painel Intergovernamental sobre Mudanças Climáticas (IPCC) no meio do caminho. A ciência mostrou, de forma inquestionável, o papel do homem na modificação do clima. No primeiro período de *lockdown*, em 2020, e ao longo do ano de 2020, houve redução considerável das emissões de gases de efeito estufa. Muitos "festejaram", mas devemos nos perguntar: a que preço se deu a redução nas emissões? Economias em declínio, aumento da desigualdade, piora nas condições básicas de saúde, diminuição de renda, precarização dos empregos. Nada disso é sustentável, seja do ponto de vista socioeconômico quanto ambiental.

Passado o primeiro ano da pandemia, em 2021, com vacinação em curso e retomada das atividades econômicas, as emissões de gases de efeito estufa voltaram aos mesmos patamares da pré-pandemia. Sob este aspecto, eu me pergunto, como cientista, se ficou algum aprendizado para a humanidade.

Falamos tanto em ciência. Falamos e vivenciamos ciência, com o desenvolvimento das vacinas contra a Covid-19 e o relativo alívio que estas trouxeram. Mas a ciência do planeta, todos seguem fazendo ouvidos de mercador. Apesar dos dados, apesar das projeções para a próxima década, e até o final do século XXI, as ambições dos países para zerar as emissões de gases de efeito estufa ainda são pífias. Se levados à risca, os planos apresentados na última convenção das partes do acordo sobre o clima da ONU (COP26) em Glasgow, Escócia, nos levarão facilmente a um aumento da temperatura média do planeta de cerca de 2,6° C – mais de 1 grau acima do acordo de Paris, assinado em 2015.

Então, não há solução para a crise climática? Há, é claro que sim, mas demanda a todos ação. Ação individual, local e em grande escala. Devemos mudar hábitos de consumo, nosso uso diário de energia. Mas não somos os únicos "culpados", nós, os indivíduos, os habitantes de uma cidade, por exemplo. As atividades industrial e agropecuária (incluindo o infame desmatamento) também precisam mudar. No Brasil, são as duas maiores atividades emissores de gases de efeito estufa. Precisamos mudar a nossa matriz energética e não precisamos, definitivamente, de termoelétricas queimando carvão, poluindo a atmosfera com metais e partículas, e emitindo dióxido de carbono. A gestão dos recursos hídricos deve vir acompanhada de um grande esforço de recuperação das florestas nas principais bacias hidrográficas do país, incluindo as regiões costeiras. Florestas sequestram carbono da atmosfera. Florestas de mangue, costeiras, acumulam ainda mais carbono. Reciclagem, reaproveitamento, logística reversa, energias limpas, há muitas soluções que JÁ EXISTEM e podem ser aplicadas imediatamente para que as emissões de dióxido de carbono para a atmosfera diminuam. Outras soluções sustentáveis estão gritando e pedindo para serem inventadas ou postas em marcha. Precisamos fazer o trabalho de formiga, enquanto cidadãos, e cobrar dos governantes, eleitos por nós, afinal de contas, e da indústria, enquanto consumidores.

Tenho uma certeza "interior" que diz que sim. Pensar em soluções e não se deixar paralisar pelo desafio. Um ser vivo que consegue projetar um veículo espacial e mandá-lo pousar e se locomover em outro planeta, Marte, distante da Terra em dezenas de milhões de quilômetros, e fazer com que este mesmo veículo envie fotografias e dados a partir de suas explorações, não conseguiria criar e implantar em larga escala novos meios de produzir energia, parar de emitir gases de efeito estufa e caminhar para um amanhã mais seguro e igualitário? Eu ainda acredito que sim.

Carlos *Saul Zebulun*

Arquiteto formado pela PUC-Rio.
Sócio-gerente da Zebulun Arquitetura.

BRA / Nota / 29-Mai-2020
Originalmente escrito em português

coletividade, natureza, responsabilidade, regressão

No início da pandemia tivemos a feliz percepção de que o mundo que inventamos pode, sim, parar e andar mais lentamente. Ao mesmo tempo observamos a disputa oportunista para flexibilizar as regulamentações ambientais, registrando o aumento do desmatamento na Floresta Amazônica. Isso, junto de outras inúmeras tragédias sociais que se intensificam, me faz pensar que o amanhã não será diferente, e corre o risco de ser pior.

O amanhã existirá independente de nós. Como fazer para garantir nossa existência entendendo que somos natureza?

Ariel *Kozlowski*

Ambientalista, economista, empreendedor social e filantropo de risco. Cofundador da MARE -Maricultura Regenerativa Ltda. Bacharel em Economia pela UFF.

BRA / Relato / 03-Mai-2020
Originalmente escrito em inglês

desafios, tecnologia, responsabilidade, expectativa

Para responder a esta pergunta sobre um novo amanhã, precisamos primeiro refletir sobre os aspectos que necessitam de mudança urgente, porque a melhor maneira de prever o futuro é inventá-lo. Vamos imaginar as oportunidades que queremos criar, em vez de lidar com circunstâncias de curto prazo.

As pessoas frequentemente acham mais fácil viver como resultado do passado do que como uma fonte para o futuro.

É importante, contudo, que nossa visão do futuro não ofusque nossa história, negligenciando de onde viemos. Como Eduardo Galeano disse certa vez, "ou o passado é mudo, ou somos nós que somos surdos". Na verdade, uma memória de nossa história é crucial.

Evolutivamente, nós, juntamente com toda a vida na Terra, viemos do mar. Como Homo Sapiens, viemos de um período chamado Holoceno, caracterizado pelo conforto da temperatura e estabilidade climática que permitiu nossa ascensão como uma espécie civilizada global. Vivemos agora no chamado Antropoceno, caracterizado pelo desenvolvimento tecnológico acelerado, armas de destruição em massa, pandemias patogênicas, destruição de habitat, emergência climática, perturbações dos serviços ecossistêmicos, perda e extinção da biodiversidade.

A maioria das grandes crises nos impede de ver o futuro – ou torna muito difícil. Seja com a crise ambiental e climática ou a pandemia de Covid-19, o futuro é nebuloso. Além disso, historicamente, muitos resultados de crises são recorrentes, tendo efeitos similares aos ciclos sociológicos. Por exemplo, Manuel Castells disse que é comum que a ascensão do conservadorismo ocorra aproximadamente 10 anos após grandes crises econômicas, o que tem se mostrado uma realidade nos últimos 100 anos. Vemos também um ciclo de movimentos humanitários crescentes após grandes marcos históricos negativos como as guerras.

Com essas considerações em mente, talvez, após o fim da quarentena do coronavírus, possamos esperar uma espécie de revolução diante da queda do conservadorismo global, juntamente com um aumento dos movimentos baseados em valores sociais e ambientais. Afinal, sem esta ruptura no modelo econômico de negócios como o habitual (baseado no crescimento infinito sem considerar os limites do planeta, com uma lógica de produtividade que supostamente gera riqueza para todos, mas, na prática, favorece apenas alguns), não poderemos viver um futuro com qualidade de vida adequada ou, na verdade, de simples vida, por um longo período.

Citando Heráclito, "a mudança é a única constante", e Carl Safina, "a moral deve guiar a técnica". Eu digo que precisamos encontrar, mapear e investir em soluções regenerativas que se movam a uma velocidade compatível com a dos nossos problemas atuais. A economia deve ser guiada pela harmonia entre bondade, caridade, sobriedade e simplicidade, levando em conta todas as formas de vida, não apenas aquelas em que vemos valor. Como vivemos em um sistema muito complexo no qual a comunicação e a simbiose ocorrem entre tantas espécies, sustentar a qualidade de vida na Terra com a manutenção e a produtividade dos serviços ecossistêmicos é o único caminho. Os negócios devem ser socialmente desejáveis, tecnicamente viáveis, financeiramente viáveis e ecologicamente sustentáveis para que possamos alcançar a justiça entre as gerações.

Vejo as metodologias educacionais, como o aprendizado baseado em projetos, com metodologias de trabalho de inovação aberta e colaboração em massa, como um dos melhores caminhos para que nossa sociedade global se organize. Isso nos permitiria resolver (ou seja, mitigar, adaptar e reverter) nossas maiores e mais difíceis questões planetárias, tais como desigualdade, capitalismo corporativo, destruição de ambientes naturais, aquecimento global, aquecimento dos oceanos e acidificação, entre muitas outras. Felizmente, já existem grupos seguindo esse caminho, como Project Drawdown, Bioneers e Exponential Roadmap, só para citar alguns!

Cabe a nós escolher um caminho. Então, que tal? Você se juntaria a esse tipo de amanhã (de) novo ou soa como uma revolução muito radical?

Mariel *Collard Arias*

Arquiteto, Paisagista, Investigador e Educador. Professor na Peter Guo-hua Fu Escola de Arquitetura da McGill University.

MEX / Relato / 11-Ago-2020
Originalmente escrito em inglês

natureza, responsabilidade, recomeço, esperança

Ao ficar sabendo do "Amanhã (de) Novo", peguei-me lendo *Braiding Sweetgras: Indigenous Wisdom, Scientific Knowledge, and the Teachings of Plants*[1] [Trançando erva-doce: sabedoria indígena, conhecimento científico e os ensinamentos das plantas], de Robin Wall Kimmerer. Um *best-seller* improvável, quando publicado em 2013, mas que fiquei contente de ver no 14º lugar na lista de *best-sellers* de não ficção do *New York Times* no início deste ano. Kimmerer é ecologista de plantas, escritora, professora e membro da Nação Potawatomi. Seu trabalho está na interseção entre o pensamento científico e as maneiras indígenas de saber. Se você está lendo isto e não leu seu livro, por favor, leia – é um lembrete importante de que o passado nunca acabou.

Quando eu considero a questão "o que será diferente amanhã?", não posso deixar de pensar no ontem. Não quero dizer de forma nostálgica, certamente não há retorno a nenhum estado anterior. Refiro-me a um ontem que é tão antigo quanto ainda está por vir. Os humanos têm memórias curtas e, como antídoto, eu gostaria de pedir emprestadas as palavras de Kimmerer. É mais urgente do que nunca lembrar uns aos outros da sabedoria, da inteligência e da agência dos seres não humanos e dos povos – muitas vezes negro, indígena e de cor – que carregaram ardentemente esse conhecimento do passado. Como não podemos fazer fotossínteses, somos obrigados a tirar da terra, mas o que aconteceria se, em vez de rotular os membros do mundo natural como mercadorias e recursos, víssemos as plantas e nossas relações com elas como presentes?

Kimmerer escreve sobre a Profecia *Anishinaabe* do Sétimo Fogo, um tempo em que todas as pessoas no planeta enfrentarão uma bifurcação na estrada. Um caminho é escuro e sem vida, e o outro é verde e florescente; parece ser uma escolha fácil. Mas, para seguir em frente, devemos primeiro voltar atrás e pegar o que foi deixado por nossos ancestrais. Uma das lições que usamos vem das diretrizes não escritas para "tirar do planeta" chamadas "A Honrosa Colheita".

Enquanto damos sentido à pandemia da Covid-19, espero um amanhã em que mais humanos sigam estas regras:

"Conheça os caminhos daqueles que cuidam de você, para que você possa tomar conta deles.
Apresente-se. Seja responsável como aquele que vem pedindo pela vida.
Peça permissão antes de tomar.
Aceite a resposta.
Nunca pegue a primeira,
nunca pegue a última.
Leve apenas o que você precisa.
Leve somente o que lhe for dado.
Nunca tome mais da metade.
Deixe alguns para outros.
Colha de uma forma que minimize o dano.
Use respeitosamente.
Nunca desperdice o que você tomou.
Compartilhe.

1. "Braiding Sweetgrass: Indigenous Wisdom, Scientific Knowledge, and the Teachings of Plants" by Robin Wall Kimmerer.

Dê graças pelo que lhe foi dado.
Dê um presente em reciprocidade
pelo que você tomou.
Sustente aqueles que o sustentam,
e a Terra durará para sempre."

Braiding Sweetgrass,
de Robin Wall Kimmerer

Sidney *Chalhoub*

Professor de História, Estudos Africanos e Afro-Americanos na Universidade de Harvard. Professor Colaborador da UNICAMP. Bacharel em História pela Lawrence University, EUA, e mestre em História pela Universidade Federal Fluminense. Doutor e professor em História pela Universidade Estadual de Campinas.

BRA / Relato / 29-Mai-2020
Originalmente escrito em português

urbano, natureza, responsabilidade, esperança

Para quem tem a sorte dupla de continuar saudável e de poder observar uma nesga do mundo pela janela, o apocalipse é estranho. Tudo parado lá fora, árvores em pé, telhados no lugar e pouca gente à vista, ainda que o fato de muitas pessoas usarem máscara inclua algo diferente no cenário. O futuro se anuncia em pequenos deslocamentos cotidianos, nas atitudes que permite vislumbrar. Máscaras: medo próprio, solidariedade com o próximo, sentimento de um destino comum, paúra da espécie toda, confiança na ciência, obediência ativa.

A percepção de um destino comum, para o bem ou para o mal, será o principal legado dessa peste. O intento capitalista da circulação global e acelerada de mercadorias encontrou a sua metáfora mórbida, distópica. Por isso a economia continuará a ser global para se tornar mais solidária. Setores dela menos voltados para o mercado, incompatíveis com ele no sentido mais profundo, serão enfatizados – acesso universal a serviços de saúde, para começar pelo direito humano mais básico, garantidor da vida e da qualidade dela, fundamento dos outros direitos.

Inovação, pasmem, nada terá a ver com produtividade, aceleração. Terá a ver com a preservação da vida em todas as suas formas. As grandes cidades serão repensadas. Políticas públicas serão adotadas para diminuir a densidade demográfica delas, para reverter a sua segregação social, para otimizar recursos quanto a transporte e consumo de energia. Assim, o trabalho remoto será incentivado, para liberar espaço físico em áreas centrais e permitir que elas voltem a ser habitadas pelos moradores que foram expulsos delas no passado.

A preservação da natureza em consonância com a ciência das mudanças climáticas será prioridade inconteste. O veganismo triunfará, ou ao menos o vegetarianismo, em meio a um amor universal pelos animais não humanos. Aos animais humanos serão garantidos pleno emprego, renda mínima, educação pública de qualidade. A vida pública será pautada por instituições e sistemas diversos de conhecimento do mundo: universidade, imprensa, arte, literatura. As religiões serão todas igualmente acolhidas, respeitadas a laicidade do Estado e a independência da ciência.

Vai passar. Amanhã será outro dia.

Revisão
04-Abr-2022

Ao ler, agora, o que escrevi em 29 de maio de 2020, duas coisas me ocorrem. Primeiro, que historiadores vivem mesmo de passado e não devem se meter a fazer previsões. É melhor deixar essa parte para economistas e cientistas políticos, pois assim só eles erram sempre. Segundo, que bom ver que, naquele momento, a pandemia me inspirava um rascunho de utopia. Deve ter sido um momento muito desesperador. Ou talvez não. Nada assusta mais do que a barbárie contínua que assola a *Bruzundanga* há mais de três anos, essa perspectiva assustadora de um ano eleitoral tumultuado, com o país de novo enfrentando gente fardada, armada, arrogando-se o direito de tutelar a vida política do país. Na *Bruzundanga*, o passado não passa porque está sempre diante de nós.

A história não serve mesmo para nada, não ensina nada, quando muito, distrai. Se ela pudesse nos guiar em alguma coisa, aquele mundo supimpa que imaginei que viria, cheio de lições da pandemia, ainda virá, ao menos em parte. Epidemias mudam as sociedades pelo trauma que causam no longo prazo. Todos sabemos que não somos mais os mesmos, que algo mudou, algo que ainda não conseguimos processar nem entender direito. A ver, que os economistas e cientistas políticos façam as suas apostas. Eu não digo mais nada, fico o mais encolhido dos caramujos. Um primeiro indício de futuro, se voltaremos a ter futuro, ao menos na *Bruzundanga*, veremos em outubro.

Marina *Grinover*

Arquiteta e Urbanista pela FAU-USP. Mestre e Doutora pela FAU-USP. Sócia do escritório de arquitetura Base Urbana. Professora da FAUUSP, Escola da Cidade e FAAP. Professora convidada no MIT, no Center for Advanced Urbanism – CAU, 2018.

BRA / Relato / 26-Abr-2020
Originalmente escrito em português

desigualdade, coletividade, natureza, responsabilidade

Provavelmente uma das lições mais importantes desta pandemia é que estamos todos conectados. Não somente porque a rede virtual de dados permite a todos, mesmo em situação de pobreza material, estar conectados. Mas porque, quem sabe, concretamente, vamos viver o que os sábios índios da Amazônia dizem: estamos todos imersos no mesmo fluido, nossas vidas estão todas implicadas. Humanos e outros seres estamos todos nesta nave maravilhosa, Terra. Neste planeta, cuja existência como a conhecemos, vem sendo posta à prova e que, neste momento, ameaça o modo como os seres humanos vivem nele, é nossa casa. Estamos todos vivendo mais intensamente as dificuldades e satisfações de estarmos em casa. Vemos pela rede o martírio daqueles que não têm casa ou têm uma casa precária, o quanto a falta de um lugar seguro, renovador de nossas energias, é fundamental para a existência.

O sistema econômico global está destruindo o planeta. Amanhã pode ser muito pior se continuarmos a consumir nossa riqueza natural e humana do modo ganancioso e concentrador como humanidade vem fazendo nos últimos 250 anos, pelo menos.

Amanhã podemos consumir menos e partilhar mais. Partilhar riqueza monetária, hoje concentrada, para recuperar a vida de todos que se destruiu com a pandemia e com o sistema econômico explorador que organiza sua produção. Partilhar a Terra, concentrada na mão de poucos que especulam e exploram um bem que não deveria ter dono. Partilhar o conhecimento cuja concentração retira muitos de uma vida autônoma e livre. Partilhar a vivência, o contato, a ação em lugar da posse, da troca especulativa. Partilhar sem querer crescer ou explorar financeiramente.

Sim, chega. Vamos ser menos, ter menos, e sentir mais o quanto estamos integrados ao mistério da vida, e isso já começou, agora, não amanhã.

Naomi *Davy*

Cursa o último ano de Direito Ambiental e Justiça na Universidade de Harvard. Estagiária no Programa de Eficiência de Recursos da Graduação de Harvard.

EUA / Relato / 02-Jun-2020
Originalmente escrito em inglês

cotidiano, política, natureza, responsabilidade

Embora o vírus tenha sido inquestionavelmente devastador para a maior parte do mundo, ao analisarmos suas causas e efeitos, temos uma oportunidade de aprender lições importantes sobre nossa relação, como seres humanos, com o clima. Nosso clima está com problemas e, se quisermos deter o aquecimento global e atingir nossa meta de redução de 1,5° C, as emissões teriam de cair em média 7,6% a cada ano. Alguma coisa terá de mudar.

A China está considerando um pacote de estímulo que amorteceria e impulsionaria o investimento em energia limpa, incentivando as pessoas a tirar proveito do baixo preço, mesmo que os retornos não sejam imediatos. Muitos estão tomando isso como uma oportunidade para avaliar quanto viajamos, quanta carne comemos e quantos bens desnecessários consumimos enquanto nossa vida está em pausa.

O futuro do trabalho pode ser trabalhar de casa com mais frequência, em vez de se deslocar diariamente para o trabalho. Isso poderia significar favorecer conferências de Zoom, em vez de voar longas distâncias para reuniões. O que está claro é que, se quisermos alcançar nosso objetivo, as viagens precisam ser responsáveis por uma parcela significativamente menor da economia. O que não podemos fazer é compensar em excesso as perdas econômicas que estamos experimentando neste momento por meio de pacotes de estímulo e políticas que manterão o *status quo* e aumentarão as emissões. Por exemplo, nos Estados Unidos, o Presidente Trump emitiu uma ordem executiva para manter as fábricas de carne abertas, embora muitos de seus trabalhadores não possam entrar por causa do vírus. Políticas como essa não só são insensíveis aos trabalhadores como também são diretamente prejudiciais ao meio ambiente.

Acredito que a Covid-19 tenha exposto um dos maiores fracassos da existência humana: hoje em dia, o sucesso humano está necessariamente correlacionado negativamente ao sucesso do clima que habitamos. Nossas medidas de sucesso são completamente negligentes em relação ao meio ambiente, que torna nosso sucesso possível. Quando o PIB é alto, a qualidade do ar, muitas vezes, é baixa. Quando a indústria está em expansão, as emissões também estão em alta. Quando o desemprego é baixo, o número de carros na estrada e de aviões no céu dispara. O que esta enorme perturbação em nosso comportamento normal e considerado produtivo nos mostrou é que, se quisermos atingir os objetivos ambientais, que estabelecemos para nós mesmos, temos de repensar completamente o *status quo*. Talvez a observação mais surpreendente, e ainda assim perturbadora, sobre as respostas de nossos governos ao vírus seja que eles têm a capacidade de mudar completamente a indústria, o comportamento humano e os mercados, e mesmo assim estamos em um ponto em que muitos se recusam a tomar medidas tão drásticas para combater a mudança climática.

Michael *Batty*

Urbanista, geógrafo e cientista de dados espaciais. Professor Bartlett de Planejamento na University College London. Presidente do Centro de Análise Espacial Avançada. Fellow da Academia Britânica, da Sociedade Real e da Academia de Ciências Sociais.

UK / Relato / 14-Mai-2020
Originalmente escrito em inglês

coletividade, tecnologia, urbano, adaptação

A crise do coronavírus: como será a cidade pós-pandemia?

Muitas vezes, nestes editoriais nos últimos 30 anos, especulei sobre como poderíamos pensar nas cidades em termos de sua dinâmica. As construções centrais em tal pensamento envolvem como as cidades podem ser perturbadas por novas tecnologias e como uma miríade de redes é capaz de definir a forma como energia, materiais, pessoas e informações se reúnem para gerar níveis de complexidade inimagináveis antes da Revolução Industrial. Essa ciência sugere o quanto as cidades estão resiliente diante de eventos imprevistos, muitas vezes caóticos, devido ao fato de serem construídas e evoluírem de baixo para cima. Um modelo popular é baseado na noção de que, se uma cidade é concebida como uma rede, então devemos ser capazes de descobrir o conjunto de consequências que se difundem rapidamente de alguma interrupção na transmissão. Isso se refere a como podemos ter um controle sobre tais repercussões se formos capazes de observar essas redes em muito mais detalhes do que no passado. Foi Edward Lorenz (1993) que, em 1972, primeiro articulou essa noção de efeitos imprevistos ou caos no clima, em sua pergunta "O bater das asas de uma borboleta no Brasil cria um tornado no Texas?", ou, mais criticamente para as cidades, nas palavras de uma canção popular dos anos 1960, "como [...] as luzes se apagaram em Massachusetts". Ou, mais precisamente, como eventos aparentemente aleatórios em lugares como um mercado de animais selvagens na cidade chinesa de Wuhan de repente jogam o mundo em um *lockdown* global, pois um vírus desconhecido começa a se espalhar mais rapidamente do que nós poderíamos jamais prever.

Nada, nada poderia ter nos preparado para o que aconteceu desde o início deste ano. Eu sei que alguns pesquisadores e profissionais da saúde pública que têm feito modelos de pandemias têm argumentado que sempre estiveram cientes dos riscos, mas que ninguém jamais os levou a sério o suficiente. Até mesmo Bill Gates (2015) tem pregado os perigos de uma pandemia há anos, como refletido em sua palestra TED. Mas, há mais de 100 anos desde a chamada gripe espanhola no final da Primeira Guerra Mundial, não temos realmente levado a sério a ideia de que todos em todos os lugares podem ser infectados por uma doença que fomos incapazes de controlar. Lembro que, quando jovem, na Liverpool nos anos 1950, eu era um pouco receoso de vários vírus, como a poliomielite e a varíola, mas eles foram rapidamente erradicados, desaparecendo até o final do século 20. A obviedade do que aconteceu agora, porém, é preocupante, na verdade, humilhante. Conseguimos controlar a SARS, o ebola e outras doenças respiratórias no passado recente, mas a pura virulência do novo coronavírus nos pegou de surpresa. O fato de estarmos todos tão ligados a todos os outros devido a viagens globais e cadeias de fornecimento globais espalharam a doença muito mais rapidamente do que fomos capazes de compreender. Isso revelou que nossas percepções sobre a forma como o mundo está globalmente conectado estavam muito aquém da realidade, enquanto a densidade dessa conectividade parece ter crescido exponencialmente desde a virada do milênio.

Nos últimos cerca de 20 anos, houve algum progresso limitado na descoberta do que acontece quando uma grande rede composta por dezenas de milhares de nós e ainda mais elos cai, ou seja, experimenta alguma quebra na conectividade ou transmissão. Sabemos que as redes geralmente têm uma estrutura distinta e as redes sociais e de comunicações são geralmente compostas de diferentes *clusters* de nós que refletem nossa natureza competitiva e nossa necessidade de aglomeração. Tais redes têm *gatekeepers* que controlam os principais elos entre os aglomerados – elos fracos – enquanto o tamanho dos próprios aglomerados está arranjado de acordo com várias leis de potência, onde muito frequentemente as redes têm componentes gigantescos. Além disso, muitas redes são extremamente resistentes a ataques contra seus nós ou seus elos. Há muitas redes sociais e econômicas que são muito difíceis de derrubar, mesmo que os principais nós e segmentos sejam removidos. Em alguns aspectos, essa é tanto a grande força quanto a grande fraqueza de muitas redes humanas. Em algumas redes, há tanta redundância que é quase impossível derrubá-las, o que significa parar a transmissão de informações entre suas partes, e essa é uma grande vantagem se o que está sendo comunicado é essencial para o sangue vital do sistema. É algo fácil de ver quando há um acidente em uma rodovia importante. Em geral existem muitas rotas alternativas. Mas se o que está sendo comunicado é indesejável como uma doença, uma ideia ruim ou uma droga ilícita e potencialmente prejudicial, uma rede com grande redundância não é o que se quer. Para intervir positivamente na construção de novas ligações que permitam uma melhor comunicação ou para remover ligações e *hubs* que possam matar a comunicação indesejável de uma só vez, então a conectividade ou a densidade de *hubs* e ligações é importantíssima. No caso da Covid-19, para impedir a propagação do vírus, é preciso atingir os *clusters* onde os supertransmissores de um tipo estão localizados ou os elos fracos onde existe outro tipo de supertransmissor. Isso só pode ser feito por meio de um rastreamento de contato muito detalhado, que é caro e sempre deixará passar alguns casos. A eliminação do vírus dessa forma é difícil, pois equivale a espremê-lo para fora do sistema, em sua totalidade. Uma vacina para reduzir seus efeitos ou para tornar o hospedeiro imune é a única maneira.

Todos os exemplos que temos de adicionar ou remover elos e *hubs* de uma rede são minúsculos em comparação com as redes envolvidas na atual pandemia. Parar a transmissão além da residência ou unidade domiciliar exige um *lockdown* total, o que significa que todos precisam ficar em casa – para se autoisolarem, no jargão atual. Isso mataria a transmissão do vírus para qualquer pessoa fora de casa, mas seria como simplesmente desmantelar toda a rede. Não é fisicamente possível para a população que ainda precisa consumir as necessidades mais básicas, então, o que foi adotado é um *lockdown* para todos, exceto para a categoria de trabalhadores-

-chave ou essenciais. No Reino Unido, há cerca de 32 milhões de pessoas empregadas, e cerca de 5 milhões delas são definidas como trabalhadores essenciais. Isso dá alguma ideia da escala do confinamento. Muito aproximadamente, podemos dizer que implica que cerca de 80% das redes sociais e econômicas do país estão atualmente fechadas, sem funcionar. É uma situação única e totalmente imprevista, e há muito pouca ideia do que acontecerá a seguir, pois há severas exigências para que essa situação seja amenizada de modo que a economia possa voltar aos seus níveis pré-crise. Não há na literatura exemplos de casos em que as redes tenham sido visadas dessa forma, mesmo em termos teóricos, e, portanto, temos pouca ou nenhuma experiência de saber como uma tal rede pode se recuperar.

Ela vai se recuperar, é claro, mas, se o *lockdown* fosse completamente liberado amanhã, a economia não voltaria de uma só vez. Longe disso, pois levaria algum tempo para reiniciar várias indústrias e serviços. Haveria efeitos diferenciais relacionados às cadeias de abastecimento e, uma vez que se examina isso no contexto global mais amplo, onde diferentes nações e cidades estão se recuperando em ritmos diferentes, nada disso será certamente tranquilo. Mas partes da economia não voltarão. Ela não pode recuperar a sua antiga glória, pois algumas empresas terão falido, o desemprego está fadado a aumentar. Cerca da metade de todos os empregos está atualmente sendo bancada financeiramente pelo governo em um nível mais baixo, e é muito improvável que esses trabalhadores tenham economizado o suficiente para recuperar seus estilos de vida anteriores, pelo menos por algum tempo. Previsões recentes sugerem que o vírus levará à maior recessão econômica desde a Grande Geada de 1709 – que foi há tanto tempo que não é possível fazer comparações (SCHOFIELD, 2020). Pode-se dizer que desde a Peste Negra, de tão irrealista a comparação.

A maior mudança, entretanto, provavelmente virá na forma como nos movimentamos. Até que uma vacina seja encontrada – se ela for encontrada, embora haja uma chance muito forte de que algo para aliviar os sintomas seja –, as pessoas estarão muito cautelosas de se manterem próximas umas das outras. O distanciamento social implica que, se não soubermos que alguém a menos de 2 metros de nós mesmos não está com o vírus, sempre nos manteremos a mais de 2 metros dessa pessoa. Muitos movimentos no transporte público em cidades com mais de 50 mil habitantes têm uma aglomeração nas horas de pico, quando essa regra provavelmente será adotada socialmente em uma época em que não será mais obrigatória ou fortemente aconselhável como é atualmente no Reino Unido. Isso provavelmente levará a mudanças em nossos meios de transporte. De fato, durante duas semanas antes do fechamento atual no Reino Unido, que ocorreu em 23 de março, eu fui a pé para o trabalho, em vez de usar o metrô, e, duas semanas antes, quando voltei para o Reino Unido dos Estados Unidos, pousando no Terminal 2, em Heathrow, em 16 de fevereiro, chamou-me a atenção que deveríamos ter exercido muito mais cautela, especialmente porque um avião de Pequim tinha acabado de soltar seus passageiros e metade dos que estavam na esteira de bagagem estavam usando máscaras. O distanciamento social pode muito bem estar aqui para ficar, especialmente se a doença se tornar endêmica e nós não formos capazes de eliminá-la, o que é bem possível, como no caso de várias cepas de influenza.

As mudanças de modalidade quando as pessoas evitam o transporte público e recorrem a caminhar ou andar de bicicleta ou a viajar em seu próprio carro são provavelmente uma consequência bastante imediata da pandemia, que provavelmente terá um efeito importante sobre a quantidade de viagens realizadas. Com muito mais pessoas tendo se adaptado ao *home office*, podem muito bem continuar a fazer isso, pelo menos durante parte da semana. De fato, antes da pandemia durante o último ano civil (2019), o Escritório Britânico de Estatísticas Nacionais (ONS, 2020) informou que 5% dos trabalhadores trabalhavam de casa o tempo todo, 27% trabalhavam de casa em algum momento do ano, e 8% trabalhavam perto de casa, no mesmo complexo de edifícios. Isso sugere que até 40% poderiam trabalhar de casa se as condições fossem adequadas e se houvesse uma pressão contínua para o distanciamento social. Se fosse o caso, então o impacto sobre o transporte seria dramático.

Podemos ver um aumento na demanda de trajetos de carro, revertendo o lento declínio que vem acontecendo em muitos países desde o final do século 20. Se observarmos um aumento significativo no uso do automóvel, isso pode ser o toque da morte para a ideia da cidade compacta. Durante a Segunda Guerra Mundial, a ideia de que deveríamos "descentralizar" nossas atividades das grandes cidades ganhou uma nova urgência. Ao longo do século XIX, o impulso para o planejamento urbano foi baseado na noção de que deveríamos retornar ao campo para evitar os males da grande cidade, de fato, o movimento das cidades-jardim e a ideia de novas cidades refletia essas preocupações. E isso foi muito antes de adquirirmos a capacidade de viajar individualmente usando o automóvel. Inclusive, a história da cidade no século XX é a de deixar a cidade "respirar" por meio de uma descentralização das atividades congestionadas, desde a habitação até a indústria, passando pelos serviços nas periferias, a expansão urbana de baixa densidade e novas comunidades longe da cidade central. Combinadas com o trabalho doméstico e o forte distanciamento social, essas velhas ideias parecem cada vez mais atraentes. Durante a Segunda Guerra Mundial no Reino Unido, a estratégia que surgiu foi baseada na descentralização a partir do coração urbano. Os vários relatórios que foram produzidos para o governo por Barlow, Scott e Uthwatt sugeriram que a população industrial deveria se dispersar, que, para evitar uma repetição do bombardeio, deveríamos viver em lugares menores, com a indústria amplamente descentralizada e com a implicação de que as cidades fossem mais autossuficientes. O núcleo do desenvolvimento urbano na Grã-Bretanha naqueles dias longínquos era na verdade chamado de forma bastante sombria de "o caixão", devido à forma do desenvolvimento industrial predominante na Grã-Bretanha na área que abrange Londres, Midlands, Noroeste e West Yorkshire. Era essa área que era considerada em grande parte como a região do país a partir da qual se deveria redistribuir a população. Em uma escala mais local, essa política veio a ser implementada particularmente nas novas cidades britânicas. Anos em que um grau de autocontenção com relação ao emprego e à população minimizaria as viagens, apesar de ser totalmente contrária à forma como nossas cidades e vilas se haviam desenvolvido desde o início da Revolução Industrial.

É desnecessário dizer que essa política de autocontenção era impossível de ser implementada, profundamente falhada na medida em que as cidades cresciam cada vez mais rapidamente em torno de suas margens, e as distâncias de deslocamento se tornavam cada vez maiores. No final do século 20, entretanto, políticas para compactar a cidade em vez de estabelecer novas cidades ao redor de suas margens começaram a ser implementadas, tais como o desenvolvimento em locais de instalações industriais e comerciais abandonadas ou ansiosas, e isso foi acompanhado por várias políticas para restringir o carro e reduzir a poluição em grande pela tributação e os preços das estradas. O surgimento do crescimento inteligente por meio de políticas associadas ao desenvolvimento orientado ao trânsito entrou na pauta e, antes do início da pandemia, a noção de um modo de vida urbano mais verde e compacto estava começando a se estabelecer à medida que nosso caso amoroso com o carro começava a diminuir. O fato de que, à medida que nossas cidades cresciam e começavam a se compactar, o preço da moradia e tudo o mais dentro delas crescia cada vez mais rápido e mais do que proporcionalmente à nossa riqueza individual, era um grande dilema. A pandemia provavelmente acabará com tudo isso enquanto nos esforçamos para manter nossa distância uns dos outros de muitas maneiras diferentes, certamente no futuro imediato. Muito dependerá de como a pandemia se desenrolará.

Talvez uma grande vítima desta crise seja o turismo e as viagens aéreas. Nos últimos dois meses, fomos para o Skype, o Zoom, o Team e os sistemas de conferência baseados na web, e o progresso em tornar essa experiência tão indolor quanto possível tem sido rápido. Eu, por exemplo, vou pensar duas vezes agora em viajar longas distâncias para dar uma palestra onde você mal vê o lugar que visita e passa longas horas em aeroportos lotados esperando por aviões que parecem continuamente perturbados e superlotados, vivendo em quartos de hotel apertados. Muito disso agora pode ser feito *on-line*. O turismo também sofrerá e mudará, não só porque as pessoas não vão querer se colocar em risco, mas também porque é provável que, a curto e médio prazos, fiquemos muito mais pobres, precisando reconstruir nossas próprias economias. De fato, as partes da economia local que terão mais dificuldade de voltar aos tempos pré-pandêmicos serão restaurantes, *pubs* e grandes locais de entretenimento onde nos reunimos por períodos muito mais longos e onde provavelmente estaremos mais expostos do que em aeroportos, estações de trem ou no trabalho, onde temos algum controle sobre nossa distância. É a globalização em geral que provavelmente vai mudar mais drasticamente porque grande parte do nosso mundo está agora construído em torno de cadeias de fornecimento que satisfazem a demanda que não pode ser atendida localmente. Antes da pandemia, já havia um forte movimento global em muitas nações onde a preocupação era trazer a produção de volta para terra. O melhor exemplo está em nossos sistemas de saúde. Na Grã-Bretanha, temos um sistema nacional de saúde bom, equitativo e eficiente. Durante essa crise, não lhe faltou experiência em termos de profissionais de saúde, mas faltou o equipamento certo, porque muito dele é fabricado *offshore*. Isso terá de mudar, assim como o próprio sistema de saúde provavelmente se tornará cada vez mais significativo ao pensar sobre como organizamos a sociedade contemporânea. Se alguma vez houve um argumento para trazer a produção de volta ao país, embora possa ser muito mais caro fazê-lo, em termos de mão de obra, ele está relacionado à nossa saúde pública.

De que haverá um novo normal, eu não tenho dúvidas. Como será esse normal, em termos de cidades e tudo o mais, ainda está no reino da especulação. Muito será escrito sobre isso em um futuro próximo, mas os eventos estão se desenrolando a uma velocidade surpreendente.

Trazer a economia de volta é uma questão crítica de tal forma que os danos são minimizados, mas mais uma vez estamos em território inexplorado. Em nosso domínio, devemos ser capazes de dizer algo sobre como, quando se trava uma economia da forma como a fizemos, ela deve voltar. Precisamos prever a sequência de trazer os empregos de volta às formas tradicionais de trabalho e quais serão as baixas em relação à ordem em que eles são trazidos de volta. E tudo isso tem de ser levado em conta na supressão do vírus, para manter a "curva plana", de modo a evitar ondas de infecção mais prejudiciais que continuam a ameaçar a vida. Podemos muito bem ver cidades caminháveis emergindo, podemos muito bem ver muito mais trabalho de casa, um declínio nas viagens internacionais redundantes, um movimento para produzir mais localmente e cidades construídas em torno dos cuidados de saúde. Mas podemos ver uma expansão muito maior à medida que as pessoas procuram fugir das grandes cidades para as pequenas cidades, podemos ver um crescimento nas viagens de carro e um declínio no transporte público, podemos ver tendências contrárias que se reforçam mutuamente, como trabalhar em casa a distâncias muito maiores das cidades, podemos ver mais isolamento social e diferentes tipos de epidemia social relacionada a mudanças em nossa saúde e longevidade. Que o futuro é desconhecido, pode haver poucas dúvidas, mas o fato de que está em nossas mãos inventá-lo é algo que precisamos levar a sério (BATTY, 2018). No espírito das teorias e ferramentas que professamos pesquisar nas páginas desta revista, precisamos considerar a miríade de redes que compõem a cidade contemporânea e descobrir como estas mudarão à medida que a pandemia for sendo gerenciada. Muitos nós e *links* nestas redes vão mudar. Considere o que temos dito sobre transporte. Poderão ocorrer grandes mudanças nos meios de transporte que usamos, com muitos transportes públicos em rápido declínio, muitas pessoas trabalhando a partir de casa e muitas cadeias de abastecimento sendo remodeladas. Algumas redes podem desaparecer enquanto novas redes tomarão seu lugar. Como os mapas pandêmicos nessas redes têm um significado óbvio, mas as ramificações das mudanças em nosso comportamento social serão profundas e amplas e o novo normal que emerge será muito diferente do passado imediato. Essas mudanças terão impacto em todos os cantos do nosso mundo. A supressão do vírus em um país ou cidade não levará ao seu retorno ao velho normal, pois ele está dentro de uma rede global onde cada lugar terá sua própria resposta comportamental.

Há perigos também na mudança para um mundo mais descentralizado e isolado, onde a aglomeração desapareceu e todos vivem em densidades muito mais baixas. Em conclusão, lembro-me da maravilhosa história de E. M. Forster (1909), escrita há muitos anos sobre o que acontece quando tal mundo de isolamento se rompe. Em seu conto "A máquina parou", Forster pinta um quadro de um mundo que é subterrâneo, onde todos estão conectados por uma espécie de "internet", onde a produção e o consumo são uma estranha mescla de local e global, onde a maioria nunca se aventura em outros lugares e onde a maioria não sabe realmente como um mundo assim se sustenta. Não é bem o mundo em que entramos em isolamento, mas há muitas semelhanças. O novo mundo de Forster era aquele em que um mundo antigo tinha sido construído em torno de "[...] trazer as pessoas para as coisas, em vez de trazer as coisas para as pessoas", estranhamente presciente nestes nossos tempos incomuns. Sua história conta como o mundo do isolamento social que se tornara uma nova normalidade estava se rompendo devido ao fato de que a sociedade havia perdido seu "[...] senso de espaço". Ele continua citando um de seus principais personagens dizendo: "Dizemos que o espaço está aniquilado, porém aniquilamos não o espaço, mas o sentido dele. Perdemos uma parte de nós mesmos". Há muitas características desse mundo que nos lembram do *lockdown*, e a história é na verdade sobre como a máquina que sustenta aquele mundo está parando. Não se pode deixar de pensar em nossa própria internet nesse contexto, e como, na crise atual, ela continua a funcionar. Até certo ponto, evitamos pensar muito sobre a sustentabilidade de nossas redes físicas e cadeias de fornecimento, particularmente aquelas que fornecem necessidades básicas que se tornaram cada vez mais globais também. Forster termina seu conto com a quebra da máquina, mas não especula mais sobre que tipo de mundo voltará. Também vou terminar minha história pedindo simplesmente ao leitor que absorva o ensaio de Forster e sua mensagem – ele está disponível *on-line* em muitos lugares. Suas especulações são melhores do que qualquer outra sobre a qual eu possa refletir aqui e, assim, dão uma noção do que pode ocorrer e do que podemos fazer quando o futuro imediato começar a se desenrolar.

Originalmente publicado em *Environment and Planning Sage Publications.*

The Coronavirus crisis: What will the post-pandemic city look like? **Environment and Planning B: Urban Analytics and City Science**, 47(4), 547-552.

Isaac *Karabtchevsky*

Maestro, diretor artístico e regente principal da Orquestra Petrobras Sinfônica e Diretor Artístico do Instituto Baccarelli.

BRA / Relato / 04-Mai-2020
Originalmente escrito em português

coletividade, natureza, adaptação, expectativa

Estamos todos conscientes de que, em um futuro próximo, as relações humanas passarão a ser diferentes. Em decorrência do coronavírus, é como se o fator tempo viesse a ser interrompido e, ao invés de abranger um desenvolvimento ditado pelo curso da História, fosse subitamente condensado. A fórmula da evolução que acompanha o ser humano desde os primórdios será cerceada e, sem nenhuma reverência ou concessão ao princípio dialético, dará lugar a novos hábitos. Talvez mudemos nossas expectativas ou prioridades, o que certamente poderia assegurar uma sociedade mais justa – isso seria um grande tento, agradeçamos ao vírus!

O que me remete a uma obra que li ainda adolescente, *Admirável Mundo Novo*, do grande Aldous Huxley, livro que é um misto de ficção científica e crítica social. Escrito em 1932, Huxley prenuncia todo o pesadelo que foi a Segunda Guerra Mundial com suas câmaras de gás, seus campos de concentração, morticínio jamais visto na História da Humanidade, lembra muito pela sua extensão e trágica repercussão ao que está acontecendo com a Covid-19! Segundo Huxley, a sociedade será convertida, e os humanos sairão fortificados.

É o que todos ardentemente desejamos!

Daniel *Corsi*

Arquiteto e urbanista. Sócio-fundador do Atelier Daniel Corsi. Professor da graduação e da pós-graduação da FAU-Universidade Mackenzie e da Escola da Cidade.

BRA / Relato / 29-Jun-2020
Originalmente escrito em português

coletividade, natureza, responsabilidade, esperança

Alto, parem comigo.

Pensemos por um instante para onde vamos e como. Admitamos que o que estamos vivendo hoje nos acua no limiar de uma crença otimista de tudo podermos mudar e de um pessimismo petrificado de tudo se manter terrivelmente igual. Em meio ao dilema, os grandes poderes que nos conduzem conflitam de modo selvagem e nós, meros humanos, seguimos à deriva e reféns de nossa própria civilização, mas diante de uma nova chance.

Lá se vão 20 anos transcorridos em nosso século XXI, um breve intervalo de tempo que continua nos fazendo presenciar crises cada vez maiores. Lembremos que nós o vimos chegar com o drama do terror de torres sendo levadas ao chão e, anos depois, com o incompreensível fluxo do dinheiro colapsando os nocivos sistemas bancários e financeiros. Em sua segunda década, guerras injustificáveis contribuíram, mais uma vez, para a mutilação de nossas irmãs e irmãos, além de nos levarem a subsequentes migrações inéditas de milhões de seres humanos abandonados, até hoje, a seu próprio destino. Para além disso, desastres ambientais – muitos deles, aliás, propulsados pela ação humana – revelaram a ferocidade de uma natureza incomodada com seus habitantes. Eis que, então, infelizmente, vemos agora uma nova crise unir o planeta sob os efeitos do poder invisível de um vírus ínfimo e capaz de neutralizar sãos e enfermos de maneira assombrosa.

Olhemos de frente, encaremos algo que decididamente não é bom, algo doente e do qual todos nós fazemos parte. Nossa falência é política, social, econômica, ambiental e, agora, biológica, cada uma delas carregando seus efeitos éticos e morais sobre o ser humano e, podemos dizer, custando muitas vidas.

De que história estamos participando? Onde nos encontramos como humanidade nesse momento, 2020? Já imaginaram que os "filhos do amanhã", gerações nascidas neste século, podem não saber sequer o que significa despertar em um sentimento distinto ao temor? E, então, nós nos perguntamos: o que será diferente amanhã?

Porém, antes dessa pergunta, façamo-nos outra igualmente inevitável: o que foi diferente ontem? Evidente que à mente vêm as tantas maravilhas humanas, os pensamentos, as ciências, as artes, as descobertas e as invenções, permeadas pela delicadeza da poesia que também nos distingue. Mas o retrato não se revela assim em sua plenitude e, rapidamente, somos paralisados pela lembrança das consequências dos mesmos males, crises e brutalidades intermitentes que ainda nos empurram para algum lugar desconhecido do tempo.

Onde estávamos e o que sentíamos em 1920, 1820, 1720...? Ainda que entre o conflito e a paz, desde Homero tentamos compreender a noção básica de comunidade. Como pode então valor tão fundamental se manter uma ficção? Será tão inviável assim? A memória ajuda e me faz relembrar um otimista possível.

Em 1759, Voltaire trazia à luz o seu Cândido, um ser comum, injustificavelmente dilacerado por todos os males possíveis do mundo de então e que difeririam dos de hoje apenas pelas proporções e nomes: a guerra dos sete anos, a inquisição, o terremoto de Lisboa, a escravidão colonial, entre outros. Cândido passa renitente por tudo isso, mas ainda assim apaziguado por uma filosofia que lhe havia feito aceitar que tudo estaria bem e que o mundo se fazia assim mesmo, bastando-lhe suportá-lo. Mas desse "otimismo ingênuo" irrompe um inconformismo feroz que faz Cândido gritar que não, não poderia estar tudo bem. É assim que, em um dado momento, se pergunta se os homens "sempre foram mentirosos, espertos, pérfidos, ingratos, ladrões, fracos, volúveis, covardes, ciumentos, comilões, beberrões, avarentos, ambiciosos, sanguinários, caluniadores, depravados, fanáticos, hipócritas e estúpidos",[1] e que algo deveria lhe diferenciar da condição de outros seres: "há uma diferença, pois o livre-arbítrio...".[2]

É assim que, de modo elementar, Cândido transita para o que poderíamos chamar de "otimismo maduro". É com ele e pelas consequências de suas próprias decisões, que é levado a ter seus sofrimentos redimidos por um final de vida intimamente pacífico. Tudo isso não por acaso, mas deliberadamente eleito por si mesmo, distante de qualquer ambição ou vaidade, consciente de seu lugar no mundo e da necessidade fundamental que coloca para si e para os seus sobre o quanto é preciso zelarmos por nós mesmos e por aquilo que existe ao nosso redor. Cândido conclui que, mesmo diante de todos os males, "é preciso cultivar nosso jardim".[3]

Alvíssaras se o jardim de Cândido fosse o mundo, e Cândido, a humanidade!

1. VOLTAIRE. Cândido ou o Otimismo. Trad. S. Titan Jr. São Paulo: Editora 34, 2016. p. 127.

2. *Idem*, p. 127.

3. *Idem*, p. 185.

Clama aqui a consciência de que os injustificáveis males morais e físicos resultam também de nós. A entrega final ao seu pequeno jardim é simbólica, é generosa, é a sua parcela de responsabilidade sobre o mundo que busca então cuidar, sem a pretensão de conquistas poderosas, mas da consumação de sua simples parte. Ainda que a filosofia possa tê-lo revisado, é esse o dito redentor e mais sensível dessa história.

Esse jardim é nosso, e é preciso cuidar dele com sensibilidade, com a delicadeza que José Saramago contava cuidar do seu próprio em Lanzarote. O mesmo Saramago que, preocupado com o amanhã, disse certa vez: "vamos cada vez mais a sentir-nos perdidos, perdidos em primeiro lugar de nós próprios, e, em segundo lugar, perdidos na relação com o mundo. Acabamos por circular por aí sem saber o que somos, nem para que servimos, nem que sentido tem a existência".[4]

Como nos mantermos inertes frente a tal indagação, estáticos diante do perigo de uma anulação dos sentidos e de um futuro oco, perfurado pelo punhal enferrujado da miséria humana? Espantosamente, parece que ainda não assimilamos nem o jardim, nem a possibilidade de sua extinção.

Não! Não é mais possível adiar a humanidade! Não pode ser que ela tenha de residir no universo do imponderável. Há transformações a serem reivindicadas, decisões a serem tomadas, revoluções a serem vividas, mudanças a serem conquistadas. Então, o que pode ser diferente hoje?

Estejamos atentos às respostas que já pairam no ar espesso desse mesmo século XXI. Deixe-

4. Janela da Alma. Direção: João Jardim, Walter Carvalho. Rio de Janeiro: Tambellini Filmes, 2001.

mos ecoar em nossos ouvidos as suas potentes vozes, entre elas as dessas três meninas que, clamando pelo amanhã, nos arrebatam no presente. Escutemos as vozes que emergem, pois estão nos observando (e cobrando) com o seu desespero e esperança.

Em 2013, nos confins do mundo, Valter Hugo Mãe nos coloca diante dos gritos silenciosos da menina Halla que, com seus aproximados 12 anos, nos evidencia que nada pode permanecer igual, nada: "Diziam os velhos carregados de ideias inúteis. Os profundos velhos. Gastos da coragem, aumentados da desconfiança. (...) Como se o futuro estivesse preparado para ser igual ao passado, aos dias que gastaram. Como se eu ainda fosse a tempo de lhes ser igual".[5]

Em 2014, a paquistanesa Malala Yousafzai, com 17 anos, convoca a todos com suas palavras: "Queridas irmãs e irmãos, queridas crianças, devemos trabalhar, não esperar. Não apenas os políticos e os líderes mundiais, todos precisamos contribuir. Eu. Vocês. Nós. É nosso dever. (...) Vamos nos tornar a primeira geração que decide ser a última a ver salas de aula vazias, infâncias perdidas e potenciais desperdiçados. (...) Vamos começar a encerrar isso juntos, hoje, aqui e agora".[6]

Em 2019, a sueca Greta Thunberg, com 16 anos, vocifera diante de nossos supostos líderes globais: "Vocês dizem que amam seus filhos acima de tudo, e ainda assim estão roubando o futuro deles diante de seus próprios olhos. Como ousam? (...) Eu quero que entrem em pânico, que sintam o medo que sinto todos os dias. E então eu quero que vocês ajam. (...) Não podemos continuar vivendo como se não houvesse amanhã, porque há um amanhã. É tudo o que estamos dizendo".[7]

Assim, entre o efeito pendular da ordem e da desordem que nos acompanha, e diante das vozes que nos conclamam, é imperativo que tomemos consciência de que é no presente que tudo existe, e que é nele que precisamos agir. É imperativo que se detenha qualquer tipo de mal que assola nossa irmandade. É imperativa nossa atitude combativa para com tudo aquilo que nos destrói. É imperativo que valorizemos algo mais do que o poder. Além disso, é imperativo que a vida humana não seja diminuída ao consumo e ao dinheiro. Por que ter tanto? Por que o acúmulo desmedido frente à escassez do essencial ao próximo? É imperativo o respeito às diversidades, sejam elas de raça, gênero, crença, cultura ou de qualquer outro direito fundamental de quem existe. Qualquer desigualdade é inadmissível. Não há meritocracia que justifique tamanha violência. Ela é desumana, ignorante, estúpida e má.

Saibamos que são vários os mundos que compõem o nosso mundo, e é dessa riqueza que nasce sua potência, sua beleza. É imperativo exercermos uma ética que ampara o outro com afeto e paz: "O inferno não são os outros. Eles são o paraíso, porque um homem sozinho é apenas um animal. A humanidade começa nos que te rodeiam, e não exatamente em ti. (...) Sem ninguém no presente nem no futuro, o indivíduo pensa tão sem razão quanto pensam os peixes".[8]

Hoje, é possível a ideia de pensarmos no mun-

5. MÃE, Valter Hugo. *A desumanização*. São Paulo: Companhia das Letras, 2014. p. 15.

6. YOUSAFZAI, Malala. *Nobel Lecture*. Oslo: The Nobel Prize, 2014.

7. ALTER, C.; HAYNES S.; WORLAND, J. Time 2019 Person of the Year: Greta Thunberg. *Time Magazine*, Nova Iorque, 23-30, dez. 2019.

8. MÃE, Valter Hugo. *A Desumanização*. São Paulo: Companhia das Letras, 2014. p. 16.

do unido por um mesmo sentido: a sobrevivência. Não estamos sós e não precisamos fazê-lo assim. A jovem Halla relembra de seus velhos: "Quem tem filhos, precisa do futuro. Ouvi-os falar assim".[9]

Hoje, Heitor e Julio – meus dois filhos – têm somente um ano e precisam de um mundo que deverá perdurar em suas mãos. Muitos outros filhos precisam, eu preciso, todos nós precisamos. Pensemos que somos todos ao mesmo tempo pais e filhos dessa humanidade, da qual colhemos e onde devemos semear.

Por favor, um pouco de sensibilidade para com o outro. Um pouco de razão, pois, por enquanto, o tempo ainda é nosso. Simplesmente olhem para o mundo, ele ainda está aí, nascendo e morrendo continuamente, mas ainda vivo, pulsante. É preciso apreço e paixão humana pela oportunidade da vida. É preciso exercermos nossa liberdade e, com ela, construirmos algum sentido onde originalmente não há.

Por fim, talvez sejamos isso mesmo: uma humanidade que patina em suas fragilidades e absurdos, mas que segue tentando compreender a sua existência. Já nos enxergamos como seres naturalmente bons. Já nos enxergamos como seres naturalmente maus. Se for assim, fico com a liberdade de sermos aquilo que escolhermos ser. Se for assim fico com a dimensão sensível do ser humano, sua delicadeza, sua solidariedade, seu altruísmo, seu amor. Deixo aqui então o gesto do qual, talvez, a humanidade quase sempre careça: com a força de sete bilhões, o meu abraço.

Pronto, sigamos agora a marcha que é nossa.

9. MÃE, Valter Hugo. *A Desumanização*. São Paulo: Companhia das Letras, 2014. p. 16.

Martim *Moulton*

Professor de geografia. Doutor em Geografia pela Universidade Federal Fluminense e Ph.D. da Flinders University.

BRA / Relato / 16-Mai-2020

Originalmente escrito em português

coletividade, urbano, natureza, adaptação

Dentre as muitas coisas que acredito que mudarão na nossa dinâmica social, estão a nossa relação e o nosso comportamento nas praias, ou assim espero. Talvez por ser meu objeto de estudo ao longo da minha vida acadêmica, ou simplesmente sentir falta, o futuro das praias e do ambiente costeiro como um todo é algo sobre o qual tenho refletido bastante. O fechamento das praias em diferentes partes do mundo certamente teve efeitos muito positivos, um respiro para a vida costeira e marinha, e certamente vem contribuindo para uma melhora na qualidade das mesmas. Mas será que, passando o pior desta pandemia, nós voltaremos à normalidade? Isto é, praias lotadas de pessoas e o despejo inadequado de esgoto nas regiões costeiras? As idas a praias e os banhos de mar já foram considerados práticas terapêuticas desde o século XIX, mas hoje muitas praias urbanas têm tido efeitos opostos. Qual será o futuro das praias? Será que seremos obrigados a restringir o acesso a algo que é tão democrático? Será que conseguiremos? Será que devemos? Na verdade, minha resposta vem com muitas perguntas. Em muitos países, como, por exemplo, a Austrália, o acesso às praias tem voltado gradualmente, e com muitas regras e restrições, principalmente em áreas urbanas. Este talvez seja o novo normal, praias sem aglomerações e com muitas regras de convívio. Mas será que conseguiremos aplicar estas medidas em praias brasileiras?

Uma coisa certamente mudará, muitas pessoas optarão cada vez mais por praias mais reclusas, à procura de ambientes mais saudáveis e que lhes proporcionem maior liberdade.

Christiana *Figueres*

Diplomata e líder na mudança climática global. Secretária-executiva da Convenção-Quadro das Nações Unidas sobre Mudança Climática (UNFCCC) 2010-2016. Cofundadora do Global Optimism, coapresentadora do podcast *Outrage & Optimism*. Presidente da The Earthshot Prize Foundation.

CR / Ensaio / 24-Mar-2020
Originalmente escrito em inglês

desafios, política, natureza, responsabilidade

Cinco lições do coronavírus que nos ajudarão a enfrentar a mudança climática

O impacto devastador da nova pandemia de coronavírus poderia destruir o ímpeto que o movimento climático construiu ao longo do último ano? Alguns dizem que sim, temendo que as consequências econômicas empurrem o clima para baixo na lista de prioridades dos governos e que as restrições de viagem forcem um atraso da conferência climática da ONU.

Isso não pode acontecer. O que nos levou a esse ponto de interesse sem precedentes em tomar medidas climáticas é a própria mudança climática. Temos testemunhado incêndios e enchentes enormes e recordes, da Califórnia à Sibéria, tudo no espaço de um ano. Infelizmente, esses impactos negativos continuarão, tanto em frequência quanto em intensidade. Se pensássemos que poderíamos esquecer isso, lamento dizer que a natureza nos lembrará.

Na verdade, acredito que as últimas semanas, por mais terríveis que tenham sido para tantas pessoas, nos ensinaram lições cruciais que precisávamos aprender para entrar em uma nova era de ação radical e colaborativa para reduzir as emissões e retardar a mudança climática. Como todo mundo, não posso acreditar que tenhamos aprendido estas cinco lições em questão de dias.

Os desafios globais não têm fronteiras nacionais. Algumas pessoas costumavam achar que seriam imunes a crises globais como a mudança climática que se desdobra "do outro lado do mundo". Acho que a bolha estourou. Ninguém é geograficamente imune ao coronavírus, e o mesmo se aplica à mudança climática.

Como sociedade, estamos apenas tão seguros quanto nosso povo mais vulnerável. Durante o surto da Covid-19, os idosos e aqueles com más condições de saúde são mais vulneráveis ao coronavírus, e os pobres são mais vulneráveis ao seu impacto econômico. Isso nos torna mais vulneráveis também. Essa lição nos levou para um espaço de solidariedade que nunca vimos antes. Estamos cuidando um do outro tanto por altruísmo como porque queremos ter certeza de que estamos seguros. Esse é exatamente o pensamento de que precisamos para lidar com a mudança climática.

Os desafios globais exigem mudanças sistêmicas – mudanças que só podem ser ativadas pelo governo ou pelas empresas. Mas eles também exigem mudanças individuais de comportamento. Precisamos de ambos. Temos visto nas últimas semanas que os governos podem tomar medidas radicais, e que podemos mudar nosso comportamento muito rapidamente.

É melhor prevenir do que remediar. É mais barato e seguro evitar que as pessoas peguem e espalhem o vírus do que tentar tratar um grande número de casos de uma só vez. Isso sempre foi verdade no setor da saúde. E nas mudanças climáticas é muito melhor prevenir o aumento da temperatura do que descobrir como lidar com as enormes consequências.

Todas as nossas medidas de resposta precisam ser baseadas na ciência. Há muitos mitos em torno do coronavírus, assim como há muitos mitos em torno da mudança climática. Mas os países e os indivíduos que baseiam suas respostas no que os profissionais de saúde estão dizendo estão fazendo melhor. Da mesma forma, na mudança climática devemos agir de acordo com o que a ciência nos diz, em vez de seguir mitos ou desinformação.

Naturalmente, existem também diferenças fundamentais com a Covid-19 que fazem da resposta à mudança climática uma experiência mais positiva. O coronavírus precisa ser abordado por meio do isolamento pessoal, enquanto o clima precisa ser enfrentado pela aproximação e colaboração. Medidas de distanciamento social têm causado paralisia econômica, enquanto nossa resposta à mudança climática deve, na verdade, fortalecer e melhorar a economia.

Governos e líderes financeiros já estão considerando pacotes de recuperação para uma economia tão duramente atingida pelo vírus. Surpreendentemente, essas decisões serão as mais importantes sobre a mudança climática. Se os investimentos para dar início à economia paralisada forem direcionados para ativos e indústrias de alto carbono, bloquearemos nosso potencial atual de dobrar a curva das emissões nesta década. Por outro lado, com taxas de juros sempre baixas, os líderes políticos e financeiros têm agora uma oportunidade histórica sem precedentes de acelerar a transição energética, colocando-nos em um caminho seguro rumo a uma redução de 50% das emissões até 2030.

Espero que o choque desta pandemia abale as pessoas por causa de seu desejo de ignorar questões globais como a mudança climática. Espero que nosso crescente senso de urgência, solidariedade, otimismo teimoso e capacitação para agir possa ser uma coisa que saia desta terrível situação. Porque, enquanto nós, um dia, voltaremos ao normal depois desta pandemia, o clima que conhecemos como normal nunca mais voltará.

Originalmente publicado na *Time Magazine.*

Pedro *Gadanho*

Arquiteto, curador e escritor. Ex-diretor do Museu de Arte, Arquitetura e Tecnologia em Portugal. Ex-curador do Departamento de Arquitetura e Design do Museu de Arte Moderna, em Nova York.

POR / Relato / 29-Mai-2020
Originalmente escrito em inglês

natureza, responsabilidade, expectativa, esperança

Dependendo de se você for um otimista, um cínico, um pessimista, um idealista, um crente, um negador, o amanhã pode ser muito diferente ou muito parecido com o que você esperava – com apenas diferenças levemente irritantes.

Cassandrafreude para uns, negócios como de costume para outros. Novo normal para alguns, nada como antes para outros.

Nas circunstâncias atuais, o desejo de "voltar ao normal" é compreensível – mas também anormal.

Dependendo de como você agir ou deixar de agir, o amanhã pode ser muito diferente ou muito parecido com hoje – e, de qualquer forma, ser muito melhor ou muito pior do que hoje.

Caso tenhamos esquecido, os incêndios urbanos alimentados pelo racismo fizeram parte da normalidade norte-americana, e agora estão de volta como parte de outra normalidade emergente.

Antes da emergência da Covid-19, estávamos discutindo a emergência climática, e acabar com tal emergência estava quase entrando na normalidade do discurso cotidiano.

Então, ontem houve um estado de suspensão, e vimos tanto os resultados ambientais benéficos de desacelerar a economia quanto os temores de uma crescente desigualdade sob um colapso financeiro global. Vimos também que poderíamos mudar coletivamente os comportamentos de um dia para o outro.

Agora, o amanhã depende de como a recuperação é imaginada – e realizada ou fracassada – nas próximas semanas ou meses.

Tudo depende do que você é e de como você age.

Pode ser um amanhã em que algum novo acordo verde se torne realidade, como um caminho justo e uma transição muito necessária para uma normalidade melhor e diferente.

Pode ser um amanhã em que voltamos aos "negócios como sempre" e, sob a aparência de um "velho normal", tudo continua a seguir a caminho da destruição total.

Em última análise, hoje, devido a um estado de suspensão, há uma rara oportunidade de mudar o curso do amanhã. Um momento de convergência ou divergência.

Tudo depende do que você é e de quantos agem para isso.

Maria Manuela *Moog*

Diretora, escritora, artista, entusiasta das artes e colunista do portal "The Squad". Mestranda em Artes do Espectáculo pela Universidade de Lisboa. Bacharel em Artes Cênicas pela PUC-Rio e pós-graduada em Arte e Filosofia.

BRA / Relato / 16-Mai-2020

Originalmente escrito em português

coletividade, responsabilidade, recomeço, esperança

O amanhã não pertence a ninguém.

A não ser que pertença a todos.

O que será diferente amanhã? Uma pergunta difícil em tempos de pandemia, e por isso mesmo que devemos fazê-la.

Adoraria responder com o maior otimismo possível. Ser capaz de trazer um pouco de alento em mais um dia de clausura. Mas não é fácil. Vivemos em um período análogo ao de grandes guerras. Manter a positividade para enfrentar mais um "hoje" já é difícil. Quiçá, pensar em um "amanhã".

Por não conseguir pensar no amanhã, olhei para o ontem.

A primeira-dama americana, Eleanor Roosevelt, durante a Segunda Guerra Mundial, imbuída de toda diligência e brio do "American Dream", disse:

"The future belongs to those who believe in the beauty of their dreams".

("O futuro pertence àqueles que acreditam na beleza dos seus sonhos.")

Muito bonito, Eleanor. Pensei. Mas ando tendo insônia e fica difícil sonhar. O vírus não descansa. É preciso estar alerta.

Então, veio-me imediatamente à mente a obra de sua conterrânea, a artista plástica Barbara Kruger, que elaborava colagens com imagens de revistas e grandes letreiros vermelhos para questionar justamente o "American Dream":

"The future belongs to those who can see it".

("O futuro pertence àqueles que podem enxergá-lo.")

Mas, ainda assim, essa colocação não me contempla, pois ela ainda aplica um recorte. Um futuro que pertence àqueles que conseguem algo. Apenas àqueles que conseguem sonhar ou àqueles que podem enxergar? Quem seria esta nata? Os cientistas, os políticos, os milionários?

Quero crer que nenhuma das respostas acima.

Talvez, aqueles que seguiram os bonitos sonhos de Roosevelt, e foram bem-sucedidos, são os que hoje podem estar confortavelmente em suas casas, com papel higiênico à vontade e *delivery* na porta. Os que adicionaram a camada contestadora de Kruger são os que perceberam que algo não cheira bem no reino da humanidade e moldaram suas vidas de tal forma que hoje conseguem enfrentar a pandemia não com pesar, mas com resiliência. Com o entendimento de que este é um momento de passagem importante para algo que ainda nos é desconhecido, porém, necessário!

Por agora, o pouco que sei é que o amanhã não é mais o do sonho americano, e que bom! O individualismo entrou em crise. A busca de um sonho perfeito a qualquer custo não é viável. Um sonho que explora um igual, que pesa desequilibradamente na balança, que desmata florestas, que polui o ar, que inunda o mar de lixo... Não pode ser bonito.

Tenho para mim que o futuro pertence àqueles que constroem o presente, que compartilham sua visão de futuro. O amanhã não pode pertencer a ninguém, a não ser que pertença a todos!

Alejandro *de Miguel Solano*

Arquiteto e urbanista. Professor e coordenador acadêmico no Mestrado em Habitação Coletiva (UPM-ETH Zurique).

ESP / Ensaio / 05-Mai-2020
Originalmente escrito em inglês

política, tecnologia, urbano, adaptação

A cidade em tempos de coronavírus

"A sabedoria vem a nós quando não adianta mais." (*O Amor nos Tempos de Cólera*, Gabriel García Márquez)

Dante Alighieri, o poeta italiano, concluiu que os pecados são, de alguma forma, uma versão corrupta do amor. Enquanto escrevia seu *Inferno* algum tempo antes de 1317, ele usou uma longa lista de sete pecados capitais compilada por teólogos do final do quarto século como a estrutura dos níveis do purgatório. Em seu livro, o linguista italiano descreveu e transcendeu esses níveis para alcançar o paraíso. Desde então, esse conjunto de vícios – e suas virtudes correlatas – tem inspirado retábulos, pinturas e romances em toda a tradição ocidental, como um lembrete dos horrores dos malfeitos e excessos humanos e as formas de superá-los.

A epidemia de coronavírus, como uma das pragas do passado, parece um desses momentos marcantes da história, quando a cultura humana desbancada lembra suas virtudes perdidas, baseando-se em um dos traços que mais distintamente nos tornam humanos, a capacidade de reunir força e positividade dos momentos de desespero e incerteza.

1. Luxúria (*luxuria*) / Castidade (*castitas*)

Os seres humanos se concentram de forma muito densa em pontos específicos do globo. Os assentamentos humanos e a infraestrutura ocupam apenas 1% das terras habitáveis da Terra. Chocantemente, metade desse solo habitável é consumido pela agricultura – plantações e gado –, mas esse é um pecado para outra ocasião.

Mais perto de casa, a partir de 2016, apenas 6,8% das terras britânicas são consideradas urbanas, representando menos território do que a costa revelada quando a maré está em seu ponto mais baixo. Os pontos de concentração dispersos e densos são cidades. No caso do Reino Unido, 81,5% da população do país reside nesses espaços limitados. Qualquer pessoa que tenha ficado presa em um engarrafamento, apertada no metrô de Londres durante o trajeto ou em fila de espera durante horas por uma mesa de restaurante certamente se perguntará qual é a graça na proximidade entre humanos.

No entanto, grandes aglomerações como Londres ainda são um desiderato para os visitantes. Uma injeção constante de trabalhadores jovens e vitais em busca de novas oportunidades de mercado voa diariamente para a cidade. Por ocasião do censo de 2011, 38% da força de trabalho da cidade era estrangeira e geralmente mais qualificada do que a nacional.

O efeito de aglomeração é visível em todos os lugares. As cidades atraem indivíduos jovens, criativos e aventureiros. Somente na zona EC1V – a área ao redor da rotatória da Old Street –, 32 mil novas empresas de mídia e TIC floresceram nos últimos dois anos. Junto com elas, surgiram cafés *fair-trade*, lojas de moda *pop-up*, galerias de arte independentes e lojas de reparo de bicicletas, atendendo à luxúria da nova classe Flat White, em um caso de estudo perfeito de economia de escala e aglomeração.

Com um modelo econômico muito simples relacionando entradas e saídas ao perímetro e à área de uma cidade respectivamente, Brendan O'Flaherty prova como, quando as cidades crescem acima de certo tamanho, podem fazer mais com menos, dando uma resposta teórica à pergunta: será que eu devia me mudar com meu gato e minha prensa francesa para Hackney? Os *millennials* se apertam em minúsculos apartamentos compartilhados em Hackney, Islington e, em menor escala, em Haringey, trocando cuidadosamente a falta de espaço doméstico pelo cativante estilo de vida de trabalho e diversão desses vibrantes *hotspots*. O estilo de vida tradicional de um banqueiro de Westminster, barbeado e de alto rendimento, foi superado agora pela aglomeração de bigodes e bicicletas de East-end, aglomerando-se em torno da última loja de tênis *pop-up* perto do mercado de Spitalfields.

Com a irrupção do coronavírus, esses efeitos luxuriantes do congestionamento podem estar em jogo. Muitos de meus amigos e colegas britânicos correram para as colinas durante o fechamento para encher suas casas de família no campo, muitos jurando nunca mais voltar. Eles estão achando o distanciamento social muito mais fácil e esquecendo imediatamente as externalidades da cidade congestionada. Não há mais engarrafamentos, barulho e poluição para chegar ao trabalho, enquanto a conectividade com a internet se mantém.

Ainda assim, o néon brilhante e a concupiscência da oferta de lazer e estilo de vida da cidade provavelmente manterão os estratos mais jovens e descolados da sociedade de Londres, juntamente com os que não têm nada, nem escolha. Mas será este o momento em que hordas de profissionais de tecnologia, de meia-idade, de colarinho branco (e de pele branca) voltarão com os mais jovens para a pátria além da cintura verde? A que distância de Londres eles se aventurarão, e como será a propriedade imobiliária? Será mais perto de uma *villa urbana*, uma sede de campo que poderia ser facilmente alcançada de Roma durante a República e o Império Romano, ou de uma *villa rustica*, a fazenda remota ocupada permanentemente pelos criados que cuidavam dela?

Se for o segundo caso, será que a zona rural britânica estará pronta para ser tomada quando essa classe rica da cidade cruzar as cercas? As fazendas do condado são o legado de uma era de reforma agrária, quando Joseph Chamberlain e outros políticos vitorianos fizeram campanha para que os rendeiros pobres pudessem emprestar "três acres e uma vaca" no início do século XX. No entanto, a extensão das fazendas do condado da Inglaterra diminuiu pela metade desde a década de 1970. Quais serão as repercussões sociais e econômicas deste vetor de aumento de valor da terra infestada de Covid-19 após o desembarque nessas propriedades atraentes e nas terras rurais em geral nas comunidades agrícolas subsistentes de subsídio do Reino Unido? Os agricultores e as fazendas estarão prontos?

Só o tempo o dirá.

2. Avareza (*avaritia*) / Caridade (*caritas*)

As cidades são poços de investimento global. Deixando de lado o aspecto técnico de que todas as terras britânicas pertencem em última instância à Coroa, os proprietários tradicionais no Reino Unido têm perdido terras para investimentos estrangeiros. Em Londres, alguns dos maiores latifúndios viram seu estoque de propriedades reduzido pela metade em menos de 100 anos. O Cadogan Estate passou de 200 acres de propriedade, em 1925, para apenas 93, em 2017. O mesmo com a Fazenda Grosvenor – nas mãos do Duque de Westminster – ou do Howard de Walden, do Duque de Bedford ou do Marquês de Northampton Estates, que possuía centenas de acres de propriedade no início do século e viu seus domínios encolherem para as faixas de 20 e 30 acres hoje.

Hoje em dia, investidores de todo o mundo convivem com os tradicionais London Estates, órgãos do setor público e grandes desenvolvedores nas prestigiosas localidades de Kensington, Knightsbridge, Mayfair, City e Canary Wharf. Como exemplo, o governo do Qatar, um pequeno país de 2,5 milhões de habitantes, com uma extensão de aproximadamente o tamanho de Yorkshire, tem explorado alguns dos empreendimentos mais emblemáticos de Londres. O Diar do Qatar é proprietário da antiga Embaixada dos Estados Unidos na Grosvenor Square, e a Autoridade de Investimento do Qatar é proprietária do Chelsea Barracks, da Vila Olímpica, do Shard e de alguns dos arranha-céus mais altos da cidade.

Esses empreendimentos densos e altos são justificados por vários instrumentos de planejamento em Londres, e mais claramente por uma medida bem conhecida por arquitetos, urbanistas, planejadores de transporte e investidores, o PTAL. O Nível de Acessibilidade do Transporte Público é uma medida de conectividade pelo transporte público fornecido pela instituição Transport for London. Ele mapeia a cidade e seus níveis de conectividade. Para qualquer lugar selecionado, o PTAL sugere quão bem esse local está conectado ao transporte público, quão perto está das estações de metrô e trem. O Plano de Londres liga diretamente a densidade habitacional a esses níveis condutores, em um argumento lógico para construir mais alto e mais denso onde a conexão é melhor, constituindo a base para o desenvolvimento liderado pelo transporte.

Esse acordo mútuo entre o segundo e o terceiro maiores proprietários de terras em Londres, a Prefeitura e a TFL, respectivamente, funciona bem em uma cidade estabelecida e abre a possibilidade de investimentos de risco relativamente baixo nos megadesenvolvimentos que o sistema de planejamento permite em áreas de alto PTAL. "No Qatar, eles podem obter um retorno de 50% ou 60% contra 5% ou 6% aqui no Reino Unido", diz Raed Hanna, da Mutual Finance. "No entanto, o Reino Unido (e Londres) ainda é considerado muito mais seguro do que seu próprio país, onde eles estão muito expostos politicamente."

No entanto, a capital global da ganância também se aventurou pelo deserto. As cidades globais são lugares seguros onde muitos jogadores querem apostar, e as mesas já estão sendo preenchidas. A democratização das viagens aéreas e créditos mais baratos abrem a oportunidade de trazer a lógica do desenvolvimento liderado pelo transporte para o reino do tráfego aéreo. As incorporadoras artesanais agora apoiam a viabilidade de seus investimentos imobiliários em aeroportos construídos propositadamente em locais remotos com um clima legislativo mais benigno. A maioria permanece vazia até os dias de hoje.

Dá para imaginar um lugar menos desejável para se viver do que sob a rota de voo de um avião de carga, carregando componentes químicos do futuro iPhone em vez de humanos, porque ninguém quer visitar o recém-inaugurado *outlet* de três andares e telhado verde em sua cidade deserta?

Mesmo que os governos tenham relutado em restringir as viagens aéreas domésticas, o coronavírus está causando impacto no tráfego aéreo global. Essa desaceleração poderia abalar a justificativa por trás de algum desses investimentos de abutres que constroem em lugar nenhum para ninguém?

É interessante notar o impacto do capital local sobre outras capitais locais, neste caso, mediado pela conectividade aérea. O turismo e suas comunidades de destino turístico também floresceram após a corrida por tarifas de voo mais baratas. Sem mais assentos de couro nos voos, a redução do espaço para as pernas na cabine também resultou em um corte paralelo nos preços dos bilhetes. Os preços anunciados de Londres a Nova York (só ida) caíram de uma despesa de 5.412 libras, em 1955, para 233 libras, em 2018. Dentro de um único ano, hordas de turistas se dirigem para um feriado de verão na Espanha, férias de inverno em St. Moritz, feriado da Páscoa em Mallorca e escapada de outono para as Cíclades. Custo total dos voos? Muito abaixo do salário líquido médio mensal de 1.730 libras no Reino Unido.

O influxo dessa classe de viagem em dinheiro resultou em alguns dos desenvolvimentos mais ultrajantes ao longo da costa mediterrânea. É o caso das *Urbanizaciones Riviera del Sol y Miraflores* na Costa del Sol andaluza. Inicialmente um destino turístico sazonal, trata-se agora de um local permanente de migração internacional para a aposentadoria. Essa região de 1.382 m^2, sedenta de água, contém mais de 60 campos de golfe para uma população estrangeira que varia de 250 mil a 600 mil dos 1.252.872 residentes registrados. Os britânicos são a maioria.

O crescimento explosivo dessas áreas pode ser rastreado diretamente até o custo exaltante das viagens aéreas.

Quais serão as consequências da interrupção do tráfego aéreo global, após a atual epidemia de coronavírus, sobre essas e outras vulneráveis comunidades de férias? Qual será o impacto da loucura do destino turístico? Como reinventarão as comunidades ensolaradas de aposentados com menos voos e potencialmente menos clientes antigos jovens? E, mais importante ainda, onde os investimentos imobiliários vão colocar seus radares em tempos de um transporte global mais lento?

3. Gula (*gula*) / Temperança (*moderatio*)

Para prosperar, a força de trabalho remota induzida pela pandemia deve contar muito com as TIC nos tempos de coronavírus, sem dúvidas. A irrupção da doença já está mudando nossa maneira de trabalhar. É provável que os horários e locais de trabalho flexíveis se tornem mais comuns no horizonte próximo para encorajar o distanciamento social.

Simultaneamente, a relevância da capacidade das TIC cresce ainda mais fora da esfera profissional, como o único meio de superar a solidão atual da sala de estar, se você tiver a sorte de ter uma. Novas plataformas tecnológicas estão florescendo. Assim como Google e Uber são agora verbos, Zoom também é. Desse modo, as primeiras instalações do aplicativo móvel Zoom dispararam 728% desde 2 de março de 2020.

Desde o advento do Nordic Mobile Telephone, em 1982, primeiro sistema móvel 1G, uma nova geração móvel tem sido renovada a cada 10 anos. Em abril de 2008, a NASA e outros parceiros começaram a desenvolver a próxima etapa dessa tecnologia de comunicação. Esta próxima fase da rede móvel, a geração 5G, está se desenvolvendo nestes tempos de coronavírus, e promete velocidades muito mais rápidas de *download* e *upload* de dados, cobertura mais ampla e conexões mais estáveis. Para as empresas de *software*, o desafio costumava ser quais aplicativos poderiam tirar total proveito dessa enorme capacidade.

O coronavírus pode ser a resposta para a busca do aplicativo matador, pois os tratamentos 5G e a realidade virtual/aumentada estão inextricavelmente entrelaçados. Aplicativos que poderiam deixar o Zoom no chinelo, em comparação, podem estar ao virar de uma esquina. O Facebook Horizon, o último de uma longa série de investimentos em realidade virtual social, pode ser uma plataforma virtual à prova de Covid. A cidade de Londres, não mais relevante como um reino de interação social, poderia ser desmontada diante de nossos olhos no reflexo de uma tela de LED ou de um par de óculos Oculus.

Uma realidade mais concreta, porém, é a inevitável perda de empregos que resultará do fechamento. Cerca de 1 milhão de pessoas no Reino Unido se candidataram a benefícios nas duas últimas semanas de março. Na Grã-Bretanha, o aumento dos pedidos de crédito universal seguiu medidas governamentais para limitar a propagação do vírus, incluindo o fechamento de pubs, restaurantes e lojas não essenciais. Muitas dessas pequenas e médias empresas nunca mais reabrirão.

Na sequência dessa tragédia, o aumento da demanda da Amazon levou o negócio a níveis próximos do pico da temporada de festas. Para acompanhar a crescente pressão dos clientes, a empresa planeja contratar 100 mil novos funcionários, e Jeff Bezos, que ainda possui 11% da empresa, é agora a pessoa mais rica do mundo. Na época da Covid, já esquecemos a loja da esquina e estamos apenas levemente irritados com o fato de que o prazo de entrega com nossa assinatura Amazon Prime aumentou em alguns dias.

Antes da doença, o Reino Unido já era um grande campo de crescimento para os varejistas *on-line*, já que as compras pela internet representavam 23% do setor em 2016. Per capita, a Grã-Bretanha tinha a maior população de compras *on-line* do mundo, mais de 10% maior que o próximo país, a Alemanha.

A amado, rua comercial britânica, já era um lugar de monocultura, com as consequências do fechamento forçando, cada vez mais, pequenas empresas a fechar as portas. Em um urbanismo tão compartimentado e polarizado como o britânico, onde apenas um punhado de ruas são planejadas com usos comerciais no térreo e o “espaço defensivo” é sagrado, é provável que as cidades se tornem mais sombrias e homogêneas quando as pessoas chegam às ruas.

Outro efeito de estresse pode ser sobre a tipologia obsoleta do centro comercial. Templos dos Santos dos Últimos Dias do Consumismo, suas condições insalubres fazem deles uma tipologia adequada para se repensar. Já em declínio no Reino Unido, eles ainda são um desejo não satisfeito nas economias consumistas em expansão no sul em desenvolvimento. Talvez ainda tenham a chance de acrescentar algumas janelas e maquiagem verde. Infelizmente, isso pode torná-los ainda mais atraentes.

Enquanto isso, em tempos de distanciamento social, à medida que os clientes recorrem a serviços de entrega *on-line* por medo da peste, a Amazon tem a possibilidade de transcender seu alcance atual, tornando-se uma fornecedora de serviços de utilidade pública global. Em um grande mundo de dados, as empresas que reúnem os maiores conjuntos de dados são as que dominam o mercado: quanto mais você consome, mais eles sabem sobre você. Seus algoritmos de IA bem ajustados podem prever os comportamentos dos consumidores e direcionar suas estratégias de *marketing*.

Ao final do impasse da Covid, sua gula certamente terá comido a maioria dos competidores, e os clientes praticamente marcharão ao cheiro de mel.

4. Preguiça (*acedia*) / Diligência (*indústria*)

Em *O Medo à Liberdade*, Erich Fromm explica como, para uma grande parte da tradição ocidental, o indivíduo não existia como tal. Durante o período medieval, o homem estava ligado à estrutura feudal e à igreja, trabalhando as terras dos que estavam no poder, o que mal rendia qualquer lucro. O acúmulo era egoísta e suspeito. A propriedade privada era apenas uma concessão à natureza frágil do humano, e uma espécie de comunismo coletivo era o ideal.

No final do século XV, as guildas se tornaram maiores, alguns mestres artesãos começaram a empregar mais e mais homens. O capitalismo moderno começou a se desenvolver, em um processo de individualização que tornou a expressão medieval alemã "*Stadtluft macht frei*" (o ar da cidade o torna livre) muito real. As cidades comerciais floresceram e, em casos excepcionais como Veneza, Gênova ou Lübeck, as próprias cidades tornaram-se Estados poderosos, às vezes, tomando as áreas circundantes ou estabelecendo amplos impérios marítimos.

Avançando rapidamente no início do século XIX, os impérios mercantilistas português, espanhol, holandês, francês e britânico haviam expandido as maiores capitais da Europa – tanto no sentido monetário como no urbano do termo – sobre o comércio atlântico. No processo de individualização capitalista, a eficiência começa a ser uma virtude moral central. Um novo sentimento crescente de liberdade e independência separa o indivíduo da natureza e do coletivo.

O indivíduo livre também é um indivíduo temeroso. A liberdade não é uma experiência que desfrutamos. Fromm sugere que muitas pessoas, em vez de abraçá-la com sucesso, tentam minimizar seus efeitos negativos desenvolvendo comportamentos – nomeadamente masoquistas e sádicos – que proporcionam alguma forma de segurança. Esse é o mecanismo que explica por que a sociedade avançada da Alemanha dos anos 1930 estava tão disposta a ceder sua liberdade ao nazismo.

Mais perigoso é o terceiro mecanismo que Fromm sugere para contornar a responsabilidade individual e aliviar o medo da liberdade: a conformidade. A preguiça na adesão aos sistemas de crença normativos em vigor na sociedade é apenas mais uma forma de curar o pensamento livre cheio de ansiedade.

Em tempos excepcionalmente estressantes, essas narrativas são fundamentais para que os níveis de medo sejam mantidos elevados, e sabemos disso à luz de dois eventos que atingiram os Estados Unidos nos últimos anos. Em 1995, Timothy McVeigh e Terry Nichols bombardearam o Edifício Federal Alfred P. Murrah na cidade de Oklahoma, matando 168 pessoas. Foi o maior ataque terrorista em território americano na época. Alguns dias depois, as pesquisas perguntaram aos americanos: o quanto você ou alguém de sua família está preocupado com a possibilidade de você ou alguém de sua família se tornar vítima do terrorismo? Mais de 40% disseram que estavam muito ou um pouco preocupados. Entretanto, nos próximos anos, sem outro bombardeio em massa, esse número caiu de forma constante.

Seis anos mais tarde, os ataques de 11 de setembro elevaram essa porcentagem para 58%. Após um mês, voltou a ser 40%. Parecia que o medo continuaria a se dissipar. Em vez disso, esses níveis nunca diminuíram aquém desse número. Assim, mesmo depois que as tropas americanas mataram Osama bin Laden, os americanos voltaram a acreditar que o governo não estava fazendo o suficiente para evitar novos ataques terroristas.

Uma das diferenças entre Oklahoma e aos ataques de 11 de setembro é a forte narrativa que foi desenvolvida após os segundos. Deixando de lado a dicotomia implícita entre nós e eles, tão embutida na biologia humana quanto nas principais empresas de radiodifusão do Ocidente, um sentimento constante de ameaça impede uma visão clara da realidade. Nos Estados Unidos, o Patriot Act, assinado como lei apenas um mês após o ataque, autorizou detenções indefinidas de imigrantes, concedeu permissão para procurar uma casa ou empresa sem o consentimento ou o conhecimento do proprietário ou ocupante, e permitiu ao FBI acessar os registros telefônicos, eletrônicos e financeiros de qualquer cidadão sem uma ordem judicial.

Os tempos do bloqueio do coronavírus, quando todo o globo finalmente se assusta de uma vez só, são perigosos para uma reflexão cuidadosa. A epidemia trouxe medo para nossas cidades, e alguns novos medos já estão sendo embalados na narrativa do novo normal. Os receios de contágio podem nos tornar mais conformistas e tribalistas. Nossos julgamentos morais tornam-se mais duros, e nossas atitudes sociais, mais conservadoras quando consideramos questões como imigração ou liberdade sexual e igualdade.

Cuidado com a promessa de eficiência e segurança que vem com a pandemia: talvez estejamos dando mais do que nossas liberdades desrespeitadas. Quando a IA entender nossos desejos e nossa biologia melhor do que nós mesmos, quem contestará suas medidas? No momento em que escrevo este texto, meus amigos e familiares na Espanha ainda não viram a luz do dia sob isolamento, enquanto eu estou aproveitando o aquecimento global em Londres, fazendo passeios ensolarados em minha bicicleta de estrada de fibra de carbono ao redor do centro pós-apocalíptico da cidade, e as pessoas na Suécia têm a única restrição de não se reunirem em grupos maiores do que 50 pessoas. Mesmo que os políticos se esquivem de sua responsabilidade mostrando seu cartão de meu-amigo-é-epidemiologista-e-sabe-o-que-fazer, as medidas de bloqueio parecem desleixadas e improvisadas, ainda um construto humano.

Mas, após a pandemia, quem conseguirá questionar a capacidade de decisão de um algoritmo, que lê a cidade e monitora a biologia e a psique de seus cidadãos e compreende melhor do que eles a dificuldade muito humana com liberdade na vida real?

5. Inveja (*invidia*) / Gratidão (*gratia*)

Na névoa da pestilência, os 10% dos lares mais ricos na Grã-Bretanha têm mais de 100 vezes mais riqueza do que os 10% mais pobres. Independentemente de quem você seja, está contando com a moradia como sua única forma de subir na hierarquia.

Em 1995, o cidadão médio de 50 anos em Londres tinha uma riqueza líquida de 66 mil libras. Graças ao *boom* imobiliário, esse valor subiu para 187 mil até 2005. Todo mundo estava entusiasmado, os ativos dispararam. Foi relativamente fácil aproveitar a onda. Após a crise habitacional global de 2008, os pais estão gratos por terem sido suficientemente rápidos e poderem ajudar – mais ou menos – com a entrada dos filhos hoje.

Em 2013, a entrada inicial média para uma casa em Londres era de 64 mil libras, enquanto a relação do preço médio da casa com o salário bruto médio por família em Londres aumentou de 6,9, em 2002, para 12,77, em 2019. Mesmo essa primeira entrada parece ser uma escada impossível de subir para a maioria das famílias. O quartil inferior de preços de imóveis em Londres começa em 355 mil, e esse é o único quartil que o ONS tem em seu *website*. Até mesmo o banco da mãe e do pai precisaria quebrar o cofrinho para pagar esses imóveis "baratos".

Com uma riqueza familiar líquida média de 50 mil libras (2016), *millennials* (19 a 38 anos) mal podem pagar uma entrada em sua primeira casa. Por outro lado, eles são sortudos. Os números de pessoas vivendo na rua em Londres atingiram um recorde, com 8.855 pessoas registradas na capital no período de 2018-2019. Simultaneamente, perto da metade dos bilionários do Reino Unido chamam Londres de lar. É a quarta cidade mais rica do mundo depois de Nova Iorque, Tóquio e San Francisco, infestada de sem-tetos.

A posição social, ou seja, sua posição relativa dentro da hierarquia, e não sua riqueza material per se, provou ter consequências adrenocorticais, cardiovasculares, reprodutivas, imunológicas e neurobiológicas adversas nos seres humanos. Tão real quanto uma infecção de Covid é a percepção da desigualdade que adoece. Se você é um jovem profissional que vive em um cômodo de 10 metros quadrados dentro de um apartamento com mais quatro pessoas com vista para Battersea Gardens, no luxuoso Nine Elm Development, isso é um lembrete constante de sua posição na hierarquia socioeconômica. Ainda mais flagrante se estiver dormindo na Victoria Station implorando por dinheiro a um residente da Sloane Square que vai dar uma caminhada até o Hyde Park. Não é de se admirar que você se sinta estressado. A inveja é uma consequência da desigualdade.

E agora somos constantemente lembrados. O isolamento pelo coronavírus nos fez sentir indignos. Não há necessidade de caminhar pelas mansões vazias de Belgravia em nosso exercício diário permitido. Vemos os ricos e famosos em cores em nossas telas de *smartphone*. O *post* da Madonna no Instagram, alegando que "a Covid-19 não se importa com a sua riqueza, é o grande equalizador", torna tudo isso muito irônico.

Em um país onde o único investimento em habitação pública que se expandiu nas últimas décadas são as prisões, e os políticos afirmam que não sabem quantas casas possuem (CAMERON, 2009), a Covid-19 poderia ser a chamada que...

6. Ira (*ira*) / Paciência (*patientia*)

... desperta a ira dos cidadãos. Só em Londres existem 22 mil casas vazias. A maioria nas áreas mais ricas da cidade: Knightsbridge, Belgravia, Mayfair, Kensington e Westminster.

Cidadãos furiosos, em seus alojamentos lotados, continuam ouvindo o governo, as instituições de caridade, os construtores de casas proclamando alto: não estamos construindo casas suficientes no Reino Unido! A história popular repete que a taxa de construção de casas é tão lenta que os preços dos imóveis dispararam. A história, porém, soa mais como uma fantasia quando agora temos mais casas na Grã-Bretanha – mais casas e mais quartos nessas casas – do que nunca. Não apenas em termos absolutos, mas por família e por pessoa. No entanto, essas casas permanecem fechadas.

O problema é que, desde Thatcher e o Direito de Comprar, o setor público tem desregulamentado o mercado imobiliário. A cidade de Londres e os bairros, entre os maiores proprietários de terras em Londres, confiam no setor privado para desenvolver seus terrenos, ao mesmo tempo que tomam uma parte do valor elevado consequente. Eles têm um grande interesse em deixar as construtoras esperarem para começar a construir, de modo que seus terrenos engordem até que os preços de venda estejam em seu auge.

Também desfrutam dos benefícios do aumento dos preços de venda quando as casas são construídas. Ambas as estratégias se traduzem em uma fatia maior do bolo para as autoridades.

Não é surpresa, então, a acessibilidade ser tão mal definida. Não é surpresa que o Plano Londres já tenha eliminado suas exigências de Pirro sobre tamanhos de quartos e moradias e agora não contenha nenhuma exigência sobre o assunto. Mal se levantou uma sobrancelha quando, na última década, Londres perdeu 8 mil casas de aluguel social, e os conjuntos habitacionais foram substituídos por casas cada vez menos acessíveis em empreendimentos de alto padrão.

As grandes construtoras conhecem muitos truques para evitar cumprir a quantia de moradias acessíveis – que já não é lá muito ambiciosa – determinada pelos municípios. E eles são aceitos com aquiescência. Em vez de entrar em muito mais detalhes, a questão fundamental é: não pergunte o que seu município pode fazer por você, pois ele não o fará.

Pergunto-me se esta época de coronavírus poderia fazer com que os cidadãos percebessem que precisam tomar as coisas em suas próprias mãos se quiserem nivelar as condições de moradia. As cooperativas habitacionais, que se juntam a cidadãos que pensam igual para construir suas próprias casas sem muita intervenção pública ou privada, podem se tornar alternativas atraentes para a classe média aviltada. Ela pode aproveitar as possibilidades de financiamento de co-habitação e autoconstrução, em que as instalações exclusivas e interiores espaçosos de moradias de alto padrão se tornam acessíveis por meio da divisão dos custos.

Quanto aos despossuídos, há 22 mil casas vazias em Londres...

7. Soberba (*superbia*) / Humildade (*humilitas*)

A população de *Homo sapiens* tem permanecido mais ou menos estável nos últimos 200 mil anos. Nos últimos 200 anos de nossa história, entretanto, nossa população passou de 1 bilhão, em 1800, para cerca de 8 bilhões, em 2020. E é provável que essa tendência continue. Em pouco mais de 200 anos, conseguimos parar o meio ambiente e povoar a Terra conosco ou com nossos produtos.

Nossa soberba nos diz que seremos capazes de desfazer os efeitos da industrialização e do consumo com mais industrialização – desta vez eólica, solar ou produção e consumo de biomassa; desta vez vegana, saudável, macrobiótica, de fonte sustentável, enfim. Já estamos utilizando 50% das terras habitáveis da Terra apenas para nos alimentar. Enquanto isso, enchemos o mundo com 1,5 milhão de vacas e 23,7 bilhões de frangos. A pesca excessiva é galopante e pará-la provou-se muito difícil. E, com 10 bilhões de seres humanos caminhando na Terra até 2050, quais serão as consequências?

Alguma espécie antes de nós limitou voluntariamente seu crescimento em um esforço coletivo consciente e democrático?

Embora as guerras tenham se tornado mais frequentes nos últimos séculos, o aumento da população contraria seu efeito como uma forma de limitar o crescimento em expansão. Na Europa, a última grande guerra terminou há mais de 70 anos. E, de fato, nossa população está envelhecendo mais feliz do que nunca. No mundo ocidental e ocidentalizado, somos agora suficientemente inteligentes para nos tornarmos doentes de doenças relacionadas ao estilo de vida e doenças da velhice. Enquanto isso, os países mais pobres e mais superpopulados da

África – Nigéria, Angola, Congo entre outros – estão crescendo a um ritmo sem precedentes. Na luta contra as calamidades naturais, a balança está se inclinando a favor da humanidade, os velhos no norte e os pobres no sul estão crescendo em número.

Será que Deus enviou esta praga para salvar a humanidade de seus pecados? Ou, por amor incondicional, rezamos ao Google apenas o suficiente para nos purificar?

"O único arrependimento que terei ao morrer é se não for por amor." (*O Amor nos Tempos de Cólera*, Gabriel García Márquez)

Lúcia *Guimarães*

Jornalista e repórter. Foi correspondente da TV Globo, da TV Cultura e do canal GNT. Colunista dos jornais O Estado de S. Paulo e O Globo. Correspondente e colunista da Folha de São Paulo.

EUA / Nota / 27-Mai-2020
Originalmente escrito em português

desafios, desigualdade, política, urbano

A pandemia vai reacender a preocupação com a densidade das metrópoles. A tensão entre democracia e autoritarismo nos EUA está, cada vez mais, refletida no contraste entre a cultura das cidades e a das regiões rurais.

Sem soluções de saúde pública, transportes, educação e lazer para preservar a viabilidade da densidade urbana, a desigualdade, que já é insustentável, pode crescer.

É preciso reimaginar a vida urbana para evitar a fuga de talento e a erosão da base fiscal de cidades como Nova York.

Joris *Komen*

Arquiteto, pesquisador, educador e teórico crítico. Fundador e Diretor da humaneLABS. Fundador e Diretor Criativo da DNKMN. Diretor do Instituto Africano de Inteligência Artificial.

NAM / Relato / 17-Jan-2021
Originalmente escrito em inglês

urbano, natureza, responsabilidade, adaptação

Na fábrica dos sonhos do mundo ocidental, à medida que um recurso diminuía, impulsionado a encontrar valor em uma terra agora estéril, surgiu o projeto em andamento de redesenhar a paisagem pós-agrícola. Os atos de reimaginar a cidade ou de ser reimaginado pela cidade são fatores definidores para Los Angeles como um ambiente urbano. Mais importante ainda é a ilusão ou a magia da identidade equivocada que tem fomentado o coração pulsante da cidade.

"Sua viagem incluiu *Koreatown, East Hollywood, Larchmont, Windsor Square* e *Hancock Park*. Ela voltou depois de apenas alguns dias..." Dupla residente das tocas Central e *Downtown*, ela viaja para trabalhar e comer, transitória durante os bons meses, fixa permanentemente apenas uma vez por ano. Confiando em separadores de lixo, gatos vadios, roedores e figueiras frutíferas duas vezes por ano, a comida é abundante nas tocas. Ela entende a cidade em termos de movimento contínuo, fluente em sua difusão pela textura urbana; navegando por vielas, quintais, esgotos e sistemas de drenagem de tempestades como caminhos, estradas e rodovias. Ela e sua comunidade rejeitam os limites de suas reservas nos parques Elysian e Griffith. Redescobrindo a concreta Los Angeles como cinco "tocas"; sul de Los Angeles, Los Angeles Central, *Downtown* de Los Angeles, Hollywood/Los Feliz e Nordeste de Los Angeles, cada uma definida por enormes infraestruturas de transporte e geografias naturais. Por meio de atos de resiliência, a flora e a fauna deslocadas inovam para reocupar espaços urbanos, ocorrendo "naturalmente" por meio de extrema adaptação a ambientes criados pelo homem. Se o processo de adaptação é entendido em termos de codependência e coabitação, a vida selvagem tem a capacidade inata de redefinir o artifício arquitetônico humano como um novo ambiente natural. Consistente com a natureza transformadora de Los Angeles, a nova paisagem natural é uma incubadora de novas formas de ocupação. Ela é uma prova disso – a matriarca de uma comunidade marginalizada, embora bem-sucedida, desenhando e reimaginando Los Angeles como uma nova natureza, uma paisagem coiote.

A nova paisagem natural é rica em recursos, oferece infraestrutura para abrigo e trânsito seguro a sua diversificada população. Coocupada por espécies humanas e não humanas, a cidade é continuamente refeita e redesenhada por seus habitantes. A vida selvagem envolve a cidade como um grande lar expansivo, definido pelo clima, estações do ano e fonte de alimento. Imagine uma casa cuja cozinha é descentralizada e distribuída pela cidade, uma sala de estar estendida entre *Hollywood* Ocidental e *Koreatown* e um quarto subterrâneo isolado em *Silverlake*. Corredores e escadas são desenhados em toda a extensão urbana ou tocas, criando um emaranhado de caminhos de viagem. Coiote 144 sobreviveu e criou suas ninhadas em uma área densamente povoada com muito pouco habitat natural – nunca visitando terras de parques nacionais como Elysian ou Griffith Park, mas subsistindo inteiramente dentro dos limites de um *habitat* extremamente urbanizado. Coiote 144 é um vislumbre dos fundamentos de uma incrível ilusão; uma ilusão na qual o ambiente humano, dourado por ilusões do imperialismo sobre a natureza, existe apenas como uma continuação ou tradução do ambiente natural.

Ao olharmos para o futuro, há uma oportunidade implícita de otimismo e adaptabilidade, já que o mundo apresenta um ciclo contínuo de renovação. Nosso enredamento com o mundo natural é crítico e persistente, e define para sempre o progresso de nossa estrutura cultural sempre emergente. Estes tempos são tudo, menos inéditos; são ricos de imprevisibilidade do mundo em que vivemos. No entanto, eles oferecem uma excitante oportunidade para refinar e melhorar o artifício arquitetônico humano, nossa relação com o mundo natural, nossa saúde e o futuro.

Marko *Brajovic*

Arquiteto. Fundador e Diretor Criativo do Atelier Marko Brajovic. Graduado em Arquitetura pela Universidade de Arquitetura de Veneza, Mestre em Artes Digitais pelo Institut Universitari de l'Audiovisual da Pompeu Fabra. Mestre em Arquitetura Genética pela Universidad Internacional de Catalunya e doutorando em Arquitetura Genética pela Universidad Internacional de Catalunya.

BRA / Ensaio / 20-Abr-2020
Originalmente escrito em inglês

isolamento, responsabilidade, expectativa, recomeço

O tempo parou por um tempo, e a humanidade se fez presente, aqui e agora, percebendo o momento que estamos vivendo. E o que chamamos de realidade, um protótipo relacional reducionista, revela um modelo insustentável de existência para a espécie humana neste planeta.

Somente desse ponto de vista específico os seres humanos parecem compreender a necessidade fundamental e existencial de solidariedade, e enfim perceber a solidariedade com outras espécies. A partir dessa fenda da quimera do sistema financeiro global, nossa hipnose coletiva, podemos finalmente vislumbrar um novo mundo de amanhã.

Durante esses dias de isolamento em nossa casa florestal, novas conexões sutis se abrem e notícias animadoras surgem a cada dia, notícias vindas do futuro. *On-line*, pude ler sobre histórias de animais selvagens conquistando de volta a área urbana, antes ocupada por florestas. Veados andando no centro do Japão, cabras na Espanha, macacos em várias cidades da Ásia, ursos, cabras, lobos andando pela montanha, queda dramática na poluição, rios limpos, consumo drasticamente reduzido, solidariedade internacional inédita, pesquisa médica colaborativa... E, honestamente, este é um futuro no qual quero viver.

E o ser humano nesse cenário? Será que precisamos desaparecer do planeta para tornar possível a coexistência? Como podemos coexistir com animais que vêm ao centro da cidade para viver conosco? Acredito que só precisamos abrir nossos corações e mudar nossa percepção do mundo feito só para nós para uma teia inter-relacionada de vida. Um mundo que seja bom para todos nós (toda a vida na Terra).

Nosso planeta é um organismo vivo, feito de um todo coexistente e interdependente. Na verdade, isso não é novidade para o conhecimento ancestral. Durante muito tempo, essa informação foi claramente expressa pelos índios norte-americanos, indígenas brasileiros, sabedoria dos tempos antigos, até os contemporâneos Krenak, Kopenawa e muitos outros sábios humanos, libertados de nossa Matriz. Somos todos feitos a partir de bilhões de bactérias e trilhões de células. E, se a dimensionamos exponencialmente, passamos de um gene para Gaia. Sua individualidade é uma multiplicidade, uma "divisão" e interconectividade com todas as outras espécies que criam condições para a vida.

Viemos de um mundo de separação, de um determinismo binário de "nós" e "eles" e estetizado por um existencialismo romântico de uma dialética binária "nós" humanos "eles" (a natureza). Esta é a narrativa da realidade intersubjetiva em que vivemos há séculos.

O colapso iminente de nossa civilização mecanicista está abrindo algo que precisamos ser corajosos para imaginar. E o futuro parece ter acontecido no presente, como um espectro de nossa extinção genética, exigindo nossa presença plena.

O futuro que vejo não é de modo algum o cenário de *Black Mirror* ou uma distopia catastrófica, e sim mais uma oportunidade iluminada para superar as relações destrutivas que criamos conosco mesmos e com todas as outras espécies.

Um futuro a ser projetado agora mesmo, a partir dessa posição de liberdade e solidariedade, a pan-anarquia do sistema agrícola neoliberal em funcionamento é um futuro para todas as espécies.

E a vida é toda uma questão de relações.

As recentes imagens da água cristalina de Veneza e até mesmo nenhum turismo predatório tocaram meu coração, pois passei boa parte de minha vida lá, imaginando diferentes cenários futuristas. E essas imagens são ainda mais surpreendentes quando, algumas vezes, não são reais e se trata de visualização digital. A realidade não é importante aqui, porque a realidade que pensávamos ser real não existe mais. A vida selvagem misturada no ambiente urbano é como uma imagem vinda do futuro projetada no presente, desembaraçando-se a distância, e quase perturbadora.

Cidades ocupadas por não humanos à primeira vista criam essa estranha sensação, pois não é um lugar para eles, uma vez que nossa romântica separação da natureza e da cultura posiciona os artefatos como artificiais em um ambiente natural. Essa dialética obsoleta, remanescente da Era do Iluminismo, ainda está comandando principalmente nosso processo de fazer arquitetura e projetar nossas cidades. O espaço urbano é projetado apenas para humanos e eventuais animais domesticados. Assim, quando a vida selvagem chega ao centro, ficamos assustados e também profundamente seduzidos com nossa percepção ancestral de convivência com outras espécies. Enquanto de fato as cidades são constantemente salvas por mangues de furacões devastadores, os micro-organismos estão limpando nosso ar, árvores produzindo oxigênio, rios limpos de pescaria e muitas outras espécies colaborando para tornar nossas cidades melhores. Isso está acontecendo o tempo todo, estamos vivos graças a outros organismos, nossos parceiros invisíveis, não valorizados por sua contribuição, dificilmente tentando manter a teia da vida operando. Os últimos grandes movimentos arquitetônicos do século XX foram levados à mentalidade mecânica e de separação, onde as casas são "máquinas de viver", e nossas cidades deveriam funcionar como sistemas fechados de laços de *feedback* com entradas e saídas controladas. No fim, a megalópole está em colapso ou sustentada artificialmente contra a decadência da entropia por colossais bustos energéticos corroendo as fronteiras externas e desequilibrando a relação entre desenvolvimento e crescimento. Acontecimentos imprevistos perturbariam qualquer sistema estrutural como qualquer cidade também, mas, como podemos projetar cidades e edifícios que estão mais bem preparados para absorver tais choques no sistema e depois ser capazes de curar de volta? Estamos falando aqui de resiliência, que sustenta ecossistemas, conexões e operações após tensões estruturais. Onde todos os organismos vivos em escalas sincrônicas, como singular, simbiótica, colonial ou outros tipos de organizações colaborativas.

A natureza é um projetista de 3,8 bilhões de anos, então, vamos aprender algumas lições para melhor projetar nossas cidades e construir em sintonia para a coexistência com todas as espécies. Tomemos um exemplo das florestas, sistemas altamente complexos, distribuídos e descentralizados que operam entre bilhões de componentes como um superorganismo. Uma cidade poderia aprender muito com a floresta a última tecnologia de cooperação, diversidade, redundância, auto-organização, trabalho em rede e alta tecnologia que produz energia por meio da fotossíntese, distribuição de água, comunicação altamente eficiente, reciclagem de resíduos.

A "lei da selva" é a parceria. A inteligência da floresta é possível graças à cooperação, diferente dos conceitos manipulados de "sobrevivência dos mais fortes (mais aptos)". Na maioria dos casos, a aliança entre organismos garante a sobrevivência, e somente em casos menores a estratégia predatória está presente.

Vejo a construção do amanhã com árvores, e as cidades como florestas, propondo uma evolução dos paradigmas da arquitetura modernista, de mecânica para orgânica, em que a arquitetura é projetada por meio de processos regenerativos que mimetizam a inter-relação ecológica e as condições de mudança.

Devemos imaginar tais cidades cooperativas, imaginá-las como sonhos mais loucos, no qual o ambiente urbano opera "igual a" e "junto" com outros organismos. Neste exato momento, precisamos urgentemente de arquitetos para projetar a tempo e imaginar o amanhã brilhante, produtos, edifícios e cidades projetados para todas as espécies.

Estamos vivendo uma mudança de percepção única, um momento crítico e privilegiado na história humana, e não podemos perder esta chance de mudança.

Não precisamos salvar nosso mundo em colapso e nosso modelo insustentável de habitar este planeta, nem nossa economia globalizada. Hoje precisamos ser corajosos e sonhar com lucidez nosso amanhã, precisamos agora visualizar a evolução ecológica de nossa consciência levando em consideração nossa multiplicidade interconectada com todos os organismos.

Simone *Klabin*

Advogada formada, autora de livros e pesquisadora. Mestre em Cinema, especialista em propriedade intelectual. Primeira brasileira a assinar um livro da Taschen – Food & Drink Infographics.

EUA/BRA / Relato / 30-Jun-2020
Originalmente escrito em inglês

desafios, tecnologia, urbano, esperança

Tenho pensado muito sobre alimentação e segurança alimentar em áreas urbanas. A pandemia de Covid-19 instilou um senso de urgência nos debates em andamento relacionados ao sistema alimentar e mudou alguns paradigmas.

Amanhã, precisamos reconsiderar nossas escolhas alimentares.

Precisamos de uma sociedade mais resiliente, mais saudável e mais justa. Também precisamos nos preocupar com a preservação do meio ambiente, portanto, é imperativo que estejamos conscientes de como os alimentos são produzidos, distribuídos e consumidos. Todas as espécies precisam de alimentos para sobreviver, mas, como seres humanos, nossas opções alimentares estão carregadas de crenças culturais, emocionais e sociopolíticas. Essas camadas se entrelaçam e moldam nossas escolhas alimentares. Além disso, quando comemos, apoiamos pontos de venda, modelos comerciais e práticas específicas. É importante exercer nossas escolhas com responsabilidade e sabedoria.

É essencial apoiar nossas comunidades e facilitar o acesso de todos a alimentos de qualidade.

Estamos todos cientes do impacto desproporcional que a Covid-19 tem sobre a demografia da classe trabalhadora. As comunidades de baixa renda são mal servidas quando se trata de saúde preventiva, e uma dieta pobre reflete esse problema. A desnutrição no século XXI frequentemente vem associada a obesidade, diabetes ou outras formas de enfermidades relacionadas à alimentação (ou seja, condição cardíaca, pressão alta). Essas condições aumentam a vulnerabilidade ao vírus. Elas também estão diretamente relacionadas ao consumo massivo de alimentos industrializados que são ricos em açúcar e pobres em nutrientes, em vez de alimentos frescos, ricos em fibras e nutrientes. As comunidades empobrecidas são frequentemente "desertos alimentares", onde é difícil encontrar boas variedades de frutas e vegetais e, quando disponíveis, seu custo relativo é maior do que o dos alimentos industrializados, onipresentes em todas as mercearias. Uma das formas de abordar esse problema específico é apoiar iniciativas amplamente difundidas que levam alimentos frescos aos desertos alimentares, seja facilitando a distribuição, seja implementando hortas comunitárias. Incentivar o crescimento de áreas verdes em espaços urbanos deve ser considerado como um requisito para a sobrevivência e preservação.

Um futuro com cidades eficientes e mais sustentáveis

Minimizar o desperdício e o emprego de tecnologias subutilizadas que ajudam com um ambiente mais limpo e espaços verdes produtivos deve ser uma prioridade. Os produtos frescos são cruciais para nossa dieta, mas também é importante enfatizar formas alternativas de manter e preservar os nutrientes dos produtos frescos durante os tempos de instabilidade. Cozinhar com produtos básicos da cozinha e despensa, preservar o excedente e a compostagem são sinônimos de uma maneira mais sustentável de pensar sobre os alimentos.

Preparar-se para uma nova era e um novo normal

Pode chegar um tempo novamente em que seja necessário confiar em produtos processados e despensa com uma longa vida de prateleira. Da perspectiva de um agricultor, uma interrupção da cadeia de abastecimento pode ser devastadora. Para assegurar a viabilidade de seus negócios agrícolas e para salvaguardar sua produção, soluções alternativas devem ser utilizadas. A volta aos métodos tradicionais de "processamento" e "conservação" de alimentos não é intrinsecamente ruim. Desde que os seres humanos deixaram de ser principalmente caçadores e coletores e começaram a domesticar animais e plantas, preservar e processar alimentos têm sido parte de nossa dieta. Maximizar a vida útil dos produtos frescos não é igual a produtos industrializados superprocessados e infundidos por substâncias químicas. Pelo contrário, nossa capacidade de preservar e processar alimentos pode ajudar a conservar o valor nutricional dos alimentos, permitir a distribuição e minimizar o desperdício durante os tempos de incerteza. Não estou argumentando que alimentos processados e preservados devem ser priorizados em vez de culturas recém-colhidas, não há nada mais satisfatório e gratificante do que cozinhar e comer produtos frescos. Entretanto, apoiar formas de tornar alimentos saudáveis e deliciosos mais amplamente disponíveis durante períodos de escassez é um exercício interessante e útil do qual muitos se beneficiariam.

Ricardo *Trevisan*

Prof. Dr. FAU-UnB, pesquisador do CNPq, grupo de pesquisa Topos – Paisagem, Projeto, Planejamento. Coordenador local da pesquisa Cronologia do Pensamento Urbanístico.

BRA / Nota / 15-Jun-2020
Originalmente escrito em português

desafios, incertezas, urbano, expectativa

O futuro será apenas uma continuidade, interrompido por eventos semelhantes a este. A cada sopro, um novo ajuste sociotecnológico. Cidades irão reorientar suas vocações, atividades econômicas se adaptarão, governos atenderão a seus interesses. Mas, a cada sopro, uma possibilidade de novos horizontes... caberá a nós escolhermos. Seria este o momento para uma guinada para um planeta mais sustentável? Creio que ainda não... mudanças estruturais levam mais tempo, e após outras interrupções.

Cauê *Capillé*

Arquiteto e urbanista. Professor da Faculdade de Arquitetura e Urbanismo (FAU) e do Programa de Pós-Graduação em Urbanismo (PROURB) da Universidade Federal do Rio de Janeiro (UFRJ). Graduado em Arquitetura pela FAU UFRJ, Doutor em Arquitetura pela Bartlett UCL. Pós Doutorado FAPERJ no PROURB FAU UFRJ, Urban Studies Foundation Fellow na ENSA Paris Malaquais, Professor Visitante no Royal College of Art.

BRA / Relato / 30-Mai-2020
Originalmente escrito em português

desafios, tecnologia, urbano, responsabilidade

Crise e fuga

A atual crise consolida a completa urbanização do planeta; consolida a internet como uma das infraestruturas que transformaram fundamentalmente o espaço "físico/virtual" do mundo; torna agressivamente crítica toda a relação de domesticidade e produtividade da economia capitalista contemporânea, das escalas mais íntimas e domésticas às regionais e internacionais; e escancara a desigualdade global de acesso a uma vida saudável. A crise, por fim, nos encurrala: não há fuga, não há outra humanidade.

Amanhã e o mapa

Clarividência sobre o amanhã implica desconsiderar a potência das práticas políticas de agora. O poder da política reside justamente na sua possibilidade de produzir um novo, de produzir um rompimento com as formas que foram, de atualizar o futuro.

É claro que podemos coletivamente construir uma agenda de dobras críticas emergentes para esse mapa político de amanhã: a natureza com que habitamos a Terra; as infraestruturas e o comum; novas formas de trabalho, produção e domesticidade; a revisão dos modelos de adensamento/concentração de poder e acesso a uma saúde plena e coletiva.

Entretanto, essa agenda não prevê para onde caminharemos: o futuro não está dado.

Desejos e projeto

Ao invés de "o que será diferente amanhã?", a pergunta pivotal se desdobra em "como serei/seremos diferente/s amanhã?" e "por que essa diferença?". Modo, agência e responsabilidade. De que modo ativamente reagiremos e transformaremos o mundano contemporâneo?

Essa agência, essa revisão crítica da posição dos nossos próprios desejos frente ao futuro fazem dessa crise um solo fértil para profundas transformações coletivas sobre como projetamos e habitamos o mundo.

Devemos agora desejar e lutar ativamente para que todos respirem "sem as condições difíceis e ofegantes" (como Mbembe descreve em *O Direito Universal à Respiração*) que foram impostas a populações inteiras.

Devemos agora ativamente desejar e lutar pela garantia desse direito.

Desejo, por fim, esse começo, essa responsabilidade, esse projeto.

Revisão

29-Mar-2022

Uma frente de projeto: o trânsito

As metrópoles latino-americanas são frequentemente caracterizadas espacialmente por três condições inter-relacionadas e profundamente ofegantes: por uma estrutura centro-periferia de dependência econômica, cultural e política; por distâncias territoriais entre atividades urbanas; e por inúmeras deficiências infraestruturais. Essas três condições – dependência, distância e deficiência – contribuem para a naturalização de um "estado de trânsito" cotidiano e precário principalmente para os residentes das periferias das metrópoles, que chegam a ter uma média diária de deslocamento acima de quatro horas, acostumados a congestionamentos, poluição e acidentes diários.

As infraestruturas de trânsito formam, assim, o crônico cenário da experiência coletiva metropolitana cotidiana. Entretanto, a crise da pandemia tornou essa situação não somente crônica, mas crítica: em um estudo recente do Banco Interamericano de Desenvolvimento (2020) sobre a evolução do trânsito em metrópoles latino-americanas (Bogotá, Buenos Aires, Cidade do México, Guadalajara, Guayaquil, Montevidéu, Rio de Janeiro, Santiago e São Paulo), fica claro que o transporte público continuou essencial durante a pandemia (média de 56% para todas essas metrópoles), principalmente em São Paulo e no Rio de Janeiro, onde cerca de 70% da população continuou a usá-lo diariamente em 2020. Na verdade, nessas duas metrópoles, os ônibus, os trens e os metrôs ficaram ainda mais lotados, pois ocorreram várias reduções de frota em operação. Em particular, nas desiguais metrópoles latino-americanas, o trabalho das(os) que vivem na periferia – a parcela da população economicamente mais frágil – não poderia se tornar remoto: elas(eles) formam um bastidor fundamental da economia metropolitana. Isso evidencia o profundo e crítico enraizamento da condição do "estado de trânsito" na América Latina, onde as infraestruturas de trânsito formam o coletivo obrigatório que deve permanecer operando mesmo diante de uma crise sanitária global.

Entretanto, como defendemos acima, não há escapatória, nem clarividência: é preciso um projeto de dentro dessa condição ofegante. Somente quando compreendermos as morfologias e as disposições das infraestruturas – e projetarmos com elas e dentro de seu "estado de trânsito" – os projetos urbanos e arquitetônicos poderão contrapor as atuais condições de dependência, distância e deficiência da metrópole. Precisamente, defendemos uma "crítica tipológica" da realidade atual do "estado de trânsito", descrevendo seus elementos para, com esse repertório, desenhar por meio das disposições invisíveis dos "bastidores infraestruturais", usando-os como disparadores de microrrevoluções no cotidiano de milhões.

A intenção final com esta abordagem é transformar, por meio do projeto arquitetônico, a própria lógica e função do espaço de infraestrutura: torná-la suporte de outros futuros, outras narrativas; aproveitar suas potências. Para isso, não podemos impor ideias predefinidas de público e civilidade e falar em uma linguagem exótica à atual condição infraestrutural e metropolitana: devemos conhecê-la e agir sobre ela de dentro.

Philip *Yang*

Ativista urbano. Fundador do URBEM (Instituto de Urbanismo e Estudos da Metrópole). Mestre em administração pública pela Harvard Kennedy School. Diplomata de carreira do serviço exterior brasileiro (1992-2002). Membro do Comitê Arq. Futuro, da Orquestra Sinfônica do Estado de São Paulo (OSESP) e do Harvard University Brazil Office Advisory Group.

BRA / Ensaio / 15-Jun-2020

Originalmente escrito em português

desafios, urbano, adaptação, recomeço

A cidade depois do vírus

Como será o modelo de cidade que pode nos abrigar no pós-pandemia?

Epidemias e cidades são produtos de um mesmo fenômeno: as aglomerações humanas. E o urbanismo moderno não só define a cidade como uma aglomeração de pessoas como advoga que o ideal de cidade é a chamada "cidade compacta" – aquela cujo território integra moradia, trabalho, lazer, comércio e serviços, em um raio de proximidade, facilmente acessível por caminhada, bicicleta ou transporte público. No contexto da pandemia, há uma pergunta que não quer calar: o ideal da cidade compacta permanece válido? Qual é a medida de aglomeração – de densidade construtiva e populacional – que será desejável ou aceitável após o tremendo trauma do contágio em escala planetária?

Talvez a referência mais próxima que temos para examinar as consequências de uma epidemia sobre uma cidade compacta seja dada por Hong Kong. Por duas razões: (i) foi a cidade mais atingida pela epidemia da SARS (Síndrome Respiratória Aguda Grave) em 2003, e (ii) ostenta o índice mais elevado de densidade construtiva e populacional do mundo: 52 mil habitantes por quilômetro quadrado na região central. A doença propagou-se exponencialmente ali a partir de dois focos principais: o Hotel Metropole que, ao hospedar um médico acometido pela doença, rapidamente ensejou a contaminação de 16 de seus hóspedes; e o residencial Amoy Gardens, conjunto de prédios cujo sistema de drenagem defeituoso permitiu a entrada de gases de esgoto pelos banheiros, o que levou à difusão de partículas de vírus em várias unidades.

Terá Hong Kong retrocedido o seu processo de hiperaglomeração após o surto? Afinal, o trauma da epidemia colocou em risco o ideal da cidade compacta?

Trata-se de pergunta constrangedora. Por várias décadas, ambientalistas, sociólogos, economistas e urbanistas lutaram muito para convencer o mundo de que a cidade mais densa é uma cidade melhor. Não foi tarefa fácil encantar a população em geral e formuladores de políticas com a ideia de que aglomerações urbanas são mais sustentáveis, por serem menos dependentes do uso do carro e por demandarem infraestruturas e edificações mais econômicas do ponto de vista energético e construtivo. Agentes econômicos perceberam mais facilmente as vantagens da aglomeração, dado que a concentração geográfica de atividades produtivas reduz custos logísticos, condensa e diversifica o mercado de trabalho, faz surgir atividades complementares, promove a difusão do conhecimento e induz a criatividade coletiva.

A conscientização foi lenta. E uma eventual hesitação ou recuo de Hong Kong no pós-SARS 17 anos atrás poderia colocar em risco os avanços alcançados. Felizmente, não foi o que aconteceu. Mesmo após o surto de 2003, a região administrativa chinesa deu continuidade ao processo de adensamento construtivo e populacional. A densidade populacional líquida (que divide o número total de habitantes pela superfície construtível da cidade) não registrou nenhum recuo, passando de 26.200 habitantes/km^2 para 30 mil habitantes/km^2 no período de 2000 a 2020. Claro, a regulação construtiva tornou-se mais cuidadosa. Regras relativas a parâmetros de ventilação, insolação e segurança sanitária se tornaram mais restritivas.

A visão de uma cidade compacta tornou-se hegemônica. A maioria dos países e suas cidades adotam políticas, planos diretores e zoneamentos que visam promover a forma urbana compacta. Aos poucos, a população, sobretudo a classe média mais jovem, busca morar em zonas centrais e, contrária ao espraiamento urbano, abandonou o desejo de morar em bairros residenciais afastados. A mudança de estilo de vida é motivada pela percepção de que as vantagens oferecidas pela densidade e compactação (maior oferta de bens e serviços e acessibilidade, entre outras) são maiores do que os custos (congestionamento, monotonia urbana e sensação de isolamento, por exemplo).

Podemos adotar o caso de Hong Kong como exemplo representativo do que pode vir a acontecer às cidades após a pandemia da Covid-19? Ouso arriscar que sim. O sobressalto do surto epidêmico de uma doença com elevada taxa de letalidade (ao que se sabe hoje SARS mata três vezes mais do que a Covid-19) não implicou contestação ou retrocesso do ideal da cidade compacta. Mas algumas ressalvas e ponderações são necessárias.

A primeira delas, talvez a mais importante, é lembrar que, enquanto conversamos aqui sobre o futuro da cidade compacta, a cidade informal avança a passos largos, em virtualmente todas as grandes cidades do sul global. Mike Davis, no seu clássico *Planet of Slums* (Planeta de Favelas), nos mostra como a urbanização do século XXI tende a se assemelhar às situações mais dolorosas da industrialização do século XIX em termos de condições de vida. A periferização e a favelização são crescentes, assim como o déficit habitacional.

No Brasil, depois de 10 anos do programa Minha Casa Minha Vida e um dispêndio de R$ 430 bilhões, o déficit em habitações aumentou, permanecendo na faixa de 7 milhões de unidades. E o avanço do crime organizado na atividade imobiliária é crescente. No momento de crise, e de um natural aumento de demanda por gastos do governo, nada mais adequado do que investir pesadamente em infraestrutura urbana e em habitação, como recurso anticíclico para o combate simultâneo do desemprego e da desigualdade.

Uma segunda ressalva, para que o adensamento continue a ser uma premissa válida do desenvolvimento urbano, é ter em mente que as formas urbanas e construtivas precisarão se adequar a novos modos de convívio social, formas de trabalho e, claro, a possíveis novos surtos epidêmicos. Zoneamentos e planos diretores precisam ser cada vez mais flexíveis quanto à mistura de usos, permitindo não só a convivência entre espaços comerciais e moradias, mas sobretudo a combinação de espaços de produção de bens, ao redor e mesmo no interior de unidades habitacionais. Especial atenção precisará ser dada à logística de provisionamento e distribuição de equipamentos médicos de emergência, tais como respiradores, testes e vacinas.

A mudança de paradigma produtivo em curso altera substancialmente o perfil da força de trabalho, a nova relação espacial do trabalho-moradia e a geografia geral dos deslocamentos, acarretadas por novos modais de transporte, certamente trarão implicações grandes no desenho urbano, na escala da organização territorial das cidades, das metrópoles e suas redes infraestruturais, mas também no plano das tipologias construtivas, que daqui para frente deverão contemplar facilidades para recebimento e despacho de mercadorias, espaços de produção doméstica e a previsão de que, muito provavelmente, todos ficarão mais tempo em casa. Agenda de novos produtos para as incorporadoras.

O modo de produção emergente também implica o surgimento de novas especializações e possibilidades de trocas. Internet das coisas, robótica e inteligência artificial ampliam as alternativas abertas por plataformas de intercâmbio comercial, e a arquitetura, a lógica e o fluxo gerado pelas redes digitais precisarão ser refletidos e incorporados à arquitetura geral do ambiente construtivo.

Uma última ponderação. O ambiente urbano clama por soluções de segurança pública e de contenção da violência. No contexto pós-pandêmico, a demanda se estende a questões de segurança biológico-sanitárias, que agora, conforme se observa em diversos países asiáticos, envolve uma análise maciça e detalhada de dados pessoais. O uso de *big data* para o acompanhamento e a análise de fluxos de todas as naturezas (financeiros, mas, sobretudo, geográficos) constitui a fronteira das mais promissoras para o controle do crime, da violência e da difusão de doenças. Nesse contexto, é fundamental buscarmos uma regulação que possibilite o acesso a dados e mitigue os riscos à privacidade individual, como aliás aponta relatório recente do *Data Privacy* Brasil, centro de pesquisas sobre o assunto.

Em um momento de crise, nada mais difícil do que distinguir fatos passageiros dos eventos históricos, separar o que é conjuntural daquilo que é realmente definidor de tendências de longo prazo. O grande historiador francês Fernand Braudel ensina que o olhar analítico deve separar o "tempo curto", episódico, das tendências seculares conformadora do "tempo histórico".

Minha opinião e voto de esperança é de que a pandemia, evento episódico que transcorre no tempo curto, deverá acelerar – e não retroceder – as tendências seculares. No plano urbano, creio e espero, as sociedades deverão catalisar o adensamento, a mistura de usos e de pessoas que caracterizam as cidades compactas. No plano econômico, o pós-pandemia deverá ser marcado pelo aprofundamento da globalização e da cooperação internacional, dadas as tantas limitações que os Estados nacionais apresentam para a gestão de fenômenos globais, o surto epidêmico sendo apenas um entre diversos outros temas e ameaças que enfrentamos em escala planetária.

Claro, sem um distanciamento temporal, um tal prognóstico será marcado por controvérsias. Sobretudo quando o brilho do acontecimento de hoje se sobrepõe não apenas a tendências seculares, mas também a uma inflexão de tal ordem profunda que chega a invocar hoje, entre especialistas, a datação de uma nova época geológica para a Terra, o Antropoceno, que tem nas aglomerações humanas o grande vértice de transformações. Mas o prognóstico, de toda forma, vale como voto de confiança no poder de renovação das grandes cidades. Afinal, aglomerar pode ser perigoso, mas desaglomerar pode ser pior ainda, dadas as graves consequências ambientais que o espraiamento urbano acarreta.

Originalmente publicado na Revista Época Negócios.

Natalia *Timerman*

Escritora, psicoterapeuta e psiquiatra da Unifesp. Mestre em Psicologia Clínica pela USP. Doutoranda em Teoria Literária e Literatura Comparada pela USP. Colunista Universa UOL.

BRA / Relato / 31-Mar-2022
Originalmente escrito em português

desafios, desamparo, natureza, responsabilidade

Amanhã vai chover e fazer sol, muito sol. Chover muito. E fazer muito sol. E vai secar. E derreter. E vai subir a água onde não deveria. E vai mudar. Mudar muito o nosso mundo. Crianças, crianças de hoje, meus filhos, crianças todas, eu queria muito poder, com as palavras, com minha força, com a nossa, desviar essa rota.

Que meu filho não tivesse acordado essa manhã com um pesadelo: "mãe, sonhei que tinha um tsunami". E que eu pudesse dizer, ao abraçá-lo: "foi só um sonho, está tudo bem".

Barbara *Veiga*

Fotógrafa, documentarista, repórter, ativista e escritora. Autora do livro *Sete Anos em Sete Mares*. Cofundadora da Liga das Mulheres pelo Oceano.

BRA / Relato / 04-Abr-2022
Originalmente escrito em português

coletividade, política, expectativa, esperança

A sociedade está mais integrada com o meio e age de acordo com as necessidades do planeta.

Não foi fácil tomar essa decisão, mas recebemos sinais sutis e também desastrosos para entender que uma transformação era necessária.

Depois de historicamente passarmos por diversas guerras, pandemias, desmatamento de florestas, e perceber que o oceano estava a ponto de se tornar puro lixo, uma grande onda mudou nossa frequência.

Ficou claro que essa era a única opção da sobrevivência humana. Os governos integram em suas dinâmicas e políticas públicas a consciência socioambiental. Os indivíduos escutam a natureza porque os jovens são grande parte dessa mudança! Estamos em harmonia com a Terra de forma espiritual, presente e equilibrada. Entende-se, afinal, o significado de respeito e amor.

Carlos *Nobre*

Cientista e meteorologista, especialista em estudos relacionados ao aquecimento global. Coordenador do Instituto Nacional de Ciência e Tecnologia para Mudanças Climáticas (INCT). Alto Assessor Científico do Painel da ONU sobre Sustentabilidade Global, e membro do Conselho Científico da Secretaria Geral da ONU.

BRA / Relato / 05-Abr-2022
Originalmente escrito em português

política, natureza, responsabilidade, esperança

O que será diferente amanhã? A Floresta Amazônica contém a maior diversidade de plantas e animais do mundo. Também a maior diversidade de microrganismos como vírus, bactérias, protozoários, e muitos outros. A Floresta evoluiu em dezenas de milhões de anos criando as condições de equilíbrio entre este complexo mundo biológico de interações entre as espécies. Humanos chegaram à Amazônia cerca de 12 mil anos atrás e evoluíram em mais de mil diferentes etnias, e todas elas sempre mantiveram uma cultura e prática de manter a Floresta em pé. Isso foi essencial para manter o equilíbrio entre humanos, outros animais e microrganismos. Porém, com o modelo de "desenvolvimento" com desmatamento implantado há mais de 50 anos, que via as árvores como inimigas e somente serviam queimadas como fertilizantes para fazendas pecuárias, associado ao grande aumento do tráfico de animais selvagens, além de enorme degradação florestal e uso do fogo, o risco de um vírus alojado naturalmente em um animal hospedeiro, como, por exemplo, inúmeras espécies de morcegos, roedores, pássaros, entre outros, se espalhar para seres humanos gerando epidemias e até uma gigantesca pandemia, como a da Covid-19, é muito alto. De fato, é um mistério científico, porque uma devastadora pandemia nunca se originou na Amazônia, sabendo que todos os vetores para seu surgimento estão presentes há muitas décadas. O amanhã somente será diferente se rapidamente zerarmos os desmatamentos, a degradação florestal e o uso do fogo em toda a Amazônia, principalmente em suas regiões mais devastadas no chamado arco do desmatamento no sul da região. Para tanto, é também essencial manter as etnias e os territórios indígenas com seu valor cultural de manter a floresta em pé. A continuidade do modelo de destruição da Floresta Amazônica quase que certamente irá gerar gravíssimas epidemias, e até mesmo pandemias.

Gustavo *Neiva*

Engenheiro Agrônomo e Engenheiro de Software da Globo. Graduado em Engenharia Agronômica pela Universidade Federal de Viçosa.

BRA / Ensaio / 21-Jul-2020
Originalmente escrito em português

desafios, política, natureza, responsabilidade

Atravessamos um tempo de extrema incerteza, no meio de uma pandemia global que traz muita dor, morte e miséria para milhões de pessoas. Apesar de essa não ser a primeira (e provavelmente não será a última) pandemia, essa foi a primeira que ocorreu em uma escala global onde nós sabemos com certeza qual é o agente causal, sabemos as maneiras de lidar com a doença, a taxa de transmissão e mortalidade com uma boa precisão, mas, mesmo assim, vimos inúmeros países e líderes cometerem erros grotescos de decisão por não terem um compromisso com a verdade. Muitos líderes inaptos preferem se agarrar a uma realidade fantasiosa ao invés de encarar os fatos. De certa forma isso me desanima profundamente, pois nunca antes tivemos tanta possibilidade de lidar com essa crise de uma maneira objetiva e racional, nunca antes as pessoas foram tão educadas, bem nutridas e com acesso a saúde, e mesmo assim decisões irracionais ou puramente emocionais continuam sendo tomadas pelas lideranças, pois a verdade aparentemente não lhes interessa ou não cabe em seus projetos de poder. A impressão que dá é de que a história se repete, mas que ela não nos ensina nada, teimamos em cometer os mesmos erros com nossa arrogância ao achar que agora vai ser tudo diferente. As pessoas como um coletivo parecem não ter uma memória muito duradoura.

O mundo hoje vive uma crise, mas e se eu te disser que essa crise nem é a pior crise que vamos enfrentar em nossas vidas? E se eu te disser que essa crise pode ser apenas um prelúdio de uma nova era onde nós precisaremos repensar e reconstruir nossos modelos de desenvolvimento econômico para que a vida das pessoas não entre em colapso junto com o meio ambiente? E se eu te disser que a pandemia do novo coronavírus é uma crise muito mais controlável do que a que já está em curso? O aquecimento global já impacta nossas vidas e, quer você queira ou não queira, essa crise terá proporções muito, mas muito maiores do que uma pandemia. Talvez estejamos passando por uma tragédia que poderá nos ensinar a lidar com os grandes problemas da humanidade que estão por vir, mas aparentemente a maior parte das pessoas não parece estar disposta a ter coragem de ver a verdade dolorosa.

As novas gerações estão recebendo um mundo com um débito ambiental e ecológico gigantesco, um mundo onde, mesmo com o crescimento das economias, a maior parte da humanidade continua excluída dos mercados, confortos e prosperidade que a economia globalizada produziu. Parece que nosso modelo econômico baseado em consumo, com um mercado de capitais desconectado da economia real, está chegando ao limite do possível. A desassociação do ser humano com a natureza que as revoluções industriais provocaram está chegando ao limite da viabilidade, infelizmente muitos tecnocratas esquecem que nós precisamos respirar ar limpo, beber água pura, comer uma comida saudável e exercitar nossos corpos e mentes para que possamos viver e consumir, para que a economia de hoje funcione. Nossos abusos e fetiches de dominação sobre a natureza não poderão durar para sempre, o planeta é finito e sinto lhes dizer que não há para onde fugir.

Além dos graves problemas ambientais que já são conhecidos desde os anos 1980, pelo menos, temos inúmeros desafios complexos com impactos possivelmente profundos, sem respostas claras e em que poucas pessoas se debruçam. Como vão se dar as novas relações de trabalho com a evolução das máquinas com inteligência artificial? Como será um mundo onde os conhecimentos de engenharia genética e manipulação dos genes sejam tão avançados que, teoricamente, possibilitariam às pessoas com acesso a essa tecnologia viver muito mais e melhor do que os outros? Como será um futuro em que algumas pessoas terão acesso a tecnologias que criem uma interface entre seu corpo e mente biológicos e um computador? Como será o futuro quando o computador quântico se viabilizar na mão de alguns? Como conseguiremos diminuir esse abismo monstruoso que se acentuou entre os muito pobres e os muito ricos nos últimos 30 anos?

Meu desejo é construir um amanhã onde nós possamos voltar ao sentido etimológico da palavra economia. Economia é cuidar da casa, é cuidar de onde vivemos, do espaço que nos rodeia, cuidar de onde moramos para que possamos nos proteger e viver nossa vida de uma forma holística. Hoje o sentido da palavra economia se moveu mais para o lado de acumulação de bens materiais do que desse sentido original de cuidar de nossas casas. Quem fala de economia e não fala em cuidar do espaço onde todos nós vivemos não sabe o que significa economia. Economia não é mercado de capitais, economia não se resume a indicadores financeiros, economia é cuidar da casa, e isso é uma das coisas que foram esquecidas no passado e que eu desejo rever no nosso amanhã.

Ao mesmo tempo em que as crises acentuam os problemas que já existiam em nossa sociedade, talvez nunca tenhamos tido a oportunidade de entender tão bem os problemas locais e globais, e, apesar de acreditar que dificilmente as pessoas aprendem com o passado, o amanhã pode ser melhor do que hoje. Talvez hoje seja a época na história da humanidade neste planeta onde nós tenhamos as maiores possibilidades de encarar e superar os grandes desafios que encaramos pela frente. A realidade acaba sempre surgindo à tona, não haverá mais discursos ideológicos ou propaganda sistemática que irá impedir a verdade de aparecer, só espero que, quando a maior parte das pessoas perceberem o tamanho da crise planetária que o aquecimento global está criando sobre nós, não seja tarde demais para que consigamos mudar a maneira de tratar o mundo que nos rodeia para que possamos entregar um planeta mais justo, honesto e saudável para nós e todos os outros seres vivos com quem compartilhamos nosso planeta.

Revisão
05-Abr-2022

A pandemia, a guerra e a crise existencial

Ao escrever este texto já se passaram mais de dois anos do início da pandemia de Covid-19 e, no momento em que a sociedade começa a voltar a se abrir e a interagir mais proximamente, eu me faço a pergunta: será que sairemos dessa crise melhores do que antes? Talvez seja uma pergunta ambiciosa demais, talvez seja uma pergunta abstrata demais, talvez essa não seja nem a melhor pergunta a ser feita neste momento, mas independente disso, eu não consigo evitar olhar para o meu presente e compará-lo com meu passado pré-pandemia. É verdade que antes da pandemia diversas crises já assombravam o Brasil e o mundo, crises econômicas, políticas e ambientais, mas a pandemia catalisou muitas dessas questões e provocou mudanças profundas em como a sociedade interage, se comunica, trabalha e se vê no mundo. E para complementar esse momento complexo que vivemos, a Rússia, um país historicamente imperialista, invadiu a Ucrânia de uma maneira direta e violenta no fim de fevereiro de 2022. Ao olhar esse momento e me fazer a pergunta de como estamos hoje comparados com como estávamos há dois anos, eu não encontro uma resposta clara. O que eu encontro em mim e na sociedade em que estou inserido é uma verdadeira crise existencial. E digo uma crise existencial não no sentindo individual e psicológico, mas, sim, em um sentido social e sistemático, de como nós enxergamos o próprio mundo e o reflexo que temos nele. Ao olhar a maneira como a Ucrânia reagiu ao ser invadida pela Rússia, o que eu vejo é uma nação inteira se fazer essa pergunta existencialista de quem eles são, do que vale a pena lutar, e eventualmente se sacrificar, para que seus pares possam viver como desejam. Enquanto a retórica imperialista russa diz que a Ucrânia nunca existiu, os ucranianos têm se afirmado como nação e como povo, e têm lutado pela sua própria soberania e seu direito de existir da maneira que eles próprios possam decidir. Claro que a geopolítica é mais complexa do que uma simples visão de luta entre o bem contra o mal, visão essa que é infantil e maniqueísta, a realidade é muito mais complexa do que isso. A história é opaca, não conseguimos observar os eventos internos passados que se desdobram no presente, e não é porque na guerra temos um lado claramente errado é que o outro lado está necessariamente certo, mas essa sequência de eventos nos faz repensar até que ponto conseguimos lidar com as crises do passado e reorganizar a maneira de se viver em sociedade como um todo. Fantasmas do século XX que pareciam ter desaparecido são reavivados, e toda a estrutura das sociedades modernas chacoalha. A pandemia e a guerra descortinam um novo capítulo da história mundial, e as mudanças que se iniciaram já são perceptíveis. Mudamos a maneira de se trabalhar; por que precisamos viajar para o trabalho quando nossa produção pode ser entregue de uma maneira virtual pelos computadores conectados à internet? Nações inteiras colocaram em xeque o modelo econômico extremamente dependente de hidrocarbonetos e do cartel e oligopólio a que esse modelo está submisso; como países inteiros podem depender de pouquíssimas instituições que estão atreladas a grupos de pessoas pouco confiáveis? Mudamos a maneira de produzir e consumir bens no mundo globalizado; como produzir bens sob demanda e consumir bens produzidos muito longe do consumidor quando a cadeia logística global fica cara e incerta devido aos estresses causados pela pandemia? Mudamos a maneira de viver em grupo; precisamos todos morar em centros urbanos densos quando a geografia não necessariamente é mais uma questão limitante para se obter renda e trabalho? Será que estamos em um ponto de inflexão no capitalismo contemporâneo, das sociedades democráticas liberais e de uma visão cosmológica da realidade? A maior parte dessas mudanças me assustam e me fazem duvidar do que virá, mas, se olharmos com atenção, conseguiremos ver que muitas delas nos indicam um possível futuro melhor. Hábitos individuais e coletivos que eram confortáveis, mas que ao mesmo tempo nos tornam dependentes e frágeis passam a ser questionados. O avanço científico na área de saúde humana que a pandemia causou foi monumental, é a primeira pandemia na história da humanidade em que conseguimos descobrir e isolar o agente causal da doença em menos de um ano e desenvolver vacinas seguras e eficientes em menos de dois, algo absolutamente sem precedentes, e que se desdobrou no avanço de tantas outras vacinas e remédios para doenças que até então não existiam.

A guerra na Ucrânia já alavancou a pesquisa e a adoção de novas matrizes energéticas sustentáveis e possivelmente mais democráticas. A possibilidade de se trabalhar de casa sem necessariamente viver perto dos clientes e das instituições tem o potencial de melhorar a qualidade de vida de milhões de pessoas. Apesar desses avanços, muitos problemas profundos da sociedade ainda nos assombram: a desigualdade brutal de renda entre alguns absurdamente ricos e as tantas centenas de milhões de pessoas que vivem na extrema pobreza, isso tudo em uma realidade onde a escassez do básico seria (ou deveria ser) um problema do passado; o modelo político das democracias liberais onde o individualismo extremo parece se sobrepor à noção de sociedade e bem comum; o aquecimento global causado pela atividade humana acompanhado pela destruição da natureza que impacta e põe em risco grande parte da vida no planeta Terra, inclusive a de nossa espécie. E, a partir desses problemas e de toda a crise existencial que me ocorre graças aos fatos recentes, eu refarei minha pergunta do início do texto. Uma simples comparação temporal já não me parece ser suficiente para julgar o valor de nossa vida e o que queremos para o nosso futuro. Assim, inspirado pela luta dos ucranianos e por todos que, mesmo defronte às potências aparentemente assimétricas e avassaladoras, batalham por seu direito de existir conforme bem lhes entender, eu me pergunto: qual é o sonho de vida que vale a pena lutar para conquistar? Em um mundo onde as utopias parecem ter morrido ao mesmo tempo em que o modelo de vida criado pós-Segunda Guerra Mundial se torna claramente inviável no médio ou ao curto prazo, precisaremos de toda nossa criatividade e força para nos reinventarmos e lutarmos pela existência que sonhamos e desejamos. Afinal de contas, mar calmo nunca fez bom marinheiro.

Amanda *Palma*

Cineasta, cinegrafista, empresária e escritora. Criadora da *Jornada das Heroínas*. Mestranda em Cinema no IMACS - Mestrado Internacional em Estudos Cinematográficos.s

BRA / Relato / 31-Abr-2022
Originalmente escrito em português

desafios, natureza, responsabilidade, recomeço

Quantas verdades foram por água abaixo nos últimos 24 meses?

Toda desconstrução é um convite à reconstrução. A vida é uma jornada, e os sinais do oráculo estão se apresentando a cada instante para quem tiver espaço para receber.

O último ano foi difícil. Este ano está sendo difícil. A vida é difícil. Ainda mais difícil para quem tem sensibilidade e empatia com o outro.

Um dos melhores conselhos que eu já recebi foi de uma herbalista que me falou que eu não poderia ajudar ninguém. Eu não poderia forçar ninguém a mudar seus hábitos e melhorar sua saúde. Pelo contrário, a única coisa que eu poderia fazer era cuidar de mim e dar o exemplo.

Segui à risca esse conselho.

Eu não posso interferir na escolha de ninguém, cada pessoa tem seu livre-arbítrio. Não posso escolher como os outros comem, como os outros consomem, votam, se têm autorresponsabilidade, se são felizes, se dançam, ouvem música ou se apenas reclamam o dia todo.

A verdade é que não posso interferir na vida de ninguém.

Eu só posso escolher habitar MEU corpo da forma que eu acredito.

E eu acredito em consumir produtos locais, consumir arte local. Acredito que desapegar do excesso de coisas ajuda a limpar a mente de uma forma que é difícil até de descrever.

Acredito que honestidade, trabalho, disciplina, respeito e gentileza são mais do que palavras.

Acredito que o certo é o certo, e acabou.

E que não existe outro lugar que o aqui, nem outro tempo que o agora.

Helena *Singer*

Vice-presidente da Ashoka América Latina. C onselheira da Câmara Municipal de Educação de São Paulo e idealizadora do Movimento para a Inovação na Educação. Graduada em Ciências Sociais pela Universidade de São Paulo, mestre em Sociologia pela Universidade de São Paulo e doutora em Sociologia pela Universidade de São Paulo (2000).

BRA / Relato / 15-Mai-2022
Originalmente escrito em português

coletividade, política, responsabilidade, expectativa

Amanhã teremos de ter superado os três grandes desafios do presente: a degradação socioambiental, a desigualdade econômica e o autoritarismo de bases colonial, racista e machista. A pandemia escancarou estes desafios: o desmatamento e a produção de alimentos em massa têm nos aproximado de vírus que antes não circulavam entre nós; a probabilidade de se contaminar e morrer, e os efeitos da pandemia atingiram mais intensamente pobres, negros, pardos, indígenas e mulheres; a desinformação tem sido produzida e distribuída por ocupantes do poder, como estratégia de fragilização de nossa confiança nas instituições democráticas.

O enfrentamento a esses grandes desafios do presente se faz projetando-se o mundo que se quer construir. O primeiro pilar desse novo mundo é o sentido de público, que precisa superar nossa visão imediata, que o faz equivaler a equipamentos estatais e serviços gratuitos. O sentido de público que precisamos construir deve se referir aos direitos universais, ao controle social e a um sentido compartilhado de qualidade. Ou seja, precisamos garantir a todos os direitos de viver com dignidade e se realizar plenamente, promovendo o bem comum. Isso se materializa em recursos públicos (provenientes dos impostos pagos direta ou indiretamente por todos), que financiam a construção e a manutenção de equipamentos públicos, geridos pelo Estado ou pela comunidade, que atendem todos que dele precisam, podendo ser gratuitamente para todos ou somente para os que não podem pagar, e são controlados por aqueles que os utilizam. Ou seja, a finalidade, as metas quantitativas e qualitativas são definidas por este público. São seus usuários que, coletivamente, chegam a visões comuns sobre o que é educação de qualidade, saúde de qualidade, habitação, transporte, cultura de qualidade, e assim por diante.

O segundo pilar é da integração, o que significa o reconhecimento de que os tempos e espaços da vida não são fragmentados entre educação, trabalho, produção, lazer, descanso. Nós aprendemos desde o momento em que nascemos, e continuamente, até o fim de nossos dias. Portanto, a escolarização é uma parte muito reduzida da nossa experiência educativa e, para ser significativa, precisa se articular com todos os outros agentes, as famílias, as organizações comunitárias, as empresas, os espaços de lazer, os agentes da cultura, da saúde etc. Já o trabalho não se reduz aos empregos, ele inclui os cuidados individuais, com a família e com o mundo, as formas de organização coletiva, sejam para a subsistência, sejam para a promoção do bem comum. Não somos produtivos somente no contexto do trabalho. Os nossos tempos cotidianos e ao longo da vida de descanso e de lazer também são oportunidades de aprendizagem, desenvolvimento e realização pessoal.

Daí chegamos ao terceiro pilar do mundo que precisamos construir, o equilíbrio. Precisamos reinventar os nossos modos de vida recusando as condições que nos trouxeram à pandemia e isso passa necessariamente por colocar as dimensões ambiental e social em igualdade de importância com a dimensão econômica. Precisamos de modelos de produção, distribuição e consumo que busquem este equilíbrio. Estes modelos podem ser inventados, mas também devemos aprender sobre outros modos de vida, como os dos povos originários, os dos quilombolas, os dos camponeses e demais sociedades chamadas tradicionais.

Estruturando hoje esses três pilares, amanhã nossas sociedades serão mais justas, democráticas e integradas.

Shirley *Krenak*

Escritora e ativista indígena pertencente ao povo Krenak. Desenvolvedora de diversos projetos educacionais e de fomento à cultura. Autora dos livros A Onça Protetora e Krenak Ererré. Coordenadora do Instituto Shirley Djukurnã Krenak.

BRA / Nota / 21-Mar-2022
Originalmente escrito em português

desafios, coletividade, natureza, responsabilidade

Meu nome é Shirley Djukurnã Krenak. Sou do povo Krenak de MG, aldeia Atorãn. Sou coordenadora do Instituto Shirley Djukurnã Krenak e atualmente estou na Articulação Nacional das Mulheres Indígenas Guerreiras da Ancestralidade (ANMIGA).

Eu cresci ouvindo meu pai falar da força sagrada da terra e do universo. Nosso corpo é água e terra. Mas é como se os seres humanos tivessem perdido o elo sagrado da mãe terra.

E hoje a humanidade vem se autodestruindo com a ganância de ter poder sobre outras pessoas e a ganância por dinheiro.

Dentro da espiritualidade, nós, povos indígenas, somos os guardiões dessa terra sagrada.

Mas, mesmo sabendo disso, a sociedade que nos rodeia nos mata.

O que será diferente amanhã?

Pergunta boa?

Espero que possamos buscar REcomeçar.

Um recomeço em que nós possamos ser ouvidos de verdade. O escutar é importante neste momento.

O mundo se encontra em desequilíbrio. Temos pouco tempo para buscar o diferente amanhã.

Um amanhã mais coletivo. Um amanhã mais humano. Um amanhã com mais amor e dignidade para com o outro.

Eu tenho esperança ainda no amanhã.

Ererré

Beth *Kozlowski*

Arquiteta.

BRA / Relato / 26-Jun-2022
Originalmente escrito em português

coletividade, natureza, responsabilidade, esperança

Um novo amanhã só será possível com o reconhecimento e o respeito a todas as formas de vida. Do macro ao micro; do sumo ao ínfimo. Desde os seres vivos que habitam a amplitude dos oceanos e produzem o ar que respiramos aos seres vivos que habitam o interior de nossos corpos e nos permitem respirar.

Reconhecimento e respeito são os caminhos para valorizarmos a vida e, assim, restaurarmos os múltiplos habitats onde ela possa prosperar, proporcionando o equilíbrio necessário para que todos os seres que compartilham esse planeta possam coexistir horizontalmente, em sintonia.

Ricardo *Bayão*

Arquiteto e urbanista, graduado pela PUC-Rio.

BRA / Relato / 15-Jul-2022
Originalmente escrito em português

incertezas, natureza, responsabilidade, esperança

Qual é a nossa escala?

Acredito que a pandemia da Covid-19 tenha expandido a visão sobre a fragilidade humana frente às intempéries imprevistas da natureza. Iniciando-se de uma pequena para uma grande escala, a pandemia nos ensinou que, na verdade, pequenas atitudes geram enormes consequências. Assim como fui ensinado a trabalhar o urbanismo, iniciar processos a partir de pequenas escalas é importante para uma melhor compreensão das interferências como tais processos influenciam em um campo mais ampliado. Não à toa, o incentivo ao simples hábito de lavar as mãos foi, em primeiro momento, uma das principais medidas contra a propagação do vírus.

Então, ter noção da nossa própria escala é um fator extremamente importante quando falamos de futuro. A instituição do distanciamento social em 2020 escancarou os efeitos da atividade humana no mundo (redução de emissões de CO2 em escala mundial, despoluição natural de corpos hídricos, entre outros), colocando em xeque tais efeitos e contribuindo para uma discussão mais aprofundada sobre a sustentabilidade global.

Nossa escala nunca esteve tão espraiada. A prática, recentemente difundida, do *home office* comprova que estamos cada vez mais nos distanciando do espaço físico do mundo. O Metaverso seria o ápice dessa percepção. E acredito que o futuro florescerá dentro destas novas realidades que estamos, literalmente, projetando. Nós somos a escala do nosso próprio futuro.

Marcia *Kambeba*

Ativista indígena, pertencente à etnia Omágua/Kambeba. Escritora, poetisa, compositora, apresentadora, atriz e palestrante. Graduada em Geografia pela UEA. Mestra em Geografia pela Universidade Federal do Amazonas. Ouvidora do Município de Belém. Doutoranda em Letras – UFPA.

BRA / Relato / 23-Fev-2022
Originalmente escrito em português

desafios, coletividade, natureza, responsabilidade

Para os povos indígenas é importante entender e respeitar o tempo das coisas e o tempo de ser. Nesses últimos anos vivemos tempos difíceis onde a natureza sofreu muitas violências por parte de nós, seres humanos.

Estamos vivendo uma crise ambiental, e o mundo caminha para uma catástrofe causada pela falta de entendimento do que é o bem-viver e da relação intrínseca que se deve ter com a natureza. Somos natureza e vivemos na casa comum.

Estamos passando por uma pandemia, na qual a Covid-19 fez muitas vítimas, afetando muito as aldeias. Perdemos muitos guerreiros, anciães, mulheres indígenas, jovens. Muitos povos saíram de suas aldeias e adentraram a floresta levando seus idosos evitando mais mortes. O pajé voltou a ser procurado com suas curas usando as ervas medicinais.

Penso e espero que o amanhã traga mais humanismo em nós, mais união entre povos e mundos, respeito para com as diferenças, comprometimento com o amanhã de jovens e crianças na busca de um mundo onde caibam todos os mundos. E que possamos aprender uns com os outros vivenciando um Sagrado que se faz presente em todos os povos e em nosso corpo/território.

Para isso acontecer é preciso mergulhar fundo em busca desse Sagrado, refletir sobre o que queremos para o nosso amanhã e fazer diferente pensando no outro, assim como pensamos em nós. Nessa busca do valor da vida estamos trabalhando na perspectiva do bem-viver onde nada é meu, tudo é nosso.

O que será diferente amanhã?

Mergulhar é preciso
para sentir o coração
pulsar a vida de cada ser
nas profundezas da união.

O que será diferente amanhã?
depende de nossas ações no hoje
desconstruir o preconceito
o ser humano ainda tem jeito
de entender que não se trata só do cifrão
a vida é um presente, temos legado
em nosso peito bate um coração.

VII & VIII

Entrevistas

Sônia *Guajajara* / **Beto** *Veríssimo*

Sônia *Guajajara*

Líder indígena e política brasileira, Sônia é coordenadora executiva da Articulação dos Povos Indígenas do Brasil (APIB). Graduada em Letras e Enfermagem, e especialista em Educação Especial pela Universidade Estadual do Maranhão. Em 2022, foi nomeada uma das 100 pessoas mais influentes do mundo pela revista Time. Em 2023, tornou-se ministra dos Povos Indígenas do governo Lula.

BRA / Entrevista / 29-Mai-2022

Originalmente em português

coletividade, natureza, expectativa, recomeço

Amanhã *(de)Novo* Sônia, você desde muito cedo está na linha de frente da luta pela garantia dos direitos dos povos indígenas. São quase duas décadas de ativismo, na luta contra a invisibilidade que é imposta pela sociedade sobre os povos originários.

Gostaríamos, portanto, de iniciar nossa conversa falando sobre a sua trajetória como mulher indígena no Brasil. De que forma você iniciou o seu envolvimento na luta política pelos direitos indígenas?

Sônia *Guajajara* É até difícil sinalizar um momento em que eu me entendi nessa luta, porque para mim é uma rotina, uma sequência diária. Estou sempre defendendo alguma coisa e tentando entrar nos espaços que se mostram fechados. Isso foi uma constante em minha vida. Mas acho que tem um momento que eu comecei a entender que existia um movimento indígena organizado: foi em 2001, quando eu participei do Primeiro Movimento Indígena Nacional. Foi uma conferência pós-marcha.

Em 2000, tivemos a Marcha dos 500 anos, "Brasil, outros 500". Essa marcha para Porto Seguro reuniu indígenas de todo o Brasil, que saíram em caravanas e se reuniram para a "contracomemoração" dos 500 anos. Naquele momento, houve uma grande briga interna no movimento indígena, porque o governo do então presidente Fernando Henrique Cardoso concordou com algumas lideranças indígenas para apoiar o seu governo, enquanto outra parte do movimento não concordou.

Ali houve também um confronto direto com a polícia, que tentou atacar os acampamentos do movimento. Era para ser um momento pacífico, de memorização dos 500 anos e acabou sendo muito violento. Indígenas apanharam da polícia, assim como militantes e integrantes dos movimentos sociais. Foi um momento marcante não somente pela data em si, mas pela confusão e violência que constituíram esses 500 anos de Brasil, as quais foram retratadas naquele momento.

Em 2001, a Conferência avaliou os 500 anos e pensou os rumos do movimento indígena, já que tivemos quase um racha. Foi a primeira vez que vim para o Movimento Nacional em Brasília. Ali eu escutei, prestei atenção e entendi a necessidade de fazer a luta pela terra. Foi o momento em que descobri que existiam indígenas sem-terra, sem-terra demarcada, vivendo em retomadas, em acampamentos, na beira da estrada, sem suas aldeias... Antes, eu conhecia apenas o meu mundo, a minha terra, o meu estado. Aquilo me inquietou e eu voltei pensando: eu não posso mais ser a mesma, tenho de voltar, organizar meu estado – o Maranhão – e fazer a luta de uma forma mais ampla. Voltei de ônibus com a cabeça fervilhando.

Quando eu cheguei, chamei lideranças do estado e de outros povos, e assim começamos a conversar. Eu não tinha noção de como organizar um movimento, ia perguntando e descobrindo. Juntamos 15 lideranças e começamos a discutir o movimento indígena no estado do Maranhão. Dessas 15, sobraram cinco, e fizemos uma assembleia, em 2002, para discutir a criação de um movimento indígena organizado no Maranhão. Fizemos uma grande assembleia, até hoje não sei como reunimos tanta gente sem ter recurso e apoio. Alguém pagou a comida, outro, o combustível. Planejamos o encontro para 70 pessoas e tivemos 150 presentes. Foi um momento incrível.

No ano seguinte, em 2003, fizemos a assembleia para criar a organização de fato. Eu era integrante da diretoria. Naquele momento, as pessoas ainda viam as mulheres no movimento como "as secretárias". Eu fiquei como "diretora secretária" dentro da coordenação executiva, porque só isso que nos era permitido. Fiquei dois mandatos no Maranhão exercendo essa função. Meu papel foi muito importante no movimento e no estado, porque conseguimos mobilizar todas as bases. Eu rodei todas as cidades do Maranhão, todos os povos, oferecemos cursos... Tudo isso por meio da articulação com outros movimentos e apoiadores, sem recursos.

Com esse trabalho, a Coordenação das Organizações Indígenas da Amazônia Brasileira (COIAB) percebeu que eu estava mobilizando bem e, no último ano, me convidaram para compor a coordenação executiva, mas, de novo, me chamaram para ser secretária. Primeiro eu relutei, mas depois aceitei sem questionar muito. Quando eu contei para as outras mulheres, elas falaram que eu não podia ser secretária, que elas só me apoiariam se me tornasse Coordenadora Geral ou vice. Eu concordei e percebi que dava conta. Avisei aos meninos que eu ia concorrer a vice, eles falaram que já tinha uma pessoa para o cargo, mas eu disse que a assembleia é soberana e eu ia disputar os votos. Éramos três na disputa, eu e mais dois homens, duas lideranças tradicionais. Eu tive mais votos do que o dobro dos dois somados.

Essa saída do contexto somente do Maranhão para a Amazônia como um todo me fez entender a lógica e o que estava em jogo. Foi quando eu comecei a participar na luta climática. A COIAB foi como uma universidade do movimento, porque foi ali que eu comecei essa relação de articulação internacional. Eu fiquei somente um mandato e decidi voltar para o Maranhão, em 2013. Na parada em Brasília, fui eleita executiva da Articulação dos Povos Indígenas do Brasil (APIB). Não consegui sequer chegar em casa, ali mesmo em Brasília, eu já fiquei. Agora estou no nono ano da APIB. Quando terminei o primeiro mandato, comecei a articular minha participação na política partidária e, em 2018, me afastei da APIB por um ano para concorrer à presidência do Brasil, como vice. Em 2019, voltei e estou lá até o mês de agosto, quando meu ciclo se encerra.

Para mim, o que alçamos até hoje de reconhecimento é resultado de toda essa trajetória e das ações coletivas que fizeram o passo a passo, do regional ao nacional e com repercussão internacional. Como o Guilherme Boulos fala, não se trata de uma corrida de 100 metros, é uma maratona gigante, que corremos todo dia. É um conjunto que se soma: o apoio da família, de pessoas de confiança, da base territorial que nos coloca para cima, da capacidade de articular com outros movimentos... Essa articulação para nós ainda é difícil, porque poucas lideranças têm essa flexibilidade de se relacionar com outros movimentos. Eu sempre tive muito cuidado com isso, entendendo que nós, como movimento indígena, não conseguiríamos fortalecer nossa luta sem fazer parcerias com outros movimentos. Hoje nós somos, enquanto movimento social no Brasil, um dos mais fortes, principalmente na luta contra o governo Bolsonaro.

A. *(d) N.* Além de atuar como coordenadora executiva da APIB, a Articulação dos Povos Indígenas do Brasil, você também é cofundadora da Articulação Nacional das Mulheres Indígenas Guerreiras da Ancestralidade (AnmigaOrg).

Você poderia falar sobre o seu trabalho junto a essas organizações? E de que formas essas atuam dentro da política, pela garantia de direitos e amplificação das vozes dos povos indígenas?

S. *G.* A APIB é uma articulação nacional, criada há 18 anos, e composta por organizações macrorregionais. Nós temos apenas sete coordenadores executivos, cada um vindo de sete organizações diferentes que a compõem. Eu, por exemplo, represento a COIAB dentro da APIB. Nós temos um fórum nacional de lideranças, um encontro que fazemos por indicações dessas organizações. Nele discutimos nossas prioridades anuais, o que está em jogo no Congresso, no Executivo e em quais ações podemos entrar no Judiciário; fazemos uma análise geral do que está posto para o ano. Por exemplo, ano passado Bolsonaro apresentou as 31 prioridades de seu governo. Nós estávamos em todas, menos na política cambial. Eu disse: "Aí é que vocês se enganam, nessa que a gente está". Porque ele queria mudar a forma de receber os recursos internacionais, visando dificultar o acesso aos recursos que fortalecem as mobilizações. O que aparentemente não tinha nada a ver conosco, na hora percebi que era uma estratégia para inviabilizar a nossa luta.

A gente fica alerta o tempo todo e faz o embate direto no Congresso para impedir essas medidas anti-indígenas e antiambientalistas de tramitarem. Fazemos um apanhado geral do que pode nos impactar, sejam portarias, medidas provisórias, projetos de lei, projeto de emenda da Constituição... Avaliamos com nossos advogados a parte jurídica e nos organizamos para enfrentar uma por uma. Nos articulamos com os assessores dos parlamentares que estão dentro do nosso campo no Congresso e fazemos parcerias com entidades de apoio. Temos um grupo chamado Mobilização Nacional Indígena, com mais de 40 entidades no Brasil que se reúne toda segunda-feira para, a partir de análise da conjuntura, organizar a semana. Fazemos também o Acampamento Terra Livre, que é a assembleia máxima dos povos indígenas no Brasil, em que consolidamos nossas ideias com todos, aprovamos as pautas e seguimos na pressão com as marchas.

Então, a APIB acompanha toda a política nacional, indigenista e ambiental. Nem sempre a gente ganha, porque as bancadas contrárias são muito maiores, mas já conseguimos vetar muitas políticas contrárias com a nossa presença permanente em Brasília. Esse retrocesso só não está pior por causa dessa pressão exercida; pelo acompanhamento e articulação que fazemos dentro do Congresso, com as entidades de apoio e com a comunidade internacional. Trabalhamos sempre com essas três redes.

A articulação das mulheres indígenas existe desde sempre. Quando eu cheguei no movimento, já existia. Mas nunca tivemos um nome, uma identidade. No contexto da pandemia, em uma de nossas discussões *on-line*, falei que precisávamos de um nome para fazer um recorte das mulheres dentro da APIB. Em 2021, quando saiu a vacina, propus fazer um fevereiro de *lives* para orientar sobre a importância da vacina. Eu chamei as mulheres do movimento e fizemos *lives* semanais para cada bioma. Uma semana era Amazônia, na outra era o Cerrado, na outra, a Mata Atlântica... Falamos sobre a importância da vacina e desmanchamos as mentiras. Chamamos de "Vacina, Parente!".

Em março, no mês das mulheres, seguimos com as *lives* e começamos a pensar em um nome. Pensei nesse nome de "AMIGA", mas o que seria o "GA"? "Guerreiras da ancestralidade!

Combinou muito! Pegou bem, todo mundo gostou. Criamos a ANMIGA dia 8 de março de 2021. Já criamos lançando um *site* com o histórico e fizemos o março das Originárias da Terra. Fizemos uma *live* de lançamento com 80 mulheres falando, foram 8 blocos de 10 mulheres. Começou às 15h e terminou às 21h! Eu comecei lá no Maranhão, fazendo a abertura, viajei para o Rio de Janeiro e, no Rio, fiz o encerramento. Foi muito legal, as mulheres se animaram.

Ano passado realizamos a nossa segunda marcha, porque a primeira ainda não era formalizada como ANMIGA. Este ano, estamos organizando a caravana das Originárias, que já está em circulação. Ela está agora no Nordeste e vai rodar todas as regiões para mobilizar todas as mulheres territoriais. Temos as mulheres "Raiz", que estão na base, na aldeia e são do território. Toda terra indígena e todos os povos têm uma mulher representando, às vezes, têm mais de uma. Temos as mulheres "Semente", que estão nos estados. Temos as mulheres "Biomas", uma para cada bioma, as quais formam um conselho menor e mais emergencial. Temos as mulheres "Terra", que foram as criadoras da ANMIGA. Elas são referência para tudo o que fazemos, e agora estão circulando na caravana. Por fim, temos as mulheres "Água", que nos representam no nível internacional; ultrapassam fronteiras e oceanos. Assim, podemos atingir todos os povos e todos os níveis de contato e participação das mulheres.

A caravana resume bem o que temos como pauta: a participação das mulheres na política – o papel das mulheres indígenas frente às mudanças climáticas; a valorização da sociobioeconomia das mulheres; o combate às violências de gênero e doméstica; e o fortalecimento de redes. A ideia da caravana também foi minha, com o intuito de fazer algo mais amplo e democrático. As meninas me perguntaram como faríamos sem recursos, eu respondi: "Basta ter a ideia, depois o dinheiro chega".

Agora estamos em processo de finalizar a candidatura das mulheres indígenas, vamos fortalecer a Bancada do Cocar. Nossa pré-campanha é o Chamado pela Terra, com o objetivo de fortalecer a participação das mulheres na política.

A. *(d) N.* Você foi recentemente nomeada pela revista Time como uma das 100 pessoas mais influentes do mundo. Em uma sociedade em que vozes indígenas são duramente silenciadas e cujas raízes sofrem, há mais de 500 anos, com processos históricos de preconceito e deslegitimação, a projeção nacional e internacional de uma liderança feminina e indígena demonstra-se de extrema importância – a qual sabemos que é resultado de anos de resistência, lutas e esforços somados.

Como você vê esse reconhecimento por grandes veículos de comunicação e pela comunidade internacional, em relação a como sua luta é vista localmente? E como usar esse momento para dar mais visibilidade e reconhecimento à questão indígena no Brasil?

S. *G.* Isso foi realmente incrível. Não estávamos esperando esse resultado. São tantas pessoas hoje na luta, que receber essa nomeação não estava em nosso radar. Essa notícia mostra que nossos esforços valem a pena. Às vezes achamos que não estamos tendo resultado, que está difícil, mas, ao recebermos esse reconhecimento, percebemos que é preciso fortalecer ainda mais.

Não é fácil alcançar determinados espaços. A própria mídia aqui no Brasil demorou a enxergar a realidade indígena como notícia. Primeiro atravessamos as fronteiras nacionais, chegamos no internacional para depois poder voltar. Quando vem de fora, o Brasil reconhece a pauta. Agora, acho que melhorou um pouco esse cenário, já conseguimos mais acesso. Isso é muito importante, porque nos encoraja a seguir, mostra um resultado das ações coletivas e de como é importante a articulação com grupos diversos. Com isso, conseguimos alcançar um público que jamais alcançaríamos apenas com os nossos meios.

Não queremos ter visibilidade para estar em uma capa de revista, mas para transformar a nossa realidade. Se as pessoas conhecerem e se interessarem, vão aderir à causa. Uma das coisas que mais queremos aproveitar é a oportunidade de mostrar o papel desempenhado pelos povos indígenas para toda a humanidade e para o planeta. As pessoas não sabem o quanto o modo de vida indígena contribui para o clima, para o planeta, para a preservação da biodiversidade. Poucas pessoas da cidade conectam suas vidas a quem está fazendo essa luta diariamente. Queremos aproveitar o momento para fazer com que as pessoas tenham essa sensibilidade e essa compreensão de que a luta indígena é humanitária, civilizatória e para o bem do planeta. É urgente essa conexão ou reconexão com a terra enquanto mãe e não como lote, ou objeto. Por isso nossa campanha se chama o "Chamado pela Terra". Nós, indígenas, que escutamos esse chamado, entendemos que precisamos convocar os outros também.

A. *(d) N.* Essa visibilidade que você está tendo se intersecta com a representatividade de mulheres indígenas. Muito tem se avançado na luta pelo reconhecimento e igualdade de gêneros, mas ainda há um longo caminho a percorrer.

De que forma, você, como liderança indígena feminina, enxerga a necessidade de articulação de mulheres indígenas, assim como o fortalecimento de questões relacionadas ao gênero, sua cultura e identidade?

S. *G.* Uma coisa que temos feito nessa articulação e nessa alavancada que as mulheres estão dando é ter cuidado para que isso não seja entendido como uma disputa entre mulheres e homens. Não é uma disputa para as mulheres estarem à frente, queremos complementar a luta. Não dá mais para entender como cultural a não participação das mulheres. Historicamente isso foi dado como algo cultural, como se fosse natural sermos subservientes, estarmos em papéis subalternos e que determinados povos não aceitem mulheres no papel de liderança. Isso não é cultura, isso é o machismo impregnado, que chegou em nosso território também como herança colonial. Nós fomos entendendo a necessidade de estar perto, de estar junto, de assumir esses papéis e o protagonismo da nossa própria história. O momento é de fortalecer a luta como um todo, não de dividir e separar papéis, mas sermos complementares.

Fazemos a Marcha das Mulheres, por exemplo, mas sempre convidamos os homens para conhecer o que estamos fazendo. Quando lutamos pelo combate à violência, são eles que têm de escutar, eles que tem de mudar. Eles também precisam estar perto, construindo junto, senão a discussão fica fechada em nós mesmas. Na última marcha quase metade dos participantes eram homens. Eles fazem questão de vir para fazer segurança, para cozinhar para nós, sabendo que o palco não é deles. Eu mesma falo toda vez: "O microfone é das mulheres, homens não podem nem dar um recado. A hora é nossa".

A. *(d) N.* Aprofundando sobre esse histórico processo de invisibilização, sabemos que a narrativa tradicionalmente contada da história brasileira apresenta uma visão extremamente pautada por ideias como a do "descobrimento", a da "domesticação de um estado primitivo de natureza" e a do "engrandecimento do homem colonizador iluminado", enquanto a história de verdade é uma de massacre, sequestro e desconstrução do que havia naquela terra.

Esse distanciamento entre a realidade e a história dos povos originários brasileiros, em relação àquela que é predominantemente conhecida pela sociedade, cria uma barreira difícil de se transpor, a qual é reerguida todos os dias por nosso sistema educacional, por exemplo, e as nossas práticas diárias.

Quais são os maiores desafios que você vê para substituição dessa história inventada por uma história real das origens do Brasil?

S. *G.* Eu acho que não tem mais como mudar o pensamento das pessoas dessa geração. Elas podem até se tornar mais sensíveis, mas não vão ter organicidade para entender e abraçar essa causa. Para mim, o investimento precisa ser nas crianças e na juventude atual, para podermos mudar uma geração inteira. Isso precisa estar muito estabelecido no sistema educacional, desde o ensino básico até a universidade. É impressionante como as escolas ainda não mudaram seus currículos e continuam com livros didáticos que tratam os povos indígenas como povos do passado. Se você conversar com uma criança das primeiras séries, elas falam "os índios usam pena". É uma imagem bem estereotipada do "índio" de cara pintada celebrado no 19 de abril, e não dos "indígenas" – uma mudança que já está reconhecida até na Constituição. É inadmissível essa reprodução de uma história de 1500 sem falar do indígena presente hoje, das lutas, dos desafios e dificuldades enfrentados. Temos uma lei que estabelece o ensino afro-indígena na escola, a Lei 11.645, de 2008, mas essa lei não é implementada por falta de professores especialistas para tratar esse conteúdo nas escolas.

Essa lei precisa ser aplicada. As escolas precisam abrir espaço para os indígenas falarem. Elas só reconhecem como professor aquele que tem o diploma acadêmico. Tanto a escola básica quanto a universidade precisam abrir espaço para o indígena falar da sua história, diversidade, cultura... É conceber o conhecimento tradicional indígena como saber. Hoje já avançamos um pouco, eu sou chamada para várias universidades. Nós estamos indo como palestrantes e convidados, o que já é um avanço, mas não é o suficiente. Os indígenas precisam estar também nos quadros de professores. Os indígenas que se formam nas universidades também precisam ocupar o papel de professor, de diretor, de reitor. Por que o indígena não pode? Ele deveria concorrer como igual, mas isso ainda não é visto como normal, ainda é estranha essa presença. O primeiro passo é a abertura dos estabelecimentos de ensino para conseguirmos mudar a próxima geração; dos que já estão com a cabeça formada precisamos nos aproximar e formar parcerias.

A. *(d) N.* Em relação ao contexto político atual, marcado por um governo hiperconservador, abertamente anti-indígena e contra qualquer causa socioambiental: **qual a sua avaliação sobre as diversas tentativas de retrocesso em relação aos direitos conquistados pelos indígenas e aos avanços relacionados à proteção do meio ambiente? E quais desafios que, passados quatro anos de governo Bolsonaro, o atual momento deixa para os povos indígenas?**

S. *G.* De fato, esse governo trouxe muitos prejuízos. No primeiro dia de governo, Bolsonaro já atacou os direitos indígenas estabelecendo uma portaria acabando com a FUNAI, tirando a demarcação de terras indígenas e nos colocando sob jurisdição do Ministério da Agricultura, que é comandado pela bancada ruralista. Ali ele materializou o que prometeu em campanha: que não haveria em seu governo nem um centímetro de terra demarcada para os indígenas. Tudo o que era ameaça de campanha virou política pública. Como se não fosse suficiente, ele abriu precedentes para reaver territórios já demarcados. Esse foi o primeiro e o pior ataque, porque para nós o território é essencial para manter a nossa existência. Ele já fez um desmonte não só de direitos, mas do próprio futuro dos povos indígenas.

A política ambiental também foi totalmente desmontada por meio de projetos de leis que flexibilizam a legislação ambiental e permitem grilagem e desmatamento. O ex-ministro do Meio Ambiente, Ricardo Sales, foi nas regiões onde havia denúncias e, ao invés de punir os invasores, ele anistiou multas dadas pelo IBAMA. Aquele pronunciamento dele na reunião secreta, de aproveitar a pandemia para "passar a boiada", parece cena de um filme de ficção. O governo Bolsonaro é um governo de destruição. Não é aleatório, não é porque ele não sabe fazer; ele sabe bem o que quer e como se articular. Ele é porta-voz do agronegócio, da exploração predatória, do garimpo ilegal, da mineração e da grilagem de terra.

Em 2022, estamos em total apoio a Lula, entendendo que é o que temos no momento para derrotar Bolsonaro. É urgente, precisamos tirar Bolsonaro do poder e seguir apoiando o governo, como movimento social, para tirar o bolsonarismo de dentro das instituições. As instituições estão impregnadas com esses pensamentos, se não forem renomeadas não teremos um governo capaz de reconstruir.

Outra coisa importante é fazer um trabalho intenso para trocar os parlamentares aliados de Bolsonaro. Estamos trabalhando duramente para eleger bancadas diversas, que representem os povos, as culturas, a sociedade. É preciso uma mudança estrutural. Estamos apoiando Lula não por enxergarmos nele a salvação para tudo, mas porque queremos participar, incidir e ter opinião direta em uma futura mudança.Muitas pessoas nos questionam sobre o que Lula fez ou deixou de fazer quanto à demarcação das terras ou à construção de Belo Monte, mas uma coisa é ter um governo que diverge em opiniões, outra é ter um governo inimigo declarado, que mata, que reforça o fascismo, que incita o ódio. Com Bolsonaro, hoje, você está apoiando um autoritarismo que vai seguir com essa política de destruição. A hora agora é de lutar para não perder a democracia que conquistamos.

A. *(d) N.* A realidade dos povos indígenas brasileiros é ainda, infelizmente, marcada por inúmeros atos explícitos de violência: ataques, invasões, ameaças e incêndios. Vivenciamos no atual momento um cenário lastimável que é, por exemplo, o ataque às terras Yanomami, com o avanço do garimpo ilegal dentro de suas áreas. Outro tipo de violência, no entanto, que aparece mais silenciosamente na mídia, foi a causada pela falta de resposta adequada do governo à pandemia.

O que as pessoas que não estão conectadas às questões indígenas precisam saber sobre essas duas formas de violência? Você pode nos explicar como foi, e está sendo, essa forma de violência causada durante a pandemia e essa nova onda de agressões que estamos vendo hoje?

S. *G.* Nós temos esses dois tipos de violência: a que é escancarada, que alarma todo mundo, o tiro, o estupro, os conflitos permanentes; e a negligência, ou até o planejamento da omissão. Tem um planejamento para não atender. Esse caso da criança Yanomami foi alarmante, com repercussão internacional, e as pessoas estão olhando para esse caso agora. Mas esse é apenas um retrato do que acontece diariamente em todos os territórios, por causa da falta de segurança, da falta de proteção.

Antigamente, dizíamos que a nossa maior luta era demarcar terras indígenas. Continua sendo, a não demarcação é também uma violência. É uma ação do Estado, silenciosa, mas igualmente violenta. Sem a segurança da terra, estamos sujeitos a conflitos diários. Continua sendo nossa bandeira principal porque temos hoje 13% do território nacional como terra indígena, mas, desses 13%, 97% estão na Amazônia.

Nossa outra prioridade é a segurança nos territórios já demarcados, porque o discurso de ódio do governo Bolsonaro acaba incitando as invasões. As pessoas praticam as invasões se achando autorizadas, o que acaba gerando insegurança. Antes, ter a sua terra demarcada era uma segurança, hoje os indígenas são mortos dentro de seu próprio território. A outra questão é garantir as condições, as políticas públicas, que possam dar aos indígenas as condições para fazer a gestão desses territórios. A falta dessas condições gera pobreza, insegurança alimentar, ataques e saída dos indígenas para outros lugares. Alguns saem para as cidades sem terem condições.

São muitos os tipos de violência que as pessoas não enxergam como tal. Não demarcar terra é a maior de todas as violências. Nós sentimos diretamente em nosso corpo. Essa aliança para expandir o agronegócio não é apenas uma violência do conflito, mas também reflete no veneno que é colocado nas lavouras, e segue contaminando a água, o ar... O garimpo ilegal, a mineração, tudo isso mata e também contamina a água e os rios. Lá na terra Krenak, eles falam que hoje as crianças não podem mais nadar ou comer o peixe do rio como antes faziam. Não há violência maior do que essa causada pela mineração. No território Munduruku, por exemplo, comprovadamente 70% das pessoas estão contaminadas por mercúrio. Tudo isso são violências que só nós sentimos. Quem está de fora não enxerga essa violência. Precisamos de políticas públicas que atendam essas especificidades. Não adianta uma política ambiental universal.

A. *(d) N.* É oficialmente garantido pela Constituição Federal brasileira o direito territorial aos povos indígenas. Esse direito é, entretanto, anterior à própria Constituição de 1988, visto que se trata de um direito originário e histórico. No entanto, a luta pela demarcação de territórios indígenas brasileiros enfrenta atualmente grandes desafios, como a proposta de Marco Temporal e as propostas do atual governo de abertura de territórios indígenas para atividades econômicas, projetos de infraestrutura e exploração mineral.

Quais impactos esses projetos de lei, caso aprovados pelo Congresso, podem ocasionar para as comunidades indígenas e nas demarcações de suas terras? Quais as maneiras que você vê como as mais efetivas que a sociedade civil tem se mobilizado para impedir a efetivação desse retrocesso?

S. *G.* O Marco Temporal é um dos maiores ataques aos direitos indígenas e à Constituição. Se aprovado, será uma tragédia para nós e para toda a população. O Marco é uma negação à ocupação original dos territórios indígenas. Ao estabelecer o 5 de outubro de 1988 como a data base para se confirmar a presença física indígena nesse território, nega-se tudo o que aconteceu para trás. Essa tese é um dos maiores absurdos porque fere a Constituição Federal. A Constituição diz: são reconhecidos como território indígena aqueles tradicionalmente ocupados pelos indígenas. O Marco e o Projeto de Lei 490 reconhecem como território indígena somente aquele em que for comprovada a presença física desses povos a partir de 1988. Por muitas razões os indígenas não estavam ali nessa época. Esse não é o fator principal para se comprovar, o que comprova é presença ancestral e essa ocupação tradicional.

Estamos muito ansiosos para o julgamento do Marco; será o julgamento do século. Está marcado para recomeçar em 23 de junho de 2022. Esse resultado é o que vai orientar o futuro da demarcação de terra indígena no Brasil. Se o resultado não for favorável, teremos de replanejar nossas estratégias de luta, porque não vamos aceitar a negação de nossos territórios. Há uma articulação no Congresso para que aprovem essa medida e para que o território indígena seja entregue para a exploração.

A. *(d) N.* A luta pela demarcação dos territórios indígenas tem se configurado como a principal pauta levantada pelas lideranças indígenas e de combate à atual agenda de destruições. Diante do atual cenário, marcado por um modelo de desenvolvimento pautado pela exploração de recursos e, consequentemente, pelo aumento gradativo no desmatamento, a existência de territórios indígenas configura-se como barreiras físicas contra a degradação ambiental. Desse modo, a garantia da demarcação e a proteção das terras indígenas são também responsáveis pela proteção da nossa biodiversidade, combate à crise climática e ao equilíbrio ambiental.

Você pode falar um pouco sobre o papel dos territórios indígenas na preservação das nossas florestas, e como o modo de vida dessas comunidades pode ajudar a concebermos uma nova relação futura entre sociedade e natureza?

S. *G.* Em um momento em que estamos discutindo os efeitos das mudanças climáticas e que não podemos permitir que o planeta aumente a temperatura em 1,5° C, todas essas medidas vão na contramão do que deveria ser feito. Um dado pode nos ajudar a aproximar a sociedade não indígena da importância desses territórios: nós somos apenas 5% da população mundial, mas 82% da biodiversidade protegida está em nossos territórios. As pessoas precisam entender isso como o que garante a vida de todos. Se não defendermos os direitos indígenas, os seus modos de vida estarão em risco. Se os modos de vida indígenas estão em risco, a humanidade inteira também está. Será que você vai sobreviver se não tiver mais água? A maioria das nascentes estão em terras indígenas.

Então, a demarcação impacta a vida de todos. A imprensa, nós e os pesquisadores precisamos falar sobre isso para reforçar o sentido dessa luta. A biodiversidade é o que garante a vida e quem está protegendo-a são os povos indígenas; os que mais protegem são os mais atacados.

A. *(d) N.* Gostaríamos de finalizar abordando a temática do amanhã, sobre a qual o nosso livro se trata. Após anos difíceis, marcados por um governo criminoso e anti-indígena, e que tomou ainda outras proporções por conta da pandemia do Covid-19, **qual a sua visão para o futuro dos povos indígenas brasileiros, passado esse cenário atual; qual a sua visão para o Brasil de amanhã?**

S. *G.* A luta por direitos é importante, pelo meio ambiente, moradia, saúde, educação, comida. Mas estamos entendendo que tudo isso só poderá acontecer a partir do reflorestar das mentes. Lançamos essa iniciativa na Marcha das Mulheres: "Reflorestar mentes". Trata-se do reflorestar das ideias, do pensamento e, principalmente, dos corações. Precisamos de uma sociedade com mais amor, mais afeto, mais solidariedade entre as pessoas. Precisamos acabar com o individualismo. O sentido da vida é o coletivo.

Se você reflorestar seu coração, disseminar o amor, adquirir essa consciência política e ecológica, entendendo que isso influi no seu futuro, você vai naturalmente reflorestar os territórios. Reflorestar os territórios para garantir a vida no planeta. A chamada é para reflorestar mentes de toda a humanidade para salvar a mãe Terra.

"Uma das coisas que mais queremos aproveitar é a oportunidade de mostrar o papel que os povos indígenas desempenham para toda a humanidade e para o planeta. As pessoas não sabem o quanto o modo de vida indígena contribui para o clima, para o planeta, para a preservação da biodiversidade."

Sônia *Guajajara*

"Eu acho que a gente tem uma compreensão muito limitada da importância da floresta, da complexidade. Isso não é apenas uma frase de efeito, é uma constatação da ciência. A gente não tem sequer capacidade computacional para entender como funciona a floresta tropical. Ela é o ápice de toda a vida desse planeta"

Beto *Veríssimo*

Beto *Veríssimo*

Possui formação na área de engenharia agronômica com pós-graduação em ecologia pela Universidade Estadual da Pensilvânia (EUA). Tem estado à frente de múltiplas iniciativas de combate ao desmatamento e à exploração ilegal de madeira na Amazônia. Cofundador do Imazon, Diretor do Centro de Empreendedorismo da Amazônia, Acadêmico afiliado da Princeton University, Coordenador do Projeto Amazônia 2030.

BRA / Entrevista / 12-Abr-2022
Originalmente em português

coletividade, urbano, natureza, expectativa

Amanhã *(de)Novo* Gostaríamos de começar abordando o seu trabalho como cofundador e pesquisador associado do Imazon, e também como coordenador do projeto Amazônia 2030. São anos de estudo e luta pela construção de um melhor futuro na Amazônia.

Para iniciarmos nossa conversa, v**ocê pode falar um pouco sobre as iniciativas que você tem tocado na Amazônia? Ao longo desse período de envolvimento com a região, quais avanços e ganhos podemos ressaltar em relação ao desenvolvimento sustentável e à valorização da Floresta Amazônica?**

Beto *Veríssimo* Eu trabalho na Amazônia há quase 35 anos. O fio condutor sempre foi a ideia de que a informação de qualidade tem um peso decisivo no destino da região. Todas as coisas que eu faço têm a ver com geração de novos conhecimentos, com informação que faça sentido no contexto sociocultural e institucional da Amazônia, além do político-econômico, que façam sentido no contexto específico da Amazônia, que é um território com muitas questões não resolvidas de direito de propriedade, da própria floresta, que institucionalmente não conseguimos enquadrar no mundo. As soluções para a floresta são sempre desafiadoras. Grande parte do que eu faço é dedicado à geração de novos conhecimentos.

Esse é o lado do pensar, depois tem o lado do fazer. Na Amazônia, você precisa fazer para aprender com as condições objetivas da região. Para mim, fazer é um ato de constante aprendizagem. Você tem uma ideia de como combater desmatamentos e você precisa aterrizar essa ideia. Como construir parcerias locais? Quem são esses atores locais? Tem sempre essas duas coisas: estou pensando, mas estou também fazendo. A minha missão é segurar a Amazônia, a floresta. Meu compromisso é com a floresta. No final do dia, eu estou preocupado com os seres da floresta, as entidades da natureza e as pessoas que estão cuidando dela.

Eu acho que a gente tem uma compreensão muito limitada da importância da floresta, de sua complexidade. Isso não é apenas uma frase de efeito, é uma constatação da ciência. A gente não tem sequer capacidade computacional para entender como funciona a floresta tropical. Ela é o ápice de toda a vida desse planeta. Nunca surgiu nada mais complexo, nenhum ecossistema nesse meio bilhão de anos da vida biológica pluricelular. Ela está aí há 50 milhões de anos e foi diminuindo por oscilações do planeta. No momento em que ela está mais reduzida, por outros fatores, a humanidade, com suas pressões, a põe em risco. Para mim, é uma questão mais existencial. Eu vou fazer tudo, entre o pensar e o fazer, coletivamente, e usar todo o meu tempo. A nossa geração não é capaz de entender, e de proteger a floresta como ela merece. Trata-se mais de passar o bastão, da melhor forma possível, para a geração futura. Vou contribuir para que a gente entenda um pouco mais, conserve o máximo possível e construa a melhor narrativa cultural. As instituições das quais eu participo são instrumentos disso; elas não são o fim por si mesmas, estão aqui para servir a esse propósito. Essa é uma tarefa coletiva, tem muita gente fazendo, com maneiras diferentes de contar essa história. Parece que eu estou fazendo coisas demais, mas elas todas estão conectadas. Às vezes eu penso que estou envolvido com muitas coisas, mas elas têm um senso de ordem. Eu estou preocupado com a questão da existência da floresta, com esse dever moral e cívico.

Todo dia aparece mais uma razão utilitária para manter a floresta. Todo dia a gente aprende que a floresta é mais importante e mais necessária para o clima, para a biodiversidade e para os ciclos hidrológicos. Agora, tem uma outra dimensão que é o porquê, a gente não salva as coisas apenas por razões utilitárias; tem de ter uma razão maior. Aí entra o papel de outras dimensões, que eu não estou navegando no meu trabalho, mas que são importantes: a cultural, a espiritualidade... Se ficar só na dimensão da ciência e da economia, a dimensão da razão não dá conta do problema. Não vamos conseguir resolver só com as dimensões da razão.

A. *(d) N.* A importância exercida pela Amazônia no ecossistema global é enorme e inquestionável, visto que, dentre diversos outros fatores, se trata da maior reserva de biodiversidade mundial, tendo um papel importantíssimo no equilíbrio ecológico e climático de nosso planeta. Desse modo, o Brasil, ao deter 60% da floresta em seu território, é visto internacionalmente como um ator crucial no que diz respeito à mitigação do aquecimento global e dos efeitos das mudanças climáticas antropogênicas. Parece-nos que, no entanto, esse senso de responsabilidade é mais presente de fora para dentro, do que de dentro para fora; ou seja, mais nos outros países do que no próprio Brasil.

Como você vê esse cenário?

B. *V.* Eu acho que lá fora há essa compreensão da importância da Amazônia em termos climáticos e da biodiversidade. Há também uma questão cultural dos povos indígenas, eles de fato têm uma ressonância em camadas intelectuais, de formadores de opinião e em lideranças. No Brasil, em geral, eu acho que a Amazônia é pouco entendida. Pouca gente visita a Amazônia, temos poucos pesquisadores brasileiros estudando a Amazônia. O Brasil está um pouco de costas para a Amazônia. A Amazônia é tratada como um consenso oco, em que todo mundo diz que é importante, mas todas as vezes que ela foi ameaçada não houve mobilização nas ruas a defendendo. Talvez ainda apareça, mas, por enquanto, não. Todo mundo fala da importância, mas a ação é pouca.

Na Amazônia, há experiências interessantes. Temos os povos originários no front da luta pela defesa da floresta. Temos uma geração que estava envolvida com organizações socioambientais e foram para lá, como eu ou outros pesquisadores. Temos um grupo pequeno, mas aguerrido, de brasileiros em instituições de pesquisa e nas universidades que conseguiram ter um trabalho extraordinário de inovação, de criação de áreas protegidas e de monitoramento da floresta. Temos a esperança de que as soluções brotarão de lá, como no passado: a luta do Chico Mendes, a autodemarcação... A própria arqueologia avançou bastante, e alguns arqueólogos brasileiros estão na liderança intelectual. Eu acho que, pelo menos em Belém, as pessoas estão conectadas com sua origem cultural. Claro que existem pessoas que chegam na Amazônia com outros interesses, não entendem a floresta e geram conflitos na região. Mas a resistência em defesa da floresta veio da própria Amazônia, veio muito pouco do resto do Brasil e veio um pouco do apoio internacional. Esse apoio, no entanto, não é massivo, é um apoio em camadas; mas muito importante, porque é formado por camadas de poder político e financeiro. Isso já é uma boa contribuição.

A. *(d) N.* Frente à conjuntura atual de alta no desmatamento ilegal da floresta, com avanço e impunidade de crimes ambientais, destacando a extração ilegal de madeira, garimpo e grilagem de terras, **de que maneira a pauta da proteção e restauração da floresta pode ganhar mais visibilidade e adesão na sociedade brasileira?**

B. *V.* Quando eu vim trabalhar na Amazônia, em 1987/88, a região enfrentava muitos problemas ambientais e sociais. Havia muita violência, assassinato de lideranças ligadas aos movimentos sociais, e o desmatamento estava fora do controle. Houve um início de um esforço de políticas públicas durante o governo Sarney. Essa sequência foi avançando, cada governo fazendo um pouco mais: Collor, Fernando Henrique Cardoso, Lula. Estávamos em um período de aperfeiçoamento de políticas de combate ao desmatamento, isso gerou resultados importantes até o primeiro mandato da Dilma. No segundo mandato, com a crise política, o impeachment, a entrada de Temer, o desmatamento começa a aumentar. No atual governo, o Brasil perde o controle e a situação se agrava muito.

Eu faço essa perspectiva porque é como se, de alguma maneira, estivéssemos voltando para os anos 80. A situação é similar, em termos de escala. Temos garimpo, extração de madeira e desmatamento em patamares quantitativos muito parecidos. A diferença é que nesses 30 anos fomos descobrindo o quanto a floresta é mais importante. Nos anos 80 não tínhamos esse entendimento, a agenda do clima estava nascendo e não se falava em mudança climática. Já nos preocupávamos com a Amazônia, mas esse entendimento do motivo pelo qual a floresta precisa ficar de pé só se aprofundou nesse período. De forma paradoxal, nós entendemos mais, o mundo entendeu mais, há mais pessoas conscientes no Brasil (ainda que insuficientemente), temos mais conhecimento de como fazer, mas, ao mesmo tempo, as coisas pioraram muito.

Isso mostra que um governo pode fazer muita coisa ruim ou muita coisa boa. O poder do Estado é muito grande, principalmente na Amazônia, onde temos 2/3 do território nas mãos dos governos federais e estaduais. Isso em terras indígenas (no sentido de que os indígenas têm usufruto da terra, mas não possuem a posse), nas unidades de conservação, nas áreas de reforma agrária e nas áreas que não estão destinadas. Isso tudo soma 2/3 do território. Quando o governo pega esse patrimônio e decide ter políticas antifloresta, o resultado é trágico, como estamos tendo agora. Não há demarcação, há redução de área, redução de fiscalização, permissão para o garimpo, redução no esforço de combate à extração ilegal de madeira. O resultado é a piora. Esse resultado não é por acaso, é um projeto de governo. A situação é extremamente grave, isso nos coloca em uma situação difícil.

A Amazônia está com 20% do território desmatado, e os cientistas estimam que mais 20% de seu território seja composto por florestas degradadas (que aparecem na estatística como floresta em pé, mas são florestas que estão na UTI ou na enfermaria). Se tivermos eventos climáticos extremos, como secas e El Niños, possivelmente o fogo vai se espalhar nessas florestas que estão "hospitalizadas", e elas morrerão rapidamente. Podemos, em menos de 10 anos, chegar ao ponto do não retorno, temido pelos cientistas. Ou seja, a partir daí, mesmo que o mundo resolva agir, que o Brasil crie juízo, já era. A floresta terá entrado em um processo irreversível de savanização, no qual não haverá mais conserto no sentido do nosso tempo, do nosso tempo histórico. É uma situação extremamente grave e que se resolverá nessa década. Do jeito que as coisas estão indo, para salvar ou para condenar, só temos essa década. Precisamos de um esforço extraordinário de contenção do descalabro que está acontecendo. Talvez esse de fato seja o momento mais difícil da existência da floresta ao longo de sua convivência com os humanos.

Os humanos estão aqui há 14 mil anos, durante 99,9% desse tempo eles não causaram problemas, interagiram muito bem com a floresta. Essa floresta é produto também dessa interação cultural com os povos originários. Depois, chegaram os brancos, mas, ainda assim, não causaram grandes problemas. Até que, nos anos 70, cria-se essa confusão toda. E ainda mais durante os últimos três anos, que é uma fagulha nesse tempo. É um tempo curto, mas dramaticamente danoso e assustador.

A. *(d) N.* Em um eventual cenário em que o poder público volte a tomar a frente na proteção da Amazônia, **quais políticas públicas governamentais podem ser mais efetivas como meio de conter a destruição ambiental e assegurar a restauração da floresta?**

B. *V.* No Amazônia 2030, nós elaboramos o que talvez seja a melhor síntese para essa questão. Vamos olhar só o copo meio cheio nessa primeira parte da resposta: temos 83 milhões de hectares desmatados, o que corresponde ao tamanho da Alemanha e da Espanha em área desmatada. Ou seja, em 40 anos desmatamos tudo isso. Dessa parte, 30% estão abandonadas. Houve o desmatamento, mas essas áreas não estão mais sendo usadas, é terra degradada. Além disso, 60% são subutilizadas, sendo somente 10% agronomicamente bem utilizadas. Isso significa que temos muita área desmatada que poderia abrigar toda a demanda de expansão de cidades, de mineração industrial, de reflorestamento... O Brasil poderia, nos próximos 10 anos, usar essas áreas abertas sem precisar desmatar mais.

O resto, os 330 milhões de hectares de floresta, tem todas essas coisas que estamos descobrindo. A primeira boa notícia é que não precisamos desmatar essa floresta, não faz sentido econômico. O sentido econômico é aproveitar as áreas que já foram desmatadas. A floresta não é um vazio econômico nem social. Tem pessoas morando e agindo economicamente. Elas precisam de ajuda, de apoio. É preciso levar internet e energia. Essas pessoas podem ser incorporadas ao século XXI sem perder as condições de usufruir da sua cultura.

Podemos gerar riqueza na floresta. A floresta está trabalhando sem parar pela humanidade. A gente tem de pagar para essas florestas, é preciso um mecanismo de transferência para esses povos que estão fazendo um trabalho de guarda-parque para a humanidade por um custo ridiculamente baixo. A humanidade tem de criar um mecanismo de manter a floresta em pé remunerando bem essas pessoas. Podemos imaginar vários mecanismos, desde transferência de renda (bolsa-floresta, bolsa-verde) até pagamento de serviços ambientais por mecanismos não muito complexos. O satélite vai fazer com que ele mantenha essa floresta. É uma discussão complicada sobre quem tem direito de receber. Essa confusão toda faz com que estejamos há 10 anos patinando em torno disso sem avançar.

Tem muita gente na Amazônia; muitos jovens que estão sem emprego e sem educação qualificada. É preciso uma agenda para essas pessoas. Talvez a solução não esteja na floresta nem na área desmatada e, sim, nas cidades. As pessoas na Amazônia poderiam se conectar com o mundo se tiverem uma internet melhor. Os estudos mostram a vocação da nossa juventude e como ela pode se inserir no mundo. Qual é o diferencial da Amazônia? Ainda precisamos descobrir, não está claro o modelo. Por isso pensei em criar o Centro de Empreendedorismo.

São três coisas: pessoas jovens (que representam oportunidade de desenvolvimento), floresta em pé (valor estratégico) e muitas áreas desmatadas (que podem ser aproveitadas para muitas coisas, inclusive reflorestar e sequestrar carbono). Olhando tudo isso, há um plano para apresentar. O Brasil já mostrou que sabe como combater o desmatamento. Agora é preciso acoplar o combate com alguma solução socioeconômica. O Amazônia 2030 está focando em qual é a solução que podemos testar. Eu tenho esperança de que uma mudança de governo no Brasil, para um governo mais democrático e responsável, possa trazer o desmatamento para taxas mais administráveis. No próximo ciclo político, teríamos condição de trazer o desmatamento para próximo do que era em 2012: em torno de 4 ou 5 mil km^2. Hoje estamos em 13 mil km^2. Precisamos baixar para 4 ou 5 mil até 2026 e, de 2027 a 2030, aprofundar o ganho e chegar em um número ainda menor. Para isso, precisamos incluir os jovens, melhorar as cidades, criar mecanismos de transferência para a economia da floresta e incrementar uma agenda de uso das áreas desmatadas em escala maior. Agora, precisamos cortar o desmatamento absolutamente excessivo, desnecessário e criminoso.

A. *(d) N.* Gostaríamos de abordar a questão do desmatamento em relação ao agronegócio e à dinâmica de terra. O agronegócio, que, apesar de se tratar da principal atividade econômica de nosso país, e cuja grande parte de sua produção é advinda da Amazônia, também é uma das atividades responsáveis por grande parte do desmatamento ilegal da floresta. O que se vê, de fato, é um tripé quando se diz respeito ao desmatamento: o agronegócio com a soja; a agropecuária, e a dinâmica de terra.

O que é necessário para recalibrar ou repensar o modelo dessas atividades no país? Como a gente consegue, dentro da meta de diminuir o desmatamento, resolver esses três pilares do desmatamento?

B. *V.* A redução do desmatamento no ciclo de 2004 a 2012 foi fruto de um entendimento claro de como se movia o desmatamento. Há uma abundância da floresta. Essa floresta era livre para quem chegasse, e o Estado tinha dificuldade em exercer o seu papel de ordenador desse território tão grande. O Estado brasileiro, nos anos 70 e 80, abriu muitas estradas e frentes de ocupação. A cada estrada aberta se criava uma condição favorável para a ocupação irregular, para a invasão e para o desmatamento.

O necessário era fechar a fronteira. Como? Criando áreas protegidas, mudando radicalmente o incentivo da terra. A busca da Amazônia era a busca pela terra. As pessoas vendiam madeira, ocupavam e esperavam, no mínimo, vender essa terra quando uma estrada passasse. Essa foi a dinâmica que moveu o desmatamento, principalmente até os anos 90.

Nos anos 70 e 80, o governo queria que desmatasse, ele pagava para desmatar. A política era: te dou o título da terra se você a desmatar. O desmatamento era a política oficial. Nos anos 90, a política já não era essa, o governo reconheceu o problema e também não tinha mais dinheiro para pagar pelo desmatamento, devido à crise fiscal. O desmatamento passou a ter outra característica. Por que o desmatamento continuava? Porque as forças econômicas continuavam avançando para a floresta, se beneficiando do estoque excessivo de estradas-fantasmas abertas. Toda nova estrada criava uma nova onda de ocupação. O que aprendemos a fazer? Criar um muro de unidade de conservação bloqueando essas frentes de expansão. As unidades de conservação titulam a área em nome da conservação, elas inibem o invasor porque ele nunca conseguirá ser titular da área se invadir.

O desmatamento é um investimento, custa de mil a 2 mil dólares desmatar um hectare, então não é rentável entrar em uma área protegida, como terras indígenas ou parques. A criação desses parques foi estratégica. Não houve um aumento da fiscalização, mas havia satélites melhores, uma fiscalização mais inteligente e punitiva, capaz de destruir o equipamento do infrator. Esse conjunto de medidas foi o que deu resultado, foi muito bem pensado. Muitas áreas foram criadas entre 2003 e 2006, principalmente. Criamos uma área duas vezes maior que o tamanho da Califórnia em unidades de conservação na Amazônia. É muita coisa, mas ainda sobrou uma área correspondente ao tamanho de uma Califórnia e meia para ser criada, porque não deu tempo de fazer tudo. Esse pedaço que faltou é onde hoje temos muito desmatamento e grilagem. Precisamos completar esse trabalho. Nós sabemos exatamente onde estão esses polígonos, essa informação espacializada é muito clara.

Temos um mecanismo legal, um rito de criação de terra indígena e um conjunto de instrumentos disponíveis que ainda não foram totalmente desconstruídos pelo atual governo (se ele ficar mais um tempo, vai desconstruir). Ainda podemos voltar a operar com esses mecanismos que são constitucionais, que estão no topo do nosso marco legal.

A. *(d) N.* Existe uma vertente de pensamento que vê nos avanços tecnológicos a principal solução para os problemas que são atualmente encontrados na Amazônia – que inclui, por exemplo, monitoramento da floresta em tempo real, uso de *Blockchain* no mercado de agroprodutos, *tokenização* na questão de acesso à terra etc. Desse modo, por meio da tecnologia conseguiríamos estabelecer novas relações entre a natureza, o espaço construído, a produção e o crescimento econômico. No entanto, existem vários componentes que essa maneira de pensar exclui.

Como você vê o papel da tecnologia no cenário de desenvolvimento da Amazônia?

B. *V.* A tecnologia sempre é uma promessa, e ela pode ter um papel importante, mas ela não vai conseguir resolver o problema no tempo que precisamos. A questão da Amazônia precisa ser resolvida ainda nesta década, e a tecnologia não vai estar pronta para dar as respostas aos nossos problemas. Eu acho que, principalmente, precisamos melhorar alguns aspectos da tecnologia que são necessários agora. A boa notícia é que isso já está avançando. As imagens dos satélites hoje são muito melhores, são usadas para combater o crime, mas também para gerar novos conhecimentos. O sistema LIDAR (*Light Detection and Ranging*) nos permite detectar, debaixo do dossel, os sítios arqueológicos. Eu acho que valeria a pena aplicar esse sistema na Amazônia. Nós descobriríamos diversos sítios arqueológicos e poderíamos delimitar e proteger essas áreas. No campo do conhecimento da biodiversidade, a possibilidade de realizar o sequenciamento de genomas seria fantástica. A ciência está pronta para fazer isso.

Um terceiro caminho seria levar internet para as comunidades. Os garimpeiros já têm internet de boa qualidade, e os povos indígenas, que estão brigando com os garimpeiros, não. Fizemos uma campanha para levar uma placa solar e internet para os Mundurukus, mas eles ainda estão pouco equipados. Os jovens indígenas querem entrar na tecnológica sem perder a cultura. Eles querem aprender a filmar. O Centro de Empreendedorismo deve focar em levar para aqueles que estão na última milha, os quilombolas e os indígenas, a melhor tecnologia possível. No momento em que tiver internet e eletricidade, é preciso levar as melhores formas para organizar ideias de negócios, NFT, *Blockchain*... Dar a esses jovens, que estão na ponta, as condições para lutarem por seu território em condições mais razoáveis. Eles estão enfrentando uma tropa do mal superequipada e não têm nada para se defenderem. Algumas agendas nós podemos fazer agora, em parte, fora do Brasil. De certa maneira, temos tecnologias aliadas nesse curto prazo, mas eu não acho que o Vale do Silício vai resolver o nível de complexidade que têm as florestas tropicais. Precisamos de algumas coisas da tecnologia, mas outras, não. Agora precisamos de boas políticas públicas. Despois de 2030, quando entregarmos o bastão para a próxima geração, espero que essa tecnologia possa fazer uma diferença maior.

A. *(d) N.* Outro lado do componente humano da Amazônia é o dos povos indígenas. Há uma forte disputa por terras nos territórios indígenas amazônicos, enquanto esses são os locais onde a floresta é mais preservada e que fornecem uma barreira para o desmatamento.

De que maneira o conhecimento e o estilo de vida indígena podem contribuir para preservar a floresta para além de suas reservas? Como esse saber pode ser incorporado por políticas públicas ou privadas de preservação, trabalhando em aliança com essas populações?

B. *V.* As sociedades indígenas eram mais sofisticadas, mais complexas e mais numerosas que as nossas. A arqueologia está mostrando que havia entre 5 e 10 milhões de indígenas na Amazônia antes da chegada dos europeus. Esses povos domesticaram 90 e poucas espécies de plantas. O processo de domesticação é um processo de sofisticação de uma sociedade, ainda mais em uma floresta tropical que tem milhares de espécies. Para isso, é preciso ter uma capacidade de entender a autoecologia de uma espécie, separá-la, fazer melhoramento genético... O cacau foi domesticado, a mandioca, o açaí, o maracujá... Os povos também manipularam seus territórios, criando solos orgânicos. O solo terra preta dos indígenas é quase eterno, capaz de resistir milhares de anos sem perder sua fertilidade. Havia uma sociedade orgânica. As pessoas não vão encontrar monumentos de pedra porque não tem pedra na Amazônia, é uma sociedade de barro. Encontramos cerâmicas sofisticadas de barro.

A arqueologia está mostrando, por meio do sistema LIDAR, que havia uma rede de estradas. Isso nos dá uma pista do destino da Amazônia. Não é um ambiente para ser simplificado e domesticado, os indígenas já tinham entendido isso. É um ambiente natural que precisa ser mantido dessa forma. De fato, teremos de restringir a ocupação humana intensiva nesses 20% já desmatados, que é uma área muito extensa. Precisamos proteger a floresta. Se vamos usá-la, deve ser com o conhecimento acumulado pelos povos indígenas, que a manejaram para produzir qualidade de vida para 5 ou 10 milhões de pessoas. Quando encontramos restos humanos nas escavações, é possível ver que a dentição era boa. A vida não era no limite, era uma vida de abundância.

É preciso uma lente para entender a floresta, em geral, só os povos originários, os botânicos e os ecólogos conseguem entender. A maior parte das pessoas enxerga como uma bagunça, acham que é uma coisa caótica. O ocupante prefere destruir o que não entende. Essa é uma questão um pouco mais profunda. Temos motivos racionais para não destruir, mas o forasteiro não tem o menor apreço pela floresta. Ele a vê como o nada. Ouvimos isso: "Aqui não tinha nada. Nós chegamos e colocamos soja. Antes não existia nada". Isso reflete a forma como os brasileiros, o agronegócio e os setores que migraram para a Amazônia entendem a floresta.

Por último, o Eduardo Neves diz que, de certa forma, todos os povos têm os seus templos e seus grandes monumentos. Os egípcios não aceitariam uma nova ocupação que destruísse as pirâmides. Ou os peruanos não deixariam destruir os monumentos incas ou Machu Picchu. Ou derrubar a Torre Eiffel em Paris, porque descobriram uma jazida de petróleo abaixo dela. A floresta é o nosso grande monumento cultural, é produto da nossa interação. Esse passo cognitivo precisa ser dado. Se a floresta for percebida como patrimônio cultural e natural, sua destruição seria algo que fere profundamente o senso de pertencimento do brasileiro. Vai além das razões utilitárias. Essas razões são necessárias, mas são insuficientes para segurar a floresta. Precisamos ir além disso.

A. *(d) N.* Se levarmos em consideração que esse é um ano-chave, devido às eleições, gostaríamos de finalizar perguntando: **qual futuro podemos esperar em relação à preservação e à manutenção da Amazônia?**

B. *V.* A Amazônia só vai sobreviver se estivermos em um regime plenamente democrático. O governo atual não se preocupa com a Amazônia, é um governo antiamazônia. O futuro da floresta vai depender de uma mudança de governo, senão teremos um ambiente de conflagração, cujo desfecho pode ser atingir o ponto de não retorno. Aí será tarde demais. Eu temo muito por uma reeleição, teríamos uma situação extremamente dramática. Não diria que é irreversível, porque a dinâmica humana sempre traz alguma esperança, mas eu diria que seria extremamente difícil mudar o patamar. A mudança política pelo voto e pela democracia é absolutamente essencial. Cada voto, cada ato, cada manifestação, cada pressão conta. Essa é a batalha da existência humana, do ponto de vista dessa relação "nós humanos x entes não humanos". Esse é o momento mais importante, até agora, de nossa existência por aqui.

A pandemia aumentou a distância entre o domínio privado e o domínio público. O que começou como um recuo para nossas casas continuou como uma aversão ao que não era familiar. A casa, como a apoteose da esfera privada, é aquilo que existe em contraste com a esfera pública. A casa não é o lugar da política, mas o lugar da economia, que deriva originalmente de *oikos* (*oikonomia*), ou seja, a gestão da vida íntima.

Oikos, que se refere ao lar e à família, é a unidade básica da sociedade, a parte privada que constrói o todo público. A família é o nosso modelo básico de convivência. A casa torna o exótico familiar, levando-o para o âmago particular e tornando-o um objeto de cuidado. Ali, a guerra se torna impossível, pois ninguém destrói a própria casa. Qualquer perturbação nesse espaço é uma desestabilização dentro do domínio mais íntimo de uma pessoa, assim a necessidade de se cuidar para que a perturbação possa ser evitada. Cada problema dentro desse domínio é um problema do próprio indivíduo, trazendo de volta a responsabilidade para cada um de nós.

Dessa forma, o cultivo do domínio doméstico é uma parte natural do papel social de todos, já que as ações privadas refletem sobre a esfera pública. São ações que acolhem e abrigam, trazem para a gestão do domínio público a atenção do familiar. Permitem-nos organizar aquilo que é coletivo com os mesmos princípios que administramos aquilo que é privado, apesar da escala. Assim, quando o planeta é visto como nossa única casa possível, cada gesto dentro dele se torna um gesto de zelo, de amor.

"Zelar é mais do que uma simples ideia de 'cuidar' e 'cuidador'. Dizer que nos preocupamos com o mundo e com os pobres é apelar para a caridade, o que pressupõe hierarquia. De maior importância é uma prática social e política de "cuidar" de forma a desfazer as hierarquias entre humanos e humanos, e entre humanos e o mundo – que, de fato, fomentem a criação de territórios existenciais." [1]

---

1. ANDERMATT CONLEY, Verena. "The Care of the Possible". *Cultural Politics*. Biggleswade, 12, nº 3, p. 342, 2016.

Zelo

Por essa razão, o zelo exige um deslocamento; uma mudança de onde se pode ter empatia e vir de encontro com outro ser. Na verdade, um tem de estar disposto a comer o outro, nos moldes da Antropofagia. Ao contrário do canibalismo, a Antropofagia exige assimilação.[2] O consumido torna-se uma parte constitutiva do consumidor; os dois não existem mais como entidades separadas. É simbólico e mítico antes de ser material. O que é consumido é uma visão do mundo, uma perspectiva do outro.[3] Somente quando as pessoas estão dispostas a comer a perspectiva uma da outra é que novos modos de convivência podem emergir por afeto mútuo.

Os escritos desta seção ampliam as possibilidades de zelo, do familiar ao público. O zelo como um ato de encontro, como uma arte de perceber, pensar e agir. O zelo como compromisso, como prestação de atenção, bem-estar e saúde. Eles cuidam, sentem preocupação, demonstram interesse genuíno e protegem não apenas aqueles que lhes são familiares, mas especialmente aqueles que são estranhos. Suas reflexões sobre o zelo, no entanto, vão além. Esses escritos não se preocupam apenas com as pessoas, mas com outras espécies, com nossas instituições, com o meio ambiente e com o planeta. Eles reconhecem que a vitalidade de cada um desses círculos materiais compartilha um terreno comum que deve ser valorizado e tornado importante. Negam o individualismo na busca de uma forma compartilhada de compaixão. O zelo tanto com o hoje quanto com o amanhã.

---

2. ANDRADE, Oswald de. Manifesto antropófago. In: TELLES, Gilberto Mendonça. *Vanguarda europeia e modernismo brasileiro*: apresentação e crítica dos principais manifestos vanguardistas. Petrópolis: Vozes, 1979.

3. CASTRO, Eduardo Viveiros. Xamanismo e sacrifício. In: *A inconstância da alma selvagem e outros ensaios de antropologia*. São Paulo: Cosac & Naify, 2002.

Mohsen *Mostafavi*

Arquiteto e Educador. Professor de Design na Harvard Graduate School of Design. Ex-reitor da Harvard Graduate School of Design (2008-2019). Ex-reitor da Faculdade de Arquitetura, Arte e Planejamento da Universidade de Cornell e presidente da Architectural Association School of Architecture em Londres.

IRN / Ensaio / 27-Set-2020
Originalmente escrito em inglês

política, tecnologia, responsabilidade, adaptação

Como passaremos a ensinar?

Anotações para uma conversa sobre o futuro da educação arquitetônica

A educação superior está em um momento crítico. A atual pandemia, com suas consequências exponenciais, tem perturbado o setor de forma significativa. Do dia para a noite, por razões de segurança e proteção, as instituições em todos os lugares tiveram de fechar suas portas, mandar seus alunos embora e começar a dar aulas *on-line*. Inevitavelmente, as faculdades tiveram de passar por uma curva de aprendizagem íngreme. Assim também os estudantes e o pessoal que fornece apoio administrativo, técnico e emocional. Ninguém sabe se a situação voltará às condições "normais" pré-pandêmicas. Provavelmente, não.

Diante de uma enorme incerteza sobre o futuro, as instituições acadêmicas estão cumprindo seu dever de cuidado gastando quantidades desordenadas de tempo planejando cenários futuros alternativos. Será que elas continuarão a dar aulas totalmente *on-line* no futuro previsível? Será que se comprometerão com um modelo de ensino híbrido ou multimodal, combinando pedagogia física e digital? Deverão trazer todos os seus alunos de volta ao *campus*? Cada modelo tem seus prós e contras, e diferentes instituições sem dúvida adotarão estratégias diferentes, dependendo de suas circunstâncias, de seus pontos fortes e de suas vulnerabilidades. Também entram em jogo os variados papéis do Estado e do setor privado. As desigualdades presentes em alguns países tornam difícil até mesmo imaginar a ideia de aprendizagem *on-line*, enquanto em outros países o apoio do Estado tanto ao sistema de saúde quanto à educação deveria proporcionar mais oportunidades.

Claramente, os estudantes e suas famílias estão profundamente envolvidos e implicados nessas incertezas. Alguns permanecem pouco convencidos sobre o valor comparativo da educação *on-line*, tanto acadêmica quanto financeiramente. Outros veem as perturbações geograficamente desiguais causadas pela pandemia e seu impacto político e regulatório como razão suficiente para atrasar o início ou o reinício de suas carreiras acadêmicas. Outros ainda querem completar sua educação o mais rápido possível e passar para a próxima fase da vida – o que quer que possa ser.

Para muitas instituições acadêmicas, esta situação criará sérios desafios financeiros. Será que terão alunos suficientes? E recursos para pagar os salários de seus funcionários? Como podem proteger melhor seus investimentos? Como salvaguardar o bem-estar de suas comunidades? Essas e outras preocupações apontam para a questão fundamental de saber se muitos modelos atuais de ensino superior serão sustentáveis nos próximos anos.

E, ainda assim, cada ruptura extrema fornece um grande impulso para repensar o *status quo*. Uma das consequências inesperadas da pandemia global é o movimento acelerado em direção à pesquisa e à aprendizagem *on-line*.

Essas oportunidades não se limitarão apenas aos cursos *on-line* projetados para participação em massa, tais como MOOCS, mas presumivelmente envolverão modelos dinâmicos de educação *on-line* combinando conteúdo "em tempo real" e "virtual".

Um dos benefícios potenciais dessas explorações é a facilidade com que a barreira da distância geográfica é superada, permitindo que participantes de múltiplos locais se envolvam em novas formas de ensino e aprendizado colaborativo – embora as primeiras evidências de que tenha surgido uma inevitável priorização do fuso horário da instituição anfitriã. Da mesma forma, tais proximidades podem afetar a disposição dos futuros estudantes de viajar por razões educacionais, da mesma forma como fizeram no passado. Estudantes com dificuldades de aprendizado também podem ter mais dificuldade de lidar com seus estudos sem os benefícios oferecidos pelas interações intelectuais e sociais no espaço físico.

Com o uso de Zoom, Teams e outras plataformas, todos são mais pontuais e aparentemente presentes e atentos, mas as reuniões não têm a aura e a atmosfera de troca que se tem no espaço físico. A tela pequena torna mais difícil ver as reações das pessoas e registrar seus movimentos e respostas físicas. A conversa espontânea dá lugar à necessidade de levantar a mão antes de fazer um comentário. Ao mesmo tempo, os estudantes podem passar a conhecer melhor os projetos uns dos outros e talvez até se envolver mais com eles. Essa é a cara da situação atual no sistema Janus.

Grande parte da discussão sobre a pandemia dentro da academia tem sido focada em questões organizacionais, mitigação de riscos e sustentabilidade financeira. Relativamente pouca atenção tem sido dada às consequências intelectuais, sociais e políticas do aprendizado *on-line*. A universidade como espaço físico oferece enormes oportunidades para superar a desigualdade, oferecendo o mesmo acesso a recursos independentemente da situação financeira de um indivíduo. O uso contínuo da educação *on-line*, com toda probabilidade, exacerbará as desigualdades entre os estudantes, e até mesmo entre o corpo docente e o pessoal. A realidade de onde as pessoas vêm, a falta de espaço em casa ou a falta de acesso ao cuidado infantil, o enorme e importante tópico de saúde mental entre o corpo estudantil – tudo isso são questões fortemente destacadas pela mudança para a educação *on-line*. Como as instituições acadêmicas cumprirão suas obrigações atuais, incluindo aquelas para com suas faculdades e suas famílias, cujas casas se tornaram, de fato, um ramo da sua instituição com a mudança para o aprendizado *on-line*? Como essas preocupações afetarão as já complexas questões de raça e gênero dentro da academia? O que não é visto não é lembrado?

Colaboração e interação

A experiência recente da educação *on-line* também revelou a importância de um dos aspectos menos visíveis ou falados da academia virtual, a saber, a redução do espaço para encontros casuais. Ocorrências diárias no espaço físico, essas conversas ocasionais, seja com um amigo ou um estranho, se tornarão algo orquestrado e planejado (por meio de grupos de bate-papo, por exemplo), com benefícios menos óbvios. Não é surpreendente que, no mundo das múltiplas reuniões diárias no Zoom, uma ligação telefônica tenha assumido um novo nível de intimidade como meio de comunicação.

Em qualquer forma de colaboração, o que é dito ou debatido fora de uma reunião formal muitas vezes importa tanto quanto o que é discutido durante a reunião – ou talvez até mais. A negação dessas experiências fortuitas e, mais geralmente, da troca informal e da partilha de ideias no espaço físico, pode aumentar a sensação de solidão e isolamento. Nesta nova situação, a relação entre o indivíduo e o grupo é completamente transformada. A construção de novos diálogos e novas oportunidades de amizade, compreensão e envolvimento com aqueles diferentes de nós mesmos; tudo isso está entre as principais responsabilidades e benefícios da academia. Como essas relações podem ser repensadas e reconstituídas?

A educação arquitetônica e de *design* mais ampla não é imune a essas questões e preocupações, nem deve ser resistente às oportunidades colocadas pela mudança. O modelo de educação baseado em estúdio de arquitetura, com sua dependência do ensino interativo em pequenos grupos, é particularmente suscetível às complexidades da rápida mudança para o ensino *on-line*. Além de enfrentar os desafios imediatos causados pela pandemia, que lições podemos aprender para o futuro da educação arquitetônica? Como o conteúdo e a estrutura do currículo podem mudar para situar a pedagogia do *design* dentro de um contexto cultural, histórico e social mais fecundo e produtivo para a arquitetura – mais em sintonia com nossas condições contemporâneas de vida no planeta e, ao mesmo tempo, mais responsivo às nuances das questões de *design* trazidas pela atual mudança para a educação *on-line*.

Desenhado e feito

Uma das consequências mais específicas e imediatas do fechamento de edifícios de escolas de arquitetura tem sido a dificuldade de fazer modelos físicos, seja como ferramenta para o desenvolvimento do projeto ou para a apresentação final. Sem acesso a oficinas e instalações de fabricação, os estudantes não puderam utilizar ferramentas como impressoras 3D e máquinas CNC *router*, dispositivos digitais que substituíram quase completamente os modelos feitos à mão. Quais são as consequências dessa mudança em direção a meios virtuais de representação para as formas como imaginamos os futuros edifícios e ambientes? E quando os edifícios forem reabertos e as instalações de fabricação retomarem a operação, todos devem voltar a fazer modelos exatamente da mesma maneira?

Os modelos físicos feitos digitalmente costumam ser mais bem acabados e demonstram um maior calibre de qualidade estética. É particularmente o caso de modelos de pequena escala que incorporam um alto nível de detalhe e coerência visual. Sua qualidade é frequentemente devida à visível falta de juntas entre as peças ou elementos do modelo, algo quase impossível de se conseguir à mão. Além disso, a lógica de montagem de um modelo impresso nem sempre é a mesma da de um modelo feito à mão.

No contexto da academia, tanto os modelos físicos quanto os digitais são representações de conceitos ou de edifícios que se supõe que serão – mas nunca realmente são – construídos. Esses modelos raramente demonstram ou incorporam a lógica da construção de edifícios. Ao mesmo tempo, os modelos físicos são artefatos singulares, coisas que também existem por direito próprio, independentemente de sua relação com a construção.

A experiência tátil do modelo físico, seu material e escala afetam diretamente o sentido e a percepção do espectador sobre o modelo como modelo. A experiência do modelo físico é sempre como um artefato e sempre a uma distância de seu outro pressuposto, "o edifício". Ainda assim, o modelo físico pode muitas vezes ser experimentado e apreendido em sua totalidade de uma forma que é mais difícil de ser alcançada com um modelo virtual.

O modelo virtual, por outro lado, como uma imagem bidimensional de uma construção tridimensional, nunca pode alcançar as mesmas qualidades táteis que o modelo físico. Há invariavelmente uma tendência à naturalização e à resistência às qualidades analógicas do modelo virtual como imagem – embora, precisamente por suas qualidades como imagem, o modelo virtual esteja aberto a manipulações de escala, superfície e textura a uma velocidade que está além do alcance de um modelo físico. Pode-se ver um modelo digital como um todo, mas também como uma série de fragmentos de vários pontos de vista, como se estivéssemos fotografando um edifício. No final das contas, no entanto, a diferença entre o modelo físico e o modelo virtual está na experiência de um artefato e de uma imagem.

Quais serão as consequências para a educação arquitetônica, e em última instância para a arquitetura, de uma dependência crescente das imagens em detrimento da produção de modelos físicos como artefatos analógicos? E como a mediação dessas imagens influenciará sua produção? As realidades e pressões da comunicação digital implicam uma maior necessidade da desejabilidade e das qualidades sedutoras das imagens? O papel potencial e as explorações da forma arquitetônica e seus efeitos, presos entre modelos físicos e virtuais, é uma das muitas questões trazidas à tona como consequência de eventos recentes. Mas essa discussão também transcende a questão do modelo e toca nas diferenças e tensões fundamentais entre as coisas desenhadas e as coisas feitas – um assunto que está no cerne da arquitetura como disciplina.

Geometria e tecnologias de representação

De forma mais ampla, a discussão de imagens vs. fabricação toca nas interconexões entre as tecnologias de representação e as ideias arquitetônicas. Embora o desenvolvimento de ferramentas de computação arquitetônica e de *software* dentro da prática corrente contemporânea tenha sido principalmente focado na construção de sistemas de entrega, dentro da academia e de algumas práticas, esses desenvolvimentos têm sido mais diretamente ligados a abordagens alternativas ao *design* que exploram a geometria não euclidiana e, em particular, o uso de formas orgânicas e fluidas. Tanto os desenhos de projeto quanto os modelos virtuais e físicos associados à geometria não linear não só são possíveis como também são influenciados pela aplicação de vários tipos de *software* como o *Rhino* e o *Grasshopper*.

O papel do *design* na educação arquitetônica contemporânea oscila entre geometria linear e não linear. As manifestações arquitetônicas dessas práticas variam de uma arquitetura de reticência a uma arquitetura de exuberância – desde aqueles que buscam simplicidade e clareza geométrica e material até aqueles que veem a complexidade espacial e material como a resposta arquitetônica adequada à sociedade contemporânea e aos sistemas de manufatura. Levar a arquitetura e a construção até seus limites também resultou na produção de formas que às vezes se assemelham às de outras indústrias.

A introdução na arquitetura de formas e formatos anteriormente associados às indústrias automotiva e aeronáutica levou a desenvolvimentos na engenharia e na fabricação de edifícios. Essas mudanças estão frequentemente associadas ao surgimento de novos materiais ou ao uso de materiais existentes de novas maneiras. Ironicamente, foram as inovações e os avanços feitos no uso de materiais "antigos" como tijolos e madeira que recentemente produziram algumas das ideias arquitetônicas mais inspiradoras. Tecnologia e engenharia têm ajudado a transformar tijolos e madeira em novos materiais.

A maioria das escolas de arquitetura, entretanto, não possui recursos para pesquisa de materiais e modos de construção, daí a importância de colaborações com escritórios a indústria da construção. O futuro da educação arquitetônica poderia se beneficiar muito de uma compreensão mais profunda da diversidade das relações entre projeto, materiais e modos de construção. O objetivo deve ser que as escolas atuem como centros de exploração e especulação com base no conhecimento e *know-how* das novas formas de construção disponíveis e potenciais – um processo de aprendizado que não precisa se limitar aos edifícios. Uma maneira de explorar esses temas seria colocar maior ênfase em modelos físicos em larga escala ou fragmentos de projetos arquitetônicos, de modo a permitir que a discussão de materiais e de meios de construção tenha um papel maior no projeto e no pensamento de projetos dentro da academia.

Na ausência de tais explorações, os desenhos às vezes assumem um grau de expressão simplesmente para compensar a falta do potencial material do artefato construído. Essa situação também é agravada pela ênfase decrescente em cursos de construção e detalhamento, uma forma de conhecimento muitas vezes mais bem obtida na prática, das pessoas envolvidas diariamente com a arte de montar edifícios.

A profissão

A relação entre a academia e a profissão de arquiteto não tem sido desprovida de conflitos. Em muitos casos, os órgãos profissionais têm usado seu poder de credenciamento para ajudar a impor formas de ensino focadas na preparação dos estudantes para suas carreiras. A questão de quanto a academia deve imitar a prática de mercado tem sido um tema polêmico ao longo dos anos. As escolas de arquitetura deveriam proporcionar uma experiência radicalmente diferente da disciplina ou deveriam fornecer a seus alunos os conhecimentos necessários para serem plenamente operacionais em um ambiente de escritório no primeiro dia? A relativa proximidade ou distância entre academia e mercado é um assunto que precisa ser negociado e projetado com base nas circunstâncias e na posição pedagógica de cada instituição. O que é certo, entretanto, é que a escola não deve ser confundida com a profissão.

A maioria dos escritórios profissionais se define por graus de especialização ou caráter específico de sua produção, apelando para seus clientes em virtude da qualidade, estilo ou gosto. As limitações implícitas em tal posicionamento podem ser muito limitantes para a maioria dos estudantes, que precisam ser encorajados a desenvolver seus próprios domínios de interesse, por exemplo, completando uma tese em sua área escolhida ou selecionando seus cursos e estúdios.

O potencial de tensão produtiva entre a academia e a profissão coloca maior ênfase no escopo do currículo dentro das escolas de arquitetura.

Ao lado da exigência de maior conhecimento e competência técnica e de projeto, há a necessidade de ligar a arquitetura a um conjunto mais amplo de questões disciplinares e sociais. Em algumas escolas, essas duas condições ou abordagens se revelam em forte contraste entre si; os arquitetos, ou mais especificamente o campo formalista, *versus* o campo socialmente consciente. Negociar o equilíbrio entre esses dois parâmetros será fundamental.

Sociedade e transdisciplinaridade

A arquitetura não pode tratar de questões culturais, econômicas e políticas contemporâneas sem reconhecer sua relação com a sociedade. É por isso que é imperativo que a educação arquitetônica promova a necessidade simultânea de conhecimento disciplinar e formas transdisciplinares de prática. Tal abordagem requer não apenas a colaboração de outras disciplinas, como planejamento, arquitetura paisagística e projeto urbano, mas também o envolvimento de muitos outros campos do conhecimento.

Da mesma forma, é somente compreendendo como as sociedades funcionam e do que elas precisam que os arquitetos serão capazes de encontrar uma voz mais ampla e eficaz para a mudança. Tanto a educação em *design* quanto a profissão precisam reconhecer que a arquitetura é inerentemente política, caso contrário, seremos vistos para sempre apenas como um setor de serviços. Embora isso não queira dizer que a arquitetura não presta um serviço, precisamos estar à mesa discutindo e moldando maneiras pelas quais a arquitetura e a urbanização podem contribuir para o bem-estar dos cidadãos tanto emocional quanto fisicamente. Das considerações sobre mudanças climáticas à sustentabilidade, da justiça social à equidade, os arquitetos devem ser capazes de demonstrar a importância e as contribuições do projeto e do ambiente construído. Essas formas de engajamento exigem a compreensão e a articulação das diferenças entre política e política.

Situar a arquitetura dentro desse contexto social e político mais amplo é uma das principais responsabilidades da educação arquitetônica. As escolas não podem confiar nas antigas receitas e soluções para lidar com o caráter antagonista e conflituoso da urbanização contemporânea. Em vez disso, a academia deve constantemente reconsiderar, debater e redesenhar suas narrativas e metodologias prevalecentes. É responsabilidade compartilhada de professores e alunos discutir questões curriculares para aumentar o conhecimento da arquitetura e suas capacidades de resposta à transformação da sociedade. O *design* é inseparável do político.

O curricular e o extracurricular

O currículo da maioria das escolas de arquitetura na Europa e nos Estados Unidos ainda é largamente influenciado pela linhagem do movimento modernista. O currículo em parte afeta as práticas de contratação de instituições, e o corpo docente, por sua vez, define e decide as políticas educacionais. Responder às realidades ambientais, sociais e políticas atuais requer um esforço deliberado por parte de todos os envolvidos para repensar a forma como cada instituição, dentro dos limites de suas próprias capacidades, pode participar do projeto de repensar a capacidade de resposta e a relevância de seu currículo e modo de pedagogia. Como as experiências radicais e visionárias da Bauhaus, do *Black Mountain College* e de outras formas experimentais e colaborativas de pedagogia do *design* podem ser debatidas e revisadas para abordar nossas necessidades e condições contemporâneas? Que lições podemos aprender da adjacência da arquitetura com as artes, com a história e com questões envolvendo o patrimônio tangível e intangível?

O currículo da maioria das escolas de arquitetura é composto por cursos sobre *design*, história e teoria, tecnologia, representação e prática. Tipicamente, há pouca interação entre essas matérias e pouco envolvimento sério tanto com seu público – os estudantes – quanto com preocupações culturais e sociais mais amplas. Até certo ponto, a autonomia necessária do currículo se beneficiaria de sua contaminação com a realidade, de abordar a especificidade das pessoas e dos locais que formam os locais imaginários de um projeto arquitetônico dentro da academia. Como o currículo pode refletir os dilemas de nossas próprias modernidades?

Diversidade e diferença

Relacionado a esses tópicos está o caráter mutável do corpo estudantil, quem eles são e que valores representam. Nesse contexto, o ensino não é uma abstração, mas acontece em relação a um estudante individual ou a grupos de estudantes. Em algumas partes do mundo, o corpo estudantil tem permanecido relativamente homogêneo, talvez distinguido apenas por diferenças financeiras e de classe. Em outras partes do mundo, por exemplo, na Europa, o advento do programa Erasmus em 1987 marcou o início de uma importante experiência cultural e acadêmica de fertilização cruzada e interação, permitindo que os estudantes se movimentem entre mais de 30 países do programa.

Um dos grandes benefícios de estudar arquitetura em nível de pós-graduação na América do Norte é a diversidade de caminhos de entrada, reunindo pessoas com e sem diploma de bacharelado. O típico programa MArch I admite estudantes, muitas vezes de formação em artes liberais com nenhuma ou pouca experiência em *design*, bem como aqueles com dois ou quatro anos de educação arquitetônica, enquanto os programas MArch II atendem a candidatos que tenham concluído um curso de cinco anos de arquitetura. Como a admissão inclui a avaliação de um portfólio, pode ser difícil para um membro do corpo docente envolvido no processo resistir a colocar um candidato com muita experiência em *design* acima de um sem. A tendência a "profissionalização" da pedagogia se reflete, portanto, mesmo no processo de admissão. Mas, para que os modelos americanos e canadenses do programa MArch possam se beneficiar das diversas experiências acadêmicas anteriores de seus alunos, eles devem estar sempre cientes da mistura intelectual e cultural de seus alunos admitidos. As diferenças entre os estudantes aumentam muito a gama de tópicos a serem considerados, assim como sua capacidade de aprender uns com os outros.

Nos Estados Unidos, as mudanças demográficas, bem como uma proporção crescente de estudantes estrangeiros, produziram um conjunto complexo, excitante e potencialmente produtivo de desafios para a educação arquitetônica. Além disso, como o impacto da Covid-19 deixa claro, as instituições acadêmicas e sua pedagogia estão sujeitas a uma gama diversificada de forças externas. Entre elas, o impacto dos mercados financeiros e da economia, políticas de imigração, justiça racial e social, atitudes e regulamentações governamentais, riscos ambientais e de saúde pública. Cada uma dessas condições afeta o sistema educacional, implícita ou explicitamente.

Historicamente, por exemplo, a lista de requisitos curriculares para o credenciamento arquitetônico incluiu um curso sobre arquitetura não ocidental ou mundial. Esse tipo de curso pode muitas vezes ser visto como uma forma de tokenismo. Se a educação arquitetônica quiser ser relevante, deve responder ativamente e com entusiasmo às realidades de nossas condições sociais. Qual deve ser a resposta da academia aos estudantes negros e latinos que assumiram o compromisso de estudar arquitetura especialmente em uma época em que os espaços de tantas cidades são tão altamente racializados? Quais são as condições, por exemplo, que melhor fornecerão as ferramentas intelectuais e técnicas para que esses futuros arquitetos possam superar os sentimentos antinegros de nossa sociedade e, por extensão, nossa profissão? Quais poderiam ser as consequências espaciais da resposta à questão das vidas negras? Essas condições, juntamente com a estrutura de remuneração financeira geralmente baixa da profissão, têm dissuadido muitas minorias de ingressar na profissão de projeto. O número incrivelmente baixo de arquitetos e paisagistas negros atualmente em exercício nos Estados Unidos é uma prova dessa situação. A situação é particularmente extrema com as arquitetas negras, que representam apenas 0,03% de todos os profissionais da área licenciados nos Estados Unidos. Essas questões não podem ser resolvidas simplesmente modificando o currículo, embora isso seja sem dúvida parte do processo. Um currículo diversificado requer um corpo docente que represente o maior grau possível a diversidade demográfica do país em que a escola está sediada. O currículo também requer um repensar dos temas e tópicos da pedagogia de forma que transcenda os limites das fronteiras nacionais. Como essas considerações afetarão o ensino da história arquitetônica, seu conteúdo e suas geografias? Ou como a prática dos cursos incorporará as dimensões política e ética da profissão? O currículo deve imaginar uma imagem diferente de um arquiteto do que aquela que herdamos do passado. O novo arquiteto precisará ser ao mesmo tempo cidadão e *designer* – um ser social engajado com a capacidade de imaginar melhores futuros.

Geografias fluidas, filiações e o meio ambiente

Nos últimos 10 anos, o número de estudantes chineses que desejam estudar arquitetura nos Estados Unidos aumentou drasticamente. Na maioria das grandes escolas de arquitetura, a proporção de estudantes chineses é muito maior do que em outros países. No entanto, há apenas alguns anos, eram os estudantes coreanos e canadenses que encabeçavam a lista de estudantes estrangeiros de arquitetura. O aumento do número de estudantes chineses vai de mãos dadas com o investimento concertado do governo chinês no setor educacional e o crescimento exponencial do número de seus cidadãos capazes de arcar com os custos da educação privada nos Estados Unidos. O investimento do governo na educação tem sido fundamental para melhorar a qualidade das escolas locais de arquitetura e *design*, que agora invariavelmente trabalham em parceria com outras escolas ao redor do mundo. Dado esse contexto, como as faculdades nos Estados Unidos devem modificar seu programa para melhor se prepararem para responder à composição dinâmica e fluida de seu corpo estudantil, não apenas as da China, mas também outras da Índia, da América Latina, da África e do resto do sul global? Como mudarão os temas ou pontos de foco da pedagogia quando confrontados com públicos radicalmente diferentes, bem como os processos de urbanização como os locais para a arquitetura? Que lições a arquitetura pode aprender com os resultados? Como o envolvimento com essas geografias fluidas pode nos tornar mais sensíveis à relação entre a criação de novos *habitats* e suas consequências ambientais?

Um argumento seria que as escolas de arquitetura se concentrem em instilar modos de pensamento e prática que permitam a seus alunos responder às realidades de diferentes culturas e geografias. Embora essa seja uma estratégia válida e positiva, é igualmente verdade que a educação arquitetônica se beneficiaria de aprender a avaliar as condições para a prática contemporânea dentro de uma gama diversificada de situações, sejam próximas ou distantes. Tanto a dinâmica da coorte de estudantes quanto o impacto de forças externas precisarão ser considerados e tratados por toda a comunidade acadêmica como parte de um projeto contínuo de revisão da pedagogia da escola.

Outras possibilidades incluem novas formas de colaboração e intercâmbio com instituições com geografias e programas radicalmente diferentes. Existem hoje relativamente poucas escolas de arquitetura na África. As que existem são em geral divididas entre as do Norte da África, de língua árabe, com suas raízes principalmente no sistema francês de educação arquitetônica, e as do resto do continente. A maioria dessas escolas, talvez com exceção de algumas na África do Sul, operam com recursos limitados, tanto financeiros quanto em termos de número de professores. A falta de recursos faz com que um país como Burkina Faso não tenha sequer uma escola de arquitetura.

A colaboração e a interação nesse contexto poderiam levar à exploração de um corpo diversificado de temas, desde a construção de estruturas modestas mas inovadoras em conjunto com as comunidades locais até a compreensão das formas extremas e desiguais de desenvolvimento da urbanização. Além de beneficiar as instituições existentes, tais colaborações poderiam abrir o caminho para a formação de novas escolas de arquitetura no continente africano. Abordagens semelhantes poderiam ser previstas no contexto do Caribe, onde a acessibilidade da região já permitiu a formação de várias escolas médicas importantes. Esses desenvolvimentos poderiam fornecer um ponto de referência relevante para uma discussão sobre o futuro da arquitetura e da educação para o planejamento, de forma a apoiar uma compreensão genuína e crítica do clima e da geografia, bem como das necessidades da comunidade – sem, contudo, repetir os erros de algumas das práticas importadas dos Estados Unidos.

As estratégias acadêmicas para o futuro não devem mais se basear na hegemonia de qualquer estilo e sua aplicação a diferentes geografias. Em vez disso, devem pressupor uma arquitetura sensível a geografias culturais, políticas e físicas específicas, no processo que transcende as armadilhas tanto do localismo quanto da globalização. Essa arquitetura – e, com ela, essa educação arquitetônica – deve possuir um mundanismo e um estado de espírito que esteja em constante diálogo com outras disciplinas e outras vozes, tanto conflituosas quanto conciliatórias. Só então a educação arquitetônica poderá agregar e contribuir tanto para o conhecimento arquitetônico quanto para a sociedade em geral.

Édouard Glissant, o poeta, teórico e pensador martinicano-francês, desenvolveu sua "Poética da Relação" como meio de explorar o "pertencimento relacional como uma intervenção decolonial". Instando-nos a ir "além do discurso oposto do mesmo e do outro", ele propôs, em vez disso, uma ideia de diferença feita de uma assembleia de coisas "dessemelhantes". Seu argumento permite relações entre "pessoas e lugares diferentes, objetos animados e inanimados, forças visíveis e invisíveis, o ar, a água, o fogo, a vegetação, os animais e os seres humanos".

A "Poética da Relação" de Glissant é também um meio de responder às críticas e às reações à globalização tornadas cada vez mais visíveis hoje por meio de formas de neolocalismo e neonacionalismo. O conceito de *Mondialité* de Glissant – mundialidade ou mentalidade de mundo – é baseado em uma filosofia de pós-filiação quando a mente está situada em um corpo que existe em relação ao mundo. A crioulização e a ideia de fronteiras porosas ou permeáveis entre as nações são dois exemplos da noção de *Mondialité* de Glissant, que contrasta com os impactos da globalização e das diversas formas de políticas neoliberais e que não têm algumas das associações negativas da figura do cosmopolita e do cosmopolitismo, por exemplo.

Na "mentalidade de mundo" glissantiana, relação e diferença são elementos codependentes que se beneficiam da energia um do outro. E, dentro do contexto da academia de arquitetura, muito poderia ser ganho com um envolvimento mais profundo com a geografia cultural e física tanto dos estudantes quanto do corpo docente. Como tais considerações afetarão a seleção de locais para um estúdio de *design*? Como as condições culturais de um local afetarão a escolha do programa e moldarão o design?

As drásticas consequências espaciais da atual pandemia, seu impacto tanto nas cidades quanto nos edifícios, sem dúvida afetarão a forma como os projetistas consideram o futuro da arquitetura e do desenvolvimento urbano. Também resultará em um maior grau de sensibilidade dentro da comunidade acadêmica em relação às conexões entre a saúde e o ambiente construído. Desde considerações de densidade até aquelas de desenvolvimento rural, desde questões de infraestrutura e transporte até edifícios e lugares saudáveis – esses e outros tópicos de pesquisa sem dúvida receberão maior atenção.

Por outro lado, uma das lições mais importantes dos últimos meses com a Covid-19 foi testemunhar o poder de compartilhar ideias, de colaboração, e a vontade de experimentar novas formas de fazer as coisas. É imperativo que tanto a prática quanto a academia aproveitem o momento. No mundo da educação arquitetônica, tal espírito de união – baseado tanto na abertura quanto na hospitalidade – permitiria repensar radicalmente os laços entre a pedagogia e a sociedade. O artifício da arquitetura em conjunto com o conhecimento e a contribuição de outras disciplinas poderia então ajudar a reimaginar espaços e lugares que realmente respondessem às necessidades e aspirações de pessoas com "origens diferentes". O compromisso com tal "política da diferença" é a única maneira de a arquitetura e o *design* em geral participarem de sua própria "poética da relação" e contribuírem para a construção de uma sociedade justa e equitativa.

Originalmente publicado em *TRANS-FER* em parceria com *urbanNext*.

Dado *Villa-Lobos*

Músico. Ex-guitarrista e membro fundador da banda de rock Legião Urbana.

BRA / Nota / 04-Mai-2020
Originalmente escrito em português

desafios, incertezas, adaptação, recomeço

Reflexões sobre o amanhã.

Hoje, amanhã será igual a hoje

Que foi igual a ontem.

A possibilidade de um futuro como era antigamente se confirma na incerteza e a certeza de que tudo mudou.

Certeza de que vamos seguindo sempre em frente, redescobrindo nossa existência e breve passagem por aqui, esse o verdadeiro desafio que nos aguarda no esperado amanhã.

João *Anzanello Carrascoza*

Escritor, redator publicitário e professor da Escola de Comunicações e Artes da Universidade de São Paulo (ECA/USP). Vencedor do Prêmio Jabuti, APCA, Fundação Nacional do Livro Infantil e Juvenil e Fundação Biblioteca Nacional.

BRA / Relato / 04-Abr-2022
Originalmente escrito em português

incertezas, coletividade, adaptação, esperança

O que será diferente amanhã?

Sim, o que será diferente amanhã? Nada. Tudo será igual a ontem. A não ser que façamos mudanças hoje. Primeiro em nós, individualmente. E, depois, junto aos demais. Para que não sejamos de menos. Menos do que já somos: humanos em vias de nos desumanizarmos. A não ser que façamos mudanças hoje. Porque, se é impossível alterar os nossos olhos, podemos corrigir a nossa miopia, ou mudar a direção do nosso olhar. Se é impossível ampliar os nossos braços, podemos descruzá-los diante dos dilemas, ou esticá-los ao máximo para acolher quem nos pede socorro.

Se é impossível substituir as nossas mãos por outras mais hábeis, podemos ensinar a elas engenho e arte, ou usá-las para criar obras que, como carícias, nos toquem (e aos outros) profundamente. Se é impossível ter um novo coração, mais forte, que suporte com menos aflição os perversos atos alheios ou os nossos próprios, de autossabotagem, podemos dar ao nosso, nos dias da semana, a suavidade dos domingos, ou fazê-lo bater feliz com o sangue das palavras macias.

Se é impossível mudar o nosso mundo com uma mágica, podemos usar nosso condão contra o desencanto, ou atuarmos coletivamente para produzir, pela soma de nossos esforços, a transformação.

Se é impossível fugir da fabricação do futuro, podemos alterar o presente. Devagar. Mas já. A partir de agora.

Podemos. Sim, podemos. Mas eis outra pergunta: queremos?

Adam *Haar Horowitz*

Doutorando no Grupo de interfaces fluidas do MIT Media Lab. Ex-pesquisador de neurociência do Instituto McGovern para Pesquisas Cerebrais do MIT, pesquisador afiliado do Harvard metaLAB e membro do conselho do Centro do Hospital Geral de Massachusetts para Direito, Cérebro e Comportamento.

EUA / Relato / 27-Mai-2020
Originalmente escrito em inglês

isolamento, adaptação, expectativa, esperança

Como o amanhã será diferente?

Amanhã será cromado, começaremos do zero. Telas brancas brilhantes e a impermanência do orgânico. Amanhã será uma pele de cascavel pendurada na parede e as crianças com medo de brincar na grama alta. Como seremos animais? Higienizados, e os pequenos organismos parecem tão grandes e assustadores, e os grandes sistemas parecem tão pequenos e assustados?

É tudo muito complicado, mas amanhã será diferente porque nós, humanos, nos encaixamos em formas como água e estalamos como elásticos. Sempre de volta ao círculo, temos nossas formas, nós nos moldamos no calor. Encontraremos o familiar novamente, embora o retorno vá doer, ele nos chama em telas e canções compartilhadas e tantas vozes perdidas e barulhentas que precisam ser recontadas. O restaurante coreano no fim da rua hoje fechado, o susto de minha mãe no hospital na semana passada. A capacidade pulmonar. Quem me dera poder alcançar uma mão e esticar tantos pulmões que o espaço os preenchesse. Hoje também vai ser diferente. Estalar de volta o elástico, quebrar a faixa, catapultar pequenas pedras nos olhos de velhos inimigos. O elástico é imprevisível, e as águas estão subindo. Estou feliz que as pessoas tenham tido tanto tempo para se sentar em casa e pensar nesses últimos meses, espero que tenha sido tranquilo. Tenho valorizado o sossego, mesmo quando me perco nele. Encontre a sua mente, perca-a, de mãos dadas. Amanhã será diferente – será muito difícil fazer qualquer um acreditar em qualquer coisa que dure. Talvez voltemos a castelos de areia, coisas da infância que devemos manter, estruturas que possam viver em marés crescentes e abraçar sua lavagem em desformas como as células-tronco, implorando para serem reconstruídas. Amanhã a areia está molhada e espero que as pessoas deixem seus filhos segurá-la.

Jeremy *Bailey*

Arquiteto, com bacharelado pela Universidade de Auckland. Fundador do Studio Polis Design, Millennial Architecture e cofundador da SALT.

CAN / Relato / 28-Out-2020
Originalmente escrito em inglês

introversão, desafios, incertezas, recomeço

O que será diferente amanhã?

O tempo abranda quando você está caindo. Às vezes. você tem a chance de procurar algo a que se agarrar, geralmente você olha para ver onde você está prestes a cair no chão e tenta avaliar as consequências do impacto que está por vir.

Centenas de milhares de vidas estão caindo agora com a Covid-19. Enquanto procuramos algo a que nos agarrarmos e tentamos avaliar as consequências, o impacto final está se aproximando rapidamente.

Essa fração de segundo no presente é nossa melhor chance de nos prepararmos para esse impacto.

Os riscos de uma epidemia como esta acontecer eram conhecidos. Também sabemos que não será a última epidemia que a humanidade enfrentará. Qualquer coisa que aprendamos agora ajudará a informar as futuras comunidades.

A resiliência necessária para não apenas se recuperar, mas também substituir nossos sistemas atuais, não deve ser subestimada. Temos agora uma oportunidade para refletir.

– Quais são as chaves para a resiliência?
– Quais são os nossos valores?
– Qual é a eficácia de nosso sistema de saúde?
– Qual é a eficácia de nosso sistema de justiça?
– Qual é a eficácia de nosso sistema político?
– Quão sustentável é o nosso ambiente construído?
– Até que ponto nossos sistemas de comunicação são sustentáveis?
– Quão sustentável é a nossa relação com o meio ambiente natural?

Essa é uma oportunidade rara de restabelecer. Enquanto tudo está desacelerando para reduzir a propagação do coronavírus, podemos usar este tempo para refletir e estrategizar nossa abordagem para o amanhã.

O que será diferente amanhã? Este momento presente desaparecerá, e enfrentaremos o futuro com os preparativos que fizemos.

Heloisa *Escudeiro*

Arquiteta e Urbanista, graduada pela Universidade Presbiteriana Mackenzie. Mestranda da Faculdade de Arquitetura e Urbanismo da USP.

BRA / Nota / 27-Mai-2020
Originalmente escrito em português

desafios, desigualdade, responsabilidade, esperança

O cenário em que vivemos reforçou e atenuou ainda mais as diferenças sociais entre famílias, cidades, países e continentes – até então, assim como um vírus, invisíveis para alguns de nós. Uma das maiores contribuições que esse período pode, portanto, nos proporcionar é a partida para um amanhã de fato diferente; mas construído não pela diferença, e sim pela igualdade.

Anna Maria *Moog Rodrigues*

Mestre e Doutora em Filosofia. Membra Fundadora da Academia Brasileira de Filosofia. Mestre em Filosofia pela Universidade de Kansas. Doutora em Filosofia pela Gama Filho e pós-doutora pelo Instituto de Filosofia Luso Brasileira.

BRA / Relato / 26-Abr-2020
Originalmente escrito em português

coletividade, tecnologia, responsabilidade, esperança

A esta pergunta se poderá sempre responder que o amanhã será diferente, não importa como. Será diferente porque o tempo não volta atrás. Ao contrário do que pensavam os gregos, que acreditavam em um eterno retorno, em um tempo que sempre retorna como retornam as estações do ano, nós percebemos o tempo como passado, presente e futuro, um tempo sem retorno.

A pergunta feita, entretanto, "o que será diferente amanhã?", não se refere a qualquer amanhã, mas muito especificamente ao amanhã depois da Covid-19.

A essa pergunta só se pode responder com conjecturas. O ideal seria que todos nós nos tornássemos mais sábios, mais generosos, mais conscientes da fragilidade de planos e projetos que podem ser abalados de uma hora para outra; o ideal seria que, em consequência disto, ficássemos melhores, mais conscientes do valor da solidariedade, da amizade, do amor.

Mas o que se constata é que nós, seres humanos, não nos tornamos anjos de repente, por causa de uma pandemia. Continuaremos, depois dela, a ser como éramos antes e como estamos sendo durante esse flagelo. Como fomos, aliás, antes, durante e na sequência das outras desgraças, guerras, epidemias e demais flagelos: uns mais espiritualizados e mais generosos, outros, mais melancólicos e céticos, uns continuarão só cuidando de si e dos seus, outros sairão com um rico tesouro de experiências no cuidado com o próximo.

De outro ponto de vista, entretanto, o mundo não será mais igual ao que era antes da pandemia. O que já se estava delineando como futuro agora se tornou presente: o uso da internet para as comunicações globais, para o trabalho em casa, aulas, cursos e palestras sendo cada vez mais realizados por meios eletrônicos, o comércio presencial sendo substituído cada vez mais pelos comércio *on-line*, *shows* e espetáculos cada vez mais sendo apresentados pelos meios de comunicação, e as próprias relações interpessoais sendo cada vez mais realizadas por intermédio dos meios de comunicação.

Para bem, para mal? Os meios técnicos, a tecnologia, não têm em si um valor moral. Assim, os fornos crematórios de Hitler não eram tenebrosos em si mesmos. Só o foram pelo uso que deles foi feito.

Mas, se levarmos em conta a história como um todo, a cada nova etapa da história corresponde um aprofundamento da nossa consciência. E, nesse caso, a pandemia da Covid-19 representa a aceleração desse processo histórico pela assimilação dos meios tecnológicos na vida dos homens. E com isso um aprofundamento da nossa consciência global. Estamos ficando cada vez mais conscientes de nossa comum humanidade. E isso é certamente um ganho.

Maira *Genovese*

Empreendedora. Fundadora e presidente da MG Empower.

EUA / Relato / 15-Ago-2022
Originalmente escrito em inglês

coletividade, natureza, adaptação, esperança

Amanhã, vamos mudar.

Mudar a forma como nos conectamos uns com os outros e com a Terra. Mudar a forma como nos conectamos com nossa fé. Mudar como nos conectamos com nossos problemas.

Mudar como nos conectamos com o hoje.

Aprendemos a ser resilientes. Aprendemos a ter paciência. Aprendemos sobre nossos valores.

Amanhã, o cerne serão nossos valores. Serão os novos espaços que estamos abrindo hoje para nos concentrarmos no que importa. Será cuidar de nossos espíritos para nos tornarmos humanos melhores.

Amanhã terá a ver com a nossa visão para hoje. Para a próxima hora, para o próximo minuto.

Com nosso impacto no mundo e, o mais importante, a compreensão de como torná-lo positivo.

Amanhã será mudança.

Porque aprendemos que não podemos esperar até amanhã para mudar.

Mark *Bryan*

Futurista, Designer de Interiores Sênior, Diretor de Inovação e Pesquisa da MA Design. Membro fundador da IIDA - International Interior Designer Association.

EUA / Nota / 31-Ago-2020
Originalmente escrito em inglês

responsabilidade, expectativa, recomeço, esperança

Estamos atualmente em um ponto de inflexão na história da humanidade.

Passamos da velocidade à curadoria, conectados ao analógico, e do estigma à força.

Estamos em uma época de renascimento criativo, em que estamos redefinindo nosso círculo interno e nossos valores.

O que será diferente amanhã?

Se possível, nossa humanidade. Um reconhecimento de que o outro é o mesmo que nós somos.

Nosso lugar de trabalho, de vida, de compras e de cuidados será influenciado pelo tempo, assim como será nossa sociedade. Isso significa que precisamos nos conectar com o propósito para não perder o contato com os outros.

Criar alegria a partir da perda será uma prioridade.

Se pudermos aproveitar este momento como uma causa comum para ver a humanidade uns nos outros, poderemos proporcionar respeito por todos.

Sergio *Branco*

Cofundador e diretor do Instituto de Tecnologia e Sociedade do Rio de Janeiro (ITS Rio). Doutor e Mestre em Direito Civil pela UERJ. Professor convidado do LL.M. em Direito, Inovação e Tecnologia pelo Programa de Direito da FGV.

BRA / Relato / 25-Jun-2020
Originalmente escrito em português

desafios, coletividade, tecnologia, adaptação

A educação será diferente porque precisa ser diferente. O avanço da tecnologia fez as possibilidades profissionais se multiplicarem. Alunos que concluem cursos universitários encontram profissões que sequer existiam quando de seu ingresso na faculdade. Porém, o ensino ainda é voltado para nossas experiências passadas, tendo por base a qualificação em saberes que não se adéquam mais ao tempo presente.

A sala de aula, tanto na escola quanto no ensino superior, tem de ser um lugar de construção coletiva, multidisciplinar, onde sejam pensadas soluções para problemas concretos, em que o aluno é o protagonista, e o erro seja acolhido como parte do processo. Temos de estimular o desenvolvimento de habilidades, como o senso crítico (tão importante para combater *fake news*), a empatia (palavra desgastada, mas insubstituível) e a construção de argumentos sólidos. E esta não é uma tarefa que diz respeito apenas a professores e alunos, pois as instituições de ensino e as famílias também têm sua grande parcela de responsabilidade.

No momento, com a intensificação do ensino remoto, talvez tenha chegado a hora de mostrar aos alunos – especialmente os de ensino universitário e pós-universitário – a importância de aprender a aprender, a habilidade suprema de qualquer sistema de ensino. Mais do que um expositor, o professor pode exercer sua atividade primordial da contemporaneidade: ser um curador de conteúdo que vai ensinar, independentemente da disciplina ministrada, onde se encontram boas fontes, como elas podem ser compreendidas, o que ali é criticável e de que forma. Um bom professor hoje faz mais perguntas do que dá respostas e guia os alunos pelo labirinto dos bons argumentos.

Não existe caminho que não passe pela educação. E se o mundo será diferente, a educação também precisa ser.

Revisão

03-Abr-2022

Dois anos depois. Aprendemos alguma coisa?

Havia a promessa de que a sociedade sairia melhor da pandemia. Essa é uma concepção muito abstrata e subjetiva para se chegar a uma resposta. E é difícil concluir qualquer ciclo enquanto ainda vivemos o rescaldo de dois anos muito difíceis, com dramas individuais e coletivos. O ciclo, na verdade, ainda nem se fechou. Contudo, quem trabalha com educação certamente vem refletindo sobre o que nos aconteceu desde 2020.

Começo com uma nota pessoal e fundamental: estou falando como professor de graduação e de pós-graduação em Direito. Imagino quão mais árduo foi o caminho percorrido por professores e alunos dos ensinos fundamental e médio, bem como alunos da rede pública, com infinitas outras variáveis e desafios didáticos e de infraestrutura. Ainda mais neste país de desigualdade abissal, onde nem todos contam com internet de qualidade e equipamento adequado. Este, aliás, outro ponto que a pandemia não resolveu e escancarou. Para enfrentá-lo, um outro texto seria necessário.

Quanto ao que minha experiência me permite compartilhar com vocês, o ensino *on-line* veio para ficar. Não que vá substituir o ensino presencial. Na verdade, minha impressão é de que, em algumas circunstâncias, o ensino presencial se mostrou ainda mais insubstituível do que antes. Uma educação humanizada não pode ser mediada exclusivamente por telas. Pelo menos, ainda não. Especialmente quando estamos falando de crianças e de jovens.

Tenho a impressão de que alunos de graduação precisam da presença física uns dos outros e dos professores porque certas habilidades requerem o outro ali, olhando nos seus olhos e contando com sua atenção plena. Para alunos de pós-graduação, entretanto, talvez o *on-line* seja libertador. Fazer um curso de qualquer lugar do mundo, quando o conteúdo é o que importa e você tem disciplina e um ambiente adequado para se dedicar ao estudo é algo a ser comemorado.

Também foi bastante importante ver que alunos, mesmo os mais jovens, por falta de escolha e pelas circunstâncias impostas, tiveram de assumir um papel muito mais responsável com seus estudos. Em sala de aula, cabe sempre ao(à) professor(a) invocar a atenção das pessoas presentes, estimular sua participação, fazer os malabarismos a que estamos acostumados para ao menos tentar competir com as incontáveis distrações *on-line* e *off-line*. Durante a pandemia, estudantes precisaram reconhecer, em muitas circunstâncias (por vezes, francamente, desfavoráveis), sua responsabilidade do processo de aprendizado. Sem alguém para pedir, pela milésima vez, sua atenção presencialmente, compete a você dar sua atenção se quiser – e assim arcar com as consequências de não tê-la dado quando poderia tê-lo feito.

Do outro lado, também as avaliações se mostraram menos obtusas. Há quanto tempo é necessário repensar a forma de aferir o conhecimento dos estudantes e fugir de fórmulas prontas! Não há mais espaço para exames em que se verifica apenas a sorte de se estudar o que foi cobrado ou tudo quanto se pôde decorar. O conhecimento está todo na internet. O mais importante é saber organizar as informações e fazer uso criativo delas. As avaliações devem ser feitas, na medida do possível, com acesso a todo o conhecimento do mundo, cabendo ao(à) professor(a) trazer o tema à realidade do mundo e propor uma prova que pense soluções, mais do que apontar os problemas.

Fiquemos, assim, com o pouco que talvez tenhamos aprendido, cada um de nós, a partir de nossas vivências e olhares. Repensar nossas vidas e nossa ação no mundo deveria ser tarefa cotidiana, infinita, que não viesse apenas a reboque dos grandes (e por vezes traumáticos) eventos históricos. Que nossas reflexões sobre estes dois anos não se esgotem quando (em breve, esperamos) o fim da pandemia for uma realidade.

Berta *Castelar* & **João** *Moreira*

BRA / Nota / 05-Jun-2020
Originalmente escrito em português

coletividade, responsabilidade, expectativa, esperança

Difícil separar o que acreditamos que será diferente do que desejamos que seja diferente. São mais anseios do que qualquer outra coisa.

Torcemos para que a compaixão e o apreço por cada dia estejam mais presentes, e que as pessoas consigam encontrar mais completude em si mesmas, nos seus familiares e amigos. Que a gente consiga valorizar mais os prazeres da convivência.

Que a gente aprenda a reconhecer nossas verdadeiras prioridades enquanto sociedade e indivíduos. Que tenhamos solidariedade com aqueles que mais precisam e para os quais este momento foi ainda mais difícil. Que a gente busque e promova mudança.

Que a simplicidade e a sinceridade imperem.

Eime *Tobari*

Especialista em Análise Urbana e Estrategista de Valor Social em planejamento imobiliário e urbano
Fundador e Diretor da COCREATIF Limited
Palestrante Convidado do Cambridge Institute for Sustainability Leadership (CISL).

UK / Relato / 16-Jun-2020
Originalmente escrito em inglês

coletividade, política, natureza, adaptação

A pandemia de coronavírus trouxe mudanças em muitos aspectos de nossa vida e está afetando nossos sistemas de valores em níveis individual e social. Mais notavelmente, em vários setores, haverá mais foco em valores, tais como saúde, bem-estar, igualdade, coesão comunitária e cultura.

Uma das grandes questões é como alinhar nossos sistemas sociais a esses valores. Como podemos criar um fluxo de capital financeiro para o que realmente valorizamos? A pandemia iluminou algumas brechas entre o que realmente importa e para onde vai o dinheiro. Embora possa ser fácil mudar um hábito de gastos para alguns, talvez comprando menos roupas, comprando vegetais de agricultores locais ou consumindo produtos mais sustentáveis, alguns podem não ser capazes de gastar mais para fazer tais escolhas éticas.

Como podemos fazer mais mudanças sistêmicas? Na indústria do meio ambiente construído, o "valor social", que eu uso com o significado de "o que valorizamos como sociedade", está ganhando força. O conceito de valor social engloba noções de sustentabilidade social e econômica, resiliência e prosperidade, juntamente com a sustentabilidade ambiental. Há uma vontade genuína de criar melhores lugares na indústria, e muitos indivíduos e organizações realmente tentam. Agora estamos tentando descobrir como podemos aumentar essa escala. Seria útil se as autoridades de planejamento esclarecessem qual valor social querem criar, se os investidores se concentrassem no valor real criado como resultado de seu investimento além dos relatórios de ASG, se os arquitetos comunicassem melhor os resultados de suas propostas de projeto além da tecnicidade ou beleza estética.

Os movimentos de valor social não são de forma alguma novos. Entretanto, acredito que nossa experiência com a pandemia os acelerará. Se os setores público e privado puderem trabalhar juntos de forma construtiva, conseguiremos nos deslocar coletivamente em direção a uma sociedade movida por valores, na qual os capitais financeiros fluam para a geração de valor social. Há mudanças que precisamos fazer para apoiar tal mudança. O ambiente construído tem uma vida longa, continuando a moldar a vida das gerações futuras. Algumas das decisões que tomamos hoje só se materializariam em formas físicas em cinco, dez anos ou até mais. Precisamos começar a agir agora para que possamos ter um ambiente melhor que sustente nosso bem-estar, igualdade e prosperidade no futuro.

Debora *Martini*

Pesquisadora de mídia.

BRA / Relato / 15-Jun-2020
Originalmente escrito em português

coletividade, responsabilidade, expectativa, esperança

Interconectividade; empatia; cuidado. Estas são as palavras e sentimentos que pretendo levar comigo a partir desta situação extraordinária. E uso aqui o extraordinário de uma forma muito literal – não há absolutamente nada de vulgar naquilo que estamos vivendo. Nunca estive tão em contato com amigos e familiares; nunca contei tanto com o apoio dos meus colegas; nunca vi todos partilharem as mesmas lutas e os mesmos sentimentos tão abertamente antes, e nunca vi tanta criatividade em plena exposição, especialmente como professora. Espero sinceramente que o amanhã nos traga uma nova forma de enfrentar a nossa rotina automatizada: uma que nos possa manter mais próximos uns dos outros; uma que nos permita observar e compreender o impacto que as nossas ações têm na nossa sociedade; uma que continue a destacar a nossa criatividade e as nossas capacidades de resolução de problemas. Em última análise, o que mais desejo para amanhã é que as lições que aprendemos agora não sejam logo esquecidas e que possamos continuar a ligar-nos e a crescer juntos.

Igor *Lima*

Sócio e Head de Growth Equity da Clave Capital. Vice-presidente da YDUQS. Membro do Conselho de Administração da Fundação Maria Cecilia Souto Vidigal. Bacharel em Engenharia Mecânica Aeronáutica pelo ITA, MBA pela Kellogg School of Management com especialização em Finanças e OPM pela Harvard Business School.

BRA / Nota / 15-Jun-2020
Originalmente escrito em português

coletividade, política, responsabilidade, esperança

O que tenho visto nos projetos de que participo mais ativamente é uma aceleração cada vez maior da digitalização nas nossas vidas, mudanças de hábito que normalmente levariam muito mais tempo e que foram potencializadas nesta crise. Muitos têm analisado e comentado esse efeito já, prefiro falar mais do que eu gostaria que fosse diferente amanhã. Gostaria que mantivéssemos e aumentássemos a esperança de construirmos juntos um mundo melhor. Que tenhamos um mundo ainda globalizado e conectado. Que nossos líderes políticos deixassem de lado a polarização e evoluíssem em propostas estruturantes para toda a população. Que nossos líderes empresariais endereçassem cada vez mais não só o efeito econômico, mas social de suas companhias. Que nossos líderes e população fossem solidários com aqueles que precisam mais. Que acreditemos mais na ciência e dados. Que acreditemos mais no perdão e no amor. Que tenhamos prosperidade para todos e paz.

Higia *Ikeda*

Roteirista na Conspiração Filmes. Graduada em Comunicação Social pela UFRJ.

BRA / Relato / 11-Jun-2020
Originalmente escrito em português

coletividade, responsabilidade, recomeço, esperança

A gente cria os filhos para o mundo, mas que mundo criamos para os filhos?

Durante a pandemia tornei-me mãe, e se tem algo em que penso todas as noites enquanto vejo meu filho dormir é no amanhã.

O futuro costuma repetir o passado e, olhando para trás, o que podemos esperar dos dias que nos seguem não é exatamente bom. Mas, nesse momento, eu faço de tudo para transformar isso.

Como uma corretora de imóveis apresentando opções para o novo habitante de uma cidade, eu me pego querendo vender para meu filho a ideia de que este é, sim, um bom lugar para se viver. Eu mostro a vista linda, enquanto escondo um vazamento. Eu falo sobre como ele poderia derrubar a parede e integrar ambientes, enquanto omito a viga estrutural que impediria uma reforma. Eu vendo a ideia de que ele pode fazer deste um lugar feliz, mas deixo de citar o vizinho barulhento e o condomínio caro. Mas, né? Olha! Estse lugar poderia ser maravilhoso!

A verdade é que o mundo que criamos para os nossos filhos é terrível. Estamos todos agora correndo atrás de um engenheiro que dê conta de uma obra emergencial. A planta arquitetada era linda. Uma casa inteligente, com tudo conectado em rede. Mas um vírus invadiu o sistema, e as coisas pararam de funcionar. Revelou o quanto o projeto era falho, insustentável e não dava conta de todos os moradores que precisaria abrigar.

A boa notícia é que ainda dá para salvar a casa. Vai demandar um grande esforço, teremos de usar bem nossos recursos, recuperar partes perdidas, dar assistência para as áreas mais afetadas pelo vírus e, principalmente, olhar para os problemas que ignoramos inicialmente. O pior que podemos fazer agora é negar a necessidade de corrigir os defeitos desse projeto, tentando só cobrir o que está ruim com tinta.

Talvez a gente não chegue a morar nessa casa bonita, mas poderemos deixá-la para os nossos filhos. Talvez a gente possa, sim, alicerçar um novo futuro.

Por hora, acreditemos nisso.

Marcos *Frazão*

Economista PhD pela universidade de Yale.
Consultor do Boston Consulting Group.

EUA/BRA / Relato /04-Jun-2020
Originalmente escrito em inglês

coletividade, responsabilidade, expectativa, recomeço

O *Kintsugi* é uma técnica tradicional japonesa para a fixação de cerâmica quebrada. Consiste no uso de metais preciosos, como o ouro, para consertar as peças e restabelecer o objeto original. Os resultados são deslumbrantes. As veias douradas enfatizam os danos, enquanto a inclusão de peças inadequadas pode criar obras de arte únicas.

A pandemia expôs muitos aspectos de nossas sociedades que se quebraram. Neste ponto, é difícil dizer para onde estamos nos dirigindo. Ainda estamos reunindo as peças. O lado positivo é que isso nos permite refletir sobre o que queremos para o futuro e agir nessa direção.

Aprendemos lições valiosas sobre como nossos comportamentos afetam os outros. Instituições que promovem a igualdade, tais como reformas tributárias e de saúde, podem ser criadas a partir dessa empatia.

Ao reconstruirmos, não devemos esquecer alguns fundamentos de nossas comunidades. A mesma empatia que nos orienta a buscar a justiça também deve nos orientar a respeitar os outros e suas opiniões. A diversidade de ideias é essencial para debates significativos e para evitar a opressão.

Há uma oportunidade de escolher os melhores materiais para montar um vaso *Kintsugi*, mas precisamos ter certeza de que ele ainda contenha água.

Antônio *de Salles Guerra Lage*

Produtor audiovisual.

BRA / Nota / 07-Ago-2020
Originalmente escrito em português

desafios, coletividade, política, responsabilidade

A Covid-19 é a mais importante lição de união para a humanidade deste século. Somos uma coisa só, e cada um fazer sua parte não vai ser suficiente. Devemos estar atentos até mesmo a pequenas atitudes de cidadãos do outro lado do mundo.

Paula *Braun*

Atriz, produtora, diretora, escritora e cineasta.

BRA / Relato / 14-Mar-2022
Originalmente escrito em português

coletividade, responsabilidade, expectativa, esperança

Amanhã é hoje

Da tristeza a gente aprende, dizem, a tristeza nos fortalece, dizem, a tristeza nos deixa capazes, dizem. A tristeza, a morte, a fome, dizem. Amanhã a gente volta, dizem, amanhã a gente muda, dizem, amanhã a gente recupera, dizem. E nada mudam, nada fazem, apenas dizem. E dizem comerciais de banco, dizem promessas em palanques, dizem profetas e dizem gurus. Dizem demais. Falam pelas tampas e vendem seus números, seus créditos, suas promessas de saúde, vendem terrenos no céu.

Enquanto isso o que passamos com a tristeza é apenas sermos: tristes, órfãos, amigos solitários sem os que daqui partiram. Apenas sentimos a pandemia que nos deixou claro o que é perder.

Havemos de saber que amanhã é hoje, com pandemia, greve, desigualdade, corrupção, fome, guerra, desmatamento, garimpo e poluição. Amanhã não tem. A máscara pode cair, a festa pode voltar, o carnaval pode reinar. Mas, nada é amanhã se não for dentro do agora. Se não for dentro que balança a mudança, se não for dentro o chacoalho da comoção, se não for dentro, nada mudará. Seremos apenas menos.

Mas insistimos em existir porque persistimos. Persistimos em tentar, em movimentar, em respirar. Persistimos apesar de toda a tristeza, de toda a desesperança, de toda a miséria que cerca este país. E persistir é o que movimenta o olhar para a única direção possível, o outro. No outro estamos todos. O outro é a nossa respiração. Olhemos. Que seja logo, que seja maior, que seja hoje ainda.

Ontxa *Mehinaku*

Representante dos indígenas da Aldeia Utawana.

BRA / Nota / 05-Mar-2022
Originalmente escrito em português

perdas, responsabilidade, recomeço, esperança

O que será diferente amanhã? Na vida, vamos recomeçar. A gente pode ter perdido alguém muito importante nesse período de pandemia, mas ainda há muito pela frente. Por isso, faça o seu amanhã ser melhor; ser diferente para criar um novo futuro. Depende de nós construir um futuro melhor.

Isabella *Simões*

Arquiteta e Urbanista, graduada pela PUC-Rio.

BRA / Relato / 13-Jul-2022
Originalmente escrito em português

desafios, incertezas, desigualdade, esperança

Como o amanhã será diferente?

Em 2020, achei que o amanhã não existiria. Em 2021, achei que seria diferente.

Em 2022, acho que será igual ao ontem. Já faz dois anos e quatro meses desde que a pandemia começou. Será que o amanhã será diferente?

Há dois anos o medo e a insegurança tomaram o mundo, e com ele todas as nossas certezas. O futuro ficou cada vez mais difícil de enxergar. Parecia que o tempo havia sido suspendido e nada mais seria o mesmo. Mas o mundo se adaptou e se transformou. E, de repente, lenta e rapidamente, ao mesmo tempo, parece que tudo foi voltando ao normal. Mas não era exatamente o normal que já conhecíamos, era como se fosse um tempo paralelo semelhante ao que havia passado. Um mundo diferente, mas muito parecido com o antigo.

Essa suposta normalidade se desdobrou em tantas estranhezas que pareciam não ser mais possíveis depois de um período como a pandemia. Mas parece que a vida retornou até mesmo em seus antigos problemas. O desgoverno generalizado, a morte de ativistas, os abusos contra mulher, as tragédias climáticas. Diante dessas manchetes parece que a positividade fica cada vez mais distante. Achávamos que, quando a pandemia acabasse, estaríamos todos em festa, abraçando-nos, dançando em um bloco de carnaval eterno. Mas não foi bem assim.

E como podemos pensar em um novo amanhã? Um amanhã que não seja tão assustador quanto o presente que estamos vivendo. Talvez sejam os pequenos atores escondidos que modificam as grandes narrativas e que nos fazem acreditar que existem possibilidades melhores para o futuro. Mudar o governo, preservar a Amazônia, garantir o respeito aàs mulheres, diminuir a desigualdade. Parece distante, mas ainda existe um sentimento de esperança que poderá se tornar realidade. O futuro é incerto, mas nossas decisões diárias nos trazem para mais perto desse imaginário positivo. Nós nos encontramos em um tempo de confronto entre o futuro e o passado, entre o alívio do que passou e a melancolia do que está por vir, sentimentos que remetem aos versos de Jards Macalé: Desculpe a paz que eu lhe roubei/E o futuro esperado que eu não dei/É impossível levar um barco sem temporais/E suportar a vida como um momento além do cais.

Portanto, o amanhã só será diferente quando nossa percepção sobre o mundo que habitamos mudar, quando percebermos que nosso tempo e recursos são finitos. Poderá ser diferente se passarmos a agir de forma conectada como comunidade e natureza, e pesarmos em soluções a longo prazo e não imediatistas. Ainda não sabemos como será o futuro, porém, podemos modificar nossa perspectiva sobre o presente e não nos neutralizarmos diante das injustiças do cotidiano.

Guilherme *Alves*

Musicoterapeuta, pesquisador de saúde e artista transdisciplinar. Fundador da metodologia PazCiência.

BRA / Nota / 20-Mai-2020
Originalmente escrito em português

desafios, coletividade, responsabilidade, esperança

Do medo ao amor: a verdadeira sustentabilidade holística será a pedra fundamental para cada nova lei e contrato. Mais solidariedade entre as disparidades, pois os grandes problemas são necessários para serem tratados mais seriamente como um coletivo.

Julie *Michiels*

Arquiteta, com bacharelado em Arquitetura pelo Illinois Institute of Technology. Diretora Associada e Líder de Design na Skidmore, Owings & Merrill LLP.

EUA / Nota / 25-Mai-2020
Originalmente escrito em inglês

coletividade, urbano, responsabilidade, expectativa

Embora amanhã seja sem dúvida diferente, espero que seja realmente uma evolução, verdadeiramente "amanhã", não ontem ou o ano passado. Nas cidades, evoluímos para entender a importância da comunidade e do trabalho em conjunto para prover a muitos de muitas maneiras. O trânsito público, jardins comunitários, acesso a instituições culturais, parques, praças, piscinas e outras amenidades compartilhadas são uma necessidade. O que espero é que aprendamos a tratar esses recursos compartilhados com mais cuidado para melhorá-los e não os abandonar em favor da individualidade por medo.

Mari *Mel Ostermann*

Naturóloga Integral, graduada em Naturologia pela UNISUL. Cofundadora do curso Integral Way.

BRA / Nota / 20-Mai-2020
Originalmente escrito em português

coletividade, adaptação, expectativa, esperança

Previsões são sempre suposições. Mas, dentro da minha capacidade imaginativa, vejo cada curva intensa da humanidade como um reajuste necessário. Não há falta de inteligência no cosmos, nós, humanos, que vemos as coisas com autocentramento. Acredito em um amanhã com mais humanidade, mais autonomia emocional, mais preservação do silêncio e valorização do essencial. Consumo mais consciente, talvez? Relações mais maduras? Eu torço para que sim. Espero que a consciência coletiva vá além do uso das máscaras, mas usemos a coletividade para evolução das nossas consciências e para amadurecermos como espécie.

Tereza *C. Mc Courtney*

Artista.

BRA / Nota / 17-Mai-2020
Originalmente escrito em português

desafios, incertezas, adaptação, expectativa

O que será diferente amanhã?

Tudo? Nada?

Não sei.

Só acho que não tem como sair disso igual, precisamos mudar de alguma forma, nem que seja mínima. As pequenas mudanças nesse caos que estamos vivendo são inevitáveis. Um sinal para nós, humanos, um momento que precisamos viver. Estamos aqui nesse exato tempo do mundo, nesse plano, nessa quarentena, pois cada um de nós precisa passar por isso. Uma lição que precisamos vivenciar e, consequentemente, aprender, não posso responder exatamente o que vai mudar, mas espero que tudo, espero que um pouco, espero que o necessário.

Miguel *Darcy de Oliveira*

Diplomata e escritor.

BRA / Nota / 08-Mai-2020
Originalmente escrito em português

coletividade, responsabilidade, expectativa, esperança

Todos que enfrentamos um perigo mortal saímos diferentes da experiência. Mais conscientes de nossa fragilidade, mas também um pouco mais sábios, dando valor ao que dá sentido à vida. Pela primeira vez na história é toda a humanidade que está em perigo. Que o mundo de amanhã seja o de uma comunidade de destino, não de uma alcateia.

Marcelo *Maia Rosa*

Arquiteto, graduado em arquitetura e urbanismo pela Universidade Mackenzie (2006). Sócio do escritório Andrade Morettin Arquitetos Associados. Pós-graduado pela Escola da Cidade (2017). Cocurador do Pavilhão Brasileiro para a 16ª Mostra Internacional de Arquitetura de Veneza.

BRA / Relato / 07-Mai-2020
Originalmente escrito em português

introversão, coletividade, adaptação, expectativa

Um momento de revisão, uma pausa na desenfreada rotina que nos faz amortecer diariamente os desafios que nos cercam, o contexto em que estamos vivendo e principalmente a reflexão de sociedade que estamos construindo.

Somente depois de suprirmos nossos egos, esgotarmos o cotidiano, nos saturarmos de tecnologia que podemos realmente remover esse embaçamento que divide a nossa sociedade entre uma maioria realmente necessitada e uma classe privilegiada, que até sofre, mas dentro de conforto controlado, seguro, em que a escolha ainda é possível, a exposição ainda é deliberada e arbitrária, mas, ainda assim, é uma escolha.

Do outro lado temos os que não gozam dessa liberdade. O lado que faz a roda girar, que não pode parar nunca, porque se parar morre. Contudo, neste paradoxo que vivemos, que insiste na continuidade de um modelo econômico cruel para muitos, quem não parar morre também, agora por uma força maior.

Omar Kháyyám, em seu livro *Rubayat*, diz: "... o universo não tem plano, para não perder a coragem de viver, é necessário embriagar-se do momento presente, único e verdadeiro. Na exaltação da embriaguez, o breve momento dará a ilusão de uma eternidade..." Essas palavras nos fixam na importância do presente que urge desesperadamente por uma reflexão, uma mudança profunda que está estruturada no puro e mais direto sentimento, a compaixão.

Só por meio dela seremos capazes de por fim nos permitirmos refletir sobre um futuro, um futuro diferente, muito distante do que o nosso modelo estabelecido no passado.

Um futuro em que teremos de abrir mão de valores deturpados, construídos a partir de uma ganância, de uma mentalidade cumulativa que permite salvar alguns, mas não todos, pior do que isso, salvar uma minoria como um navio histórico afundando em um mar gelado.

Um momento de olhar para si ao ponto de nos libertarmos, de sermos capazes de transcender esse ego e com isso olharmos para os outros com igualdade, como nós mesmos, com a compaixão de um familiar, porque no fundo somos uma família ignorante de nossos parentes.

Essa compaixão se faz urgente. Doar em tempos de crise é a prova de que nossos corações ainda pulsam não somente por nós mesmos.

Ney *Latorraca*

Ator com longa carreira na TV, teatro e cinema.

BRA / Nota / 03-Mai-2020
Originalmente escrito em português

isolamento, introversão, expectativa, esperança

Quarenta e cinco dias sem sair de casa. Respeitando a quarentena e descobrindo como meu mundo é pequeno e egoísta. Quero parar de olhar para meu umbigo, para minha casinha, meu quadrado, e ampliar meu afeto, meu amor, virar um ser humano mais global, sair da minha vila de acomodação. Só vou resolver esse retorno se colocar meu trabalho como homem e profissional nas mudanças de um dia a dia mais singular, e, por que não, universal. Não posso viver o presente e esquecer o passado e, principalmente, o FUTURO. Vou voltar melhor, tenho certeza.

José Benedito *Tui(~) Huni Kuin*

Cacique do povo Huni Kuin e professor na Terra Indígena Praia do Carapanã.

BRA / Relato / 23-Mar-2022
Originalmente escrito em português

cotidiano, desafios, incertezas, coletividade

Nós vivemos, nestes tempos atuais, em um momento muito difícil da vida humana. Vivemos em um momento de doenças, de perda de gente querida. A humanidade sofreu com esse vírus, em que muitos ficaram órfãos de pai e mãe, perderam seus filhos, suas filhas, seus irmãos, sua família. O mundo sofreu muito por essa maldita doença.

Mas nós pensamos, no momento, o Amanhã (de)novo. O que pensar no Amanhã (de)novo? Amanhã queremos viver. Retornar a nossa comunhão junto a nossa família. A humanidade se separou. Cada um ficou nas suas casas, nos seus quartos. Muitas pessoas isoladas no hospital. Muitas pessoas não viram seus entes queridos quando se foram. O Amanhã (de)novo será a retomada dessa nossa vida social. Retomar cada um de nós, nossas vidas profissionais. Nós, uma comunidade que vivia dançando, nosso *mariri*, nossos *katchanawa*, fazendo nossos rituais livres, por espontânea vontade. Saindo da Covid-19, o amanhã de novo é o sonhar de nosso povo. É o viver de nossos jovens, nossas crianças livres dessa maldita doença.

Mas, no Brasil, precisamos pensar de uma outra forma, em um outro patamar. Estamos saindo de um vírus, da doença física. No entanto, para vivermos livres, também precisamos que nossos governantes brasileiros tenham um olhar especial pelos direitos dos povos indígenas. O direito pela terra, o direito pela educação, o direito pela saúde, o direito de viver livre em nosso meio ambiente.

A Constituição Federal de 1988 está sendo violada. Os povos indígenas estão sendo mortos pelos fazendeiros, por latifundiários. Se pensarmos somente na doença, estamos livres dela, mas, na lei humana, nós estamos sendo perseguidos. Nós não nos sentimos felizes com essa violação de leis, que realmente atinge os povos indígenas. Direta ou indiretamente, nós estamos sendo atingidos – quando se fala em liberação de mineração nas terras indígenas, por exemplo. Muitas pessoas, muitos povos estão felizes em explorar a terra da forma que querem. Para nós, povos indígenas, para a felicidade não importa muito dinheiro. O que importa para gente é a felicidade, a saúde, é termos os nossos ambientes limpos e saudáveis.

Esse é o amanhã que esperamos viver, assim como nossos pais viveram. Sem doença. Usando nossas ervas medicinais, fazendo nossas culturas. Enfim, vivendo como um povo tradicional dentro da sua floresta. O Amanhã (de)novo é pensar nisso. Estamos saindo da Covid, mas a lei continua nos ameaçando e, por isso, a humanidade deve pensar junto a nós. De que forma nós queremos viver? Temos de estar juntos, pensar como humanidade. O nosso povo precisa viver o amanhã feliz. Esse é o meu pensar, como um cacique, como professor, de manter viva a cultura de meu povo, fortalecendo-nos sempre em nossa batalha por um amanhã feliz.

Rita *Braune Guedes*

Especialista em Comunicação da Plataforma Institucional de Biodiversidade e Saúde Silvestre - Pibss/Fiocruz. Bacharel em Administração de Empresas pela PUC-Rio, MBA em Gestão Ambiental pela Fundação Getulio Vargas.

BRA / Relato / 01-Mai-2020
Originalmente escrito em português

coletividade, política, responsabilidade, esperança

Estamos no meio do que gosto de chamar de "TRAVESSIA".

Prefiro refletir que não é uma simples quarentena, um tempo de espera e distanciamento social. Eu me sinto atravessando passagens e cruzamentos de sentimentos diversos: tristes e sofridos, comoventes, solidários e transformadores.

São imensas as oportunidades de aprendermos como viver o "novo normal". Em nível pessoal minha nova jornada já começou com infinitas possibilidades de valorizar coisas simples que passavam despercebidas no tempo corrido do dia a dia, do ano a ano.

E a vida com essa "natureza arteira" nos apronta uma guerra biológica com um festival lições óbvias, com o que precisamos melhorar em todos os níveis: econômico, político, social, pessoal e coletivo.

O dicionário de sinônimos parece estar contando uma história paralela de nossa sociedade doente, quando define a palavra vírus: Tornar viral – espalhar rapidamente, divulgar rapidamente, difundir rapidamente, propagar rapidamente. Tudo absolutamente alinhado ao tempo da rapidez, da propagação, das mentiras, do autoengano, das desigualdades, do desrespeito à natureza e da desvalorização da saúde.

Eu sempre tive um lema: "Quanto mais simples melhor". Agora parece fazer ainda mais sentido. Acredito que sairemos melhores desta "travessia" com uma sociedade mais solidária e saudável, uma economia mais voltada para o social e o meio ambiente mais limpo.

Tenho 64 anos e uma vida não muito longa pela frente, mas, com certeza, e se Deus permitir e me poupar do maldito, será com muito mais qualidade e alegria.

Adriana *Lucena*

Cirurgiã-dentista, graduada pela Universidade Federal de Juiz de Fora. Responsável pela Vitallis Odontologia Integrada.

BRA / Relato / 27-Abr-2020
Originalmente escrito em português

desafios, responsabilidade, adaptação, expectativa

Certa vez, um amigo que tinha um único filho foi pai de mais uma criança.

Com a chegada daquela criança na família, tudo mudou. Nada do que era importante antes tinha agora a mesma importância. Um ser novo dentro de um lar até então calmo e tranquilo, tudo sobre controle, digamos!

Logo de cara, a confusão estava formada. O quarto não era mais só seu, a avó passou a ocupar sua cama, do dia para a noite passou a ter o título de "Filho mais velho", a mãe não era mais só dele – estava o tempo todo ocupada com um desconhecido que só fazia chorar. Noites de choros e confusões... Lá pelas tantas, o filho mais velho vai até o pai, que, por sua vez, também estava dividido, senão esquecido, e pergunta:

– Pai, quando minha vida vai voltar ao normal?

Digamos que o recém-nascido tivesse o nome de Covid.

O pai responde:

– Filho, você vai ter de se adaptar a uma nova vida. Nós vamos precisar dividir nosso tempo com você e o bebê. Você terá outros cuidados quando chegar em casa, vai ter de lavar as mãos, falar baixo e dividir as pessoas que você ama. Mas esse bebê vai te ensinar muita coisa! Tudo aquilo que você tinha, que era só seu, você vai ter de aprender a dividir, e com o tempo você vai se acostumando a uma nova vida, até que isto seja normal!

Cláudio *Domênico*

Doutor em Cardiologia pela UFRJ.

BRA / Nota / 26-Abr-2020
Originalmente escrito em português

isolamento, introversão, desafios, incertezas

Difícil responder esta pergunta quando não temos certeza do dia de hoje! Gosto de acreditar nos ciclos da vida, que tudo passa – tanto os bons como os maus momentos –, e esta pandemia também vai passar.

Espero que neste momento tão difícil possamos aprender com nossos erros e que nossas vidas e a vida do planeta melhorem, pois outras crises virão, sejam decorrentes de outro vírus, das mudanças climáticas, da poluição etc.

Temos de ser otimistas, mas realistas também. A mudança de comportamento e atitude começa primeiro em si próprio. O isolamento social tem sido até o momento a melhor solução para enfrentar a pandemia, mas também trazido uma série de transtornos. Que esta pausa em nossas vidas nos permita refletir visando um maior crescimento pessoal, sendo mais solidários, mais humildes, menos consumistas, menos egoístas e mais humanos e felizes.

Rafael *Marengoni*

Arquiteto e Urbanista com mestrado em Arquitetura em Design Urbano pela Harvard Graduate School of Design.

BRA / Relato / 26-Mai-2020
Originalmente escrito em inglês

adaptação, expectativa, recomeço, esperança

(De) novo.

Amanhã vamos acordar, escovar os dentes e olhar para fora. Amanhã o sol vai brilhar em nosso rosto e um novo dia começará. Amanhã não estaremos sozinhos, não teremos medo, não estaremos à parte. Estaremos na frente e no centro, preparados e ousados. Levaremos o melhor de nós mesmos ao mundo e toda a energia que temos conosco. Recordaremos aqueles que deram tudo o que tinham por todos nós e aqueles que não estão mais conosco. Lembraremos que a ciência derrotou seus inimigos e que isso nos tornou a todos vencedores. Lembraremos que a solidariedade pode ser o novo normal e que estamos no nosso melhor quando cooperamos e olhamos uns pelos outros. Amanhã será um novo dia. Acima de tudo, uma nova chance para sermos melhores: devemos isso a nós mesmos e a todos que nos ajudaram a chegar até aqui.

Fernanda *Ferreira*

BRA / Relato / 25-Abr-2020
Originalmente escrito em português

introversão, coletividade, responsabilidade, esperança

O mundo estava virado para fora, as pessoas só olhavam a casa dos outros, a vida dos outros e o país dos outros. Hoje, e no futuro próximo, elas terão de olhar para suas casas, seus países, suas vidas, estarão mais viradas para si mesmas, mais preocupadas em ajudar os outros, pois todos nós precisaremos de ajuda, de alguma forma.

Os exageros serão cortados, o turismo excessivo no mundo será controlado, a poluição e a agressão ao meio ambiente diminuirão, gostaria muito que os políticos populistas e oportunistas também fossem cortados, para termos um mundo mais unido, mais solidário, mais real, menos egoísta.

Seremos menos. Sairemos e viajaremos menos, faremos menos visitas e teremos menos festa.

Espero que sejamos mais; mais solidários, mais cuidadosos com as pessoas ao nosso lado e com as pessoas distantes, mais preocupados com o meio ambiente. E mais preocupados com os que têm menos, e cada dia terão menos. Com mais visão e compaixão para olhar o diferente.

Gabriel *Kozlowski*

Arquiteto com bacharelado pela PUC-Rio. Mestre em Planejamento Urbano pelo MIT e doutorando da Harvard Graduate School of Design. Diretor do escritório de arquitetura POLES - Political Ecology of Space. Curador assistente de *How Will We Live Together?*, 17ª Exposição Internacional de Arquitetura - La Biennale di Venezia.

BRA / Ensaio / 16-Nov-2020
Originalmente escrito em inglês

isolamento, coletividade, urbano, adaptação

A sociedade após a vacina

A pandemia expôs como poderia ser uma privatização completa da vida. Ao fazê-lo, obrigou-nos a reavaliar a forma como nos relacionamos individualmente com a esfera comum. Como sempre a tomamos como certa, agora que estamos trancados e privados da vida coletiva, naturalmente refletimos sobre sua importância. O grau em que nos engajamos nesse exercício determinará o nível de abertura do nosso mundo pós-Covid.

Ao flutuarmos na segunda onda do vírus e, simultaneamente, observarmos as perspectivas de uma cura no horizonte, é hora de decidir o que o "novo normal" deve trazer.

Do corpo ao planeta, a forma como entendemos a coletividade mudou. Primeiro com o isolamento social, depois com os bloqueios e finalmente com as restrições de serviços, acesso a espaços públicos e intercâmbios internacionais, o aspecto coletivo de nossa vida se esvaiu. Tal diminuição progressiva de nossa presença na esfera pública tem sido gradualmente substituída por um tipo perverso de separação, não a física pelo distanciamento social, mas uma conceitual, com implicações mais profundas na maneira como vivemos. Distanciamo-nos da ideia fundacional de que a sociedade depende do domínio comum.

Se, etimologicamente, "sociedade" é construída sobre a associação entre as pessoas, bem como sobre noções de companheirismo, união e comunidade, sem trocas com o outro, não há sociedade, e, goste ou não, ela é nosso modo de associação predominante. A manutenção de uma sociedade, no entanto, não existe em abstração, mas se baseia no espaço físico. Quer seja a antiga "*polis*" grega ou nossa "cidade" moderna, o local principal da vida coletiva está em lugares que permitem que as pessoas vivam juntas. São ambientes que permitem um terreno comum onde podemos exercer nossos papéis sociais e políticos. Assim, a própria existência de uma sociedade depende mais de espaços comuns e compartilhados do que de espaços privados — embora o capitalismo tenha cada vez mais deslocado muitas de nossas funções sociais para o domínio privado.

Com a Covid-19, porém, divorciamo-nos de nossos espaços comuns e fomos obrigados a habitar exclusivamente os espaços que acreditávamos ser nossos. Como em um movimento copernicano invertido, onde o centro do Universo se deslocou para nosso próprio *habitat* e pousou em nossos corpos individuais, nossa realidade se tornou nossa esfera privada. A partir de uma posição agora recentralizada, a primeira órbita passível de habitação está a dois metros de distância, a soleira da segurança pessoal. Além desse ponto, era muito arriscado, então, continuamos a nos retirar materialmente para dentro. Nós nos guardamos como uma matriosca dentro de nosso quarto (provavelmente o único), em uma casa (provavelmente alugada), em um terreno (que, grande novidade, não é nosso). De lá, ou literalmente, ou psicologicamente, cercamos o perímetro para dizer "isto é, meu". Lá fora, aquilo que era verdadeiramente nosso foi inevitavelmente anulado. Assim, quando perambulávamos por esse vazio, o que experimentamos não eram cidades vazias, porque nossas cidades ainda estavam tecnicamente cheias. Pelo contrário, experimentamos a erradicação de seu aspecto público: um lembrete de que a ideia de cidade só pode existir fora do âmbito privado.

Conforme a pandemia persistiu e a vida regular foi se ajustando gradualmente à vida com a Covid, escolhemos seletivamente nossos compromissos com a intenção de salvar tanto nossa economia quanto nossa saúde mental. Uma decisão consequente foi terceirizar parte da esfera pública para o domínio privado. Uma vez que os encontros com estranhos deveriam ser evitados, chegando a tornar-se situações hostis, estava agora nas mãos de iniciativas privadas para satisfazer nossa necessidade de interação social. O domínio privado ganhou terreno sobre o público. Nossos espaços comuns – como calçadas, ruas, praças e parques – ganharam os meios pelos quais resgatar ou proteger os interesses privados. As vias locais foram fechadas somente para os residentes; as calçadas ampliaram os espaços interiores das lojas; segmentos de praças e ruas se transformaram em espaços para restaurantes e lojas por meio de barracas, barricadas e móveis de todos os tipos; e áreas de parques foram designadas para exercícios físicos, ioga e outras atividades relacionadas à saúde oferecidas por empresas contratadas.

Fora as medidas que realizavam uma tão desejada reversão do privilégio dos carros sobre as pessoas, todas as outras podem ser vistas por meio de duas lentes opostas. Por um lado, reanimavam espaços que eram desprovidos de vida devido à aversão à interação social descontrolada. Puxavam a vida do interior das casas de volta para fora, para a cidade. Por outro lado, faziam-no para aqueles que podiam pagar por isso. Em outras palavras, os lugares que eram legitimamente livres se tornaram mediados pelo dinheiro. Além disso, eles removeram o atrito e a espontaneidade característicos do domínio público em troca da previsibilidade dos encontros programados.

Em vez de certo ou errado, o que mais importa é a temporalidade de tais medidas. Ao julgarmos eventos transitórios em tempos de crise, as críticas devem ser recalibradas, pois todos nós nos beneficiamos de ser mais abertos e acomodados a circunstâncias atípicas. No entanto, a mesa vira se essas correções efêmeras se tornarem realmente fixas. Sem alarme, a pandemia desencadeou uma atitude de *laissez-faire* para a privatização do bem público que não pode se tornar endêmica da forma como nossas cidades operam. A preservação dos processos que envolvem nossos processos comuns – historicamente naturais ao capital – tem de ser combatida com todas as forças. Esta é uma luta tanto para garantir o direito à cidade quanto para salvaguardar a expressão pública de nossa vida.

A Covid-19 nos mostrou que estamos tão seguros quanto os menos seguros de nós; o que significa que nossa vida individual depende invariavelmente da vida de pessoas que não conhecemos. É a essência da coletividade, que contraria a clausura da existência em si mesma enquanto a repensa como um fragmento de um todo comum mais amplo e aberto. Ao nos apressarmos para achar uma vacina, podemos também nos certificar de revisitar as decisões de emergência que tomamos durante a crise, bem como aquelas que tomávamos como garantidas.

Somente então poderemos colocar conscientemente nossos valores coletivos acima de nossos valores privados, esperando contribuir não apenas para manter, mas também para melhorar o que ainda chamamos de sociedade.

Charles *Silva*

Assistente de cozinha e Designer social.

BRA / Relato / 29-Mai-2020
Originalmente escrito em português

desafios, desigualdade, coletividade, recomeço

Tempos difíceis exigem amor ao extremo. Ter empatia não pode mais apenas ser válvula de escape para gerar repercussão em massa – precisamos praticar diariamente! Sim, diariamente.

Percebe-se no ser humano um lado humano em boa parte quando a comoção é coletiva, mas a fome, sim, era para ser comoção social diária. As pessoas passam fome diariamente e são boa parte invisíveis: de documentos, de atenção, de ser humano [existir]. Apenas existir.

Em tempos de crise, empatia é fundamental, para muitos que ainda sofrem com medo do que está por vir em meio à pandemia do coronavírus – sim, por vir. Ainda não acabou. O diferente amanhã é o hoje! Precisamos pensar hoje, refletir o passado e aprender com o amanhã, mas, o amanhã ainda é hoje.

A nossa maior esperança é hoje ser a resposta ou parte dela para o amanhã não ser o mesmo de hoje.

Parte da nossa missão é ser otimista. Eu acredito que é o momento de a gente juntar forças, juntar as boas ideias e tentar espalhar mensagens positivas, porque já é muito difícil o momento que passamos.

Um novo amanhã chegará depois das lições que estamos passando.

A sua, a nossa geração fracassou na tarefa de construir um mundo melhor. O dever agora é pedir aos que estão chegando que tenham coragem de começar de novo. Minha filha Maria, de quatro anos, tem me ensinado tanto com esse momento e como nunca ouvi as ideias dela de ser astronauta e cientista.

Vivemos até agora na ilusão de que chegamos ao ápice do progresso tecnológico e do conhecimento científico. Do *on-line* ao *full-time*.

Mas a vida é elusiva. Quanto mais nos aproximamos dela mais ela nos foge para mais distante. Em um passe de mágica.

Nem todos os recursos da Terra têm sido suficientes para nos livrar dessa dor, do medo e da morte causados por um simples vírus. Simples saber que um gesto de etiqueta para ver o próximo longe de uma dor ou perda é uma tarefa árdua para alguns: lavar as mãos e colocar a máscara, ficar em casa.

Sabemos agora que estamos longe de controlar a vida e dominar os seus mistérios. Mas não estamos no mesmo barco. Alguns estão em botes, e alguns, à deriva.

O novo lugar-comum é que o mundo depois da pandemia será muito diferente. De fato, as economias do mundo sairão muito desorganizadas. O desemprego e a queda nas rendas de quase toda a população vão reduzir severamente a demanda por bens e serviços.

Teremos um longo hiato. Não seria exagero dizer que vamos ter de começar de novo, e uma nova distribuição de riqueza poderá se instalar no mundo. A pandemia, com seu impacto sobre as economias, vai de um certo modo renivelar o campo de jogo, tornando a competição menos desigual. Quem fracassar vai ter de esperar muito tempo por nova oportunidade.

Será um momento de reconstrução, um novo ciclo. Vamos tentar reconstruir tudo exatamente como era, ou vamos aproveitar para sonhar com uma vida um pouco diferente e um pouco melhor? Será que vivíamos até agora no melhor dos mundos?

O nosso Brasil, além de um dos mais pobres, continua a ser um dos países mais desiguais do mundo. As portas do futuro fecharam-se para nós. Extrapolamos e iremos colher o hoje, amanhã.

Sobre as ruínas do presente e do pós, será um grande impacto reavaliar as nossas atitudes como seres humanos, os danos grandes que já causamos. E são tantos... iremos precisar entrar em um novo ciclo, nos recriar.

O dever que nos resta agora é confessar os nossos erros, de pés juntos, e pedir aos que estão chegando que tenham a coragem de começar de novo.

Vai ficar tudo bem.

Seamus *O'Farrell*

Gerente de Projetos na St. George PLC.

AUS / Relato / 28-Mai-2020
Originalmente escrito em inglês

isolamento, cotidiano, expectativa, esperança

Vemo-nos forçados a um estado desconhecido de separação. Separação um do outro, de nosso modo de vida e da liberdade de movimento a que nos acostumamos. Em uma época em que estamos mais conectados do que nunca, mais móveis, mais acostumados a nossos desejos e necessidades serem facilmente acessíveis, a paciência não tem o significado que um dia pode ter tido.

Estamos constantemente em busca de nossa próxima onda de dopamina ou sentimento de satisfação, nossa próxima interação social ou talvez nossa próxima aventura. Até agora, encontrá-los tem sido simples, e, por melhor que isso seja em muitos aspectos, também tem resultado em uma falta de apreço pelas coisas simples na vida: as coisas que tomamos como certas.

O isolamento apresentou uma oportunidade para o mundo parar, uma oportunidade de refletir sobre o que mais valorizamos em nossas vidas. Ele nos obrigou a ser pacientes, a valorizar os espaços em que vivemos, a nos conectarmos com nossos vizinhos, a aprender algo novo, a ler mais, a considerar aqueles menos afortunados que nós, a encontrar meios de transporte alternativos, a adotar novas formas de trabalho, a cozinhar com mais frequência e a valorizar as relações que forjamos.

Quando esta fase de nossa existência chegar ao fim, devemos nos perguntar: Queremos voltar à normalidade, como a conhecemos? Ou será que queremos uma normalidade "refinada", incorporando as lições aprendidas por meio da adaptação a um modo de vida trancado?

Espero que o mundo pós-Covid coloque mais ênfase em encontrar melhores maneiras de fazer as coisas. Que ganhemos um maior senso de valorização pelo que temos e pelo que é realmente necessário para que possamos florescer. Que possamos preparar o caminho para viver de forma mais sustentável e proteger nossa ecologia, para benefício nosso e das gerações futuras.

Espero que os governos destinem fundos suficientes aos cientistas e profissionais médicos para a pesquisa destinada a garantir resistência contra futuras ameaças da natureza da Covid-19. Que integremos novas formas de trabalho em apoio ao aumento da produtividade e a um melhor equilíbrio trabalho/vida pessoal.

Ao tirar lições do período de *lockdown*, espero que vivamos mais no momento, que tiremos mais de nosso dia a dia e que encontremos mais tempo para o que nos proporciona realização.

Tina *Correia*

Jornalista, escritora e professora de Literatura.
Bacharel em Literatura e Jornalismo e
Mestre em Literatura Brasileira.

BRA / Relato / 09-Out-2020
Originalmente escrito em português

coletividade, política, tecnologia, adaptação

Será que mais uma vez não vamos aprender a lição?

Em 1978, a Escola de Samba União da Ilha do Governador, no Rio de Janeiro, empolgou as arquibancadas com o enigma que sempre preocupou a humanidade: "Como será o amanhã?". Hoje, ano 2020, em plena pandemia da Covid-19, buscamos respostas para construir um novo amanhã diferente. Repetimos a mesma pergunta para um problema que não aprendemos com o passado.

A Primeira Grande Guerra Mundial (1914-1918) deixou um rastro de sangue (milhões de mortos) e a esperança, no final do conflito, de não se repetir tamanha carnificina. Engano. O desejo do poder falou mais alto e vivemos a Segunda Grande Guerra Mundial, com Hitler à frente, querendo dominar o mundo e protagonizando um dos desastres mais terríveis, o Holocausto, que dizimou milhões de pessoas.

Mais uma vez ignoramos o alerta e continuamos repetindo guerras. Vemos, nos dias atuais, conflitos espalhados pelo planeta, com refugiados de várias nações sendo rejeitados pelos países mais ricos. O fantasma de uma Terceira Guerra, agora de forma diferente, segue assombrando o mundo.

No campo da pandemia, a situação não é diferente. No final da Primeira Guerra Mundial fomos vítimas da Gripe Espanhola, que matou milhões de pessoas em todo o mundo, inclusive, no Brasil. Hoje, com a nova pandemia em curso (Covid-19), o vírus viajou pelo planeta com a mesma rapidez com que a notícia espalhou os riscos e revelou as precauções tomadas por alguns países.

Apesar da globalização dos meios de comunicação, apesar dos avanços da Ciência, apesar dos exemplos de "novas ondas", após afrouxarmos os cuidados, o que constatamos é que, assim como aconteceu com as guerras, esquecemos a lição que a Gripe Espanhola nos ensinou. Governantes irresponsáveis e autoritários, como Bolsonaro e Trump (ambos, por ironia do destino, portadores da Covid-19), teimam em ignorar o protocolo da OMS. Não podem, entretanto, alegar falta de conhecimento.

Com a Covid-19, o mundo aprendeu, para se proteger e proteger o outro, cinco hábitos que, espero, tenham vindo para ficar, enquanto a vacina não vem: tossir na dobra do braço, usar máscaras após o primeiro espirro, manter quarentena, lavar sempre as mãos com água e sabão e, na falta destes, usar álcool em gel. Será que desta vez aprenderemos?

Revisão

30-Abr-2022

Pouco, muito pouco, aprendemos com o passado

Há dois meses lembramos dois momentos da história do país e do mundo: a Gripe Espanhola e a Segunda Guerra. Hoje, estamos ameaçados com a Covid e a possibilidade de uma Terceira Guerra. Vale recordar dois momentos significativos no passado: primeiro, em 1904, tivemos no Rio de Janeiro a Revolta da Vacina, quando o médico sanitarista Oswaldo Cruz lutou para salvar vidas. Combateu a revolta da população ao decretar a obrigatoriedade da vacina contra a varíola; segundo: em 1939, eclodiu a Segunda Grande Guerra, quando Hitler lutou para exterminar vidas e invadir vários países.

Deveríamos ter aprendido essas duas grandes lições: vacina, sim; guerra, não. Ocorre que neste ano de 2022 vivenciamos uma dupla tragédia de grandes proporções. No Brasil, o governo negacionista de Jair Bolsonaro, ao contrário de Oswaldo Cruz, minimizou a letalidade da Covid-19, chamando-a de "gripezinha". E o que é mais grave: atrasou a compra de vacinas. Pode-se dizer que poderiam ter sido evitadas muitas das mais de 650 mil mortes atuais.

Apesar desses dados tristes e da campanha insana do presidente Jair Bolsonaro negando a eficácia da vacina, o Brasil conseguiu vacinar mais de 81% da população com a segunda dose ou dose única, e 53% com a de reforço. A vacina estendeu-se também a crianças e adolescentes. Diante deste quadro positivo, Marcelo Queiroga, o ministro da Saúde, anunciou o fim do Estado de Emergência em Saúde Pública de Importância Nacional (Espin) no país. O resultado é que o uso de máscaras deixou de ser obrigatório.

A cada dia, o Consórcio de Veículos de Imprensa revela à população as estatísticas da pandemia e conclama o povo a completar o esquema vacinal de quatro etapas, enquanto o governo se recusa a cumprir seu dever. Viver parece uma tarefa de Sísifo. Quando apostávamos na recuperação da Covid-19, fomos surpreendidos pelas variantes mais agressivas, a Delta e a Ômicron.

Segundo o imunologista Anthony Fauci, consultor da Casa Branca, nos EUA, em entrevista ao jornal O Globo, o perigo do vírus é constante, mas, otimista, acredita que o pior já passou e que o vírus, por estar em mutação, talvez entre no calendário anual de vacinas, dependendo de cada país. Na história mundial, diz ele, só foi possível erradicar, por meio da vacina, a varíola. Todos os demais vírus continuam vivos e controlados por vacinas anuais, como a da gripe.

O planeta, ainda não refeito da pandemia que matou cerca de 6 milhões de pessoas, foi surpreendido pela Guerra da Ucrânia, invadida pela Rússia, grande potência político-militar, no dia 24 de fevereiro deste ano. Guerra que Vladimir Putin, o presidente russo, chama pelo eufemismo de Operação Militar Especial, sem perspectiva de um fim. A invasão, na verdade, começou em 2014, quando Putin anexou a Crimeia ao seu país. Mas ele não parou aí.

Invadiu a Ucrânia e provocou um êxodo de cerca de 10 milhões de ucranianos, que já deixaram o país, com pedidos de asilo a outras nações. As milhares de pessoas que permanecem no país têm sido alvo de bombardeios, convivendo com a falta de luz, de gás e de mantimentos. Com este quadro caótico, a guerra impacta várias nações com a carência de produtos como trigo, arroz, combustíveis, entre outros. Diante da escassez dos bens mais necessários, a consequência é o aumento desenfreado dos preços em várias partes do mundo, inclusive no Brasil.

Enquanto isso, Putin testa foguetes nucleares aterrorizando o mundo inteiro com a ameaça de "ataques nunca vistos". Deu uma pequena demonstração com o corte do fornecimento de gás à Polônia e à Bulgária. Seria, segundo especialistas em confrontos militares, um convite à Terceira Grande Guerra.

A triste conclusão a que chegamos é que ainda não conseguimos aprender com o passado e repetimos os erros de forma cada vez mais agressiva e perigosa. Mais do que nunca está atual a pergunta do enredo da Escola de Samba Unidos da Ilha do Governador, de 1978: "Como será o amanhã? Responda quem puder".

Luis *Nobrega*

Psicólogo clínico. Doutor em Psicologia Clínica pela Ferkauf Escola de Graduação em Psicologia, Universidade de Yeshiva University.

EUA / Relato / 01-Jun-2020
Originalmente escrito em português

perdas, adaptação, recomeço, esperança

Meu caro Amanhã,

Convidaram-me a falar sobre "o que será diferente quando você chegar". Achei um cantinho quieto onde eu pudesse pensar no que dizer em resposta a esta pergunta, aparentemente tão simples, mas, no fundo, quase imponderável. Como você talvez saiba, o dia ontem estava lindo. Céu azul, temperatura perfeita, e, como trilha musical, os passarinhos cantando ao meu redor... Ao divagar sobre isso tudo, e sobre você, acabei pegando no sono, Amanhã. Acordei sobressaltado e percebi que você já havia chegado – e partido. Em um piscar de olhos, você deixará de ser você, meu querido Amanhã, e já era Hoje, já era Agora.

Você sabe que, apesar de isso acontecer todos os dias, Amanhã, ainda tenho sonhos sobre o que você pode trazer. Sonhos só, não, mas também planos, esperanças, e, é claro, ilusões. Não sei bem por que, mas sempre acabo me esquecendo que você é feito primordialmente de intenções. Sem intenções, você acaba – quase sempre – sendo uma continuação inerte do Agora.

Amanhã, não sei nem como te explicar tudo o que tem se passado nos últimos meses, exceto te dizer que me sinto como se estivéssemos vivendo um episódio de "The Twilight Zone", dia após dia. A vida mudou de uma forma que eu jamais imaginara possível... Mas você sabe que o ser humano tem uma enorme capacidade de adaptação... a gente vai se acostumando com as coisas, e, hoje, coisas que poderiam parecer absurdas há uns dois ou três meses, muitas vezes, nos parecem corriqueiras...

Recentemente perdi alguém... Uma pessoa muito importante para mim se foi. Dentre as coisas que jamais pude imaginar foram não poder estar perto nessa hora, não poder ir ao hospital, ao enterro. Minha dor veio em camadas, Amanhã. A dor da perda de alguém que amo. A dor da distância – no momento intransponível. A dor de não poder dizer adeus. Tantas dores... Eu vou me recompor, Amanhã, mas, admito: doeu.

Em meio à dor, veio uma gota de esperança. Um amigo dividiu comigo um pensamento que me deu um pouco de acalento. Ele me sugeriu que eu pensasse no atributo que eu mais amava da pessoa que se foi, na sua qualidade mais admirável, e que fizesse comigo mesmo um compromisso de me tornar, cada vez mais, uma fonte desta qualidade, como se eu pudesse ajudar o mundo a "compensar a falta" de quem se foi. Gostei deste modo de pensar, Amanhã. Decidi te contar isso aqui, porque essa ideia vem bem ao encontro do que realmente quero te dizer...

Estou sempre pensando em você, Amanhã. Quero que façamos muitas coisas juntos. Esses últimos meses me fizeram realmente lembrar como tenho a capacidade de te influenciar, de mil jeitos. Você não precisa acontecer por acaso. Você irá me encontrar cheio de intenção. Quero sentir que você e eu trabalhamos em conjunto. Veja bem, não tenho nenhuma ilusão de que realmente te controlo. Sei que você trará surpresas, curvas inesperadas, que isso é parte da sua natureza. Contudo, sei também que posso, sim, participar.

Dia após dia, te espero, Amanhã.

Com muito amor, sempre,

Luis

Setembro de 2022

Responsabilidade

Amanhã *(de)Novo*

Originalmente escrito em inglês

A campanha Amanhã (de)Novo foi planejada desde o início para funcionar em dois horizontes temporais: o futuro, com a coleção de reflexões que compõem este livro e oferecem um vislumbre coletivo de como nossos amanhãs serão ou gostaríamos que fossem; e o presente, com a arrecadação imediata de fundos para fornecer ajuda humanitária à medida que a crise se desenvolvia. Esta seção do livro trata deste último horizonte, a urgência que nos impulsionou a encontrar diferentes maneiras de levantar dinheiro e conectar doadores com instituições que poderiam fazer o trabalho de assistência de forma qualificada. Aqui, reconhecemos e agradecemos à comunidade que foi construída em torno de nossa iniciativa, que nos permitiu levar adiante este trabalho. Isso inclui todos os doadores generosos que abraçaram o lado de ajuda humanitária do Amanhã (de)Novo e as ONGs com as quais estabelecemos parcerias e que trabalharam incansavelmente na linha de frente para fornecer apoio a quem precisava.

Durante toda a campanha, desenvolvemos diversas formas de arrecadar fundos. Primeiro, criamos um *site* onde as doações poderiam ser coletadas e redirecionadas para seis grupos à escolha do doador. A ideia era fornecer um caminho rápido e simplificado para reunir recursos, eliminando os problemas às vezes associados às atividades filantrópicas, como a necessidade de encontrar organizações sem fins lucrativos confiáveis, verificar a transparência do lado receptor, transferir fundos com diferentes moedas e ficar preso em plataformas pouco amigáveis ao usuário, que não foram projetadas com foco na experiência de doar com o mínimo de cliques possíveis. Com essa presença *on-line*, contamos com a possibilidade de a campanha se espalhar rapidamente, trazendo doações de pessoas desconhecidas. A realidade, entretanto, foi que apenas uma pequena porcentagem das doações veio organicamente; o esforço para conseguir que as pessoas fizessem doações é tremendo e inclui contínuas solicitações, inúmeras repetições do mesmo roteiro, teimosia em um equilíbrio delicado, além de perseverança e criatividade. A paciência também é uma virtude bem-vinda quando se está disposto a dedicar tempo e energia significativos ao processo. De qualquer forma, os números gerais da campanha comprovam o sucesso dos métodos que escolhemos, enquanto a satisfação pessoal que ela trouxe teria provado valer a pena mesmo se não tivesse havido uma adesão ampla.

Em segundo lugar, decidimos leiloar as obras de arte de uma exposição itinerante que um dos membros de nossa equipe havia produzido para outro projeto. Em 2018, Gabriel Kozlowski, ao lado de Sol Camacho, Marcelo Maia Rosa e Laura González Fierro, foi responsável pela curadoria do pavilhão brasileiro para a Bienal de Veneza. Na ocasião, lideraram a produção de 10 grandes mapas retratando múltiplas facetas do Brasil, lançando luz sobre as causas da fragmentação social e ambiental do país que impedem a formação de uma esfera pública mais igualitária e democrática. Esses trabalhos foram elaborados por meio de um processo digital e de alta qualidade material, montagem e apelo visual. Sabendo que as obras de arte de 3x3 metros haviam recebido elogios e atenção da mídia, ganhamos confiança para capitalizar as repercussões que elas haviam gerado. Assim, ao vendê-las, seríamos capazes de converter esse esforço coletivo de gerar conscientização sobre os desafios enfrentados pelo Brasil em alivio para os brasileiros que estavam enfrentando desafios reais naquele momento. Em parceria com a BrazilFoundation, leiloamos três desses mapas, que foram posteriormente enviados para Graz, na Áustria, e para Manhattan e o norte de Nova York, nos Estados Unidos.

Por fim, unimos forças com outra iniciativa de captação de recursos para somar os esforços das duas partes. O Instituto BEI, em parceria com a Fundação Tide Setubal, criou uma campanha de *crowdfunding* hospedada na plataforma Catarse, na qual as compras poderiam ser direcionadas para a Associação Terra Indígena do Xingu (ATIX), em troca de fotografias de seu povo e território. Eles reuniram os fotógrafos Renato Soares, Milton Guran, Rogério Reis, Sérgio Ranalli, Delfim Martins, Rafael Costa, Luciola Zvarick e Ricardo Teles, muitos dos quais doaram seu trabalho para esta publicação. Com a quantia arrecadada, essa ONG puderam distribuir desde medicamentos e produtos de higiene até alimentos não perecíveis e redes de pesca para as diferentes comunidades residentes na região do Xingu, com o objetivo de evitar a propagação da doença e reduzir a necessidade de viagens para a cidade. No *site* do Amanhã (de)Novo, direcionamos os doadores para a página de pagamento do Catarse, onde eles podiam escolher a quantia doada e a recompensa correspondente.

Graças à combinação desses três mecanismos de doação, conseguimos arrecadar um total de R$166.370,00, o equivalente a US$31.041,00. Esse valor nos proporcionou a oportunidade de direcionar recursos para as nossas quatro ONGs parceiras: BrazilFoundation, Conservação Internacional, Instituto BEI e GiveDirectly. Nas próximas páginas, detalhamos como essa quantia foi distribuída entre as diferentes frentes de atuação.

Para concluir, com o Amanhã (de)Novo pudemos ajudar em diferentes capacidades o trabalho desenvolvido por cada uma dessas organizações. Alguns projetos atraíram mais atenção de nossos doadores do que outros, o que não significa que os menos apoiados não tenham sido bem-sucedidos. Todos eles conseguiram alcançar muito mais do que suas metas iniciais, e a contribuição do Amanhã (de)Novo consistiu em apenas uma fração dos montantes que conseguiram levantar por outros meios – uma fração da qual somos muito orgulhosos.

Nos orgulhamos ainda mais quando lembramos que por trás dos números estão pessoas reais. Mesmo que tivéssemos ajudado apenas uma única pessoa, já teria sido o suficiente. No entanto, é com felicidade que podemos afirmar que nossa ajuda beneficiou milhares de indivíduos. Obrigado a todos que acreditaram em nós e doaram para a nossa campanha. **Vocês são os verdadeiros heróis.**

Amanhã (de)Novo
Boston, setembro de 2022

A alocação dos recursos arrecadados foi realizada da seguinte maneira *(moeda original da doação em destaque):*

R$106.580,00
(US$19.885,00)

R$670,00
(US$125,00)

R$777,00
(US$145,00)

R$589,00
(US$110,00)

R$54.105,00
(US$10,094,00)

R$30,00
(US$5,60)

R$3.620,00
(US$675,00)

R$166.371,00
US$31.039,60

Fundo "Amazon Forever" da **BrazilFoundation**
(Região Amazônica)

Fundo "Juntos contra a Covid-19" da **BrazilFoundation**
(outros estados brasileiros)

GiveDirectly nos Estados Unidos
(Estados Unidos)

GiveDirectly na África
(Quênia e Uganda)

Plataforma Catarse do **Instituto BEI**
(Parque Indígena do Xingu)

Iniciativa São Paulo do **Instituto BEI**
(São Paulo)

diretamente para a iniciativa **Amanhã (de)Novo**
para a criação e operação da plataforma

Total arrecadado em Reais
Total arrecado em Dólares

Sobre cada ONG parceira e o trabalho apoiado pelo Amanhã (de) Novo:

O **Instituto BEI** é uma organização brasileira sem fins lucrativos engajada em uma força-tarefa contra a Covid-19 para auxiliar tanto as comunidades indígenas do Xingu quanto as pessoas nos assentamentos informais de São Paulo. Os povos indígenas que vivem no Parque Indígena do Xingu no Brasil são especialmente vulneráveis aos impactos da Covid-19 devido à sua menor imunidade a vírus, ao seu modo de vida tradicional coletivo e ao seu acesso limitado a serviços de saúde e hospitais. A quarentena dos povos indígenas do Xingu e a falta de ação governamental têm causado escassez de alimentos e medicamentos, bem como de outros itens necessários para a sobrevivência de várias comunidades. A quantia arrecadada em prol dessa causa foi diretamente destinada à Associação Terra Indígena do Xingu (ATIX), que distribuiu medicamentos, alimentos não perecíveis e produtos de higiene.

Em São Paulo, o Instituto BEI deu apoio a moradores de Heliópolis, Cumbica, Cidade Tiradentes, Sapopemba, Jardim Colombo, São Luís, Pinheral, Porto Seguro, Grajaú, Embu das Artes, São Remo, Vila Guaraciaba, Centro e Jardim Keraluxe. Essas comunidades foram duramente atingidas pela crise e carecem de necessidades básicas, desde alimentos até água potável. O Instituto BEI, em parceria com a Fundação Tide Setubal, implementou uma série de programas de socorro para atender a estas questões.

Ao final da campanha, o Instituto BEI havia ajudado 30 mil famílias, ou cerca de 164 mil pessoas, fornecendo 56.974 cestas básicas, mais de 27 toneladas de alimentos frescos, 18.930 marmitas, 12.800 ovos de chocolate, 1.700 tortas de maçã e 11.028 kits de higiene em todo o Brasil.

A **BrazilFoundation** é uma organização sem fins lucrativos que atua como intermediária entre doadores estrangeiros e organizações sociais de destaque no Brasil, com foco na promoção da igualdade, justiça social e oportunidade econômica. A fundação realizou esforços para conter o avanço do novo coronavírus em duas frentes. Primeiro, por meio de seu programa "Amazon Forever", em parceria com a **Conservação Internacional Brasil**, a fundação forneceu ajuda emergencial às comunidades indígenas, quilombolas e ribeirinhas na Amazônia brasileira, em um momento em que a Covid-19 estava ameaçando suas vidas e meios de subsistência. Em segundo lugar, por meio da campanha "Juntos contra a Covid-19", a fundação ajudou comunidades vulneráveis em todo o Brasil a reduzir as perdas socioeconômicas mais imediatas da pandemia.

A BrazilFoundation recebeu vários reconhecimentos por sua transparência e gestão, como uma alta avaliação no Glass Pockets, o selo de platina na GuideStar em 2019, quatro estrelas na Charity Navigator, nota A+ do Selo Doar em 2019 e 2018, além do Selo Liga Social em 2019. Em 2017 e 2018, a fundação foi reconhecida como uma das melhores ONGs do Brasil. As doações por meio dessa fundação são isentas de impostos nos Estados Unidos. Nosso trabalho com a Brazil Foundation resultou na arrecadação de fundos para 66 organizações em 18 estados, beneficiando mais de 45 mil famílias, ou 246 mil pessoas, com a distribuição de 69.400 cestas de alimentos, 47.400 refeições e 22 mil produtos de higiene.

A **GiveDirectly** é uma organização sem fins lucrativos que envia dinheiro diretamente para famílias em extrema pobreza nos Estados Unidos e em toda a África (Quênia, Uganda, Ruanda, Libéria, Malauí e Marrocos). Eles priorizam as preferências dos destinatários em relação às dos doadores. "Não impomos nossas preferências ou julgamentos aos beneficiários; em vez disso, nós os respeitamos e os capacitamos a fazer suas próprias escolhas, elevando suas vozes no debate global sobre a ajuda humanitária". A GiveDirectly respondeu ativamente à crise da Covid-19, tendo doado quase 128 milhões de dólares a 222 mil famílias até junho de 2020. As doações por meio dessa fundação também foram isentas de impostos nos Estados Unidos. Embora nossa contribuição para a campanha GiveDirectly tenha sido modesta, eles foram parceiros importantes no início da conceitualização do Amanhã (de)Novo, sendo a primeira ONG a se associar a nós. Eles nos deram a confiança de que nossa iniciativa valia a pena e que seu sucesso era tangível.

Agosto de 2022 • Agosto de 2022 • Janeiro de 2023 • Setembro de 2022

Posfácio

Rebecca *Tavares*
Marisa *Moreira Salles* & **Tomas** *Alvim*
Graham *Goymour*
Tiago *Genoveze*

A BrazilFoundation teve a honra de se associar ao Amanhã (de)Novo, uma comunidade extraordinária reunida por Gabriel Kozlowski em 2020, em meio a uma pandemia global sem precedentes. A crise do Covid-19 paralisou os vastos sistemas de saúde pública e educação do Brasil, os quais enfrentaram dificuldades em atender às enormes demandas humanas. Testemunhamos as desigualdades crescerem exponencialmente sob o peso da pandemia; condições de vida diminuírem, perda de renda, fome e ausência de saneamento básico permitiram que o vírus tirasse milhares de vidas.

Para combater o sentimento geral de desamparo, perda, desilusão e medo que assolou o país, o Amanhã (de)Novo aproveitou o melhor da generosidade humanista e artística. Nesse contexto, a BrazilFoundation ofereceu em leilão uma série de oito cartografias, intitulada "Mapeando o Brasil", criada por Gabriel e seus colegas co-curadores para a Bienal de Veneza de 2018.

Essas obras de arte, além do intrínseco valor estético, são especialmente relevantes para esta crise histórica, pois revelam barreiras literais e metafóricas que obstruem a igualdade e a liberdade na sociedade brasileira. Por meio da doação, a expressão artística tornou-se um meio de abrir novos caminhos para o suporte emergencial aos brasileiros lidando com a catástrofe.

Junto com o Amanhã (de)Novo, pedimos solidariedade e inspiramos esperança por um novo pacto social. Com os recursos provenientes do leilão e em uma parceria com a Conservação Internacional, a BrazilFoundation pôde fornecer assistência humanitária a comunidades indígenas, ribeirinhas e quilombolas da Região Amazônica, que foram severamente afetadas pela pandemia.

A BrazilFoundation tem orgulho de compartilhar o nosso apoio à comunidade excepcional que é o Amanhã (de)Novo.

Rebecca Reichmann Tavares
Presidente & CEO, BrazilFoundation
Nova York, agosto de 2022

"A história não pode se esquivar do futuro."

A máxima, reconheça-se, embute uma aparente contradição – afinal, história não é a ciência que se dedica ao passado? O grau de estranhamento aumenta quando se leva em conta que o autor da frase é ninguém menos do que Eric Hobsbawm (1917-2012), o britânico, nascido no Egito, que, sem favor algum, pode ser classificado como um dos maiores historiadores de sua época.

Não há, contudo, qualquer paradoxo no pensamento de Hobsbawm – e a pandemia, a história que vivemos como um pesadelo, não deixa qualquer dúvida a respeito disso.

Naturalmente, é impossível dizer com precisão o quanto a Covid-19 ainda afetará o planeta. O certo é que ela já deixou lições severíssimas para o futuro. Se, porém, frente ao surto global, a humanidade se comportar como um mau aluno, elas, as lições, acabarão postas de lado, esquecidas com desmazelo em algum lugar escuro, inacessíveis às novas gerações. Sublinhe-se que não se toma aqui a palavra "lição" apenas como "ensinamento", mas também em seu sentido de "advertência".

Este livro é, justamente, um conjunto de advertências.

Ao reunir reflexões de pessoas de variadas origens – ou, falando com maior precisão, de distintos modos de "estar no mundo" –, convidadas a responder à questão do que será diferente amanhã, após a devastação provocada pelo Sars-CoV-2, a obra que o leitor tem em mãos não se desvia do porvir. Para tanto, vale-se da experiência de um duríssimo tempo presente.

Diante do desafio de procurar mitigar os efeitos da doença, em especial sobre as camadas mais vulneráveis da população – escancaradas em sua maior fragilidade sanitária, econômica e social –, o Amanhã (de)Novo fez valerem a credibilidade e a transparência para acessar recursos e encontrar parceiros capazes de fazê-los chegar a quem precisava.

De nossa parte, no Instituto Beĩ, contamos inicialmente com doações particulares e fomos ampliando o apoio com a ajuda de diversas organizações, campanhas abertas de financiamento coletivo, arrecadação de alimentos, material sanitário e livros. Assim, por meio do chamado Grupo de Confiança, ajudamos a socorrer os povos indígenas do Xingu e comunidades de alta vulnerabilidade em São Paulo e no Rio de Janeiro – entregando-lhes o que arrecadávamos para que atendessem às famílias necessitadas segundo as particularidades de cada território.

Por meio do Amanhã (de)Novo, essas iniciativas se juntaram às de outros parceiros, como a BrazilFoundation e a Conservação Internacional – Brasil, construindo uma rede abrangente de apoio.

Ao incomensurável, dolorido, traumático preço de milhões de vidas perdidas, a pandemia ratificou algo que jamais se poderia perder de vista: não é tolerável uma sociedade que não se paute pela solidariedade e pela empatia. Não há recado mais enfático que o presente pudesse dar ao futuro.

Marisa Moreira Salles & Tomas Alvim
Cofundadores, Instituto BEI
São Paulo, setembro de 2022

Em 2020, em um momento em que o medo e a incerteza se tornaram protagonistas inesperados em nossas vidas, o Amanhã (de)Novo coletou diversos relatos ao redor de todo o mundo, convidando-nos a refletir como indivíduos e como sociedade. A iniciativa também nos reuniu para fazer doações àqueles que mais precisavam, em um momento em que muitos se sentiam sobrecarregados por mudanças abruptas e informações conflitantes.

Como uma prática de projeto e planejamento urbano, a recente experiência de viver a pandemia Covid-19 nos apresentou questões fundamentais sobre a natureza e função de nossos povoados, municípios e cidades, e como esses podem sustentar estilos de vida ambientalmente sustentáveis e saudáveis. À medida que antecipamos como podemos nos desenvolver positivamente, sobre o impulso de mudança, os textos desta coleção fornecem uma visão sobre os valores que prezamos, as mudanças que queremos realizar e os hábitos que aspiramos a deixar para trás. A publicação captura um momento único no tempo – um momento que às vezes se sente distante e desconectado de nossa realidade atual. Entretanto, as histórias dentro de suas páginas terão relevância contínua, fornecendo evidências duradouras de nossa capacidade coletiva de definir nosso futuro, mesmo diante da adversidade.

Temos o prazer de apoiar este projeto, e esperamos que o Amanhã(de)Novo possa alcançar uma rede ainda maior de pessoas, ecoando vozes importantes sobre temas que se aproximam de nossa prática – como o acesso à moradia, as cidades equitativas e o desenvolvimento sustentável. Também estamos orgulhosos de ver este livro levar adiante as ambições de sua primeira campanha, reunindo reflexão e ajuda como um catalisador para a ação, agora com um apoio mais focalizado à subsistência das comunidades indígenas no Brasil.

Graham Goymour
Diretor do Prior + Partners [1]
Londres, janeiro de 2023

1. Prior + Partners é um escritório de Projeto e Planejamento Urbano, com sede em Londres, Reino Unido.

O Centro David Rockefeller de Estudos Latino-Americanos da Universidade de Harvard trabalha para aumentar o conhecimento das culturas, das economias, das histórias, do meio ambiente e dos assuntos contemporâneos da América Latina, fomentar a cooperação e a compreensão entre os povos das Américas, e contribuir para a democracia, o progresso social e o desenvolvimento sustentável em todo o hemisfério.

DRCLAS se orgulha de apoiar o Amanhã (de)Novo como uma plataforma com uma gama diversificada de vozes de todo o mundo para refletir sobre nosso futuro coletivo.

Tiago L. M. Genoveze
Gerente de Programa, Centro David Rockefeller de Estudos
Latino-Americanos da Universidade de Harvard (DRCLAS)
Boston, agosto de 2022

Julho de 2020 a Agosto de 2022

Ensaios Fotográficos

Cassandra *Cury*
Cristiana *Lima*
Delfim *Martins*
Juliana *Lima*
Luciana *Whitaker*
Marcos *Amend*
Rafael *Costa*
Ricardo *Teles*
Rogério *Reis*
Sergio *Ranalli*

Aldeia Ipavu da etnia Kamayurá / Parque Indígena do Xingu, Brasil

Aldeia Ipavu da etnia Kamayurá / Parque Indígena do Xingu, Brasil

Cristiana *Lima* (pág. **375-384**)

Aldeia Kamayurá / Parque Indígena do Xingu, Brasil

Delfim *Martins* (pág. **385-394**)

Aldeia Aiha da etnia Kalapalo / Parque Indígena do Xingu, Brasil

Aldeia Aiha da etnia Kalapalo / Parque Indígena do Xingu, Brasil

Ensaios Fotográficos / Delfim Martins

Aldeia Aiha da etnia Kalapalo / Parque Indígena do Xingu, Brasil

Juliana *Lima* (pág. **395-404**)

Ensaios Fotográficos / Juliana Lima

Ensaios Fotográficos / Juliana Lima

Ensaios Fotográficos / Juliana Lima

Aldeia Tuatuari da etnia Yawalapiti / Parque Indígena do Xingu, Brasil

Rio Kuluene / Parque Indígena do Xingu, Brasil

Ensaios Fotográficos / Luciana Whitaker

Aldeia Afukuri da etnia Kuikuro / Parque Indígena do Xingu, Brasil

Aldeia Tuatuari da etnia Yawalapiti / Parque Indígena do Xingu, Brasil

Ensaios Fotográficos / Luciana Whitaker

Marcos *Amend* (pág. **415-424**)

Aldeia da etnia Enawenê-Nawê / Terra Indígena Enawenê-Nawê, Brasil

Aldeia da etnia Enawenê-Nawê / Terra Indígena Enawenê-Nawê, Brasil

Ensaios Fotográficos / Marcos Amend

Aldeia da etnia Enawenê-Nawê / Terra Indígena Enawenê-Nawê, Brasil

Ensaios Fotográficos / Marcos Amend

Ensaios Fotográficos / Marcos Amend

Rafael *Costa* (pág. **425-434**)

Aldeia Kaupuna da etnia Mehinaku / Parque Indígena do Xingu, Brasil

Ensaios Fotográficos / Rafael Costa

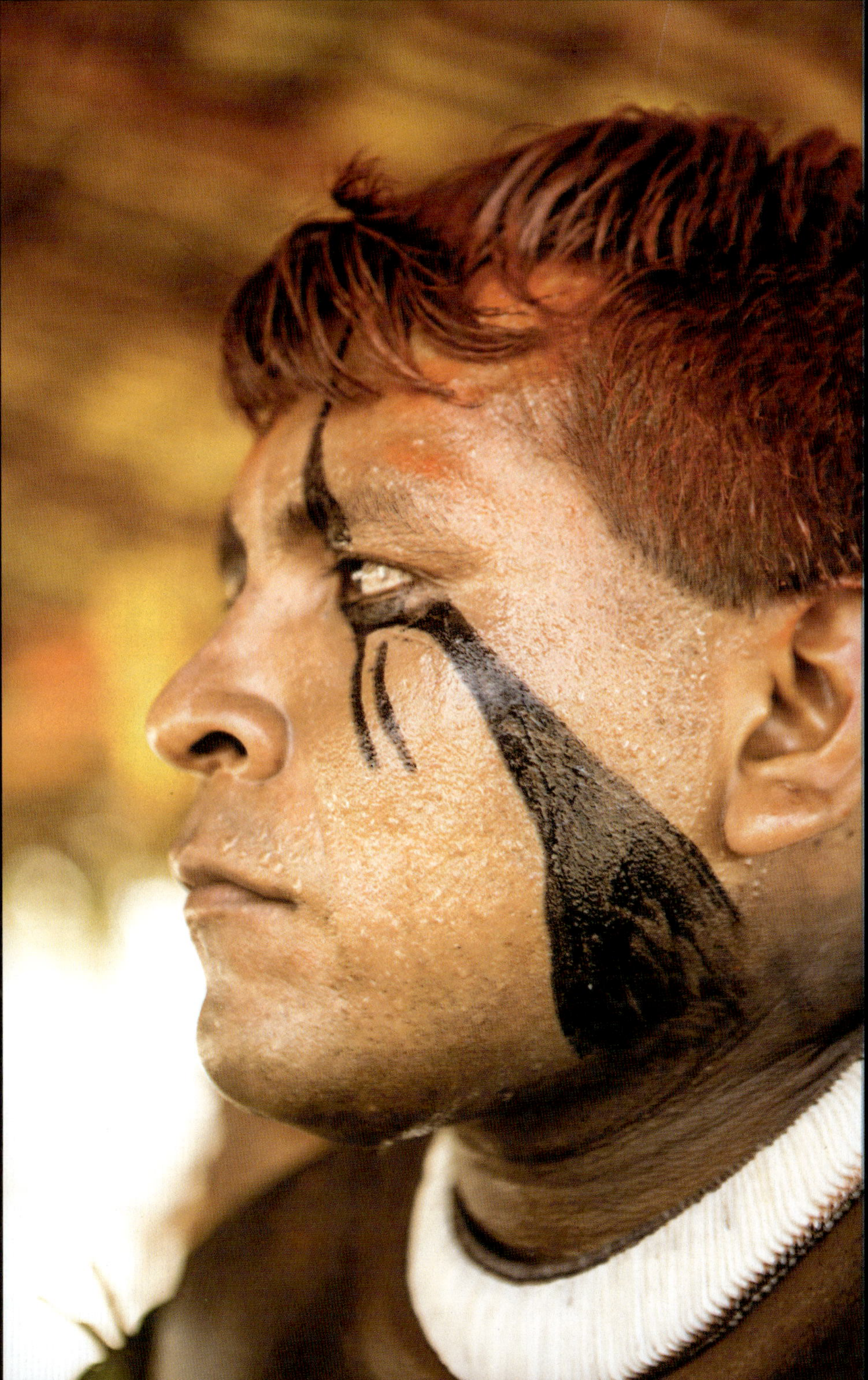

Ensaios Fotográficos / Rafael Costa

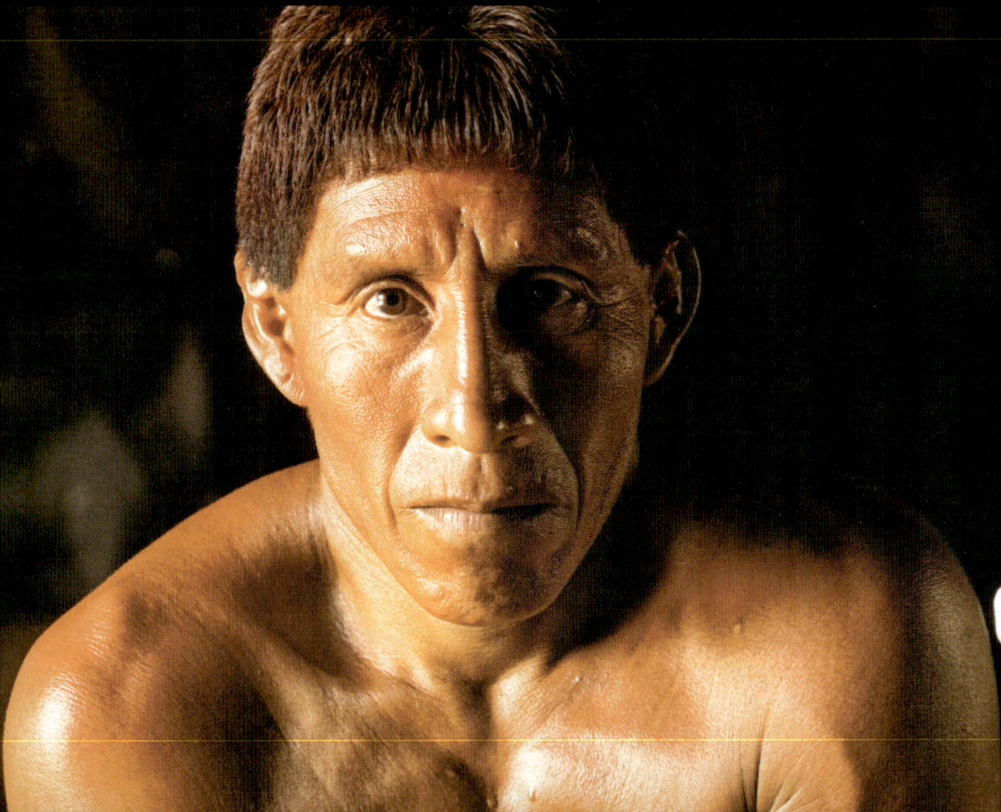

Aldeia Kaupuna da etnia Mehinaku / Parque Indígena do Xingu, Brasil

Ensaios Fotográficos / Rafael Costa

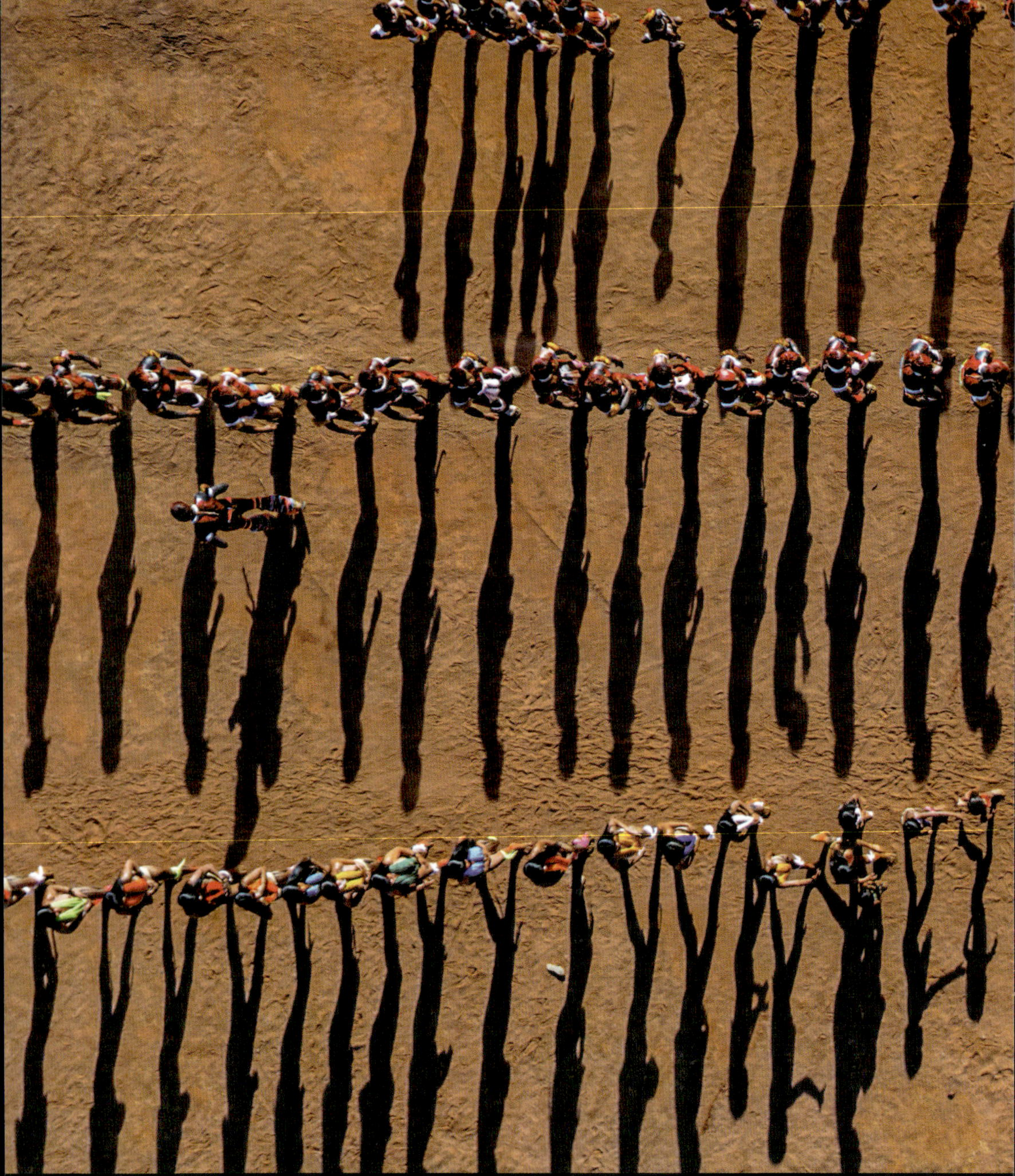

Ricardo *Teles* (pág. **435-444**)

Aldeia Afukuri da etnia Kuikuro / Parque Indígena do Xingu, Brasil

Ensaios Fotográficos / Ricardo Teles

Etnia Kamayurá / Parque Indígena do Xingu, Brasil

Ensaios Fotográficos / Ricardo Teles

Aldeia Afukuri da etnia Kuikuro / Parque Indígena do Xingu, Brasil

Aldeia Tuatuari da etnia Yawalapiti / Parque Indígena do Xingu, Brasil

Ensaios Fotográficos / Rogério Reis

Ensaios Fotográficos / Rogério Reis

Rio Tuatuari / Parque Indígena do Xingu, Brasil

Ensaios Fotográficos / Rogerio Reis

Sérgio *Ranalli* (pág. **455-464**)

Aldeia Aiha da etnia Kalapalo / Parque Indígena do Xingu, Brasil

Aldeia Aiha da etnia Kalapalo / Parque Indígena do Xingu, Brasil

Ensaios Fotográficos / Sérgio Ranalli

Aldeia Aiha da etnia Kalapalo / Parque Indígena do Xingu, Brasil

Aldeia Aiha da etnia Kalapalo / Parque Indígena do Xingu, Brasil

Monica Vieira Eisenberg

Luisa Schettino

Eduarda Volschan

Gabriel Kozlowski

O que será diferente amanhã? O que eu poderia escrever aqui que responderia a tantas perguntas não respondidas? Tento entender o tempo, enquanto passo por ele. E não, eu não vou me recuperar com o tempo, como disseram. Nós não vamos nos recuperar com o tempo. Das cicatrizes deixadas pelo tempo, não se recupera. Reinventa-se. > **Lara Coutinho.** Quando você vê algo acontecendo na história, normalmente não imagina que irá viver aquilo na pele. Porém, foi o que aconteceu com a chegada do coronavírus. > **Makau Mehinako.** Amanhã podemos consumir menos e partilhar mais. Partilhar riqueza monetária, hoje concentrada, para recuperar a vida de todos que se destruiu com a pandemia e com o sistema econômico explorador que organiza sua produção. Partilhar a Terra, concentrada na mão de poucos que especulam e exploram um bem que não deveria ter dono. Partilhar o conhecimento cuja concentração retira muitos de uma vida autônoma e livre. Partilhar a vivência, o contato, a ação em lugar da posse, da troca especulativa. Partilhar sem querer crescer ou explorar financeiramente. > **Marina Grinover.** Minha esperança para amanhã é um novo "normal": um estilo de política que – embora não evitando as difíceis discussões que são centrais para qualquer democracia que funcione bem – é sustentado pelo pragmatismo e por uma inclinação natural para, sempre que possível, trabalhar em conjunto. > **Denis Mooney.** O corrente presente de uma imprevisível pandemia tem reações previsíveis de desespero em desmantelar instituições, empresas e empregos, expondo que os elos do sistema atual afinal são fracos. > **Marcelo Borborema.** Meu amanhã voltará a ser multiescala (e multiescolha) nos próximos meses. O que será diferente amanhã? Minhas escolhas diárias, como a vida real prospera no dia a dia, não nos amanhãs. > **Marta M. Roy Torrecilla.** Nós vivemos, nestes tempos atuais, em um momento muito difícil da vida humana. Vivemos em um momento de doenças, de perda de gente querida. A humanidade sofreu com esse vírus, em que muitos ficaram órfãos de pai e mãe, perderam seus filhos, suas filhas, seus irmãos, sua família. O mundo sofreu muito por essa maldita doença. > **José Benedito Tui(~) Huni Kuin.** Estamos todos conscientes de que, em um futuro próximo, as relações humanas passarão a ser diferentes. Em decorrência do coronavírus, é como se o fator tempo viesse a ser interrompido e, ao invés de abranger um desenvolvimento ditado pelo curso da História, fosse subitamente condensado. > **Isaac Karabtchevsky.** Embora esta pandemia nos dê um vislumbre da distopia que pode estar adiante, ela também nos proporciona uma sensação surreal de imediatismo – trazida por uma entidade microscópica e semiviva que invade nossos próprios corpos –, somos parte de uma ecologia maior. Enquanto permanecemos isolados, a pandemia nos proporciona as visões de salvação coletiva, uma oportunidade de fazer as coisas de maneira diferente – de passar adiante à medida que chegamos, levemente, sem deixar cicatrizes na Terra. > **Aditya Barve.** A história nos ensina que nunca saímos os mesmos, como humanidade, de crises tão profundas. Essa pandemia nos fez refletir sobre nossas profundas desigualdades e, principalmente, sobre o modelo de sociedade no qual vivemos. > **Tábata Amaral.** Espero, também, que minhas filhas possam ser respeitadas pelo que elas são e não pelo que elas têm. Espero que elas, assim como tantas outras mulheres, possam ter a liberdade da escolha pessoal e profissional, sem parâmetros e limites impostos por uma sociedade discriminatória. > **Ana Fontes.** Podemos e devemos transformar a experiência da epidemia em algo positivo,